재판으로 본
한국현대사

재판으로 본
한국현대사

한승헌 지음

창비

역사 속의 재판, 재판 속의 역사

재판을 통한 역사의 연역演繹과 귀납歸納

　　1970년대 후반에 나는 '삼민사'라는 출판사의 주간으로 일한 적이 있
다. 박정희 정권 아래서, 한 긴급조치 사건의 변호인을 사퇴하라는 '남
산' 측의 요구를 거부했다가 반공법 필화 사건으로 유죄판결이 나는 바
람에 변호사 자격마저 박탈당하고 하루아침에 백수가 된 뒤였다. 그때
한 언론인이 쓴 '재판야화'를 묶어 책으로 내면서 '끝나지 않은 심판'이
라는 제호를 붙였다. 며칠 뒤 '기관원'이 보자고 해서 나갔더니, "오래
전에 끝난 재판을 왜 '끝나지 않은 심판'이라고 했느냐?"고 추궁(?)했
다. 나는 어이가 없어서 웃음으로 설득의 말머리를 열었던 기억이 난다.
판결이 끝났는데도 심판은 남아 있는 사건이 이 나라에는 어찌 그리도
많은가? 이 물음에 대한 정답을 찾는 일이야말로 대한민국의 사법이 지
난날의 상처를 극복하고 올바른 역사 발전에 제 몫을 다할 수 있는 정

도正道의 첫걸음이라고 믿는다.

이 책에 담을 글을 쓰(치)면서 줄곧 '역사 속의 재판'과 '재판 속의 역사'를 아울러 생각했다. 재판과 역사는 서로 맞물려서 작용과 반작용을 되풀이해왔으며, 그중에서도 정치적 사건의 재판은 역사의 연역과 귀납에 이용되는 중요한 사실史實로 꼽힌다. 그러기에 잘못된 재판은 그릇된 역사의 싹이 되고 열매가 될 수밖에 없다. 그러니 재판의 잘잘못을 따져보는 것은 올바른 역사를 탐구하는 실증적 작업의 한 부분이 될 수도 있다. 이 책을 쓰고 펴냄에 있어서 내 역량의 한계와 부담감을 떨칠 수 없었던 이유도 바로 여기에 있었다.

나는 1965년에 검사를 그만두고 변호사로 전신轉身한 뒤, 험난했던 독재 탄압의 광풍 속에서 많은 시국사건을 변호했다. 5·16쿠데타로 국권을 찬탈한 박정희 정권(유신정권)과 그 대를 이은 전두환 정권(5공화국), 그리고 노태우 정권(6공화국) 등 일련의 군사정권이 이 땅의 민주헌정과 국민의 기본권을 말살하였는가 하면, 이에 항거하는 국민들이 감옥으로 줄지어 끌려가던 야만의 시절이었다. 나는 압제에 휘둘린 '피고인'들이 묶여 나오는 법정에서 시국사건 재판의 실상과 허상을 간파할 수 있었다. 정의와 진실을 외면하고 집권자의 의도에 영합하는 재판의 현장에서 나는 분노하고 개탄했다. 거기서 실감한 변호무용론의 자책을 넘어서고자 인권과 민주화를 지향하는 재야운동에도 참여했다. 그런 나의 법정 안팎의 활동은 당연히 탄압의 표적이 되었고, 마침내 감옥행을 재수再修까지 치르고, 변호사 자격마저 박탈되어 실업자가 되었던 것이다. 힘들었지만 값진 체험을 하면서 나는 나름대로의 숙제를 나 자신 앞에 제시했다. 이런 숙제였다.

변호사로 활동하면서 나는 재판이 밝혀주지 못하고, 더러는 엄폐마 저 서슴지 않는 시국사건의 진실을 법정 밖 세상에 알리고, 또 미래 세 대에도 전해주어야겠다고 생각하게 되었다. 다시 말해서 법조인은 변 호활동의 외연을 넓혀서 증언자, 기록자로서의 소임을 다해야 된다는 깨달음이었다. 그래서 사건과 재판에 관련된 글을 쓰고, 책을 내고, 마 이크 앞에도 섰다. 『정치재판의 현장』『한승헌 변호사 변론사건 실록』 (전7권)『분단시대의 법정』도 그런 내 나름의 소명의식에서 나온 작업의 일환이었다.

나아가서 한국의 현대사 안에 얼룩진 정치적 사건의 진상을 재판 중 심으로 파헤쳐보고 싶었다. 재판기록을 비롯한 문헌자료를 모아서, 남 이 가공한 연구결과에만 의존하지 않는 글, 나 자신의 체험과 가용可用 원자재(문헌, 기록, 자료 등)를 밑천으로 삼은 집필을 하고 싶었다.

50년이 넘는 오랜 변호사 활동에서 내가 본 한국의 사법부와 재판은 참으로 안타까웠다. 적어도 시국사건 재판에서는 그러했다. 집권자 쪽 에 기우는 법정, 입법자와 집권자, 그리고 재판관의 과오로 말미암은 피 고인의 수난, 법의 보장기능보다 지배기능을 중시하는 재판, 정치상황 과 시류에 좌우되는 영합적 논리, 정치의 사법화에 휘둘리는 사법의 정 치화, 외풍 못지않게 위험한 사법부 안의 내풍 등 이루 헤아릴 수 없는 문제들을 드러냄으로써 사법부가 오히려 법치를 왜곡하고 국민의 신뢰를 스스로 무너뜨렸다.

대법원장을 역임한 분이 재임 중의 '오욕과 회한'을 고백하고, 대법원판사를 비롯한 법관들이 부당하게 연임을 거부당하거나 위협과 추방의 대상이 된 측면에서 보면, 사법부와 법관들을 (비록 극소수이긴 하지만) 피해자로 볼 수도 있다. 물론, 일신상의 불이익을 무릅쓴 무죄판결 또는 구속영장 기각 등으로 수난을 자초한 의로운 법관들이 있었던 것도 기억해야 한다. 그러나 독재권력의 기세에 눌렸던 사법부의 일면은 숨기거나 변명할 여지가 없었다는 점도 인정해야 한다. 한 고위 법관도 자인했듯이 '사법권의 독립이 법관들 스스로의 노력보다는 법원이 재판했던 피고인들의 투쟁과 수난에 의해서 쟁취된 사실'을 덮으려 하지 말아야 한다.

그처럼 정의와 불의를 아울러 외면한 사법의 민낯을 널리 알리고자 하는 나의 작은 노력이 어제와 오늘의 역사를 쉽게 또는 일부러 잊어버리고 살아가는 우리 국민의 '망각 방지'에 일조가 된다면 망외望外의 보람이 되겠다. 지난날을 제대로 알고 기억해야 깨달음도 얻고, 역사의 교훈도 터득할 수 있으며, 올바른 미래를 가꾸어나갈 수도 있을 것이 아닌가?

여기서 8·15해방 후의 주요 사건을 재판 중심으로 살펴보는 만학晚學이 비롯되었고, 어떤 사건이나 재판이 한 전기轉機가 되어 형성된 새로운 역사를 짚어볼 수도 있게 되었다. 통상의 역사 서술이 고공 또는 원거리에서의 조망이었다면, 재판 중심의 접근은 저공이나 지표에서 관찰하는 탐색, 즉 '거점 탐방'에 의미가 있다고 하겠다. 숲을 통해서 나무를 말할 수도 있지만, 나무를 통해서 숲을 보는 통찰도 중요하다.

그런데 구체적 사건의 재판이 앞서 본 대로 권력자의 불의에 떠밀리는 단죄 행사에 그친다면, 그런데도 자칫 소송기록이나 당시의 언론에만 의존했다가는 오히려 조작과 오판에 말려드는 결과를 가져올 수도 있다. 여기에 '재판 중심'이라는 접근법의 강점과 위험이 공존한다. 그렇다고 추측과 주관만으로 판단해서는 안 되기 때문에 구체적인 정황과 진실을 입증할 만한 각종 문헌자료에다 나 자신의 체험과 견문을 동원하여 지난날의 사법적 결론의 당부當否를 검증해나가야 했다.

아직은 재판을 중심으로 한 역사 서술의 유서類書가 없는 터여서 어려움도 있었지만, 역사와 재판의 상관성을 짚어보는 새로운 시도라는 점에서 얼마쯤의 의욕을 살려나갈 수가 있었다.

이 책의 문체는 역사 서술의 어떤 틀이나 방법론에 매이지 않으면서, 내용의 객관성을 추구하고 균형을 잃지 않도록 유의하였다. 글 속에서 나 자신이 변호인, 피고인, 또는 방청객으로 등장하는 데다 때로 화자話者의 역할까지 겸하면서 '나'라는 1인칭으로 나서는 대목도 있는데, 이는 서술의 현장성과 생동감을 살리기 위한 내 소박한 착안(?)으로 이해하여주시면 고맙겠다.

나는 이 책에서 해방 후에 일어난 중요한 사건 17건의 재판을 검토, 음미하는 과정에서 더러 의혹이나 비판을 제기한 바도 있다. 다행히도 김대중 정부 이후의 '역사 바로잡기'의 성과로, '과거사' 사건의 상당수가 법원의 재심에서 뒤늦게나마 연달아 무죄판결이 나왔다. 이 한 가지만 보더라도 그동안 각계에서 재판에 대해 제기한 의혹과 비판이 결코 편향된 주장이 아니었음을 알 수 있다.

나는 이 졸저가 해방 후 우리 역사를 바르게 이해하는 데 도움이 되기를 바란다. 또한 정치적 음모에 의하여 왜곡되거나 조작된 사건이 판결의 이름으로 역사와 국민을 기만하는 것을 간파하고 대처하는 데도 쓸모가 있으면 좋겠다.

권력의 이익과 눈치에 부응하여 신성한 재판을 그르친 사법부는 그 부끄러운 과오를 통렬히 참회해야 마땅하다. 나아가 이 나라의 사법부가 위정자 내지 사회지배세력의 입김에 휘둘려 민주사법의 본질을 소홀히 하는 그 어떤 오류도 되풀이하지 말아야 한다.

"역사는 때로는 재판관도 압제자였다는 사실을 보여주었다"는 명언이 떠오른다. 법관은 '압제자의 편'이 아니라 바로 자신이 '압제자'였다는 말은 얼마나 무서운 질타인가? 그러나 압제자로부터 국민을 지키기 위하여 온갖 불이익을 무릅쓰고 사법의 올바른 소임을 다한 법관들에게 경의를 표하는 것도 잊지 말아야 하겠다.

이 책을 상재上梓함에 있어서, 전후 45회에 걸쳐 파격적인 연재 지면을 할애해주신 경향신문사 여러분께 깊은 사의를 표한다. 또한 신문 연재 당시 참신한 걸작 삽화로 내 글의 '품질'까지 돋보이게 해주신 박건웅 화백에게 감사와 치하의 말씀을 드리지 않을 수 없다. 집필을 전후하여 저술에 필요한 자료 협조나 조언 등으로 도움을 주신 여러분의 따뜻한 정도 잊을 수가 없다.

끝으로, 이 책의 편집을 총괄해주신 창비의 황혜숙 부장과 책임편집의 직분을 맡아 교정校正을 넘어선 교정校訂의 영역까지 치밀하게 살펴주신 윤동희 팀장, 그리고 정편집실 유용민 님의 각별한 노고에 대하여 참으로 고맙다는 뜻을 전하고자 한다.

2016년 3월 5일

한승헌

차례

01

여운형 암살 사건

27년 만에 나타난
진범의 미스터리

그의 지론인 중도와 화합 통일의 길에는
그처럼 많은 지뢰가 깔려 있었다.
그런 그에게 마침내 열두 번째 테러가 다가오고 있었다.
이번에도 그는 안전할까?

해방정국의 정치 지형

　1945년 8월 15일 정오, 태평양전쟁에서 연합국(미·영·중·소)에 무조건 항복을 고하는 히로히토裕仁 일왕의 처량한 '옥음방송'은 우리 조선 민족에게는 천지개벽에 버금가는 해방의 복음이었다. 그러나 그 거족적 환희 뒤에는 뜻밖의 어두운 그림자가 금방 따라붙고 있었다. 신의주에서 해방을 맞은 함석헌 선생은 그날이 "도둑처럼 뜻밖에 왔다"고 하면서, 마치 해방 올 줄을 미리 알고 있었던 듯이 그 해방을 훔쳐먹으려는 사람들을 비난했다.[1] 여기에 유일한 예외가 있었다면, 즉 해방이 올 것을 미리 예측하고 그에 대비한 사람을 찾는다면, 그는 몽양 여운형이었다. 몽양은 그 전해인 1944년에 '건국동맹'이라는 비밀결사를 조직하여 해방 이후를 대비한 유일한 인물이었다.[2]

　서울에 진주한 미군 사령관 존 하지John R. Hodge 중장이 일본 총독 아베 노부유키阿部信行로부터 항복문서를 받은 9월 9일 오후, 조선총독부 건물에는 일장기 대신 성조기가 펄럭이기 시작했다. '식민지 조선'의 어둠이 걷히고 독립정부 수립의 기대에 들떠 있던 우리 민족 앞에 38선을 경계로 한 미·소 양군의 주둔은 국토 분단의 비극을 강요했다. 패전국 일본조차도 미군의 직접 군정은 면했는데, '해방 조선'이 미군의 직접 군정 아래 놓이게 되었으니 패전국만도 못한 현실이 이 땅을 덮친 셈이었다.[3]

　당시 남한 정치 지형의 판도는 크게 보아 다음의 다섯 갈래로 나뉘어 있었다. (1) 김성수·송진우 등을 중심으로 한 토착세력, (2) 여운형을 중심으로 한 사회주의 경향의 세력, (3) 재건파 박헌영을 중심으로 한 공산주의 그룹, 기독교계 인사를 중심으로 한 세력 중 (4) 이승만계와 (5) 안창호계 등이다.[4]

또, 인맥과 노선 중심으로 좀더 단순화해서 (1) 이승만 노선, (2) 김구·김규식 노선, (3) 여운형 노선, (4) 박헌영 노선의 4대 계보로 나누어 보는 사람도 있다.[5]

해방의 감격을 안고 미국에서 이승만, 중국에서 김구(임시정부 주석)가 귀국한 뒤인 1945년 12월, 모스크바 3상회의에서 나온 '신탁통치안'(5년 간 조선을 미국·영국·소련 3국이 공동관리)에 대한 찬반을 둘러싸고 정계가 크게 양분된다. 남한만의 단독정부를 서둘러 수립해야 한다는 이승만파, 남북통일정부의 수립을 지향하는 김구파는 반탁세력으로, 미소공동위원회 재개를 요구하면서 좌우 합작을 추진하는 김규식·여운형파, 미소공동위원회의 재개를 요구하면서 반미투쟁을 격화시키려는 박헌영·허헌파는 찬탁세력으로 서로 대립하게 되었다. 처음에는 모두 반탁을 표방하였으나 나중에 여운형계와 박헌영계가 찬탁으로 돌아섰던 것이다.

여운형 중간노선의 험난한 시련

앞에서 본 여러 갈래의 정치세력 중에서 해방 직후 정국의 주도권을 선점한 사람은 중도좌파의 여운형이었다. '몽양'이란 아호로 널리 알려진 그는 경기도 양평 태생으로 배재학당과 평양신학교에서 공부했는

몽양 여운형
중도좌파의 여운형은 일본의 패망 직전 조선건국준비위
원회를 조직하여 해방 직후 정국의 주도권을 선점했다.

데, 부모의 3년상을 치른 뒤 집안의 노비문서를 불태우고 종들을 풀어
주는 등 일찍부터 파격을 보여 주목을 끌었다. 중국 망명 후에는 금릉金
陵대학에서 수학했고, 상해에서 신한청년당을 조직, 김규식을 파리강화
회의에 파견한 바도 있다. 그후 일본에 건너가 정계의 요인 등을 만나고
귀국하는 도중 경찰에 체포되어 재판을 받고 1943년 6월 집행유예 판결
로 석방된 후 해방을 맞는다.

국내에서 대부분의 유력자들이 친일로 변절하거나 독립운동을 체념
한 뒤에도 그만은 달랐다. 일본 패전 후의 조국 해방에 대비하여 1944년
'건국동맹'이라는 비밀결사를 조직하는 등 국내파 지하운동의 마지막
한 사람으로 그가 남아 있었다.

일본의 패전 직전 그는 조선총독부 정무총감 엔도 슈사쿠遠藤周作와
만나 일본 항복 후 남한 내의 일본인 보호 요청과 총독부의 행정권 이양

제의를 받아들인다. 그러고 나서 곧바로 안재홍 등과 함께 조선건국준비위원회(건준)를 조직하여(1945. 8. 15) 미군이 들어오기 전에 재빠른 대응을 하고자 동분서주한다. 그런데 몽양은 건준을 이끌어나가는 과정에서 좌우 양편으로부터 협공을 받게 되었으니, 우익 측에서는 건준에 공산당이 끼어 있다고 비난을 하는가 하면, 좌익 측으로부터는 몽양이 우익에 접근한다는 불평이 나왔다.[6]

실제로 몽양이 좌우 양 세력으로부터 동시에 견제를 받은 사례로 그의 인도행(국제회의 참석) 좌절 문제가 있었다. 1947년 3월 미국 공사 윌리엄 랭던William R. Langdon의 권고로 그가 인도에서 열리는 한 국제회의에 참석하려고 했을 때, 좌익 전체가 이를 맹렬히 반대하였을 뿐만 아니라 우익진영에서도 반대를 해서 그만둔 일도 있었다.[7]

그는 곧 우익 지도자인 송진우에게 제휴의 손을 내밀었으나 거절당한다. 송진우는 상해의 임시정부(임정)가 환국할 때까지 (조선인민공화국 수립을 미루고) 기다려야 옳다는 견해를 내세웠다. 반면 몽양은 미군이 서울에 진주하기 전에 우선 국내 정치세력들이 결집하여 과도정권을 수립해놓아야 한다는 지론을 갖고 있었다. 하지만 임정을 무시하는 듯한 몽양의 처사는 광범한 정치세력의 건준 참여를 주저하게 만들었다. 또한 건준의 주도권이 박헌영계로 넘어간 뒤 조선인민공화국(인공)을 선포했지만(1945. 9. 6) 별 힘을 발휘하지 못했다. 인공은 그 이름과는 달리 좌우세력을 망라한 조직이었으나 급조의 흠이 있고 해서 참여가 저조한데다가, 미군정 당국의 거부로 해체되고 말았다. 이렇게 해서 미군의 직접통치를 받지 않고 자주적인 통일정부를 세우려던 몽양의 노력은 실패로 돌아간다.

'3상회의 결정' 수락이 곧 '찬탁'은 아니다?

그러자 그해 11월 12일, 몽양은 중간 혁신정당으로 조선인민당을 결성하고 미군정이 주도하는 좌우합작을 지지한다. 이어서 모스크바 3상회의에서 결정된 조선 신탁통치 문제로 좌우가 대립되었을 때 공산당과 함께 민주주의민족전선(민전)을 결성하여(1946. 2. 15) 찬탁 진영으로 돌아선다.

그런데 좌우가 모두 반탁으로 뭉쳤다가 여운형이 공산당과 함께 찬탁으로 입장을 바꾸었다는 말에 대해서는 이론異論도 있었다.

모스크바 3상회의 결정 제3항에는 "미소공동위원회는 조선통일임시정부와 협의를 거친 다음, 신탁 문제를 결정한다"라고 되어 있었다. 이점을 재확인해주듯이 그해 12월 31일 주한 미군사령관 하지 중장은 기자회견에서 "신탁통치는 통일임시정부가 선 다음, 그 통일정부와 협의를 거친 뒤에 실시 여부를 결정한다"고 말했다. 같은 날 제임스 번스 James F. Byrnes 미 국무장관도 이런 발표를 했다. "모스크바 3상회의의 결정을 지지해야만 통일정부를 세울 수 있다. 어쩌면 미소공동위원회는 신탁통치의 실시를 불필요한 것으로 결정할지도 모른다." 결국 통일정부 수립을 위해서는 3상회의 결정을 수락할 수밖에 없었고, 그렇게 되더라도 '반탁'의 여지가 봉쇄되는 것은 아니라는 판단이 가능했다. 이런 근거와 전망에 따라 1946년 1월 7일 한국민주당(한민당), 국민당, 조선인민당, 조선공산당은 여운형의 제안에 따라 "통일임시정부의 수립은 수락한다. 그러나 신탁통치 문제는 그 통일임시정부로 하여금 민족자주정신에 따라 반대하도록 한다"는 합의문을 발표한다. 그런데 바로

미소공동위원회 미국 대표와 함께한 여운형(1946. 5)
여운형은 미소공동위원회가 재개되자 근로인민당을 만들어 좌우합작을 계속 추진하고자 했다.
그러나 좌우 양 진영의 반대세력과 맞서야 했다.

그다음 날 한민당이 입장을 바꾸어 전날의 합의를 뒤집는 바람에 모든 것이 유산되고 말았다.[8] 이렇게 볼 때 여운형은 통일정부 수립을 위해 3상회의 결정의 수락을 주장한 것이지, 찬탁을 한 것은 아니었다는 견해가 나올 여지가 있었다.

어쨌든 제1차 미소공동위원회의 결렬과 좌우의 협공으로 조선인민당 또한 해산(1947. 2. 27)의 운명을 맞는다. 그로부터 얼마 후 미소공동위원회가 재개되자 그는 근로인민당을 만들어(1947. 5. 24) 좌우합작을 계속 추진하고자 했다. 그러나 좌우 양 진영으로부터 비난과 공세를 받는 가운데 앞뒤로 여러 반대세력과 계속 맞서야 했다.

열 번도 넘게 테러를 겪는 위험 속에서

몽양은 해방 직후부터 테러의 표적이 되었다. 해방 사흘째인 8월 18일 건준의 회의를 마치고 밤늦게 귀가하다가 자택 부근의 계동 골목길에서 괴한들에게 뭇매를 맞은 것을 비롯하여 10여 차례나 테러를 당한다. 그러고도 그는 불사조처럼 살아남았다. 그에게 드리운 죽음의 손길, 그 피습일지를 정리해본다.[9]

(1) 1945년 8월 18일 오전 1시, 계동 자택 앞에서 곤봉으로 피습.

(2) 그해 9월 7일 저녁 무렵, 원서동에서 계동으로 넘어오다가 괴한들에게 밧줄로 묶임, 행인이 구제.

(3) 그해 12월 상순, 배천(白川)온천 여관에 테러범 침입, 사전에 여관을 옮겨 무사.

(4) 1946년 1월, 청진동 친구 집을 괴한 5명이 습격, 출타 중이어서 위기 모면.

(5) 그해 4월 18일 오후 9시, 관수교에서 괴한들에게 포위, 행인이 구출.

(6) 같은 해 5월 8일, 서울운동장에서 수류탄 테러 사전 발각.

(7) 같은 해 5월 하순 10시경 종로에서 괴한들에게 포위, 행인이 격투 끝에 구출.

(8) 같은 해 7월 17일, 신당동 산에서 교살 직전 벼랑에서 낙하 도피.

(9) 같은 해 10월 7일 저녁 무렵, 자택 문전에서 납치.

(10) 1947년 3월 17일 밤, 계동 자택의 침실 폭파, 출타 중으로 무사.

(11) 같은 해 4월 3일, 혜화동 로터리에서 승용차 피습.

(12) 같은 해 7월 19일 오후 1시경, 혜화동 로터리에서 피습 서거.

그러고도 그는 담대했다. 그를 노린 범인과 그 배후에는 좌익보다 우익이 더 많았다. 그의 지론인 중도와 화합 통일의 길에는 그처럼 많은 지뢰가 깔려 있었다. 그런 그에게 마침내 열두 번째 테러가 다가오고 있었다. 이번에도 그는 안전할까?

혜화동 로터리, 열두 번째 테러에서

1947년 7월 19일 오후 1시 조금 넘은 시각, 몽양은 당시 유숙하고 있던 서울 종로구 명륜동 정무묵(사업가)의 집에서 나와 리무진을 타고 계동 자택으로 향했다. 그는 4개월 전 자택에서 폭파 미수의 변을 당한 뒤 주변의 권유로 후원자인 정씨의 집에서 기거해오던 참이었다. 차가 혜화동 로터리를 향하여 서서히 골목길을 빠져나오던 바로 그때, 혜화동 파출소 옆에 서 있던 트럭 한 대가 갑자기 후진을 시작했다. 리무진은 더욱 속력을 늦추어 좁아진 공간을 비켜나갈 수밖에 없었다. 그때 갑자기 차 뒤쪽에서 한 젊은이가 권총을 겨누고 달려들었다. 낮 1시 15분, 세 발의 총성이 울렸다. 그 차에 타고 있던 몽양은 무너지는 듯 앞으로 쓰러졌다. 경호원 박성복은 차 밖으로 뛰어내려 범인을 뒤쫓고 운전기사 홍순태는 차를 몰아 근처에 있는 서울대병원으로 황급히 달려갔다. 그러나 몽양의 숨은 이미 끊어진 뒤였다. 이렇게 해서 향년 61세의 민족지도자는 파란만장한 이승의 삶을 거두고 불귀의 객이 되었다.

여운형이 암살당한 서울 혜화동 로터리
1947년 7월 19일 낮 1시 15분, 혜화동 로터리에 세 발의 총성이 울렸다. 그 차에 타고 있던 몽양은 무너지는 듯 앞으로 쓰러졌다.

 한편 박성복은 권총을 빼어 들고 혜화국민학교 옆 골목으로 도주하는 범인을 뒤쫓아가 권총 두 발을 쏘았다. 바로 그 순간 뒤에서 '누구냐?'며 달려들어 그의 목과 허리를 껴안는 사람이 있었다. 경찰관 정복을 입은 그는 동대문경찰서 외근감독 최태화 경위였는데, 박성복을 범인으로 오인하여 체포하려 했노라고 했다. 박은 자신의 신분을 밝히고 경찰관을 뿌리친 다음 골목길로 도망친 범인을 쫓아갔으나 이미 사라진 뒤였다. 골목길에서 트럭이 후진하면서 길을 막은 것이나 경찰관이 범인을 추격하는 사람을 범인이라고 붙잡은 괴이한 짓이 모두 우연으로만 보아 넘기기는 어려운 변고였다.

피격 직후 및 수사과정의 꼬리 무는 의혹들

경찰로부터 보고를 받은 서울지검 오제도 검사는 현장 검증을 위해 사건 현장으로 달려갔으나 현장 보존이 되어 있지 않았고, 경찰관도 눈에 띄지 않았다. 수사본부가 있는 동대문경찰서로 갔더니 서장실에 이익흥 수도경찰청 부청장, 노덕술 수사과장 등 경찰 간부들이 뭔가 숙의를 하고 있었다. 현장 보존도 안하고 왜 여기들 있느냐고 묻자 그들은 지금 현장에 갔다가는 봉변만 당한다고 했다.[10] 현장엔 가지도 않고 동대문경찰서장실에 모여 있던 경찰수뇌들은 왜 '지금 현장에 갔다가는 봉변을 당한다'고 했을까?

서울대병원으로 황급히 달려온 당시 수도경찰청장 장택상에게 몽양의 장녀 난구 씨가 "우리 아버지를 죽인 자가 무엇 때문에 여기까지……"라며 대들었으나 장택상은 아무 말도 하지 못했다.

이상한 일은 계속 일어났다. 주한미군방첩대(CIC), 헌병, 수사기관 요원들이 연달아 몽양 집에 들이닥쳐 압수수색을 벌였다. 이처럼 암살당한 피해자 집에 와서 범행 증거를 찾는 희극이 연출되었는가 하면, 심지어 당시 미 군정청의 한 법무장교가 작성한 보고서에는 "경찰은 여운형의 동행인을 제외하고는 아무도 체포하지 못했다. (…) 몽양의 개인적, 혹은 정치적 동지들을 체포했을 뿐이다"라고 적혀 있었다.[11]

수사를 맡은 수도경찰청은 (사건 발생 5일째인) '7월 23일 오후 2시 서울 중구 저동2가에 있는 유풍기업회사 2층에서 범인 한지근(19)을 체포하여 엄중 취조 중에 있다'는 장택상 청장의 담화를 발표했다. 한편 군정청 경무부장 조병옥도 같은 내용의 발표문을 내놓았는데, 거기에

다음과 같은 대목이 들어 있었다. "이와 같이 훌륭하고 위대한 수사의 업적은 수도경찰의 자랑이 됨은 물론, 국립경찰사 아니 세계경찰사에 찬연한 한 페이지를 썼다고 나는 생각하며 만족을 느낀다."[12] 실로 황당한 말이었다. 더구나 범인 체포 과정을 알고 보면, 신동운이라는 신고자(실은 범행 지휘자)와 경찰(수도경찰청 수사과장 노덕술) 간의 협상(?)으로 공범자 중 범인을 한 사람만 내놓기로 하고 검거 현장에서 동석자들과 기념사진까지 찍었다니,[13] 경무부장의 위와 같은 말이 얼마나 가당찮은 허장성세인가를 알 만했다.

몽양이 이처럼 암살당한 데 대하여 가해자 측은 그가 좌우합작과 남북협상에 적극적으로 앞장을 서는 등 민족분열의 책임이 크기 때문이라고 했다. 그러나 남북분단의 위험이 각일각 현실화되던 당시에 좌나 우만 고집하는 민족분열적 사고를 배격하고 민족통일의 대의에 입각한 좌우합작과 남북협상을 추진한 것을 두고 '민족분열을 초래했기 때문에 그를 암살했다'고 하는 주장은 설득력이 별로 없으며, 이런 주장은 당시 이승만의 대한독립촉성국민회가 좌우합작을 반대하며 전개한 논리와 묘하게도 일치한다는 반론이 나왔다.[14]

한편, 몽양의 노선과 애국심에 대하여 다음과 같은 호의적인 평가도 있다. "몽양 여운영은 익翼의 좌우를 가르지 않았을 뿐 아니라, 어느 한쪽에만 치우치지도 않았다. 그는 오로지 민족만을 사랑한 철저한 민족주의자였다. 여운형은 미국과 그들의 이익을 대변하던 이승만파의 노선과 다른 길을 걸었고, 때문에 암살당했지만, 그가 철저한 민족주의자였다는 점은 긴 설명이 필요치 않다."[15]

배후도 공범도 없다?

경찰로부터 사건을 송치받은 서울지검의 조재천 검찰관(4·19 후 민주당 정부의 법무부장관 역임)은 자기와 함께 기거해온 한지근을 범인이라고 경찰에 신고한 신동운을 추가로 검거, 조사했다. 그러나 공범으로 볼 증거가 불충분하다며 풀어주고, 한지근만 살인 및 포고령 제5호 위반(무기 불법소지)으로 구속 기소했다(1947. 9. 6).

조 검찰관의 공판청구서(공소장)에 기재된 한 피고인의 신상과 범행 경위는 이러했다. 1929년 3월 평양 출생인 그는 영변에 있는 용문중학교 졸업 후 농사를 짓다가 중학 동기생 김인천이 이끄는 '건국단'이라는 비밀결사에 가입했다. 좌우익을 막론하고 민족분열을 초래하는 자를 숙청하는 것을 목적으로 한다는 그들은 남조선의 여운형이 반탁에서 찬탁으로 돌변, 민족분열을 초래하고 있다며 그를 처단하기로 모의했다. 피고인은 같은 단원인 백남석으로부터 한민당 당수 송진우 살해범인 한현우의 처에게 건넬 소개장과 함께 김인천이 주는 권총 1정을 숨겨가지고 평양을 출발(1947. 6. 26), 38선을 넘어 서울로 왔다. 그후 여운형의 동태를 면밀히 탐지, 확인한 뒤 범행일시에 혜화동 우편국 옆길에서 여운형이 탄 차가 나오는 것을 확인하고 차 뒤쪽에서 여씨의 등을 향해 권총 세 발을 쏘아 그를 살해했다.

그러나 세간에는 한지근은 진범이 아니라거나 경찰이 사건을 축소, 엄폐하고 있다는 등의 의혹이 나돌았다. 배후세력에 대한 논란도 무성했다.

'공범·배후'에 대해서는 질문조차 없고 판결도 '무기'

첫 공판은 그해 9월 27일 오전 서울지방심리원 대법정에서 재판장 박원삼 심판관(6·25 때 납북)이 주재하는 합의부의 심리로 열렸다. 당시의 신문기사와 공판조서를 보면, 한지근은 법정에서 주저치 않고 자기가 여씨를 저격한 동기와 경위를 당당하게 진술한 것으로 되어 있다.

한지근 피고인의 법정 진술 중 일부를 옮겨본다.

재판장 건국단에는 언제 입단하였으며, 그 목적은 여하한가?

한지근 작년 10월경에 입단하였고, 그 목적은 완전 자주독립을 위함이고, 매국노, 민족분열자, 기회주의자, 파괴주의자와 정권 야욕이 있는 자는 좌우를 막론하고 처단하는 것이 목적입니다.

재판장 처단한다는 의미는 살해한다는 것인가?

한지근 예, 살해하는 것입니다.

재판장 여운형은 매국노, 민족분열자, 기회주의자, 파괴주의자 중에서 어떠한 자에 해당하는가?

한지근 여운형은 3개 조건에 해당하는 것이니, 그 사람을 매국노라 할 수 있는 것은 건국준비위원회를 조직하였던 사람으로 쏘련을 조국이라고 하는 박헌영과 손을 잡는 점으로 보아 그런 것이며, 민족분열자로 볼 수 있다는 것은 막부3상회의 결정의 신탁통치를 결사적으로 반대하다 교묘한 선전으로 그후에 탁치를 지지하는 사람으로 변하여 민족은 분열되었으며, 기회주의자라고 할 수 있다는 것은 반탁에서 찬탁으로 돌변한 것이니, 정치적 야욕을 만족시키기 위하여 때로는 반탁이고 때로는 찬탁을 하는 기회주의자입니다.

재판장 어떠한 관계로 (여운형 암살을) 결의하게 되었는가?

한지근 전술한 김인천 단장과 백남석과 저 3인이 규정한 후 저 자신이 자원하여 상경한 것입니다.[16]

공판은 피고인신문 2회, 몽양의 운전기사 등 3인의 증인신문 1회, 이렇게 단 3회로 끝났는데, 놀랍게도 공범이나 배후에 대해서는 단 한마디의 질문조차 나오지 않았다. 조재천 검찰관은 한지근에게 사형을 구형했으나 재판부가 내린 형은 무기징역이었다. 한지근은 당시 21세였는데도 사형을 모면하기 위해 19세의 소년범이라고 거짓말을 하였다. 그는 한때 1심 판결에 불복했다가 곧 취하함으로써 무기형이 확정되었다. 그는 개성소년형무소에서 개성형무소로 이감, '특과생' 반장으로 특별대우를 받으면서 자유로운 생활을 만끽하며 복역하다가 6·25가 일어난 후 생사 불명되었다. 인민군에게 끌려가 피살되었다는 소문과 일본으로 밀항했다는 등의 추측이 나돌았다.

암살의 배후에 노덕술의 그림자

언제부터인가 몽양이 테러나 암살을 당할 것이라는 소문이 널리 퍼지기 시작했다. 특히 제2차 미소공동위원회가 성공하면 몽양이 통일 조선의 초대 대통령으로 유력하다는 전망이 나돌자 대통령 자리를 노리던 정치인들의 시기 질투가 그에게 집중되었다. 그중에서도 극우세력이 정계 요인 암살을 기도하고 있다는 사실을 경찰이 알고 있었다. 이런 분위기 속에서 하지 중장은 1947년 6월 28일 이승만의 테러 음모를 비판하고 그 중지를 요구하는 공개서한을 보낸다.[17] 그로부터 20일 뒤에 몽양이 암살된다. 그러나 미군정의 입장에서도 차후 남한에 단독정부를 세우려 할 때 여운형이 방해세력이 될 것으로 보았기에, 속내로는 그의 보호에 집착할 이유가 없었다고 보는 논자도 있었다.

범행 현장을 중심으로 배후론을 따져나간다면, 경찰조직이 그 의혹의 중심에 떠오른다. 이런 주장도 나왔다. "몽양 암살자들은 백주에, 그것도 파출소 코앞에서 경찰차의 진로 방해로 인해 몽양을 손쉽게 저격할 수 있었으며, 추적하는 경호원까지 경찰이 따돌려주는 가운데 유유히 은신처로 도주하였던 것이다. 이러한 정황은 당연히 경찰이 이 사건에 깊이 개입하여 암살이 성공할 수 있는 조건을 만들어주었으며, 암살자들의 체포도 고의로 회피한 것이 아닌가 하는 강한 의심을 갖게 만든다."[18]

이들에게 몽양 암살을 교사하고 거처와 생활을 보장해주었던 신동운은 1974년 2월 10일 『일요신문』에서 "모든 정치테러가 그렇듯이 배후가 없다는 것은 말이 안 된다. 그러나 이 사건에서 나 이상의 배후를 밝힐 수는 없다"고 당당히(?) 말하고 있다. 그러나 이 사건 범행 전에 서울경찰청 수사과장 노덕술이 신동운과 자주 만난 사실이 드러났으며, 노덕술이 이 사건의 배후이거나 미리 알고 있었으며, 범행의 사후 축소 조작에 관여한 사실 등이 '노덕술 배후론'의 신빙성 있는 근거로 거론된 바가 있다.[19]

27년 만에 나타난 4명의 공범

　그러나 '한지근 단독범' 판결은 조작된 각본에 속아넘어간 어이없는 오판이었다. 범행 후 27년이 지난 1974년 2월 4일, 몽양 암살의 공범을 자처하는 네 사람의 남자가 등장하는 깜짝쇼가 벌어져 세인을 놀라게 했다.[20] 이 사건의 공범이라며 나타난 일당은 김흥성(54), 김훈(49), 김영성(48), 유순필(49) 등 네 명의 중년 남자였다. 범행의 총지휘자는 김흥성이었고, 한지근은 제1저격수, 김훈은 제2저격수, 나머지 두 사람은 저격 후의 현장 확인, 수사상황 파악 및 도피로 등을 맡는 확인조 등으로 각자 범행을 분담했노라고도 했다. 한지근은 본명이 이필형으로, 범행 당시 나이도 19세가 아닌 21세였다는 말도 나왔다. 이들은 '민족의 분열과 공산화를 막기 위해서' 암살계획을 세우고 실행했으며, 범행 직후 한지근의 체포과정 및 진술은 사전 각본에 따른 연출이었다고 했다. 김훈은 "사실은 사실대로 밝혀야 한다는 생각으로 폭로를 결심했다"고 말하는가 하면, 유순필은 "역사가 너무 왜곡된 것 같다. 뒤늦게나마 진상을 밝히는 것이 몽양 선생이나 한지근 동지에 대한 한 가닥 예우가 되리라고 생각했다"고 했다. 그러면서도 끝내 자기들의 배후는 없다고 했다.

　이들의 자백에도 불구하고 이미 살인죄의 공소시효(범행 후 15년)가 12년이나 지난 뒤라서 형사처벌은 불가능했다. 다만 국민들은 이참에 사건의 정치적 배후가 드러나기를 기대했다. 그러나 그들을 조사한 서울지검은 아무런 배후관계도 밝혀내지 못한 채 불기소처분을 하는 데 그쳤다. 그 네 사람의 출현은 공소시효 제도를 악용해 역사와 국민을 우롱한 단막극이 되고 말았다.

여운형 암살 공범
범행 후 27년이 지난 1974년 2월 4일, 몽양 암살의 공범을 자처하는 유순필, 김흥성, 김훈, 김영성(왼쪽부터) 등 네 사람이 등장하는 깜짝쇼가 벌어져 세인을 놀라게 했다.

공범 배후 조사는 언터처블?

앞서 언급했듯이 몽양 피격 직후부터 그 배후세력에 대한 추측이 난무했으며, 한지근의 단독 범행이 아니라는 풍문도 자자했다. 그러나 27년 만에 나타난 김흥성 등은 '배후는 없다'고 잡아뗐다.

하지만 사건 수사 초기부터 석연치 않은 의문점이 속출했다. 당시 수도경찰청의 수사과 간부이던 김재곤 경감은 "한을 검거하고 공범 수사를 하던 중 상부의 냉담한 반응에 부딪혀 미온적인 채로 수사를 끝냈다"면서 수사과장 노덕술(일제 때 악명 높았던 고등계 형사로 훗날 반민특위에 검거된 바도 있다)로부터 "공범을 깊이 팔 것은 없지 않느냐"고 제지를 당했다고 했다. 장택상 수도경찰청장은 김 경감의 보고를 받고 "수사에서 손을 떼라"고 지시, 사건은 관할 동대문경찰서로 넘어갔다. 조재천 검찰관의 입회 서기였던 최만행(훗날 제주지방법원장)도 "범행 20일 전에 월남한 한이 범행에 필요한 정보를 그토록 정확히 입수하기는 어려웠을 것이며 그밖에도 여러 의문이 남는다"고 회고했다.[21] 이 기사에는 '한지근의 변호인이던 김섭 변호사도 최씨와 같은 의견이었다'고 되어 있으나, 사석에서 그런 말을 했는지는 몰라도 김 변호사의 『여운형 살해사건 진상기』(독립신문사 1948)에는 공범이나 배후세력에 대한 언급이 전혀 없다.

그밖에도 의문은 여기저기서 머리를 들었다. 사건의 배후로 좌익이나 우익 세력을 지목하거나 아예 실명으로 박헌영이나 김구를, 나중에는 이승만을 거론하는 사람까지 나왔다. 그런데도 검찰관이 작성한 한지근에 대한 5회에 걸친 피의자신문조서와 신동운에 대한 3회에 걸친 증인신문조서의 어디에도 배후에 대한 면피용 질문의 시늉조차도 나와 있지 않다. 검사가 피의자를 조사하면서 '배후'란 말조차 꺼낸 적이 없다면 이상하지 않은가?

정파 간의 대립 갈등이 빚어낸 테러의 비극

좀더 차원 높은(?) 풀이도 있었다. 몽양의 암살은 남조선과도입법의원(미군정 치하의 입법기관)의 존립 목적이 당초의 임시정부 수립에서 남한 단독정부 수립 쪽으로 바뀌어가는 신호탄이었다는 것이다. 다시 말해 몽양의 좌우합작 노력이 미군정이나 이승만 등 단독정부를 계획하는 세력에게는 마땅치 않은 장애물로 변했다는 분석이었다. 그와 다른 분석도 있었다. 즉 "몽양의 정적들은 오래전부터 그를 증오하고 그의 세력을 꺾으려고 여러 가지로 노력해왔지만, 이때에 이러한 사건이 일어난 직접적인 원인은 아마도 미소공동위원회가 성공을 거두어 과도정부가 수립될 때에는 극우나 극좌가 아닌 중간세력을 대표하여 미·소 양측을 조화시키며 정부를 힘있게 이끌어나갈 제일의 인물로서 중간 좌파의 지도자인 여운형이 손꼽혔다는 사실에 있었"다고 보는 것이다.[22]

이런 엇갈린 견해가 얽힌 점으로 보더라도 몽양 암살 사건을 둘러싼 여러 의혹은 한갓 막연한 풍설일 수만은 없었다.

당시 남한에는 서로 입장을 달리하며 갈등 내지 대립 관계에 놓인 몇 갈래의 정치세력이 포진하고 있었다. 이 세력들은 앞서 본 대로 처음엔 좌우 대립으로 시작해 모스크바 3상회의의 조선 신탁통치(안)에 대한 찬반을 둘러싸고 첨예한 적대관계로 맞서게 되었다. 그뿐만 아니라 남한 단독정부 수립, 남북협상 등의 문제로 충돌하는 와중에 인명 살상까지 노리는 광기어린 테러가 속출하고 말았으니, 그 첫번째가 우파의 대표 격인 송진우 암살 사건(1945. 12. 30)이었다. 여기서 다루는 여운형 암살 사건이 있은 뒤에도 한민당 정치부장 장덕수 암살 사건(1947. 12. 2), 임정 주석 김구 암살 사건(1949. 6. 26), 서울시경 사찰과 김호익 총경 피살 사건(1949. 8. 12) 등이 일어났다. 또 남한의 독재정권(제1공화국) 아래서는 이승만 대통령 저격 사건(1952. 6. 25), 육군특무부대장 김창용 암살 사건(1956. 1. 30), 장면 부통령 저격 사건(1956. 9. 28) 등이 연달아 일어났다.

여운형의 장례식 행렬(1947. 8. 3)
여운형의 고난도 행보는 당시 좌우 양측으로부터 거센 집중포화를 받았다. 그리고 마침내 흉탄에 쓰러지는 비통한 최후를 맞게 되었다. 그의 장례식은 60만여 명의 추모 인파가 모인 가운데 인민장으로 치러졌다.

여운형의 건준 및 좌우합작 노선 등에 대한 평가

8·15해방 후 몽양의 활동에 대한 평가는 논자에 따라 서로 다르다. 일부에서는 그가 임정 환국 전에 건준과 인공을 졸속으로 급조한 점, 반탁에서 찬탁으로 표변한 점 등을 지탄하고, 그의 중간노선을 기회주의로 폄하했다. 그런가 하면 그의 신속하고 자주적인 시국 대처, 민족분단을 막기 위한 좌우합작과 통일정부 수립을 위한 노력을 높이 평가하는 의견이 있는데, 후자가 좀더 우세한 것으로 보인다.[23]

그가 미군이 진주하기 전에 건준을 만들고 인공을 선포해 미군정의 직접통치를 면해보려고 한 점, 민족의 분열을 막고 통일정부를 세우기 위해 좌우합작을 추진한 점은 비록 결실 없는 실패로 끝났지만, 그의 외로운 집념과 우국충정의 결행은 당대나 후세에 높은 평가를 받았다. 일부 논자는 그가 모스크바 3상회의의 신탁통치안을 받아들이고자 한 데는 우선 남북 전체를 통치하는 임시정부를 수립함으로써 조국의 분단을 막는 것이 급선무라고 보았고, 신탁통치 문제는 그뒤에 해결에 나선다는 지론이 담겨 있었다고 보기도 한다.[24] 실제로 우익의 한국민주당·국민당과 좌익의 조선공산당·조선인민당은 여운형의 제의에 따라, '4당 성명' ― (1) 3상회의 결정의 정신과 의도를 지지한다. (2) '신탁'은 장래 수립될 우리 정부로 하여금 자주독립의 정신에 기하여 해결하게 한다. ― 을 발표했다. 그러나 그후 4당의 의견이 분열됨으로써 민족 분단을 막기 위해 먼저 3상회의 결정을 지지하되 신탁통치 문제는 통일정부 수립 후에 자주적으로 해결한다는 몽양의 절충안은 수포로 돌아갔다.[25] 이러한 그의 고난도 행보가 당시 좌우 양측으로부터 거센 집중포화를 받았고, 그는 마침내 흉탄에 쓰러지는 비통한 최후를 맞게 되었으니, 그후의 분단 고착으로 인한 민족의 비극을 반추해볼 때 참으로 애석한 일이 아닐 수 없다.

몽양의 유택은 서울 수유리에 있다. 2002년 8월 14일, 8·15민족통일대회 북측 대표의 일원으로 몽양의 차녀인 연구 씨가 서울에 왔을 때 아버지 성묘조차 막으려 한 남측의 견제로 모처럼의 환영행사가 한 시간 반이나 늦어졌던 일이 생각난다.

1 함석헌『뜻으로 본 한국역사』, 한길사 1983, 268면. 여기서 함선생의 말씀은 이렇게 이어진다. "그들이 이 도둑같이 온 해방을 자기네가 보낸 것처럼 말하여 도둑해 가려는 심장에서 하는 소리다. 그러나 그것은 거짓말이다. 만일 그들이 그렇게 미리 알았다면, 그렇게 시대를 내다보는 선경지명이 있었다면, 왜 8월 14일까지 그렇게도 겸손히 복종을 하고 있었던가? 그때에 한 마디라도 미리 말하여 민중을 위로하고 용기를 가다듬어준 것이 있다면 이제 와서 새삼스러이 선전을 하지 않아도 민중이 지도자로 모셨을 것이다."

2 송건호는「해방의 민족사적 인식」(송건호 외『해방전후사의 인식 (1)』, 한길사 2004, 20~21면)에서 "이 땅에 민중적 차원에서의 항일투쟁은 산발적이긴 했으나 전국 도처에서 전개되어왔지만, 지도층은 야수 같은 총독경찰의 탄압에 검거·투옥되거나 친일 전향하여 8·15 당시에는 여운형의 건국동맹 외에는 이렇다 할 통일조직이 없었다"라고 보았다.

3 '조선 인민에게 고함'이라는 맥아더 미군사령관의 포고 제1호에는 남한에 진주하는 미군을 '점령군' '점령군 군사재판'이라는 용어 등으로 성격 규정을 하고 있으며 이 맥아더의 포고는 마치 한국인이 미군과의 전쟁에서 항복이라도 한 듯이, 승전한 자가 패전한 자를 대하는 것처럼 고압적인 것이었다. 미국의 한 저널리스트도 "우리 미군은 결코 해방군은 아니었다"고 기록했다.(高峻石『韓國現代史入門』, 東京, 批評社 1987, 23면) 이런 미군과는 달리 소련군은 '해방군'으로 왔다는 점을 강조했으며, 미국이 군정청을 설치하여 남한에 대하여 직접통치를 한데 비하여 소련군은 북한에 대하여 간접 통치를 했다.(서중석『한국현대사 60년』, 역사비평사 2007, 18면)

4 송건호, 앞의 글 21면.

5 같은 글 38면..

6 이기형『여운형 평전』, 실천문학사 1984, 303~04면.

7 이동화「8·15를 전후한 여운형의 정치활동」,『해방전후사의 인식 (1)』, 439~40면. 1947년 3월 미국 공사 랭던의 권고로 인도에서 열리는 한 국제회의에 참석하려고 했을 때, 좌익 전체와 우익진영이 동시에 반대를 하고 나섰다. 우익 측은 몽양과 미군정이 접근하는 것을 경계하고 시기하고 또 두려워하였다. 인도에 가는 길에 워싱턴까지 들러 미국 정부 요로 인사들을 만나고 그들의 지지를 받게 된다면 그는 귀국 후 이 나라의 정치무대에서 확고부동한 주도적 지위를 차지하게 되리라고 보았기 때문이었다. 반면, 좌익 측은 미군정이 그를 보내려고 하기 때문에 명분상 반대를

하지 않을 수가 없었다. 좀더 큰 이유는 중간적인 좌우합작 세력이 정치적 주도권을 장악하는 경우, 그들의 좌우의 각 정치노선에 파탄이 오는 것을 두려워했기 때문이었다. 그 무렵 몽양의 계동 자택 거실 폭파 사건도 그의 인도행을 저지하기 위한 좌익 측의 소행으로 알려졌다.

8 『송건호전집 (12)』, 한길사 2002, 153면.

9 정병준 『몽양 여운형 평전』, 한울 1995, 416면; 이기형, 앞의 책 370면.

10 오제도 「그때 그 일들 (135)」, 『동아일보』 1976년 6월 12일자.

11 「경찰과 여운형에 관한 레너드 버치(Leonard Bertch)의 비망록(1947. 7. 21)」, 정병준, 앞의 책 465면에서 재인용. 당시 경찰은 암살범에 대한 단서를 잡는다는 이유로 몽양의 측근과 동지들을 체포했는가 하면, 범인을 추격하던 몽양의 경호원을 공범 혐의자라며 체포하기까지 했다. 비난 여론이 높아지자 경찰은 그들을 석방했다.

12 『경향신문』 1947년 7월 25일자.

13 한지근(본명 이필형)의 체포는 몽양 암살조를 이끌던 신동운의 제보에 의해 이루어졌다. 1947년 7월 23일경 수사과장 노덕술 총경이 신동운을 과장실로 불러 장시간 무엇인지 얘기한 뒤, 수사과 강력주임 박경림 경위에게 신동운을 소개하면서 그를 데리고 가서 범인을 잡아오라고 했다. 그들은 유풍기업 2층에 가서 일당 세 명 중 한지근 한 명만 연행했는데, 당시 신동운은 "동지들이 헤어지는 이 마당에 기념촬영이나 찍어달라"고 요구, 경찰이 미리 동원한 사진사가 사진까지 찍어주었다.(이기형, 앞의 책 379, 407면)

14 이기형, 앞의 책 414면.

15 송건호 「합작과 통일의 민족주의자 몽양 여운형을 기억하며」, 정병준, 앞의 책 6면.

16 「서울지방심리원 형사제2부 제1회 공판조서(1947. 9. 27)」, 김섭 편 『여운형 살해사건 진상기』, 독립신문사 1948, 118~21면 수록. 이 책에는 검찰의 피의자신문조서, 증인신문조서 등 수사기록과 공판청구서, 법원의 공판조서, 판결서 및 변론서 등 전문이 원문 그대로 수록되어 있다.

17 정병준, 앞의 책 450면.

18 이기형, 앞의 책 405면.

19 같은 책 408~10면.

20 『한국일보』 1974년 2월 5일자.

21 위와 같음.

22 이동화, 앞의 글 444면.

23 같은 글 443면.

24 모스크바 3상회의 결정의 수락을 찬탁과 동일시하는 데 대한 다른 의견도 있었다. 문제의 3상회의 결정은 '장차 수립될 한국임시정부와 한국의 정당 사회단체의 의견을 존중할 것을 강조하고, 임시정부(상해나 중경의 임정이 아님)와 협의한 뒤 신탁에 관한 합의를 이루도록' 되어 있는데(결정 제3항), 그 원문이 잘못 전달되었거나 충분히 검토되지 못했다는 것이었다.(김도현 「이승만 노선의 재검토」, 『해방전후사의 인식 (1)』, 375면)

이런 의견도 있었다. "찬탁이 아니라 모스크바협정 지지 입장은 (…) 임시정부 수립의 실천에 초점을 맞춘 것이어서 사실상 현실적인 판단이라고 할 수 있으나, 즉각적인 독립을 열망하는 대중들의 민족적 정서를 담아내기에는 미흡한 것이었다."(민족운동사연구회 『해방후 한국변혁운동사』, 녹진 1990, 264면)

25 강만길 『20세기 우리 역사』, 창비 2009(증보판), 236면. 이 신탁통치안을 둘러싼 당시의 논의는 정병준 『몽양 여운형 평전』 중 「모스크바 3상회의 결정이 몰고 온 태풍」에 자세히 언급되어 있다.

02

반민특위 사건

친일 경찰에 무너진
민족정기의 심판

아무리 숭고한 민족정기도
거창하고 애국적인 뜻만으로는 실현되지 않는다.
법은 친일한 그들에게 사실상 면죄부를 줌으로써
반역사적 행태를 부추긴 것은 아닐까?

남한 정부의 수립과 일제 잔재의 청산 문제

일제에서 해방된 우리 민족 앞에 다가온 가장 절실한 과제는 일제 잔재의 청산이었다. 그러기에 '민족정기'와 '친일파 민족반역자 처단'이란 외침이 각계에서 분출되었다. 실제로 남조선과도입법의원[1]에서 친일파 숙청법 문제가 거론된 끝에 미군정 당국의 반대를 무릅쓰고 1947년 7월 2일 친일파 숙청법('민족반역자·부일협력자·간상배에 대한 특별법')을 통과시킨 바도 있다. 그러나 미군정 당국의 인준 거부[2]로 그 시행을 보지 못한 채 1948년 8월 남한만의 '대한민국' 정부가 수립되기에 이른다.

모스크바 3상회의 결정에 따라 설치된 미소공동위원회가 조선에서의 임시(단일)정부 수립 등 현안 해결에 실패하자, 미국은 한반도 문제를 유엔으로 가져간다. 그에 따라 유엔총회는 1947년 11월 14일 '유엔 감시하에 남북한 총선거를 실시한다'는 미국 안을 절대적 다수(43 대 0)의 찬성으로 통과시킨다. 당시 소련을 비롯하여 반대론도 만만치 않았다. 즉 그런 결정은 전후처리 문제에 대한 유엔의 관여를 금지한 유엔헌장 제107조 및 내정 불간섭을 명시한 이 헌장 제2조 제7항에 위반된다는 것이었다.

이어서 유엔임시한국위원단이 서울에 들어와(1948. 1. 8) 입북을 시도하였으나 북조선인민위원회와 소련군 당국이 이에 반대하여 뜻을 이루지 못한다. 그러자 미국은 유엔소총회에서 '가능한 지역 내에서의 선거'를 한다는 결의를 이끌어낸 다음, 남한만의 국회의원 선거(이른바 '5·10선거')에 이어 이승만을 대통령으로 하는 '대한민국 정부'를 출범시킨다.

방해와 저항을 무릅쓴 '반민족행위처벌법'

국회는 대한민국 헌법에 친일파 처단 입법의 근거조항을 마련해놓았다. 즉 제헌헌법(제101조)에는 '단기 4278년(1945) 8월 15일 이전의 악질적인 반민족행위를 처벌하는 특별법을 제정할 수 있다'는 명문이 있었다. 하지만 1948년 9월, 국회에서 '반민족행위처벌법'(반민법)이 통과될 때까지는 적지 않은 난관을 거쳐야 했다. 국회에서 김웅진 의원이 '8·15 이전의 악질적인 반민족행위자를 처벌함으로써 친일분자들이 신생 한국의 공직에까지 진입하는 것을 막아야 된다'는 취지로 '반민족행위처벌법 기초 특별위원회 구성안' 통과의 시급성을 역설했다. 이에 대하여 노일환, 김명동, 김상돈 등 소장파 의원들이 적극 찬성하고 나섰다. 반면 일부 의원들은 정부 수립 초창기에 많은 사람을 처단하는 것은 사회 혼란을 조장할 우려가 있다는 등 안정론을 앞세워 반대론을 폈다.[3] 친일세력들은 반민법의 제정에 불안을 느낀 나머지 풍부한 재력을 동원하고 지모와 수단을 활용하여 반민법의 제정을 반대하고 방해했다. 심지어 그들은 반민법의 제정에 앞장선 국회의원들을 공산당으로 모함하는 등 집요한 방해공작을 펼쳤다. 그 대표적인 인물이 뒤에 말하는 대한일보 사장 이종형이었다.[4]

반민특위 법정
1948년 9월 7일 국회 본회의는 재석 141, 가 103, 부 6으로 '반민족행위처벌법'을 통과시킴으로써 반민족행위자를 가릴 법정을 열 수 있었다.

여러 방해와 압력에도 불구하고 국회는 압도적 다수 의원의 찬성으로 김웅진 의원의 동의안을 통과시키고 특위를 구성, 법안의 기초작업에 들어갔다. 그러자 지난날의 친일세력과 이에 동조하는 자들은 반민법 제정에 적극적인 의원들을 공산당으로 몰아붙이고 친일파를 소급법으로 처단하는 것은 공산당을 즐겁게 하는 처사라는 등의 용공론도 내세웠다. 여러 곡절 끝에 1948년 9월 7일 국회 본회의는 재석 141, 가 103, 부 6으로 '반민족행위처벌법'을 통과시켰으며, 정부는 그달 22일에야 뒤늦게 이를 공포했다.[5]

반민법은 친일·반민족행위에 해당하는 범죄의 정의와 유형 및 그에 따른 형벌을 정하고, 특별조사위원회와 특별검찰부, 그리고 특별재판부의 구성과 직무에 관해 규정하는 등 총 29조로 되어 있었다. 특조위원장에는 김상덕 의원, 특검부장에는 권승렬 법무장관, 특재부장에는 김병로 대법원장이 임명되었다. 이승만 대통령은 시기상조론과 훈련된 인재의 필요 등을 이유로 한때 이 법을 제정하지 못하게 거부권 행사할 기미를 보였고, 실제로 국무회의에서 만장일치로 거부 의결까지 했으나 당시 정부 측의 중요 정책이 걸린 법안의 부결을 염려해 뒤늦게 마음 내키지 않는 공포를 하였다.

이승만의 끈질긴 방해, 경찰의 소장파 의원 암살 기도

그래놓고도 정부는 반민법 반대 집회를 후원하였다. 반민법 공포 직후 서울운동장에서는 '반공구국총궐기대회'라는 이름으로 대규모 반민법 반대집회가 열렸는데, 이범석 국무총리가 나와서 축사까지 했다. "이런 민족분열의 법률을 만든 것은 국회 안에 있는 공산당 프락치의 소행이다"라는 전단이 살포되기도 했다. 거기에다 그해 10월의 여수·순천반란 사건, 국회 보수세력과 소장파 의원들 사이의 입장 대립 등으로 반민족행위특별조사위원회(반민특위)의 활동은 초기부터 순조롭지 못했다.

설상가상으로 이승만 대통령은 반민특위 활동을 방해하다못해 '특위가 사람을 마음대로 잡아다 고문을 못하게' 반민법을 개정해야 한다는 담화까지 발표했다. 이에 대해 국회와 반민특위가 강하게 반발하는 가운데 정부는 심지어 친일파 중 악질행위자만 처벌 대상으로 한정하고, 특별검찰부를 대검찰청 소속으로 하며, 특별재판관과 특별검찰관 등의 임명권을 대통령이 갖는다는 등의 반민법 개정안을 국회에 제출했다. 국회는 물론 이 개정안을 단숨에 부결해버렸다.[6]

반민특위에 대한 저항은 여기서 끝나지 않았다. 일제의 경찰 출신으로 미군정하에서 경찰 고위직에 있는 자들이 반민법 제정 단계부터 강경파로 활약했던 소장파 의원들을 제거하기 위해 백민태라는 테러리스트를 고용했다. 그러고는 처단 대상자 18명의 명단을 그에게 넘겼다. 그런데 백민태는 과거 중국에서 항일 테러활동을 한 적도 있는 자여서 안면이 있는 국회의원에게 이와 같은 테러음모를 제보했다. 이에 따라 전 수도경찰청 총감 노덕술, 전 서울시경 수사과장 최난수, 전 서울시경 수사부 과장 홍택희, 전 중부경찰서장 박경림 등 4인이 구속되는 사태가 벌어졌다.[7]

검거된 반민자의 면면과 법정 태도

이런 악조건 속에서도 반민특위는 본격적인 활동을 시작한다. 특위는 여러 자료와 신고, 투서 등을 통해 7,000여 명에 달하는 친일부역자의 죄상을 파악했고, 반민특위 산하의 특경대가 주요 인물의 검거에 나섰다. 1949년 1월 8일 화신和信재벌의 총수 박흥식의 검거를 시발로 관동군 촉탁 이종형, 일본군에 비행기를 헌납한 방의석, 3·1운동 때 민족 대표 33인의 한 사람이던 최린, 창씨개명에 앞장선 친일 변호사 이승우, 일본 경찰의 경시警視 출신으로 도지사를 지낸 이성근, 중추원 부의장까지 역임한 거물 박중양 등이 연달아 체포되었다. 이어서 중추원 참의와 만주국 명예총영사를 지낸 사업가 김연수, 일제 고등계 형사로서 충견 노릇을 한 노덕술, 친일 변호사 임창화 등이 검거되었다. 이밖에 3·1운 동 때 독립선언서를 기초한 최남선, 소설가 이광수, 일본 총리 이토 히 로부미伊藤博文의 양녀이자 밀정이던 배정자, 이른바 '황국신민서사皇國 臣民誓詞'를 지은 뒤 도지사를 지낸 김대우 등의 이름도 등장한다. 국외 로 도피해 체포를 면한 자도 있었다.

반민특위가 조사한 피의자는 모두 688명으로 집계되었으나 그중 제 대로 처벌을 받은 자는 뒤에서 보는 바와 같이 극소수에 지나지 않았 다.[8]

재판에 회부된 자 중 지명도가 있는 몇 사람의 사례를 잠시 소개하면 다음과 같다.

특경대의 검거 제1호가 된 박흥식은 조선비행기공업주식회사를 설 립하고 국민정신총동원조선연맹 이사를 지내면서 친일을 한 자로, 그 에 대한 특검의 조사기록은 무려 6,000쪽에 달했으며 기소장도 장문으 로 되어 있다. 하지만 재판에서 그는 사실을 적당히 흐리고 넘어가는 수 법을 썼다.

재판관 일본 총독 미나미 지로南次郎가 (조선에서) 물러갈 때 1942년 5월 30일 『매일신보』에 '잊지 못할 자부자모慈父慈母'라고 그의 업적을 찬양한 피 고인의 담화가 게재되었는데?

박흥식 이 역시 책임을 지겠으나, 기자가 적당히 만든 담화이다.

비행기회사 설립에 대해서도 '공장은 완성되어가고 있었으나 생산된 비행기는 시작기 1대뿐이었다'고 답변하고, "나는 친일을 하기는커녕 나대로 소신껏 조선인의 긍지를 지키며 내 일에 열중해왔다"고 주장하기도 했다. 그런데도 그가 병보석으로 석방돼 특검 검찰부 전원이 사의 표명을 하는 파문이 일었다. 더구나 그는 뒤에서 보듯이 반민특위가 와해될 무렵 '증거불충분'으로 무죄 판결을 받았다. 도산 안창호를 도와준 사실이 유리하게 작용했을 것이라는 추측도 나돌았다.[9]

참회형과 반발형, 모두 병보석

최린은 「기미독립선언서」에 서명한 민족대표 33인 중 한 사람인데, 무슨 영문으로 반민법의 심판을 받는 법정에 서게 되었을까. 젊은 시절 민족운동에 참여했던 그는 3·1운동 때 체포되어 3년 동안이나 옥고를 치르기도 했다. 그런 그가 훗날 중추원 참의, 매일신보 사장 등의 자리에 있으면서 총독정치에 협력하고 천도교회 명의로 비행기 1대를 헌납하는 등 적극적인 부일 협력자가 되었던 것이다. 그는 법정에서 "나의 과거 행동은 진정 잘못된 줄 통감하며 민족 앞에 무릎을 꿇는다"며 참회의 빛을 보였다. 재판부는 그를 병보석으로 풀어주었으며 나아가 검찰관의 공소 취하로 재판도 흐지부지되고 말았다.[10]

반성은커녕 재판장에게 맞선 피고인도 있었다. 3·1운동에 연관되었다가 일본 경찰의 정보원으로 훼절해 일제에 적극 협력한 이종형이 바로 그였다. 일본 관동군토공군關東軍討共軍사령부 고문으로 일본군에 협

친일 반민족행위자 신고함
반민법에 따라 설치된 반민특위는 반민족행위자를 검거하기 위한 활동을 벌였다. 투서함 설치도 그러한 활동
의 하나였다.

력한 그는 해방 후 대한일보 사장으로 있으면서 '반민법은 망민법'이라
는 사설을 실었는가 하면, 서울운동장에서 '반공대회'를 열고 반민특위
를 공격하기도 했다. 재판장이 검찰관이 기소한 내용에 대해서 어떻게
생각하는지 묻자, 그는 "사실심리가 무엇이냐? 기소사실 내용부터 부
당하다"고 반항했으며, 묻는 말에만 순서대로 답변하라고 하자 "순서대
로라니? 공산당을 토벌하였다고 재판하는 이 법정에서는 나는 재판을
못 받겠다"며 대들었다. 그 역시 병보석으로 석방됐고 처벌받은 흔적은
보이지 않는다. 국민들의 기대와는 달리 추상같지 못하고 뒤가 물렀던
반민법 재판이 의아스럽게도 보인다.[11]

일본 학병 권유한 이광수, 그의 고백인즉

이 성전聖戰의 용사로/부름받은 그대 조선의 학도여/지원하였는가, 하였는가/특별지원병을/그대, 무엇으로 주저하는가/부모 때문인가/충 없는 효 어디 있으리// (…) //그대들의 나섬은/그대들의 충의忠義, 가문의 영예/삼천만 조선인의 생광生光이오, 생로生路/1억 국민의 기쁨과 감사//남아 한번 세상 나/이런 호기好氣 또 있던가/일생일사一生一死는 저마다 다 있는 것/위국충절은 그대만의 행운//가라 조선의 6천 학도여 (이광수 「조선의 학도여」 부분)

한국 최초의 장편소설 『무정』으로 이름난 소설가 춘원 이광수. 상해 임시정부 활동에도 참여하고 소설 『흙』과 논설 「민족개조론」을 썼는가 하면, 도산 안창호와 함께 옥고도 치른 그가 어떻게 조선 젊은이들에게 일본의 학병에 나가라는 이런 시(「조선의 학도여」, 『매일신보』 1944년 11월 4일자)를 썼을까? 동경 유학생으로서 2·8독립선언서를 쓴 그는 상해로 건너가 임시정부에 참여도 했고, 기관지인 『독립신문』 발간에도 힘을 기울였다. 그랬던 그가 일제에 회유되어 귀국한 뒤 동아일보 편집국장 등 언론에 종사하였는데, 그런 와중에도 1937년에 수양동지회 사건으로 안창호와 함께 옥고를 치르고 나온 뒤부터 본격적인 친일행각이 시작되었다. 즉 1939년에 조선문인협회 회장이 되고 나서 가야마 미쓰로香山光郎로 창씨개명을 한 다음 일본을 오가며 학병 권유 연설을 했던 그는 해방이 되자 수필 「나의 고백」에서 "친일을 한 것은 부득이 민족을 위해서였다"는 변명을 늘어놓았다.

그는 반민특위 제1조사부 조사관 앞에서 이런 진술을 했다.

조사관　일제 때 무슨 일을 하였는가?

이광수　거기에 대해서는 내가 따로 고백서를 쓸까 한다.

조사관　쓰는 건 별도로 하고, 대답을 하라.

이광수　내가 친일을 한 것은 표면상 그랬을 뿐이다. 더구나 나는 나대로 친일하지 않을 수 없는 딱한 처지에 있었기 때문에 했다.

조사관　하지 않을 수 없었다는 것은 무슨 뜻인가? 감옥이 무서워서인가, 아니면 여생을 편하게 지내기 위해 반역행위를 했다는 말인가?

이광수　너무 할 말이 많아 말로 대답하기 어렵다.

조사관　할 말이 많다는 것은 저지른 죄가 많아서 일일이 고백하기가 어렵다는 뜻인 모양인데.

이광수　……

조사관　황도정신이니 황도선양이니 하고 전쟁 말기에 외치고 다녔는데, 지금은 이를 어떻게 생각하고 있는가?

이광수　그 문제에 대한 고백을 글로 써서 제출하겠으니 양해해달라.

조사관　학병을 강요하고자 고이소小磯 총독의 명령으로 이성근, 김연수, 최남선 등과 함께 동경에 간 것이 사실인가?

이광수　그렇다.

조사관　가서 무엇을 말하고 돌아왔는가?

이광수　유학생들에게 조선을 위해 학병을 나가달라고 말했다.[12]

그가 수감된 후 마포형무소 감방에서 일주일 동안 밤새워 썼다는 「나의 고백」에도 참회하는 말은 별로 없고, 시종 친일행각의 합리화에 급

친일 문인으로 수감된 이광수
가야마 미쓰로란 이름으로 창씨개명을 하고, 친일어용 문인단체인 조선문인협회 회장을 지낸 이광수는 검거 후 시종일관 친일행적 합리화에 급급했다.

급해 보였다. "12월 8일 대동아전쟁이 일어나자 나는 조선민족이 대위기에 있음을 느끼고 일부 인사라도 일본에 협력하는 태도를 보여줌이 민족이 목전에 임박한 위기를 모면할 길이라 생각하고, 기왕 버린 몸이니 이 경우에 스스로 희생되기를 스스로 결정하였다"며 자신의 친일 동기를 이렇게 '고백'했다. 그러나 다음과 같은 그의 「창씨의 동기」(1940. 2)라는 글을 떠올린다면, 그의 옥중 고백서는 민족을 향한 기만죄 하나를 더 자초하지 않았나 싶다. 그는 친일어용 문인단체인 조선문인협회 회장이 되었고, 다음 해(1940)에 가야마 미쓰로란 이름으로 창씨개명을 하였다. 그 동기가 가관이었다.

내가 가야마香山라고 씨氏를 창설하고 미쓰로光郎라고 일본식 이름으로 개명한 동기는 (…) 내 자손과 조선민족의 장래를 고려한 끝에 이리 하는 것이 당연하다는 굳은 신념에 도달한 까닭이다. 나는 천황의 신민이다. 내 자손도 천황의 신민으로 살 것이다. 이광수라는 씨명으로도 천황의 신민이 못 될 것이 아니다. 그러나 가야마 미쓰로가 좀더 천황의 신민답다고 나는 믿기 때문이다.

이후 춘원의 친일 글쓰기는 날로 왕성하여 「조선의 학도여」 「반도 민중의 애국운동」 「지원병 훈련소」 「조선 문학의 참회」 등 이루 다 열거할 수가 없을 정도였다.[13]

그는 구속된 지 채 한 달이 안 되어 병보석으로 석방되었다.

「기미독립선언서」를 쓴 육당 최남선의 경우

"오등吾等은 자茲에"로 시작되는 「기미독립선언서」를 쓴 당대의 명문장가 육당 최남선. 그가 일제 협력자로 변절하자 위당 정인보는 육당의 집 대문 앞에 술을 부어놓고 '이제 우리 최남선은 죽고야 말았다'며 대성통곡했다고 한다. 본시 그는 3·1운동에도 참가하고 그 일로 34개월이나 복역한 문화계의 지사였으나, 나중에는 조선사편수위원회에서 근무했고, 이어서 일본의 중추원 참의와 만주건국대학의 교수를 맡는 등 친일 지식인의 상징으로 변모한다. 그가 이광수 등과 함께 일본에 가서 조선인 유학생들에게 일본 학병으로 나가라는 강연을 한 사실은 앞서 본 바와 같다. 그는 반민특위 조사관의 체포에 응하면서 "시대적 현실을 역행할 수 없다"고 사학자다운 한마디를 했으며, 마포형무소 수감 중에

쓴 장문의 「자열서自列書」에서 "다시 무슨 구설을 놀려 감히 문과식비文
過飾非(허물도 꾸미고 잘못도 꾸민다)의 죄를 거듭하랴"로 시작하여 "삼가 전
후 과루過淚를 자열自列하여 엄정한 재단을 기다린다"라는 유식한 참회
록을 남겼다.[14]

기미독립선언 민족대표 최린의 훼절

3·1운동 민족대표 33인의 한 사람으로 이름이 올라 있는 최린. 앞에
서 잠깐 언급했듯이 그가 해방 조국의 반민특위에 의해 체포되어 친일
파로서 재판을 받게 된 것은 참으로 역설적인 '사건'이었다. 1949년 3월
30일 오후 1시, 그가 72세 된 고령의 피고인으로 서 있는 법정 정면에는
같은 33인의 한 사람인 오세창의 '민족정기民族正氣'라는 휘호와 최린
의 이름이 들어 있는 「기미독립선언서」가 걸려 있었다. 그는 보성중학
교 교장과 보성전문학교 강사를 역임했고, 3·1운동 때 일경에 체포되어
3년 동안 징역살이도 했다. 그런 그가 출옥 후 7년 동안이나 조선총독부
의 자문기관인 중추원 참의로 있으면서 친일의 길을 걷게 된다. 그뿐인
가. 총독부의 기관지인 매일신보 사장과 조선임전보국단 단장 역임, 중
일전쟁 협력을 부추기는 강연, 비행기 헌납 협조 등 친일행위를 쌓아나
갔다. 이른바 '대동아전쟁'에 적극 참여하라는 내용의 「2천 5백만 돌격
의 군호軍號」라는 글도 신문에 발표했다.[15]

이상은 서성달 검찰관이 법정에서 읽어내린 기소장(죄상)의 줄거리
이다.

그는 "나의 과거 행동은 진정 잘못된 줄 통감하며 민족 앞에 무릎을 꿇는다"며 눈물을 흘렸다. 이어서 그는 "내가 택할 수 있는 길은 세 가지였는데 하나는 해외로 망명하는 것이었고, 둘째는 자살하는 길이었으며, 셋째는 일본 군문軍門에 항복하는 것이었다. 처음 두 가지 방법을 택하지 못한 것은 늙은 부모에 불효를 할 수 없었기 때문"이었다며 죽어 마땅한 죄를 지었다고 머리를 숙였다. 서순영 재판장은 그를 직권 보석으로 풀어주었고 서성달 검찰관은 공소를 아예 취하함으로서 사건을 종결지었다.[16] 변절자의 눈물에 대한 지나친 관용으로 보였다.

이종형의 뻔뻔함이 드러나다

제 허물을 자인하는 변절자의 대척점에는 뻔뻔하게 억지를 쓰는 변절자가 있다. 기록상으로 보면 이종형이란 사람이 그 전형이었다. 그는 한때 독립운동을 하는 의열단원이었는데, 기미년의 3·1운동에 참여했다가 징역 19년형을 받고 복역, 9년 만에 감형으로 석방된 뒤 변절하여 만주에서 일본 경찰의 정보원으로 활동하면서 많은 독립운동가들의 검거에 협력하는 등 친일 주구 노릇을 했다. 해방이 되자 그는 대동신문 사장이 되어 여운형의 암살을 찬양하는가 하면, 반민법이 공포되자 사설을 통해 '반민법은 망민법'이라고 공격하였다. 그뿐만 아니라 극우단체들을 모아 서울운동장에서 '반공대회'를 열고 반민특위를 성토하기도 했다. 그는 반민특위 특경대가 체포하려 하자 권총을 빼 들고 반항했으며, 반민특위에 연행된 뒤에도 "나는 애국자다. 나를 친일파로 몰아

잡아넣다니 이럴 수가 있느냐? 내가 풀려나는 날 한민당, 빨갱이, 회색분자를 모조리 토벌하겠다"고 큰소리쳤다. 반민특위 요원 암살을 기도하다가 체포된 백민태 등 극우 테러리스트들에게 무기를 대주는 등 배후조종을 했으며 나중에 반민특위에서 풀려난 뒤 국회의원으로 당선되었다가 교통사고로 사망했다.

그는 반민특위 법정에서도 반발을 계속했다. 기소장 낭독이 있은 뒤 사실심리에 들어가려 하자 "사실심리가 무엇이냐? 공산당을 토벌하였다고 재판하는 이 법정에서는 나는 재판을 못 받겠다"고 저항했다. 공산당을 타도하였다고 재판을 받는다면 여기 앉아 있는 재판장 자신이 재판을 받아야 될 것이라고도 했다. 그는 유죄 판결을 받았다.[17]

그밖에 화제와 큰 반응을 일으켰던 면면들

배정자　일본의 총리대신 이토 히로부미의 양녀 겸 밀정. 반민법으로 구속된 여성 6명 중의 한 사람이다. 기구한 가정의 비극 속에서 어린 시절을 유전하다가 무역상으로 위장한 일본 밀정에게 넘겨져 일본에 가서 김옥균을 만나게 된 인연으로 이토 히로부미의 양녀가 된다. 수영, 승마, 사격, 변장술 등을 배우며 스파이 훈련을 받았고 조선에 돌아와 고종의 총애를 받게 되었는데, 일본 밀서 전달사건으로 울릉도에 유배되었다가 이토가 을사조약 체결을 위해 서울에 오자 유배지에서 돌아온다. 이토가 초대 조선통감으로 오자 그녀는 전성기를 맞게 되었으나, 그가 돌아간 뒤에는 국내와 만주에서 일본군의 밀정 노릇을 해왔다. 반

체포된 친일 반민족 혐의자들
친일파 군상으로 거론되는 사람들 중에는 우리에게 익히 알려진 문인, 학자 등 지식인들의 이름이 적잖이 보인다.

민법으로 체포될 당시 그녀는 79세의 노인이 되어 있었다.[18]

김동환 시인, 조선임전보국단 산파역. "북지北支(북부 중국)에서 싸우는 황군 가운데 조선인 전사자가 적다는 것은 충성심 부족의 표현으로, 이러고서야 어찌 황민皇民이 될 수 있고 황은에 보답할 수 있겠느냐?"고 말했다. 태평양전쟁 말기에는 조선문인보국회 간사로서 박영희, 김용제, 최재서 등 문인들과 함께 학병을 권유하러 다녔고, 해방 후에는 『삼천리』라는 잡지를 만들어 친일행각을 은폐하려 하였으며 반민특위에 자수하였다.

이승우 창씨에 앞장선 변호사. 제2차 세계대전이 일어난 뒤 일제가 조선인의 창씨제도를 입안하는 데 참여했으며, 자신이 맨 먼저 성을 고

무라梧村로 바꾸고 전국을 돌면서 창씨개명을 홍보하고 다녔다. 국민총력조선연맹 이사가 되어 증산 독려는 물론, 징용과 학병을 권유하는 강연을 하고 다녔다. 그런 공로로 중추원 참의까지 올랐는가 하면, 황민화하려면 황국의 생활습관을 익혀야 한다며 일본 옷을 입고 다다미방에서 무릎을 꿇고 차를 마시는 사진을 신문에 내기도 했다.

김덕기 친일 고등경찰. 23년간 일제 경찰에 근무하면서 순사에서 경시까지 승진하는 동안 독립운동가와 사상범 1천여 명을 검거한 악질적인 친일 경찰관. 상해 임시정부의 특파원을 체포, 3년 징역을 복역케 한 것을 비롯하여 전후 16년간을 평북 경찰의 고등계 주임과 과장을 지내면서 많은 항일투사와 애국지사를 체포, 사살, 옥사케 하였다. 1929년 박헌영, 조봉암 등 '신의주 공산당 사건' 관련자 10여 명을 체포하여 중형을 받도록 하였고, 상해 임시정부 재정부장 오동진 의사義士를 옥사케 하였다.

그밖에도 친일파 군상으로 거론되는 사람들 중에는 우리에게 익히 알려진 문인, 학자 등 지식인들의 이름이 적잖이 보인다. 즉 김기진, 박영희, 주요한, 김동인, 모윤숙, 백철, 이석훈, 정인섭, 유치진, 노천명, 김억, 이서구 등이 그들이다.

친일 경찰 노덕술의 석방을 요구한 이승만

일본 경찰 출신의 노덕술. 반민특위 검찰관 서성달의 기소장에 의하면, 그는 보통학교 3년 중퇴 후 일본인이 경영하는 잡화상에서 점원으로 일하다가 일본 경찰의 순사(순경)가 된다. 그후 승진을 거듭하여 사법주임, 보안과장 등 요직을 거치는 27년 동안 고등경찰의 사상관계 사건을 많이 다루어 일본 정부의 훈장까지 받은 대표적 친일 경찰이었다. 그는 많은 민족운동가, 독립지사, 반일학생 등을 검거, 고문한 '악질'로 유명했다. 해방 후에도 경찰에 남아 서울시경 수사과장으로 있으면서 잔혹한 고문치사 사건, 반민특위 요인 암살음모 사건의 주모자로 지목되어 수배 중에도 시내를 활보하고 고관 집을 무상출입하는 등 위세를 과시했다.[19]

그가 반민특위 산하 특경대에 검거 구속되자 일경 출신 현직 경찰 간부들의 집단 반발로 특위 활동이 큰 타격을 입게 되었으니 참으로 황당한 일이었다. 1949년 1월 25일 노덕술이 반민특위 특경대에 의하여 체포된 데 이어 역시 일제 경찰 출신인 서울시경 사찰과장 최운하가 검거되었다. 묘하게도 이들은 국회에서 반민법 제정에 앞장섰던 소장파 의원들을 공산주의자로 모는 이른바 '국회프락치 사건'을 수사하고 있던 터여서 반민특위와 경찰 간의 반목이 격화되었다. 이승만은 경무대(지금의 청와대)로 반민특위 위원들을 불러 '대공 수사의 기술자인 노덕술'의 석방을 강력히 요구했고, 이에 불응하는 특위 위원들과 노기 띤 언쟁까지 벌였다.[20] 반민특위가 이승만의 요구에도 불구하고 노덕술의 석방을 거부하자, 이승만은 「반민법 실시에 대하여」라는 담화를 발표하여(1949. 2. 2) "반민특위 활동은 3권분립에 위배된다"고 주장하면서 좌익 반란분자들이 살인, 방화 등 지하공작을 하고 있어 경험 있는 경관의 기술이 필요한데, 그런 경관을 마구 잡아들이는 것은 부당하다고 특검을 비난했다. 이에 반민특위도 반박 성명을 내자, 이번에는 공보처가 반민법 제5조에 해당되는 행정부 공무원에 대한 조사를 중지하겠다고 발표했다. 그리고 이승만은 반민법의 개정 작업을 지시했다.[21]

소장파 의원의 구속, 경찰의 특경대 습격

1949년 5월 18일, 국회 소장파 의원의 리더격인 이문원 의원이 구속되고, 뒤이어 최태규, 이구수 두 의원이 국가보안법 위반 혐의로 구속되는가 하면, 6월 21일에는 노일환 등 의원 6명, 25일에는 김약수 국회부의장까지 구속되어(8월까지 구속 의원은 모두 15명으로 확대) 반민특위의 활동에 큰 충격을 미쳤다. 여기에는 그들 대부분이 외군철수와 한미협정 반대를 주장했다는 점과 연관시켜 생각하는 사람들이 많았다. 이들은 이례적으로 헌병사령부에 구속되어 조사를 받았는데, 당시 헌병사령관 전봉덕과 수사정보과장 김정채 두 사람은 반민특위가 친일파로 지목한 자들이어서 한층 더 의혹을 샀다.(이 대량 검거 사건은 뒤이어 다룰 '국회프락치 사건'에서 살피고자 한다.)

사태는 거기서 끝나지 않았다. 일부 친일 동조세력과 경찰의 반민특위에 대한 저항은 급기야 경찰의 반민특위 습격사건으로 절정에 이른다. 반민특위는 경찰의 압박이 날로 가중되자 서울시경 최운하 사찰과장을 구속했는데, 이에 격한 감정을 품게 된 경찰이 특위 본부를 습격하여 특경대를 강제 해산시키는 최악의 사태를 조성하고 말았다. 즉 국회와 정부, 그리고 경찰 사이에 크고 작은 시비 공방이 되풀이되던 끝에 6월 6일 아침 서울 중부서 경찰관 40명이 반민특위 청사 안팎에 포진하

반민특위를 습격하러 출동하는 경찰관들
일부 친일 동조세력과 경찰의 반민특위에 대한 저항은 급기야 경찰의 반민특위 습격사건으로 절
정에 이른다.

고 있다가 출근하는 특위 요원들(35명)을 강제 연행하여 경찰서 유치장
에 감금하는 불법을 자행하였다. 경찰은 이들의 비행을 조사한다는 명
목으로 무차별적인 고문도 서슴지 않았다. 신익희 국회의장 등 의원 대
표가 경무대를 항의 방문했을 때 이승만은 '특경대 해산은 내가 지시한
것'이라며 숨김없는 고자세를 보였다.[22]

반민특위의 좌절, 그 허망한 끝장

그후 막후교섭으로 경찰과 반민특위 요원 쌍방의 석방이 이루어지
고 이승만이 국회에 출석, 유화적인 자세를 보임으로써 사태는 완화되

는 듯했다. 그러나 반민특위로서는 반대세력의 도전과 무력행사로 치명상을 입게 되었다. 또 반민특위 내부의 갈등, 일부 재판관의 사퇴 등으로 동요가 심상치 않았던데다 반민법의 공소시효를 단축(그 만료일을 1950년 6월 20일에서 1949년 8월 31일까지로 앞당겨)하는 것으로 법이 개정되자 특위 활동은 완연히 파장 분위기로 접어들었다.[23] 이처럼 공소시효 단축안이 입법화되자 김상덕 위원장을 비롯한 그동안의 반민특위 추진세력들은 위원직을 사퇴하고, 친일파 숙청을 반대하던 사람들이 특위를 장악하게 되었다. 반민특위가 잔무처리 과정을 거친 뒤, 같은 해 9월 22일 국회가 반민특위법의 폐지를 의결함으로써 역사적 과제였던 반민자 처벌은 허망하게 흐지부지 끝나고 말았다. 미제사건의 처리는 대법원과 대검찰청으로 이관되었으나, 거의 무죄나 가벼운 처벌로 결말이 났다.

반민특위의 활동을 수치상으로 집계해보자면 다음과 같다. 총 취급 건수 682건, 체포 305건, 미체포 173건, 자수 61건, 검찰 송치 559건, 석방 84건, 기소 221건. 그러나 재판 종결은 겨우 38건에 불과했다. 입건된 반민특위 피의자의 0.6%만 법정에 세운 셈이었다. 판결 선고형별로 보면 사형과 무기징역이 각 1명뿐이고, 징역형은 고작 1년 내지 2년 6월 선고를 다 합쳐야 12명(그중 집행유예가 5명이므로 실형을 선고받은 자는 단 7명), 공민권 정지 18명, 무죄 6명 등이었다.[24]

검거 제1호라고 주목을 받았던 박흥식도 무죄, 도지사를 지낸 김대우도 무죄, 이광수도 불기소, 한때 무기징역을 선고받은 김태석(일본 고등계 경시 출신)도 재심에서 석방, 유일하게 사형선고를 받았던 김덕기(임정 요인 체포의 유공자)도 재심에서 석방, 이런 식이었다. 노덕술을 비롯하여 대부분의 권력층 또는 유력자들이 병보석으로 풀려난 것부터가 반민특위의 한계를 보여주는 한 단면이었다.

마침내 반민법 폐지법률 부칙에 따라, 반민법 위반으로 기소되어 재판이 끝나지 않은 사건(미결사건)은 공소가 취소된 것으로 보고, 반민법에 의한 판결도 모두 효력을 상실하고 말았다. 참으로 허망하고 통탄할 일이었다. 결국 반민족행위를 한 친일분자들에게 법의 이름으로 면죄부를 준 셈이 되었고, 그후 이 나라 각계에서 그들이 기득권세력으로 승승장구하는 반역사적 행태를 부추긴 결과가 되었다.

특위 무력화의 원인, 인프라 없는 '민족정기'

반민특위가 당초의 사명과 기대를 이처럼 저버리게 된 이유 또는 사정을 잠시 살펴보면 대략 이러하다. 첫째, 특위가 반민법이라는 역사적 특별법을 제대로 운용하여 소기의 실효를 거둘 수 있을 만큼 조직, 인력, 전문성 등의 인프라를 갖추지 못했다. 둘째, 이승만과 친일 경찰 출신을 비롯한 친일파 비호세력의 방해와 저항을 들 수 있겠다. 셋째, 반민법 시행 당시 남한사회가 이미 친일파와 그 동조세력에 의해서 장악되고 있었던 점, 넷째, 그들에 의해 친일파 숙청 문제가 정치적 이념 또는 용공 문제로 왜곡되거나 친일 불가피론으로 오도되어버린 점, 다섯째, 반민법 위반의 유력자일수록 변호사는 물론 증인까지 각계 거물급을 내세우는 등(군수업자 신용욱에 대해서는 이승만의 '추천서'까지 등장했다) 법정 안팎의 공세가 다양했던 반면, 반민특위 측은 인력과 시간, 전문성의

부족으로 유죄 입증이 어려웠던 점 등을 들 수 있다.[25]

아무리 숭고한 민족정기도 거창하고 애국적인 뜻만으로 실현될 수 있는 게 아니라는 것, 그런 역사적 과제를 수행할 만한 현실적 담보와 역량, 그리고 인프라가 갖추어져야 한다는 요체를 우리는 반민특위의 실패에서 배워야 하지 않을까?

주————————

1 해방 후(1946) 미군정 치하의 입법기관. 민선의원(대부분이 이승만계와 한민당계)과 관선의원(중도파 중심) 각 45명으로 구성(의장 김규식), 50여 개의 법령을 제정했다. 미국이 남한 단독정부 수립으로 방향을 굳히고 좌우합작이 실패함에 따라 기능을 발휘하지 못하다가 1948년 5월 해산되었다.

2 『남조선과도입법의원 속기록』 제180호(1947. 11. 27). 미군정 당국이 이 법에 대한 거부 입장을 공식 통보해온 것은 입법의원이 입법을 한 지 4개월이 지난 뒤였다. 입법의원은 한국민의 대표기관이 아니기 때문에 거기서 제정된 친일파숙청법도 인정할 수 없다는 것이 거부 이유였다.(이강수 『반민특위 연구』, 나남출판 2003, 86면)

3 그러나 당시의 민족적 여망과 시대적 요청을 반영한 강경론을 누를 만큼 설득력과 논리가 없었다.(오익환 「반민특위의 활동과 와해」, 송건호 외 『해방전후사의 인식 (1)』, 한길사 2004, 129면)

4 오익환, 같은 글 137~38면.

5 길진현 『역사에 다시 묻는다』, 삼민사 1984, 33면.

6 같은 책 57~62면.

7 이강수, 앞의 책 167~68면.

8 입건된 반민특위 피의자 수와 기소된 피고인 수는 같은 책 237~45면 참조.

9 길진현, 앞의 책 79~92면.

10 같은 책 93~97면.

11 같은 책 98~101면.

12 같은 책 111면 이하.

13 홍서여 『미추(美醜)의 말과 글로 본 대한민국 근현대사』, 팝샷 2015, 75면.

14 길진현, 앞의 책 115면.

15 같은 책 228면.

16 같은 책 93면 이하.

17 같은 책 98면 이하.

18 같은 책 141면.

19 같은 책 122면.

20 송건호 「해방의 민족사적 인식」, 『해방전후사의 인식 (1)』, 34면.

21 길진현, 앞의 책 57~62면.

22 이강수, 앞의 책 213면.

23 같은 책 315면.

24 길진현, 앞의 책 196면.

25 이강수, 앞의 책 308면 이하.

03

—

국회프락치 사건

일제 판검사가 독립투사를 재판한
반공드라마

국회 소장파 의원들은 이승만 정부의 정책을
끊임없이 비판하는 입장을 견지했다.
그러자 당시 집권세력은
군·검·경을 동원한 '손보기'를 궁리했다.

공수攻守가 뒤바뀐 엄청난 반격

1949년 초에 반민족행위특별조사위원회(반민특위)가 활동을 시작한 뒤 친일파로 지목된 자들의 계략과 이를 엄호하는 이승만 정권의 방해공작, 그 과정에서 친일 경찰 출신의 현직 경찰 간부들이 반민특위에 구속되자 이승만까지 직접 나서서 석방을 요구한 사실, 이를 거부하자 경찰이 특경대를 습격한 사실 등은 앞장 '반민특위 사건'에서 살펴본 바와 같다. 대통령 이승만은 반민특위 문제 외에도 국회 일부 정파의 의원들에 대하여 감정 상하는 일이 많았다.

반민족행위처벌법(반민법) 입법 단계에서부터 강경했던 국회 소장파 의원들은 제헌과정에서 토지개혁 문제로 이승만 및 한민당 세력과 맞섰고, (제헌)국회의 간접선거로 치른 초대 대통령선거에서 이승만이 아닌 김구를 지지하였다. 그들은 또 이승만이 국무총리 후보자로 지명한 이윤영을 낙마(임명 동의안 부결)시켰는가 하면, 친일파 처단을 위한 반민특위 활동에도 적극적으로 나섰다. 국가보안법 제정(1948. 11)에 대해서도 강하게 반대하였다. 이에 더하여 이승만의 심기를 크게 건드린 것은 외군철퇴 결의안의 국회 상정이었는데, 이 안은 반대 의원들의 의사진행 방해로 제안설명조차 하지 못한 채 폐기되고 말았다. 또 소장파 의원들은 외군철수를 요구하는 메시지를 유엔한국위원단에 보내려고 하다가 국회 내에서 제지당했는가 하면, '평화통일안'을 상정했다가 부결되기도 했다. 그러자 김약수 국회부의장을 대표로 한 의원 62명의 연명으로 평화통일안을 유엔한국위원단에 제출했다. 그들은 미군철수 후에 남게 될 미군사고문단의 설치에도 반대했다. 이처럼 국회 소장파 의원들은 일련의 원내 활동에서 이승만 정부의 정책을 끊임없이 비판 또는 반대하는 입장을 견지하였으니,[1] 당시 집권세력이 이들을 곱지 않게 보고, 군·검·경이 '손보기'를 궁리했을 법도 하다.

반민법 대 국가보안법, 국회 소장파 대 친일 경찰

당시 서울지검의 사상검사이던 오제도는 "그 무렵 얼마 전부터 국회 공기가 좀 이상하지 않느냐? 혹시 빨갱이가 침투해 있지 않느냐 하는 의아심이 떠돌고 있던 때였다"라고 회고한 적이 있다.[2] 그러니까 소장파 의원들의 뒤를 캐보는 '표적수사'가 그 무렵에 시작된 셈이었다.

경찰(서울시 경찰국 사찰과)은 소장파 의원들의 뒤에 남로당이 있을 것으로 의심하고 내사를 진행한 끝에 1949년 4월 초 서울 충무로에 있는 남로당 특수조직부를 습격했다. 거기서 국회 소장파 의원들의 활동을 기록, 평가한 남로당의 문서('주주총회 보고서'라는 이름이 붙어 있었다)가 발견되었다.[3]

같은 달 중순 서울 중구 필동에 있는 헌병사령부에서 군·검·경 관계자 연석회의가 비밀리에 열렸다. 그 자리에는 헌병부사령관 전봉덕, 헌병사 수사정보과장 김정채, 서울지검 검사 오제도, 서울시경 국장 김태선, 서울시경 사찰과장 최운하, 앞서 말한 '주주총회 보고서'의 암호를 풀었다는 수사관들이 함께 모여 앞으로의 수사 전개에 대한 협의를 했다. 그 보고서가 안고 있는 여러 문제점에도 불구하고, 관계관 회의에서는 수사 확대론이 우세하여 '국회프락치 사건'은 국회의원 15명의 구속이라는 전무후무한 대량 검거선풍으로 증폭되었다.

의원 15명 구속, 국회에 대한 융단폭격

즉 4월 말에 국회 소장파 의원의 대표격인 이문원 의원이 구속되고, 이어서 5월 들어 최태규, 이구수 두 의원이 검거되었다(1차 검거). 그달 21일에는 노일환, 김옥주 등 6명의 의원이, 23일에는 국회부의장 김약수가 체포된다(2차 검거). 바로 같은 날 국회는 이들의 석방결의안을 상정했으나 88 대 95로 부결되었다. 그럼에도 석방 결의안에 찬성한 의원들을 문제 삼아 '국민계몽회'라는 단체가 '국회 내의 빨갱이 의원 88명을 잡아내라'는 구호를 내걸고 집회와 시위를 벌이기도 했다. 그때까지는 남로당도 법적으로는 불법정당이 아니었다.[4]

이문원 등에 대한 1차 검속이 있은 뒤인 6월 4일, 이번에는 반민특위 특경대가 서울시경 사찰과장 최운하를 반민족행위 혐의자로 체포하자 그 이틀 뒤 서울 중부서 경찰관 40명이 반민특위 사무실을 포위, 강제수색을 하고 이어서 특경대를 무장 해제시켰다.

이처럼 반민특위와 경찰이 혼전을 되풀이하는 가운데 국회 소장파 의원들에 대한 검거도 계속되었다. 6월 들어서는 서용길(반민특위 위원) 의원 등 4명의 국회의원과 변호사 오관이 구속되었다(3차 검거). 이들에 대한 수사는 이례적으로 헌병사령부에서 관장하여 민간인인 국회

반민특위 접수를 위해 출동한 경찰과 헌병
반민특위 특경대가 서울시경 사찰과장 최운하를 반민족행위 혐의자로 체포하자 중부서 경찰
관 40명이 반민특위 사무실을 포위, 강제수색을 하고 이어서 특경대를 무장 해제시켰다.

의원들에 대한 수사를 왜 헌병들이 맡느냐는 의혹을 받았다. 그러자 육
군참모총장 채병덕은 7월 2일 국회에 출석하여 이렇게 변명했다. "이번
일을 헌병이 착수한 것은 사실 경찰에서 하는 것이 좋은 줄 아나 헌병
자체에 있어서도 형사소송법상 사법경찰권을 갖고 있다는 점과 이 사
건의 중대성을 감안, 군경이 일치돼 하는 것이 적당하다는 결론을 내렸
다."[5]

가족은 물론 변호인의 접견마저 봉쇄된 상태에서 조사가 이루어졌고,
그런 과정에서 엄청난 고문이 자행되었다는(피고인들의 법정 폭로) 점으로
보아 수사의 본거를 헌병사령부로 잡은 속셈이 드러난다.

'외군철퇴'와 '평화통일' 결의안이 남로당 지령?

서울지검의 오제도 검사는 그해 7월 30일 1차 기소를 한 데 이어 8월 16일까지 3회에 걸쳐 국회의원 15명 중 김병두와 차경모를 제외한 13명, 변호사 오관, 이문원의 조카 최기표 등 도합 15명을 국가보안법 위반으로 기소하였다.

공소사실인즉, 노일환과 이문원은 남로당원 이삼혁(일명 하사복)에게 포섭되어 남로당에 입당하고, 국회부의장 김약수를 포함한 10여 명의 국회의원을 포섭한 다음, 남로당의 지령에 따라 그해 2월 17일 외군철퇴안과 남북평화통일에 관한 결의안을 상정하였고, 그 통과에 실패하자 외군 철퇴 진언서와 미군사고문단 설치 반대 서한을 연달아 유엔한국위원단에 제출하였다는 등의 요지로서, 국가보안법 제1조 2호(반국가단체의 목적 수행을 위하여 지도적 임무에 종사한 자) 및 3호(반국가단체에 가입하여 그 목적 수행을 위한 행위를 한 자), 제3조(반국가단체의 목적 실행을 협의, 선동 또는 선전하는 행위를 한 자) 및 (군정)법령 제19호 제4조 '나'항(정부 계획을 반대 파괴하는 행위)을 위반했다는 것이었다.

이 사건의 제1심 첫 공판은 수사 착수 7개월 만인 그해 11월 17일 서울지방법원 대법정에서 재판장 사광욱, 배심 박용원, 정인상 판사 심리로 열렸다. 개정 벽두 오제도 검사는 50여 분에 걸쳐 기소장을 낭독했는데 주로 노일환, 이문원에 대한 혐의가 큰 줄기를 이루고 있었다.

피고인들은 법정에서 공소사실의 대부분을 부인하였다. 노일환과 이문원도 이삼혁을 만난 적은 있으나 남로당에 가입하거나 그 지시를 받은 사실은 없다고 했으며, 그런 사실이 있는 것처럼 기재된 수사기관의 조서는 헌병대에서 고문에 못 이겨 허위 자백을 했거나 수사관이 자의로 쓴 것이라고 주장하였다.[6]

재판부의 저울과 '음부 문건'의 여인

그러나 재판부는 피고인들의 그러한 법정 진술을 그냥 듣고 넘긴 채 헌병대나 검찰에서 작성한 조서에 적힌 '자백'에 무게를 두고 피고인들을 추궁해나갔다. 당시 주한 미국대사관의 정치과 국회 담당 그레고리 헨더슨Gregory Henderson과 함께 이 사건 재판을 시종 방청하고 기록한 김우식이 목격한 법정 분위기는 한심스러운 것이었다. 그는 이렇게 써 남겼다. "법정은 일본인이 우리 독립투사에 대해 자행한 그 무서운 재판을 생각하게 한다. 그것은 '합리적인 의심'을 다루는 사법절차라든가, 증거에 근거한 동등한 당사자 사이의 다툼이라기보다는 민주주의를 장례 지내는 장례의식과 같았다." "소장파 의원들이 고문을 당한 끝에 인간으로서의 존엄성이 무너진 것과 그들의 초라해진 목소리에 충격을 받았다." 그의 눈에 비친 재판은 '일제강점기 법조 관리를 지낸 판사와 재판소 서기로 일하던 검사가 김약수 같은 독립투사를 재판하는 역설의 현실'이었던 것이다.[7]

이 사건 재판에서 검찰이 유력한 증거로 내세운 증 제1호는 정재한이라는 여인의 음부에서 나왔다는 '비밀 문서'였다. 검찰에 따르면 이 문서는 광주리장수로 가장하여 월북하려던 남로당 월북문건부 연락원 정재한이 그해 6월 16일 개성에서 검거될 때 그녀의 음부에서 나온 비밀 보고문인데, 남로당 특수조직부에서 박헌영에게 보내는 국회공작보고서라는 것이었다.[8] 그런데 거기 적힌 내용인즉, 피고인들의 원내 활동으로 이미 언론 보도 등을 통해 널리 알려진 사실이어서, 굳이 암호문서를 만들어 여자 특수공작원의 음부 속에 감추어 가지고 갈 필요가 없는 것이었다. 정재한도 경찰 신문에서 "백지로 포장된 서류를 나의 속옷에 매단 주머니에 감추고……"라고 진술하여 음부은폐설을 부인했다. 그뿐만 아니라 그 문서의 압수 경위와 형상에 대한 검·경 관계자들의 말도 서로 일치하지 않았다.

피고인들과 변호인은 제14차 공판(1950. 2. 4)에 정재한 여인을 증인으로 신청했으나 이상하게도 검찰이 이에 반대했고, 재판부도 받아들이지 않았다. 검찰 주장대로라면, 정 여인의 음부에서 나왔다는 비밀 보고문이 단서가 되어 노일환, 김옥주, 강욱중, 박윤원, 황윤호, 김약수, 서용길, 신성균, 배중혁, 김병회 등 국회의원과 변호사 오관을 구속하고 기소까지 하게 되었는데, 그렇다면 피고인들의 범행을 입증하는 데 가장 긴요한 증인이라고 볼 수 있는 정 여인을 재판부와 검사가 모두 법정에 세우려고 하지 않은 이유는 무엇일까? 오 검사는 "정재한과 그밖의 증인들이 이 재판과 상관이 없으며, 또한 이들 증인이 피고인을 보호하기 위해 허위 증언을 할 우려가 있기 때문에 증인 신청을 받아들여서는 안 된다"고 주장했다.('허위 증언'을 걱정해서 증인을 부르면 안 된다는 검사의 논리는 참으로 옹색했다.) 그러나 나중에 밝혀진 바로는, 정 여인은 같은 해 9월 3일 국방경비법 위반(이적행위)으로 사형선고를 받고, 12월 6일 형집행을 당한 것으로 되어 있었다. 그렇다면 더욱 이상한 것이, 어찌하여 그 프락치 사건의 재판이 아직 진행 중일 때(제6차 공판기일이 12월 4일이었음) 공소사실 입증의 핵심 증인을 서둘러 처형했을까? 여기에 대해서는, "당시는 건국 초기로 정부 기능이 유기적 일체로 발휘될 때도 아니고, 일반 민간인의 행형 관할은 법무부인 데 반하여 군법회의 재판 대상자의 관할은 국방부이기 때문에 서로 엇갈려 사형이 집행됐다고 보아야 한다"는 주장이 나오기도 했다.[9]

검찰 측 증인만 채택

경찰 발표에서 남로당 비밀문건을 자기 국부에 은닉했다는 여인 정재한을 법정 증언대에 세울 경우 우려되는 상황 때문에 아예 조기 처형을 해버린 것이 아닐까 하는 추론도 나왔다. 더욱 이상한 것은 당시 정여인이 처형당하지 않고 살아 있었다는 또다른 이야기다. 이 사실은 오제도 검사가 훗날 그레고리 헨더슨에게 한 말에서 처음 알려졌다. 헨더슨의 기록을 보면 오제도는 의외의 말을 했다. 정재한이 전향해 풀려났을 것이며, 아마도 '보도연맹'에 넘겨졌으리라는 것이다. 따라서 국회프락치 사건에는 포함되지 않았다는 것이다. 또한 남로당 중앙위원으로 이 사건의 검찰 측 증인으로 나왔던 이재남도 전향해서 풀려난 뒤 어디에서인가 살고 있을 것이라고 했다.[10]

오제도 검사의 말이 사실이었다면, 이 사건과 관련하여 수사기관이나 법정에서 피고인들에게 불리한 진술을 한 남로당의 중앙위원 또는 월북문건 연락원은 아무런 처벌도 받지 않은 채 자유의 몸이 되었다는

국회프락치 계보

| 이삼혁 | 오 관 |

국회부의장 김약수

이문원　노일환　김병희　강욱중

김옥주　황윤호　김약수　박윤원

서용길　배중혁　이구수　최태규

경찰이 발표한 국회 '남로당 프락치' 계보(신문 보도)
1949년 4월 말 국회 소장파 의원의 대표격인 이문원 의원이 구속된 데 이어 관련자들이 줄줄이 검거되었다.
5월 23일에는 국회부의장 김약수까지 체포되었다.

것이니, 참으로 모순되는 처사가 아닐 수 없었다. 재판부의 심리 자세에도 의아스러운 점이 적지 않았다. 무엇보다도 검찰이 신청한 증인은 다 받아들인 반면, 변호인 측에서 신청한 증거 조사와 증인 신청은 모두 기각했기 때문에 '무죄 입증'의 길이 막혀버렸다는 사실이다.

피고인석에 섰던 서용길 의원은 '유령 재판'이라고까지 극언을 했다.

"검찰 당국은 정 여인인가 하는 증인을 끝내 출석시키지 못하였다. 그 여인은 비밀업무를 수행하다가 개성에서 체포되었다 하는 것이 이 사건의 유일무이한 증거이다. 그런데 그 여자는 아무도 본 사람이 없는 유령이다. 유령을 증거로 한 사건이 소위 국회프락치 사건이다."

김영기 의원도 같은 취지의 불만과 항변을 이렇게 쏟아냈다.

"당시 소장파 의원들이 양군 철퇴안을 국회에 상정했는데, 부결되었습니다. 부결되니까 이것을 다시 미대사관에 전달했단 말입니다. 그러니까 정부와 한민당에서는 안되겠다 싶어, 정재한이라는 여자의 음부에서 비밀문서가 나왔다고 조작해서 관련 의원들을 체포한 것입니다. 나는 당시 양군 철퇴안에 도장을 찍은 일밖에 없어요. (…) 내가 안성에서 공산당 때려잡아 국회의원까지 한 사람인데, 다른 구속 의원들도 모두 그래요. 터무니없는 조작극이지요. 구속의원을 재판하는데 정재한이가 없어요. 세상에 증인도 없는 재판을 했단 말입니다."

법정에서의 남로당 관련 문답

또 재판장은 피고인 중에 남로당의 도움으로 당선된 의원이 있다는 점을 집중 추궁했다. 5·10선거 때 충남 아산에서 당선된 서용길 피고인에 대하여 재판장은 "서 후보가 윤보선(당시 상공부장관)과 같은 거물을 제치고 당선된 것은 좌익 유권자들이 지지한 결과"라면서 "피고인은 좌익 유권자들에게 크게 신세를 졌기 때문에 빚을 갚으려고 했겠군요"라고 물었다. 그러자 방청석에서는 폭소가 터졌다. 재판장의 신문은 거기에 그치지 않았다.

재판장 피고인의 기호는? 2번이 맞지요?

서용길 네, 2번이었습니다. 윤보선 씨는 1번이었습니다.

재판장 피고인의 기호가 2번이어서 좌익들이 야경꾼으로 변장하여 딱딱 이를 딱딱 두 번 때렸다는데, 그것은 좌익들이 기호 2번에 투표하라는 것이었다던데? 또한 같은 뜻으로 전지 불빛을 두 번 비췄다던데? 사실인가요?

서용길　좌익들이 전지 불빛을 두 번 비출 만큼 제가 그렇게 유명했는지 몰랐습니다. (1949년 12월 8일 제8차 공판)[11]

재판장은 이 사건의 주범 격인 노일환을 집중 추궁했다.

재판장　이삼혁이 남로당 가입을 권유하고 프락치를 구성하라고 했다는데?

노일환　나는 남로당 가입을 권유받은 일이 없고, 프락치라는 말도 들은 일이 없습니다.

재판장　피고인은 이삼혁으로부터 협박을 받고 남로당에 가입했다고 자백했다고 되어 있는데?

노일환　나는 헌병대에 거짓 자백을 했습니다. 내 건강이 고문을 이기지 못했기 때문입니다.[12]

재판장은 미군 철군 요구를 위법으로 보는 입장을 드러내고 신문을 했다. 그러나 당시 유엔총회가 한반도로부터의 외군철수를 결의하고, 유엔한국위원단에 철군을 검증하라는 임무까지 부여한 상태였으며, 미국 또한 철군을 공식화한 시점이었다.

재판장은 이문원에게도 물었다.

재판장　하사복(이삼혁의 또다른 이름)에게 정치자금 1,000만 원을 남로당에서 줄 수 없겠느냐고 요구한 일이 있다는데?

이문원 그것은 다만 그가 돈을 갖고 있는 것 같아서 돈을 달라고 한 것이지, 남로당과는 아무 관계도 없으며, 그로부터 (수차례에 걸쳐) 돈 15만 원을 받아 쓴 일은 있습니다.[13]

이처럼 노일환과 이문원이 이삼혁과 접촉하고, 그로부터 돈을 받아 쓴 사실은 그 액수나 명목이 어떠했든 이 사건 판결에 불리하게 작용하였을 것으로 보인다. 그러나 이문원은 이렇게 진술했다. "나는 남로당의 공작을 알지 못했으며, 내가 한 행동은 민족주의자의 한 사람으로서 이념적으로 부르짖은 것이 남로당에 이용당한 것입니다."

검사의 논고, 변호인들의 변론

1950년 2월 4일 제14차 공판에서 노일환과 같은 감방에 수감 중인 사기 피의자 김정호가 검찰 측 증인으로 나왔다. 그는 노일환으로부터 자신은 남로당 관계로 구속되었는데 앞으로 50일 있으면 인민군이 봉기하여 남조선도 인민공화국이 된다고 하는 말을 들었다고 진술했다.[14] 설령 노일환이 남로당 프락치라 하더라도 극비에 속하는 남침 일자를 그가 어떻게 알 수가 있었겠는가? 같은 감방의 수감자를 증인으로 내세워 피고인에게 불리한 말을 하게 한 실례는 진보당 사건에서도 있었는데, 오죽 혐의사실 입증에 자신이 없었으면 그런 수법까지 활용했겠는가 하는 냉소적인 의견도 나왔다. 반면, 정작 가장 중요한 증인인 장 여인과 아울러 피고인들과 남로당과의 관련 여부를 가장 잘 입증해줄 이삼혁은 체포되지도 않은 채 사실심리가 끝난 것은 매우 의문스러운 일이었다.

그로부터 엿새 뒤인 2월 10일에 구형공판이 열렸다. 오제도 검사는 장장 두 시간 반 동안 준엄한 논고를 했다. 그는 "피고인들의 외군 철퇴 주장은 남로당의 지령에 의해서 한 것이고, 노일환은 협박을 받고 남로당에 가입하여 국회프락치로 활동했으며, 공작비를 받아 소비했다. 이문원은 가세가 빈한하여 국회의원 입후보 시 남로당을 이용했고, 남로당의 자금을 받아 사용했으며, 피고인들은 국가의 이익과 발전을 저해한 죄상이 명백하다"고 주장했다. 그러고 나서 노일환과 이문원에 대해 각 징역 12년, 김약수와 박윤원에 대해 각 징역 8년, 그밖의 피고인들에 대해서는 징역 2년 내지 6년을 구형했다.

그날 오후에 변호인들의 변론이 시작되었다. 모두 16명의 변호인들은 입을 모아 피고인 전원의 무죄를 주장했다. 먼저 노일환의 변호인 오견인 변호사는 노일환이 남로당에 가입하고 그 지시에 따라 활동했다는 공소사실은 남로당원의 법정 증언에 의하더라도 입증되지 않았으며, 달리 이를 증명할 증거가 없다고 주장했다. 이문원의 변호인 신순언 변호사를 비롯한 다른 변호인들의 변론도 대체로 이와 비슷했다. 즉 '증 제1호(남로당의 비밀문건)'는 그것을 국부 안에 숨겨두었다가 체포되었다는 정재한이 증인으로 나오지도 않았기 때문에 유죄의 증거가 될 수 없다, 수사기관에서의 자백은 고문 등 가혹행위에 의해 이루어졌으므로 임의성이 없다, 외국군의 철군을 주장한 것은 정책 문제로 범죄가 될 수 없고, 국회의원의 원내 발언에는 면책특권이 적용된다 등의 요지였다.

피고인들은 최후진술에서 헌병대 등 수사기관에서의 진술에 의존하는 재판 심리를 부당하다고 하면서 대부분 무죄를 주장했다.

중형선고로 끝난 1심 재판과 6·25 발발

판결 선고공판은 첫 검거일로부터 거의 1년이 되어가는 1950년 3월 14일 오전 10시에 열렸다. 법정 안팎은 경비가 삼엄했고 방청객으로 넘쳐났다.

사광욱 재판장은 거의 400쪽에 달하는 판결문을 읽기 시작했다. 첫머리에 해방 후의 남북분단과 남한 정부의 수립 과정 등 정세 변화를 장황하게 설명한 다음, 나름대로의 시국관을 부연해나갔다. 판결문에는 이런 대목도 있었다. "남로당의 노선에 부합하여 소위 외군 철퇴의 구호로서 (…) 국회 외부에서 무책임하게도 유엔한위에 대해 남로당이 주장하는 외군 철퇴를 진언하고 선전한 것은 결국 우리 동족 간에 비참한 살육전을 전개시키고 약육강식의 무자비한 투쟁을 초래하여 우리 대한민국을 중대한 위기에 봉착케 하고 국가변란을 야기하여 마침내는 공산독재 정권을 수립하려 함에 그 의도가 있었다고 볼 것이며, (…) 미 군사고문단 설치는 우리 국군의 육성 강화를 위하여 절대로 필요한 것이어늘, 적어도 국회의원으로서, 더욱 국회부의장의 요직에 있는 자로서 국회 외부에서 그 철폐를 진언하고 선전한다는 것은 도저히 용서할 수 없는 국가 민족에 대한 반역이요, 단호히 배격되어야 할 이적행위라고

'남로당 프락치' 사건을 보도한 신문기사
재판장은 검사의 공소사실을 거의 다 유죄로 인정하고 피고인들에게 검사의 구형에 근접하는 중형을 선고했다. 즉 국회의원 13명 전원에게 8년에서 10년까지 실형을 선고했다.

단정치 않을 수 없는 바이며…"[15] 검사의 논고를 능가하는 이런 격정을 쏟아낸 재판장은 검사의 공소사실을 거의 다 유죄로 인정하고 피고인들에게 검사의 구형에 근접하는 중형을 선고했다. 즉 주범 격인 노일환과 이문원에게는 각 징역 10년, 김약수와 박윤원에게는 각 징역 8년 등 국회의원 13명 전원에게 실형을 선고했다(의원이 아닌 오관은 징역 4년, 최기표는 징역 1년 6월에 집행유예 3년 선고).

이런 1심 판결에 대해 피고인 모두가 불복 항소를 했다. 그런데 그로부터 석 달이 좀 지났을 때 불의의 '6·25'가 일어났다. 그 난리통에 서대문형무소에 수감되어 있던 피고인들은 모두 옥문을 나왔는데, 그중 일부 의원은 북으로 갔다. 정부 측에서는 그들의 북행이 자진 월북이었으며, 그 사실이 바로 그들이 남로당 관련 활동을 했다는 증거라고 했다.

그러나 남한에서는 공산프락치로 몰리어 매도당하고 재수감될 위험도 있는 그들로서는 월북이 불가피했으리라고 보는 시각도 있으며, 그들이 북한에서 별로 후대를 받지 못한 채 버림을 받았다는 풍문도 있었다고 한다.

이 사건을 두고 '정치적 반대자 탄압을 위한 용공조작'이라는 비난과 아울러 "민족국가의 체통과 민족분단을 막아야 한다는 정치적 당위성에서 행한 일이었다"라고 주장하는 피고인들의 입장[16]과는 달리 '남로당이 입지 타개를 위해 무리수를 두게 되었는데, 그게 바로 국회프락치 사건이 터진 원인이 된 것'이라며 사건 실재론을 굽히지 않는 사람도 있다.[17] 피고인 중 일부 의원의 언동에 그런 상충의 양면이 내재했다는 사실을 아주 부정하기는 어렵다는 제3의 설도 나돌았다.

주────────

1 진덕규 「이승만 권위주의체제의 시발점, 국회프락치 사건」, 『한국논단』 1992년 8월호, 197면 이하.
2 오제도 「남로당 국회프락치 사건」, 『세대』 1970년 9월호, 206면.
3 「비화 제1공화국: 국회프락치 사건 (1)」, 『동아일보』 1973년 8월 27일자.
4 국회프락치 사건으로 3차에 걸쳐 국회의원들이 구속될 때까지는 남로당은 법적으로 불법정당이 아니었다. 1947년 10월 19일 공보처장 이철원이 남로당, 근민당 등 좌경적인 정당 사회단체 133개를 '불법'으로 선포하고 해산을 명했는데, 그때부터 남로당은 불법화되어 많은 탄압을 받았다.
5 「비화 제1공화국: 국회프락치 사건 (2)」, 『동아일보』 1973년 8월 29일자.
6 김정기 『국회프락치 사건의 재발견 (2)』, 한울 2008, 113면.
7 『동아일보』 1949년 11월 18일자 기사에서 발췌하였다.

8 오제도, 앞의 글 208면.

9 이경식 「북이 시인한 국회프락치 사건도 조작이란 말인가」, 『한국논단』 2009년 4월
   호, 80면.

10 헨더슨의 「프락치 사건 기록」 중 육필 원고(김정기, 앞의 책 235면).

11 김정기, 같은 책 282면.

12 『동아일보』 1949년 11월 18일자.

13 『동아일보』 1949년 11월 19일자.

14 이 사건 재판기록은 6·25전란으로 소실되어 판결문도 찾을 길이 없는데, 다행히 범
   우사 발행의 월간지 『다리』 1972년 4~8월호에 그 판결문 전문이 수록되어 유일한
   문헌으로 남아 있다. 또한 공판기록은 당시 주한 미국대사관 정치 담당으로 있던 그
   레고리 헨더슨이 한국인 직원의 도움으로 공판의 전 과정을 녹취한 것이 미국 국
   무부 외교문서로 보존되어 있고, 그것이 『국회프락치 사건 재판기록(영문)』(한울
   2008)으로 한국에서도 간행되어 법정 문답의 구체적 내용을 확인할 수가 있다. 그밖
   의 자료로는 한옥신 『사상범죄론』, 최신출판사 1975; 오제도 『추적자의 증언』, 형문
   출판사 1981; 서울지방검찰청 『서울지방검찰사』, 1985; 서용길 「제헌국회프락치 사
   건의 진상」, 『민족통일』 1989년 1·2월호 등이 있다.

15 이 사건 1심 판결문의 일부(월간 『다리』 1972년 4월호, 191~92면에 실린 「국회프락
   치 사건 판결문」).

16 진덕규, 앞의 글 205면.

17 이영민 「대남공작의 원류를 알자」, 『한국논단』 2014년 3월호, 32~41면.

04

진보당 사건과 조봉암

한 진보주의자의
소망을 앗아간 '간첩 사형'

이승만 516만 표 대 조봉암 216만 표,
유효표의 30%가 넘는 득표로
선전한 진보당의 앞날에 불길한 그림자가 드리워졌다.
그들에게 조봉암은 불안하고 위험한 존재였다.

화근이 된 조봉암의 216만표

일명 '조봉암 사건'이라고도 불리는 진보당 사건의 상류에는 제3대 대통령선거 결과가 있고, 더 거슬러 올라가면 대통령 이승만의 장기집권 시나리오가 보인다.

이승만은 제헌국회에서 간접선거로 초대 대통령이 되었다. 그러나 1950년 5월 30일에 실시된 제2대 국회의원 총선거에서 친이승만계의 원내 의석은 크게 감소되었다. 이승만은 국회 간선으로는 대통령 재선이 어렵다고 보아 대통령 직선제 개헌을 시도한다. 온갖 정치폭력과 위법이 난무한 '부산정치파동' 속에서 대통령 직선제를 노리는 이른바 '발췌개헌안'이 기립표결로 국회에서 가결된다. 6·25전란 중의 피란 수도 부산에서 자행된 이 위헌적인 직선제 개헌 덕분에 이승만은 제2대 대통령에 당선된다(1952. 8. 5). 이때 조봉암은 79만여 표를 얻는 데 불과한 군소 후보였다.[1]

이승만의 두 번째 임기가 끝날 무렵이 되자 이번에는 '대통령은 1차에 한하여 중임할 수 있다'는 헌법의 '3선금지' 조항을 '초대 대통령에 한해서는 적용하지 않는다'고 하는, 이른바 '3선개헌'을 감행한다. 의결정족수 미달의 개헌안을 '사사오입'이란 우격다짐으로 '가결' 처리하고(1954. 11. 19) 제3대 대통령선거가 실시된다(1956. 5. 15). 당시의 제1야당 민주당은 '못살겠다, 갈아보자'라는 절세의 구호를 내걸고 선전했으나, 신익희 후보의 불의의 급서急逝로 좌절하고 말았다. 개표 결과, 이승만

은 504만여 표로 당선되었는데, 조봉암은 유효표의 30%를 넘는 216만
여 표를 얻어 놀라움과 충격을 주었다.[2] 이런 결과를 이승만의 장기집권
에 대한 적신호로 분석한 당시 여권에서는 조봉암을 불안하고 위험한
존재로 보기 시작했다.

진보당 간부 일망타진, '평화통일정책' 범죄시

마침내 1958년 1월 12일 조봉암이 당수(위원장)로 있는 진보당 간부
들에 대한 일대 검거선풍이 일어났다. 경찰은 이날 진보당 부위원장 박
기출, 간사장 윤길중, 선전부 간사 조규희, 재정부 간사 조규택, 민주혁
신당 간부 이동화 등을 검거 구속했다. 종로2가에 있는 진보당 사무소
도 수색했다. 정식 발표는 없었지만 조봉암과 부위원장 김달호도 검거
된 것으로 알려졌다.(조봉암은 당 간부들이 검거된 사실을 알고서 경찰
에 통고 후 자진 출두했다.)

1월 13일 정순석 검찰총장은 다음과 같은 담화를 발표했다. "조봉암
진보당 위원장 등 일당은 북괴 김일성의 지령으로 남파된 간첩 박정호,
정우갑, 이봉창, 허봉희 등과 수차에 걸쳐 밀회하고, 동 당의 정강정책
이 북괴가 주장하는 공산 평화통일과 부합되고 있다는 사실을 인정하
고, 북괴와 야합할 목적으로 평화통일을 추진해왔다."[3]

당국이 애초에 '평화통일론'을 문제 삼은 단서는『중앙정치』(1957년 10
월호)라는 잡지에 실린 조봉암의 글「평화통일에의 길」이었다. '진보당
의 주장을 만천하에 천명한다'는 부제가 붙어 있는 이 논문 중에 '북과

진보당의 기관지 격인 『중앙정치』
당국은 이 잡지에 실린 조봉암의 글 「평화통일에의
길」을 문제 삼아 조봉암을 비롯한 진보당 간부들에
대한 검거에 나섰다.

동등한 조건으로 선거를 실시한다는 것은 다소 불쾌할 수도 있으나, 한
번 시행해보는 것도 결코 나쁘다고만 말할 수는 없다'라고 한 대목이 대
한민국의 존재를 부인하고 국시에 위배된다는 것이었다. 그러나 평화
통일이라는 슬로건 자체를 문제 삼아 반국가적이라든가 국가보안법 위
반이라고 단정하는 것은 너무나 지나친 소견이라고 보는 것이 중론이
었다.

구속적부심 청구 기각에 이은 검사의 공소 제기

앞서 검거된 7명에 김기철, 신창균, 김병휘 등 3명을 더한 10명의 피
의자들이 검찰에 송치된 후(1. 21) 신태악, 김춘봉 변호사 등 변호인단은

서울지방법원에 그들에 대한 구속적부심사를 청구했다. 그 청구서에서 변호인단은 '집권당이 북진통일정책을 내걸었다고 해서 그것이 곧 국책이 될 수 없듯이, 반대당이 평화통일을 정책으로 삼고 있다고 해서 이를 국시에 반한다고 말할 수는 없다. 진보당의 평화통일정책은 한반도의 평화적 통일을 거듭 강조한 유엔의 결의와도 부합할 뿐 아니라 1954년 5월 22일 제네바회의에서 변영태 외무부장관이 밝힌 통일방안과도 일치하는 것이다'라고 주장했다. 그러나 변호인단의 그 청구(석방 요구)는 재판부에 의해 기각되고 말았다.

그해 2월 8일 서울지검 조인구 검사는 구속된 피의자 10명을 모두 기소(1차)하였다. 그 요지는 (주로 조봉암이) 북한 괴뢰에 호응하여 평화통일방안을 주장하고, 북의 간첩 박정호와 접촉하였으며, 대한민국을 변혁할 목적으로 진보당을 결사, 공산주의자 정태영으로부터 「실천적 제문제」라는 강평서를 받아 소지하였는가 하면, 국제감시위원회 감시하의 총선거로 남북 대표가 참여하는 한국위원회를 설치하고 외국군대의 철수를 주장하는 등으로 대한민국의 전복을 기도했다는 것 등이었다. 2월 25일에는 공보실에 의해 진보당의 등록이 취소되어 불법화되었다.[4]

조봉암의 파란만장한 삶

여기서 우리는 조봉암이란 인물에 대하여 잠시 짚고 넘어갈 필요가 있다. 아호가 죽산인 그는 조선공산당 창당에 참여한 좌익 지도자였다. 강화에서 농업보습학교를 졸업한 뒤 YMCA 중학부에서 공부하고 3·1

운동에 참가했다가 1년간 복역했다. 그후 일본으로 건너가 주오中央대학을 다니다 중퇴, 사회주의 이념에 입각한 항일운동을 하다가 귀국했다. 그리고 국내 공산주의자 대표로 모스크바에서 열린 코민테른 총회에 참석하고, 모스크바 공산대학에서 수학한 후 다시 귀국하여 조선공산당 조직에 참여했다. 국내에서 ML당(맑스-레닌주의당)을 조직하고 활약하다가 일경에 피검, 신의주형무소에서 7년간 복역하였다. 출옥 후 인천에서 지하운동을 하다가 또다시 검거되어 수감 중 8·15해방으로 출감하였다.

그다음 단계에서 그의 변신이 시작되었으니, 조선공산당 중앙 간부로 있다가 1946년 5월 박헌영을 비판하는 공개서한을 발표하고 공산당을 탈당한다.[5] 그후 우익진영으로 선회, 제헌국회의원(인천, 재선), 이승만 정부의 초대 농림부장관, 국회부의장을 역임하였다. 그리고 앞서 본 대로 두 번에 걸친 대통령선거에서 낙선했다. 한마디로 공산당과 결별하여 남한 단독선거와 이승만 정부에 참여한 정계의 지도적 인물이었다. 이런 전력을 가진 그가 자신을 각료로 중용했던 이승만에 의해서 간첩으로 몰렸으니, 그에 대한 탄압은 쉽게 납득하기 어려운 의혹 사건이 아닐 수 없었다.

고문 수사와 '간첩 양명산'의 등장

사건은 계속 확대되어 앞서의 여러 사람 외에도 이명하, 김장성, 박준길, 김일사, 정규엽, 권대복, 안경득, 최희규, 김안국 등 진보당 관련자

20여 명이 국가보안법 위반으로 추가 구속되었다. 붙들려간 진보당 관련자들은 심한 고문을 받았다고 호소했다. 물고문, 몽둥이 구타, 잠 안 재우기 등 도저히 견딜 수 없을 만큼 심한 가혹행위를 당했다는 것이다. 조규택, 전세룡 등은 수사관이 '밤중에 한강으로 끌고 가서 권총을 들이대고 물속에 처박았다'고 주장했다. 또 '조봉암을 공산당이라고 자백만 하면 풀어주겠다'는 회유도 있었다고 했다.[6]

감옥 안팎에서 이 사건의 공판을 기다리고 있던 참에 또 하나의 악재가 겹치게 되었으니, 북한 간첩이라는 양명산의 등장이었다. 1958년 2월 20일 육군 특무부대와 검찰은 '조봉암과 접선한 거물급 대남간첩 양명산(52, 본명 양이섭)을 검거했다'고 발표하였다.

그후에도 몇 차례의 특무부대의 발표가 거듭되면서 조봉암의 죄목에 간첩 혐의가 무겁게 추가되었다. '양명산은 6·25 전후 북괴를 10여 차례 왕래하면서 북괴 중앙당 연락부장 박용길과 접선, 그의 지령을 받고 조봉암과 몇 차례 밀회한 일이 있으며, 그의 생활 일체를 돌봐주었다. 돈 500만 환을 준 일도 있다.' 이런 요지의 내용들이었다.

조봉암, 사형 구형에 '간첩 무죄, 징역 5년'형

양명산은 재판에서 진보당 사건과 병합 심리를 받게 되었는데, 재판장이 '피고인은 이런이런 일을 했는가'라고 공소사실에 대해서 물으면 고개를 들지 못한 채 들릴락 말락 하게 가는 목소리로 그저 "네, 네" 하고 대답할 뿐이었다.[7] 그것은 '양명산이 북괴의 지령에 따라 수십 차 남북을 왕래하면서 대남공작금을 진보당 정치자금으로 제공하고, 북괴가 지향하는 평화통일론을 추진시켰다'는 특무부대의 발표 내용을 그대로 시인하는 진술이었다. 그러나 조봉암의 말은 그와 전혀 달랐다. 그는 양명산과는 30년 전 상해 시절부터 친한 사이였으며, 그가 사업을 하여 돈을 많이 벌었다기에 몇 번에 걸쳐 500만 환을 조건 없이 얻어 썼을 뿐, 그가 북괴의 간첩이라거나 그 돈이 공작금인 줄은 전혀 몰랐다고 진술했다. 양명산은 또 "심정의 변화로 죽산 선생을 배신한 결과가 되었다"는 말도 했는데, "그게 무슨 뜻이냐"는 변호인의 물음에 아무 대답도 하지 못했다. 그의 정체를 변호인 쪽에서 추적해본 결과 그는 남파 간첩이 아니라 HID라는 미군 육군방첩대 소속 대북 공작원이란 사실이 밝혀졌다.[8]

검사는 조봉암과 양명산에 대하여 사형을, 나머지 피고인들에 대해서도 징역 12년 이상의 중형을 구형했다. 조봉암은 최후진술에서 '평화통일이란 국민의 뜻이다. 이 사건은 모두 정치적 음모이니 더 할 말이 없다'라고 했다.

7월 2일 1심 선고공판에서 유병진 재판장은 공소사실 중 가장 큰 논쟁거리였던 평화통일론과 간첩죄에 대하여 무죄를 선고했다. 다만 조봉암이 양명산으로부터 혁신세력 확대, 미군철수운동 추진 등의 제의를 받고 금품을 수수했다는 점과 무기 불법소지 부분을 유죄로 보아 양명산과 같이 각 징역 5년을 선고했다. 나머지 피고인 중 4명에게는 징역형의 집행유예, 17명에게는 무죄가 선고되었다. 공소유지를 담당했던 조인구 부장검사는 충격을 감추지 못한 채 법정에서 총총히 걸어 나갔다. 그런데 그로부터 사흘 후에 엄청난 일이 벌어지고야 말았다.

진보당 사건 법정
검사는 조봉암과 양명산에 대하여 사형을, 나머지 피고인들에 대해서도 징역 12년 이상의 중형을 구형했다.

조봉암 '간첩 무죄' 판결의 파장

유병진 부장판사(배석판사 이병용, 배기호)가 조봉암의 간첩·국가보안법 위반(일부) 혐의에 대하여 무죄를 선고한 이유는 다음과 같이 요약할 수 있다. '조봉암 피고인은 간첩행위를 한 일이 없으며, 간첩 박정호와는 만난 일도 없고, 정우갑과는 만난 일이 있지만 면담 내용이나 경위로 보아 유죄를 인정할 근거가 없다. 또한 진보당의 평화통일론이 국시를 위반했거나 북한과 야합해 국가변란을 기도했다는 사실은 인정할 수 없고, 진보당의 정강정책도 국가변란이나 북한에 호응한 행위로 볼 수 없으며, 진보당이 사회민주주의를 지향함으로써 국헌을 위배했다는 공소사실도 인정할 수 없다.'[9]

결국 1심 판결은 조 피고인이 양명산으로부터 공작금을 받았다는 점과 무기 불법소지의 점만을 유죄로 인정하고, (양명산과 같이) 징역 5년에 처한다고 판시했던 것이다.[10] 1심 판결 직후 조·양 두 사람을 제외한 나머지 피고인들은 무죄 선고에 이은 보석 결정으로 모두 석방되었다.

반공청년 200여 명 법원 난입, '용공판사 타도하라'

조봉암의 간첩 혐의를 인정하지 않고 징역 5년을 선고한 1심 판결은 이 사건을 둘러싼 정권 측의 노림수에 비추어볼 때 놀랍고 충격적인 일이었다. 따라서 무슨 일이 일어나지나 않을까 하는 불안이 감돌기 시작했다. 판결 선고 3일 뒤에 그 우려는 현실이 되었다. 1958년 7월 5일 정오가 가까워질 무렵, 자칭 반공청년 200여 명이 "용공판사 유병진을 타도하라!"는 구호를 외치면서 법원 정문으로 난입했다. '진보당 사건 판결 규탄 반공청년 궐기대회'라고 쓴 현수막을 앞세우고 몰려든 그들은 지프차에 장착한 마이크를 통하여 "공산당 자금을 받은 조봉암 일파를 간첩죄로 처벌하라!"고 계속 부르짖었다. 법원의 수위와 구치감 경찰관들의 제지를 뚫고 법원 청사 안으로 침입한 그들은 "없애버려라" "죽여라" 하고 고함을 질렀다.

그중 두 사람이 나서서 대법원장과의 면담을 요구한 끝에 변옥주 서울고등법원장 집무실에 들어가 즉석에서 '항의문'을 내놓았다. 그러고는 유병진 판사는 서울대학교 문리대 유근일 사건, 용산중학교 교감 사건 등에서도 무죄 판결을 한 점으로 보아 용공판사가 틀림없으니 즉각

해임하라고 요구하면서, 만일 불응한다면 전국의 반공청년들을 서울에 집결시켜 자기네의 요구가 관철될 때까지 싸울 것이라고 협박했다.[11] 이처럼 난폭한 시위대는 뒤늦게 출동한 기마경찰대에 의해 겨우 법원 청사 밖으로 밀려났다.

이 사건이 알려지자 사회 각계에서 규탄의 목소리가 들끓었다. 조용순 대법원장도 "폭력으로 판결에 위협을 가하는 것은 법치국가에서 용납될 수 없다. 사법부는 이런 국가적으로 수치스러운 일이 다시 안 생기도록 하기 위해 치안당국에 난동 관계자들에 대한 엄중 처단을 요구한다"는 담화를 발표했다.[12] 한 언론은 국시가 반공이라고 해서 반공에 편승하기만 하면 무엇이나 애국이라는 논리가 얼마나 위험천만한가를 깊이깊이 명심해야 할 것이라고 했다.[13] 이러한 여론에 밀렸는지 경찰은 마지못해 난입 청년 두어 명에 대한 구속영장을 청구하였으나 검찰에서 이를 보류한 채 즉결심판에 회부하는 것으로 흐지부지하고 말았다. 당시의 난동은 법원행정처에서 발간한 『법원사』에도 '시위대의 법원 난입'이란 제목으로 언급되어 있다. 그러한 '관제데모'로 진보당 사건이 조봉암 제거를 위한 집권세력 측의 '기획'이었음이 더욱 분명해졌다.

양명산의 자백 번복에도 항소심은 오히려

1심 선고가 있은 지 두 달이 지난 1958년 9월 4일, 이 사건의 항소심 공판이 열렸다. 주심이자 재판장은 김용진 부장판사, 배심은 이규대, 최보현 판사였다. 항소심에서는 피고인 양명산이 특무대와 1심 법정에서

한 종전의 진술을 완전 번복하는 큰 이변이 일어났다. 그는 "나는 특무대에서 시키는 대로 거짓말을 했다. 양심의 가책으로 견딜 수가 없었다. 죽산 선생은 아무 죄가 없다. 사실을 말하겠다." 이처럼 정면으로 말을 바꾼 그는 이런 진술도 했다. "(고영섭 수사관의 권유로) 특무대 의무실에서 주사 두 대를 맞은 후로는 정신이 흐려져 꿈속에서와 같은 상태에서 죽산 선생에게 돈을 대준 사실이 있느냐고 물어서 약 2,000만 환가량 될 것이라고 말했던 기억이 날 뿐이다" "내가 기억이 없어서 일일이 진술을 못하겠다고 말했더니, 모눈종이에 기록된 것을 주면서 항목별로 어떻게 했다는 것을 메모해서 외라고 해서 사흘 동안 외우고 다음 날 판사 앞에 가서 메모를 보면서 그대로 답변했다" "(특무대의) 고문관은 나에게 '너는 문제가 아니다. 조봉암을 잡자는 것이다. 당신은 살 수 있다. 하라는 대로만 해라'(고 했다)" "나는 이북을 왕래하는 상인이었지, 정치적 문제에는 관여하지 않았으며, 소위 죽산 선생 간첩행위는 특무대에서 만든 것이어서 나는 그 내용조차 알 길이 없다. 나로선 그분과 오랜 친분관계에 있고 돈을 만지기 때문에 기백만 환을 도와준 일이 있을 뿐이다."[14]

변호인단은 양명산의 이와 같은 진술 번복에 고무되어 여러 증거와 증인을 신청했다. 그러나 재판부는 증인 신청을 묵살하고 속전속결로 나갔다. 변호인단은 재판부에 대한 기피신청으로 맞섰으나 이 또한 기각당하고 말았다. 10월 14일 검사는 1심에서와 같은 구형을 했고, 이어서 피고인들의 최후진술도 끝났다. 그런데 이때 뜻밖의 충격적인 일이 또 벌어졌다. 1심의 무죄 판결로 석방되어 불구속으로 법정에 나온 피고인 전원이 놀랍게도 그 자리에서 재구속되었다. 불길한 징후였다.

선고공판은 10월 25일에 열렸다. 양명산의 진술 번복만으로도 조봉암의 무죄는 한층 더 확실해졌지만, 어쩐지 재판부의 처사가 마음에 걸렸다.[15] 아니나 다를까. 2심 판결은 1심과는 달리 진보당의 평화통일론이 국가보안법에 위반된다며 조봉암과 양명산 두 사람에게 간첩죄와 국가보안법을 적용하여 사형을 선고했다. 조봉암에 대한 간첩 혐의의 유일한 증거인 양명산의 1심 자백이 2심에 와서 완전히 뒤집어졌는데도 그 점에 대해서는 한마디도 언급하지 않은 채, 결과는 오히려 악화되고 말았다. 나머지 피고인들에게도 1심과는 달리 모두 유죄로 바뀌어 실형이 떨어졌다.

'혹시나' 했던 대법원 판결, 조봉암 사형의 완결판

그래도 대법원에 실낱같은 기대를 걸고 피고인들은 모두 상고를 했다. 1959년 2월 20일 대법원의 변론 공판이 열렸다. 재판장은 김세완 대법관, 주심은 김갑수 대법관이었다. 2월 20일 임석무, 이태희, 신태악 등 14명의 변호인단과 오제도 검사가 참석한 변론 공판에서 쌍방 간에 그야말로 불꽃 튀는 치열한 공방이 벌어져, 한때 파기자판破棄自判의 실낱같은 가능성을 점치기도 했으나 그날로 변론은 종결되었다. 그로부터 일주일 후인 2월 27일에 열린 선고공판에는 아침부터 수많은 가족과 방청객이 모여들었고, 무언가 어수선한 분위기 속에 개정시간을 1시간 20분이나 넘긴 뒤에야 대법관들이 법정에 나타났다.[16] 재판장인 김세완 대법관이 판결을 선고했다.

대법원은 진보당의 정강정책은 헌법에 위배된다고 할 수 없고, 평화통일에 관한 주장 역시 언론자유의 한계를 일탈하였다고 볼 수 없기 때문에 죄가 성립되지 않는다고 했다. 이처럼 2심 판결을 파기하면서도 조봉암(간첩, 국가변란)과 양명산(간첩)에 대해서는 사형을 선고했다. 그 이유인즉, 조봉암이 진보당 조직을 주동적으로 발의하여 표면상으로는 합법을 가장하였지만 실제로는 북괴와 상통하였으며, 대남간첩 양명산이 북괴로부터 밀파되었다는 점을 알면서도 그와 밀회하고, 그로부터 북괴가 보내온 미화 2만 2,000달러의 공작금을 받고 간첩행위를 하였다는 요지였다.

그런데 선고 당일의 갑작스러운 '합의변경설'이 나돌아 의혹을 사기도 했다. 즉 조봉암에 대한 판결이 당초에는 무기징역으로 합의合議가 되었으나, 판결 선고 직전에 모 대법관의 급한 요청에 의하여 그 합의가 변경되어 사형이 선고되었다는 것이었다. 판결 선고가 예정 시각보다 1시간 20분이나 늦어진 것, 재판장이 판결문을 읽으면서 '무기징역을 선택하여'라고 말한 사실 등이 그런 의심을 불러일으켰다.[17] 이에 대하여 주심을 맡았던 김갑수 대법관은 그런 합의 변경은 결코 없었다며, 그런 의문을 제기한 한 언론인과 지상을 통하여 논쟁을 거듭했다.[18] 앞의 두 사람을 제외한 진보당 간부 전원에게는 국가변란의 인식이 없었다며 무죄를 선고했다. 정부가 이 사건을 일으킨 속셈이 잘 드러나는 판결이었다.

변호인단을 비롯하여 법정을 가득 메운 가족, 진보당 관계자, 일반 방청객 모두가 경악과 허탈에 빠진 가운데 죽산의 딸 호정이 울음을 터뜨리며 실신하여 쓰러졌다. 죽산은 대법원의 사형선고가 있은 뒤 접근이 허용된 김춘봉 변호사에게 말했다. "판결이 잘됐어요. 무죄가 안 될 바에야 차라리 죽는 게 낫지요. 환갑이 다 된 사람이 징역을 살고 나면 무슨 희망이 있겠어요. 차라리 죽는 게 낫지요. 정치란 다 그런 거지요. 이념이 다른 사람이 서로 대립할 때는 한쪽이 없어져야 승리가 있는 거고 그럼으로써 중간에 있는 사람들의 마음이 편안하게 되는 거지요. 정치를 하자면 그런 각오를 해야 해요."[19]

원심 판결 주심 대법관이 재심도 맡아 '기각!'

5월 2일 대검찰청이 법무부장관에게 조·양 두 사형수에 대한 형집행을 상신한 직후 변호인단은 서둘러 조봉암에 대한 재심을 청구하였고, 이에 따라 사형집행은 일단 보류되었다. 그런데 하필이면 원심 판결의 주심이었던 김갑수 대법관이 이 재심 사건의 주심을 맡게 되어 다시금 의문을 키웠다. 김달호 변호인은 '1심에 관여한 재판관이 2심에 관여할 수 없고, 2심을 담당한 재판관이 3심을 담당할 수 없도록 규정한 법의 정신은 원심의 주심을 맡은 재판관이 그 판결에 대한 재심청구 사건을 주관하는 것을 허용하고 있지 않는 것으로 보아야 한다. 따라서 지난번 조봉암에게 사형 판결을 내린 주심 재판관(김갑수 대법관)이 다시금 이번 재심청구 사건을 주관하는 것은 잘못이라 할 것이다'라며 주심 대법관의 교체를 조용순 대법원장에게 요구했다.

당시 언론에서도 조봉암의 간첩죄는 양명산의 1심 자백에만 의존했는데 그가 2심에서 자백을 번복한 점, 군사기밀을 누설한 아무런 증거가 없는 점, 비록 그가 공산당 활동의 경력이 있었지만 그후 공산당과 결별하고 대한민국의 농림부장관과 국회부의장으로서 공헌을 한 점 등에 비추어 사형을 해서는 안 된다는 견해가 나왔다.

그러나 7월 30일 재심 청구는 그냥 기각되었다.[20] 형사소송법상 재심 사유에 해당될 만한 '명백한 새로운 증거'가 없다는 것이었다.(양명산에 대해서는 바로 그 전날 이미 사형이 집행되었다.) 정치권에서도 구명운동이 없지는 않았지만 대세를 바꾸어놓을 수는 없었다.

재심 기각 18시간 만의 사형 집행

재심이 기각된 다음 날(1959. 7. 31), 변호인단이 다시 한번 재심 청구서를 내려고 한 바로 그날, 조봉암은 서대문형무소에서 교수형으로 그 한 많은 생을 마감했다. 대법원에서 재심 기각결정을 통보한 지 18시간 만인 다음 날 오전 11시 3분에 향년 61세를 일기로.

죽산은 사형장에 들어가서도 눈을 감은 채 아무런 표정도 드러내지 않았다고 한다.[21] 그는 입회 목사의 기도가 끝난 뒤 이 세상에서의 마지막 한마디를 남겼다. "나에게 죄가 있다면, 많은 사람이 고루 잘살 수 있는 정치운동을 한 것밖에 없다. 나는 이승만 박사와 싸우다 졌으니, 승자로부터 패자가 이렇게 죽임을 당하는 것은 흔히 있을 수 있는 일이다. 다만 내 죽음이 헛되지 않고 이 나라의 민주 발전에 도움이 되기를 바랄 뿐이다."[22]

그가 처형되던 그 시각, 서대문형무소 철문 밖에는 매일처럼 죽산을

죽산 조봉암
죽산은 "나에게 죄가 있다면, 많은 사람이 고루 잘살 수 있는 정치운동을 한 것밖에 없다"라는 말을 마지막으로 남기고 형장의 이슬로 사라졌다.

면회하러 오는 조카 조규진이 초조한 표정으로 호명을 기다리며 서 있었다. 정오의 사이렌이 울린 뒤에야 그의 앞에 나타난 간수(교도관) 입에서 이런 말이 떨어졌다. "오늘은 만나고 싶지 않으니 내일 오시랍니다."

죽산은 또 진보당 간사장으로서 함께 옥고를 치른 윤길중에게 이런 말도 남겼다. "결국엔 어느 땐가 평화통일을 할 날이 올 것이고, 온 국민이 고루 잘살 수 있는 날이 올 것이네. 씨를 뿌린 자가 거둔다고 생각하면 안 되지." 그는 또 대법원에서 무죄로 풀려나는 정태영에게는 "나를 구출하는 명목으로 그 어떤 타협도 하지 말라"는 당부를 했다.[23]

치안국장의 경고 '죽산에 대한 기사는 이적'

죽산에 대한 사형집행이 보도되자 서대문형무소 앞에는 수백명의 시민들이 운집했다. 인근 도로까지 인파가 몰려 교통이 마비될 정도가 되자 경찰이 출동하여 강제 해산을 시키는 소동이 벌어지기도 했다. 죽산의 유해는 망우리 공동묘지에 쓸쓸히 묻혔다.

이래저래 민심이 흉흉해진 8월 1일, 치안국장 이강학은 다음과 같은 경고서한을 각 언론사에 보냈다. "(조봉암과 양명산) 그들의 행적과 기타에 관한 모든 기사는 민심을 자극할 뿐만 아니라 적을 이롭게 하는 결과를 초래하는 것이므로 (…) 차후 이들 사형자와 그 주위 환경 등에 이르는 기사는 법에 저촉되는 것임을 거듭 말씀드립니다."[24]

진실화해위원회의 재심 권고 이후

그로부터 일곱 번이나 정권이 바뀐 뒤 노무현 대통령은 2004년 8·15 광복절 경축사에서 국가기관의 인권침해와 불법행위의 조사를 촉구했고, 이에 따라 대통령 직속으로 '진실·화해를 위한 과거사정리위원회'(진실화해위원회)가 설치되었다. 이 위원회는 진보당 조봉암 사건을 재조사한 끝에 2007년 9월 다음과 같은 요지의 조사결과를 발표하면서, 그에 대한 사과와 피해구제 및 명예회복을 위한 적절한 조치를 국가에 권고했다.

특무대는 양이섭(양명산)을 1958년 2월 8일부터 구속영장이 집행된 3월 8일까지 1개월여 외부와의 연락을 일체 두절시킨 채 여관에서 불법감금한 상태에서 조사를 하였다. 조봉암과 양이섭은 그 혐의 내용이 국방경비법이 아니라 형법 제98조 및 국가보안법 위반이었으므로 특무대는 이들에 대한 수사권이 없었음에도 불구하고 특무대 수사관이 조봉암, 양이섭에 대해 수사를 행하였다. 위 각 불법행위는 당시 형법 제124조 타인의 권리행사방해죄(현 직권남용죄)를 구성하며 형사소송법 제420조 제7호, 제422조가 정한 재심사유에 해당한다.[25]

그리고 '이 사건은 정권에 위협이 되는 야당 정치인을 제거하려는 의도로 표적수사를 하여 사형에 처한 것으로서 민주국가에서 있어서는 안 될 인권유린이자 정치탄압이었다'고 규정했다.[26]

대법, 반세기 만에 죽산의 영혼에 무죄 선고

조봉암의 억울한 죽음으로부터 반세기가 지난 2008년 후손들은 재심을 청구했고, 2011년 1월 20일 대법원은 그에 대한 종전의 사형 판결을 뒤집고 무죄를 선고했다. 그것도 대법관 전원일치의 찬성으로(1959년의 상고심이나 재심 판결에서 사형을 선고할 때도 대법관 전원일치였다).

서울 서초동에 있는 대법원 대법정에서 열린 대법원 전원합의체(주심 박시환 대법관)의 선고공판에서 이용훈 대법원장은 '진보당은 국가변란

목적의 단체로 볼 수 없고, 진보당의 강령과 정책이 대한민국의 민주적 기본질서에 위배된다고 할 수 없다. 조봉암의 간첩 혐의를 입증할 증거가 군부대의 영장 없는 체포와 불법감금을 통해 얻어진 증인 진술뿐이다'라는 요지의 무죄 판결 이유를 낭독했다.[27]

그렇다면 50년 뒤의 '무죄 이유'라는 것이 죽산과 그 변호인들이 1심 재판 이래 입이 닳고 피가 마르도록 주장한 바로 그 이유와 똑같지 않은가? 다시 말해서 죽산이 형장의 이슬로 사라진 지 50년이 지난 시점에 와서야 같은 이유로 '무죄'라고, 그나마 진실화해위원회에서 '대법원의 (원)판결이 증거재판주의에 위배하여 조봉암에게 극형인 사형을 선고하여 결국 처형에 이르게 한 것은 인권 보장의 최후의 보루로서의 책무를 저버린 것'으로서 형사소송법상의 재심을 해야 한다는 결정(2007. 9. 18)을 한 뒤에야 이에 떠밀리다시피 하여 '무죄'가 났으니 '사법살인'의 오명은 여전히 벗을 길이 없게 되었다.

하지만 이날 대법원은 '피고인은 조국의 독립을 위해 투쟁했고 초대 농림부장관으로서' 운운하며 조봉암을 애국자라고 예찬은 하면서도, 오판으로 사법살인까지 저지른 법원 판결에 대한 특별한 사과나 유감을 표명하지는 않았다. 다만 무기 불법소지에 대해 선고유예 판결을 하면서 '피고인에 대한 공소사실의 대부분이 무죄로 밝혀졌으므로 이제 뒤늦게나마 재심 판결로서 그 잘못을 바로잡고 형의 선고를 유예한다'고 했을 뿐이다.

조사 담당 경찰관, '진보당 사건 조작' 폭로

그런데 그보다 몇 해 전에 진보당 사건의 조작 내막을 폭로하는 전직 경찰관이 나타났었다. 한승격이라고 자기 이름을 밝힌 그는 사건 당시 서울시 경찰국에 근무하면서 진보당 조직부장 전세룡을 취조했다며, 바로 그 전씨와 함께 한 언론사 기자와 인터뷰를 했다.

그의 말을 요약하면 대략 이렇다. 당시 경무대(지금의 청와대)로부터 조봉암을 어떤 수를 쓰더라도 잡아넣으라는 지시를 받았다. 엄청난 선거 부정을 저질렀음에도 조봉암이 전체 유효투표의 30%나 얻어서 심한 압박을 받았는지, 서울시경 국장이 경찰 간부 몇 명과 자기를 불러놓고 '경무대에서 조봉암을 그대로 두어서는 이 대통령의 재선이 불가능하니 치안국이 책임지고 대책을 강구하라는 지시가 내려왔다'며, 우리가 살 길은 이것밖에 없다'고 했다. 당시 조직부장 전씨로부터 '북한 김일성의 지령에 따라 대한민국의 전복을 획책했다' '조봉암은 빨갱이 간첩이다'라는 자백을 받아내기 위해 3주가량 혹독하게 신문을 했으나 자백을 얻어내지 못했다. 이승만 정부가 정권 유지를 위해 무고한 사람을 많이 잡았다. 이런 내용들이었다.[28]

죽산을 사법살인으로 저세상에 보낸 지 불과 9개월 만에 이승만 자신도 4·19의 분노와 항거에 쫓겨 하와이 망명길에 오른다. 그 어간에 저 유명한 3·15 정부통령 부정선거가 자행되었고, 이에 격분한 국민들이 마산을 비롯한 전국에서 항의시위를 벌여 4·19혁명으로 번진 것은 널리 알려진 역사적 사실이다.

죽산의 비운으로 이어진 통한의 고비

돌이켜보면 죽산의 정치적 비운에는 애석하고도 안타까운 변수가 가로놓여 있었다. 1954년 11월의 이른바 '사사오입' 3선개헌이 있은 뒤 반자유당 세력을 망라하여 '민주당'을 창당할 때 보수우익 세력이 조봉암의 참여를 배제한 것, 그리고 '진보당'(창당준비위원회)의 대통령 후보가 된 죽산이 범야권 후보 단일화를 위해 만나기로 한 민주당의 신익희 후보가 그 하루 전(1956. 5. 5)에 호남선 열차 안에서 급서한 것 등이 죽산의 불행으로 이어진 변수였는지도 모른다. 만일 그때 범야신당이라는 민주당 창당 과정에서 죽산을 따돌리지 않았거나 후보 단일화 협의를 위해 만나기로 한 신익희가 급서하지 않았다면, 앞서 본 죽산의 그런 비극은 일어나지 않았을 것이라는 부질없는 가정을 해보는 것이다.

『조봉암 평전』의 작가 이원규는 죽산을 "평화와 정의의 씨를 뿌리고 간 순교자"라고 평가하면서, 그의 정치적 이상은 책임정치, 수탈 없는 정의로운 경제, 평화통일, 이 세 가지였는데, 그것들은 오늘날 더욱 절실해졌다고 썼다.[29] 연구자들은, 그가 꺾인 것은 분단모순의 상황에서 시대를 앞서갔기 때문이라고 말한다.

나는 얼마 전 일본 법조인들과 함께 서대문형무소를 다시 가본 적이 있다. 그때 '고만통'이라고 불리는 그 으스스한 사형(집행)장 안팎을 둘러보면서 (마침 이 글을 준비하던 때여서) 죽산을 떠올렸다. 거기서 억울하게 목숨을 앗긴 그 많은 이들을 생각했다. 형장 입구에 하늘 높이 치솟아 있는 '통곡의 (미루)나무'는 예전 그대로 한을 삭이지 못한 채 세상을 응시하고 있었다.

주

1 대선 과정의 상황에 관해서는 이원규 『조봉암 평전』, 한길사 2013, 481~94면 참조.

2 대선 기간 중의 탄압 등 부정선거에 관해서는 이원규, 같은 책 527~34면 참조.

3 『경향신문』 1958년 1월 15일자.

4 수사나 재판도 거치지 않고 공보실장의 결정만으로 진보당의 정당 등록을 취소(군 정법령 제55호 위반)했는데, 발표된 '진보당 등록 취소 이유'는 이러했다. 진보당은 ① 대한민국의 국법과 유엔의 결의에 위반되는 통일방안을 주장하고 있다. ② 간부 들은 북한괴뢰집단이 밀파한 간첩의 밀사와 접선하여왔다. ③ 공산당 비밀당원과 그 방조자들을 의회에 진출시켜 대한민국을 파괴하려고 기도해왔다.(『한국시사자 료연표 (상)』, 서울언론인클럽 1992, 916면)

5 조봉암은 1946년 5월 재건된 조선공산당(조공)과 박헌영을 비판했다가 조공에서 제명된 뒤, 『한성일보』 1946년 5월 6일자에 「존경하는 박헌영 동무에게」라는 공개 서한을 실어, 오랜 동지인 박헌영을 강하게 비판하였다. 이를 계기로 그는 조공과 결별하게 된다.(공개서한 전문은 정태영 『조봉암과 진보당』, 한길사 1991, 319~25면 에 수록)

6 『법조 50년 야사 (상)』, 법률신문사 2002, 393면.

7 임홍빈 「죽산 조봉암의 죽음」, 『신동아』 1965년 8월호, 369면.

8 정태영, 앞의 책 294면.

9 『법조 50년 야사 (상)』, 400면.

10 윤기정 『한국공산주의운동 비판』, 통일춘추사 1959, 부록 「진보당사건 기록」에 '진 보당사건 논고', '판결문(1심)', 양명산에 대한 '추가 공소장', '진보당 문헌(선언문, 강령)' 등이 전문 수록되어 있다.

11 『법조 50년 야사 (상)』, 400면.

12 『동아일보』 1958년 7월 7일자. 당시 배석판사 이병용은 훗날 "행정부의 거대한 힘이 판사들에게 미친 본보기였다"고 회고했다.(『조선일보』 1971년 8월 8일자)

13 「반공청년 법원난입 사건」, 『경향신문』 1958년 7월 8일자.

14 윤길중 회고록 『이 시대를 앓고 있는 사람들을 위하여』, 호암출판사 1991, 184~86 면; 임홍빈, 앞의 글 371면.

15 임홍빈은 "한편 신태악, 김춘봉, 김봉환 씨 등 중추적인 변호인에 대해서는 입건, 구 속 기소 등의 위협으로써 그 활동을 저해케 하는 사태가 연발했다. (…) 변호인들은 (양명산의 1심 진술 번복 후) 조·양 두 피고인들의 무죄를 더욱 확실히 뒷받침하기

위하여 양 피고인이 첩보기관에 제출한 귀환보고서 및 물품 목록의 취집을 비롯한 양 피고인이 불법 감금되어 있었다는 여관 및 수사기관 등에 대한 현장 검증과 10여 명의 증인신문을 신청했으나 대부분 기각되고 말았다. 이에 변호인단은 재판부를 기피하는 등의 항거사태로 나왔다"고 하였다.(임홍빈, 같은 글 373면)

16 임홍빈은 같은 글에서 그날 대법원에서의 '심상치 않은 움직임'을 이렇게 기록해놓았다. "열한 시쯤 해서 오제도 검사가 김갑수 대법관실로 들어갔다. 잠시 무슨 이야기가 두 사람 사이에 오고 가더니, 김 대법관은 방대한 판결문을 들고 김세완 대법관실로 들어갔다. 뒤이어 백한성, 허진, 변옥주 대법관도 그 방으로 들어갔다. (…) 도대체 무슨 합의가 필요했던 것인지 아무도 짐작조차 못했었다."(374~75면)

17 법조계와 기자들 사이에 퍼졌던 '합의변경설'에 대하여 신태악 변호인은 이런 말을 했다. "선고공판 당일에 긴급히 소집된 대법원 형사부에서 종전의 합의를 변경하여 '무기'를 '사형'으로 가중하였다는 비밀을 우리는 알아냈다. 그때 그들은 948쪽에 달하는 방대한 판결문을 수정할 겨를이 없었고, 엉겁결에 주문(主文)만 고쳐놓은 것으로 생각된다. 그렇지 않다면, (선고 직후) 판결문 원본을 보여달라는 변호인의 요구를 거절할 까닭이 있겠는가? 공판정에서 읽은 판결문 원본을 보면, 먼저 합의했던 '무기'를 지워버리고 '사형'이라고 고쳐 넣은 흔적이 드러날 것이 두려웠기 때문에 한사코 원본을 감춘 것이라고 우리는 믿는다."(임홍빈, 같은 글 375면)

18 김갑수 「진보당 판결에 의혹은 없다」 「진보당 사건과 나」 「진보당 판결은 오판이었나」, 『법창 30년』, 법정출판사 1970, 211~65면.

19 이원규 『조봉암 평전』, 한길사 2013, 579~80면.

20 재심 청구 및 기각 사유와 당시의 정황에 대하여는 해방 20년사 편찬위원회 『해방 20년사』, 희망출판사 1965, 1015~17면 참조.

21 다만 그는 목사에게 예수가 빌라도 법정에 섰을 때의 성결 구절을 읽어달라고 했다. 목사는 성경의 그 대목을 읽어나갔다. "이 사람이 무슨 악한 일을 하였느냐. 나는 그의 죽을 죄를 찾지 못하였나니 때려서 놓으리라. (…) 한대, 저희가 큰 소리로 재촉하여 십자가에 못 박기를 구하니 저희의 소리가 이긴지라. 누가복음 23장 22~23절."(정태영, 앞의 책 295면)

22 『동아일보』 1959년 8월 1일자.

23 『한겨레』 2008년 3월 24일자.

24 『동아일보』 1959년 8월 2일자; 『법조 50년 야사 (상)』, 410면.

25 진실·화해를 위한 과거사정리위원회 『진실화해위원회 종합보고서 (4): 인권침해사

건』, 2010, 49면.

26 진실·화해를 위한 과거사정리위원회『2007년 하반기 조사보고서』, 2008, 1070면.

27 『한겨레』 2011년 1월 21일자.

28 『동아일보』 1999년 8월 18일자.

29 이원규, 앞의 책 12면. 이어서 저자는 "죽산은 전향과 함께 공산주의를 완전히 버린 사람, 북한식의 프롤레타리아 독재를 반대한 사람이었다. 다만 공산주의와 정반대의 길을 가지 않고 제3의 길을 가려고 하다가 벽에 막힌 것이었다. 그는 식민지 피지배와 민족분단으로 이어진 한국 근현대사의 최대의 희생자였다"라고 했다.(583면)

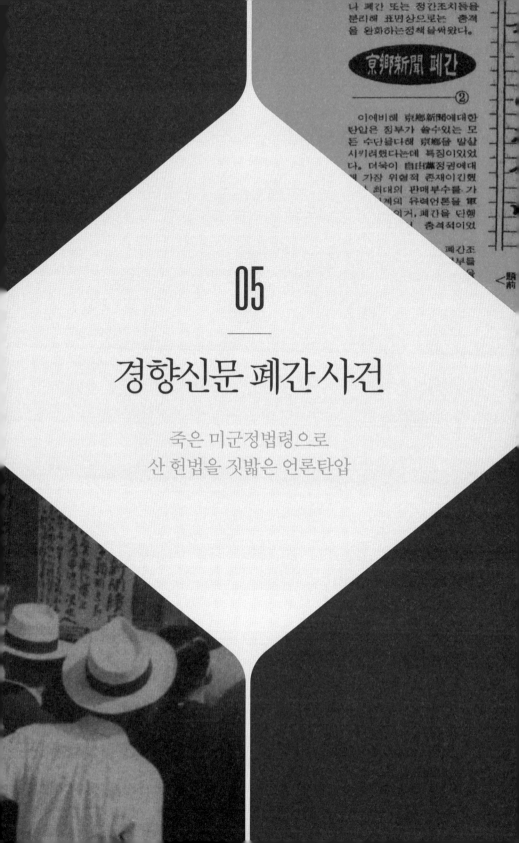

나 폐간 또는 정간조치등을 분리해 표면상으로는 충격을 완화하는정책을써왔다.

京鄕新聞 폐간
——————②

이에비해 京鄕新聞에대한 탄압은 정부가 쓸수있는 모든 수단을다해 京鄕을 말살시키려했다는데 특징이었다. 더욱이 自由黨정권에대해 가장 위협적 존재이긴했 최대의 판매부수를 가 계의 유력언론을 軍 이거, 폐간을 단행 충격적이었

폐간조 부를

05

——

경향신문 폐간 사건

죽은 미군정법령으로
산 헌법을 짓밟은 언론탄압

헌법상 언론의 자유가 보장된 나라에서
신문 발행의 허가제가 용납될 수 있다는 법 해석이
어떻게 판결로까지 포장되어 나올 수 있단 말인가?
1959년, 이 나라 언론은 중대한 위기를 맞았다.

이승만 정권과 경향신문, 저항과 탄압의 교차

2009년 사법발전재단에서 간행한 『역사 속의 사법부』는 '경향신문 폐간 사건'을 '제1공화국 최대의 언론 탄압사건'으로 규정하고 있다.[1] 사실상 대법원 법원행정처가 주관해서 한국 사법 60년을 정리한 이 간행물에는 특정 사건을 별항으로 잡아 다룬 것이 몇 건밖에 안 된다. 거기에 '경향신문 폐간 사건'이 들어 있다는 것은 그만큼 이 사건을 기록으로 남겨둘 이유가 있기 때문일 것이다.

이 사건을 다룬 다른 저술에서도 '자유당 정권 아래서 대표적 야당지로 불리던 경향신문'(법률신문사 편집부 『법조 50년 야사』, 법률신문사 2002), '항상 자유당이 눈엣가시처럼 별러오던 경향신문'(한국편집기자회 『역사의 현장』, 나라기획 1983), '당시 가장 격렬한 야당지였던 경향신문'(한국사사전편찬위원회 『한국근현대사사전』, 가람기획 1990) 등으로 평가하고 있으며, 외국 언론도 '한국 제2위의 발행부수를 자랑하는 영향력 있는 가톨릭계 신문으로서 이승만 대통령 휘하의 자유당과 적대관계인 장면 부통령을 지지'(AP통신)하는 신문이라고 보았다. 또한 자유당 정부에서 가장 도전적이요, 정면으로 대립하고 있던 신문, 따라서 자유당 간부들의 증오의 대상이 되었던 신문 등으로 경향신문의 위상을 표현하고 있다.[2]

또다른 책에는 '한국 가톨릭의 후원을 받는 경향신문은 부산 피란 시절에도 발췌개헌안 파동을 전후하여 이승만 정권의 독재와 장기집권 기도를 강경하게 비판하고 나서 테러단 '땃벌떼'의 습격을 받는 등 반독재의 논지 때문에 정부의 눈엣가시와 같은 존재가 되고 있었다'고 쓰여 있다.[3] 1950년대 말엽 경향신문의 성향과 위상을 확인시켜주는 평가들이다.

칼럼 '여적'에 담긴 '한국 선거의 위기'

이승만 치하의 자유당 정권은 1960년의 정부통령 선거를 앞두고 반정부적 비판언론을 봉쇄 내지 제거할 '검은 손'으로 회심의 강편치를 날렸다. 그 첫 표적이 경향신문이었다. 호시탐탐하던 정부·여당 앞에 호재가 떠올랐으니, 그것은 경향신문의 '여적餘滴'이라는 칼럼난의 글한 편이었다.

문제의 칼럼은 1959년 2월 4일자 '여적'란에 실린 글인데, 같은 신문에 연재 중인 페르디난드 허멘스Ferdinad A. Hermens(미국 노트르담대학 교수)의 글을 논평하는 내용이었다. 「다수결의 원칙과 윤리」라는 그의 글에는 주목할 만한 견해가 담겨 있어 국내에도 소개할 필요가 있었다고 보인다. '여적'의 필자는 그중 일부를 인용하면서 강성의 논조를 펼쳤다. 그 첫머리의 일부를 소개하면 이러하다.

"(허멘스 교수에 의하면) '다수결의 폭정'이란 것은 있을 수 없다는 것이다. 아마도 이 학설을 보는 한국의 다수당은 아전인수로 해석하려고 달려들 것 같으나 자세히 보면 그의 주장 속에는 하나의 커다란 전제조건이 있다. 그것은 즉 인민이 성숙되어 있어서 자기 스스로 행동할 수 있다는 것을 전제로 하고 있다는 것이요, 바꾸어 말하면 어제는 다수당을 지지하여 그에게 권력을 준 투표자도 내일은 그것을 버리고 그를 소수자로 전락시킬지도 모르며….”

'여적'은 그다음 대목에서 “한국의 현실을 논하자면 (…) 선거가 올바로 되느냐 못되느냐의 원시적 요건부터 따져야 할 것이다”라고 문제를 제기한 데 이어 “물론 '진정한 다수'라는 것이 선거로만 표시되는 것은 아니다. 선거가 진정 다수결정에 무능력할 때는 결론으로는 또 한 가지 폭력에 의한 진정 다수결정이라는 것이 있을 수 있는 것이요, 그것을 가리켜 혁명이라고 할 것이다. 그렇다면 가장된 다수라는 것은 조만간 진정한 다수로 전환되는 것이 역사적 원칙일 것이니, 오늘날 한국의 위기의 본질을 대국적으로 파악하는 출발점이 여기 있지 않을까”라고 맺고 있다.[4]

'경향' 탄압의 서곡, '여적' 논조가 '내란선동'

이 같은 '여적'의 과감한 논조에 정부·여당은 놀라면서도 이를 탄압의 호재로 활용하는 기민함을 보였다. 즉 서울시경 사찰과는 그 글이 『경향신문』에 실려 나온 당일 오후, 편집국장 강영수를 연행하여 무려 8시간에 걸쳐 강도 높은 조사를 했다. 신문사에 대한 압수수색도 했다.

이에 경향신문사는 법적 대응을 하기로 방침을 정하고, 먼저 압수수색의 부당함을 이유로 엄상섭 변호사를 선임하여 준항고를 제기했다. 이처럼 사태가 악화되자 논설위원(민주당 소속 국회의원 겸임)인 주요한은 자기가 '여적'의 필자임을 밝히고 며칠 뒤 경찰에 나가 조사를 받았으

경향신문 폐간 소식을 접한 직후의 편집국
자유당 정권은 1960년의 정부통령 선거를 앞두고 반정부적 비판언론을 봉쇄 내지 제거할 '검은 손'으로 회심의 강편치를 날렸다. 그 첫 표적이 경향신문이었다.

며, 한창우 사장도 경찰 조사에 응했다.[5]

국내외 언론은 정부의 그런 처사에 대하여 부정 일색이었다. '여적'은 한국 위기의 본질인 선거부정을 되풀이해서는 안된다는 경종을 울린 글인데, 이런 충고의 글 한 편을 내란선동으로 형사문제화하는 것은 언론자유를 위축시키는 처사라는 견해가 중론이었다.

그럼에도 경찰은 2월 17일, '여적' 필자인 주요한에 대한 구속영장을 신청했다. 하지만 법원은 이를 기각했다. 이 사건을 송치받은 서울지검 (담당 조인구 부장검사)은 주요한과 한창우를 내란선동 및 출판물에 의한 명예훼손 혐의로 불구속 기소하는 한편, 강영수 편집국장은 불기소처분으로 종결짓는다. '여적'의 해당 칼럼은 내란선동으로,「정부와 여당의 지리멸렬상」이란 사설(1959. 1. 11)은 이기붕과 프랭크 스코필드_{Frank W.} Schofield 박사의 명예를 훼손한 혐의로 기소되었다. 경향신문에 대한 정부의 탄압은 거기서 멈추지 않았다. 서울시경은 경향의 법조 출입 정달선 기자와 서울시경 출입 어임영 기자도 국가보안법 위반 등으로 구속하였다. 그들이 작성한 '남파 간첩 체포' 기사가 간첩의 도피를 방조하였다는 것이었다.

미군정 법령 들이댄 경향신문 폐간처분

경향신문에 대한 정부의 파상 공습은 1959년 4월 30일자 '발행허가 취소처분'(폐간처분)으로 절정에 이른다. 그날 오후 10시 15분경 정부의 공보실은 경향신문에 대한 '신문 발행허가 취소 통지서'를 송달함과 동시에 그 내용을 전국에 방송했다. 처분의 근거 법령은 군정법령 제88호(1946년 5월 미군정이 공포)라고 했는데, 그 제4조에는 신문 기타 정기간행물에 법률 위반 등의 사유가 있을 경우에는 발행허가를 취소하거나 정지할 수 있다고 되어 있었다.

정부가 경향신문에 대한 폐간처분의 사유로 내세운 '법률 위반'은 다음의 다섯 가지로 요약할 수 있다.[6]

(1) 1959년 1월 11일자 사설 「정부와 여당의 지리멸렬상」에서 스코필드 박사와 이기붕 국회의장 간의 면담 사실을 '책임져야 할 사람이 책임져라'는 격렬한 표현으로 날조, 허위사실을 유포하였고

(2) 그해 2월 4일자 '여적'란을 통해 헌법에 규정된 선거제도를 부정함과 아울러 국헌을 문란케 할 목적으로 폭동을 선동했으며

(3) 같은 달 17일자 '홍천 모 사단장의 휘발유 부정처분' 허위 보도로 군의 위신을 손상시켰다.

(4) 4월 3일자에 '북괴 간첩 하모의 체포' 기사를 미리 보도하여 공범자들의 도주를 방조했으며

(5) 4월 15일자(석간) 이승만 대통령의 기자회견을 다룬 '국가보안법 개정도 반대' 기사에서 허위보도를 하는 등 오보를 일삼아 국익을 해쳤다.

미 국무부와 외신들까지 정부 처사 비난

정부의 초강경 조치에 대한 국내외의 반향은 경악과 비난으로 넘쳐 났다. 우선 군정법령 제88호가 위헌이고 언론자유에 대한 극한적 질식이라는 각계의 성명과 집회가 연달았다.[7] 월터 다울링Walter C. Dowling 주한 미국대사까지도 가만히 있지 않았다. 그는 '군정법령 제88호는 1946년 당시 한국의 치안을 위협하던 공산주의자들의 파괴 선전을 막으려는 것이었으며 언론에 대한 탄압이 언론의 과오를 바로잡는 방책은 되지 못한다'고 정부의 조치를 비난했다.[8] 미 국무부도 다울링 대사의 성명을 전폭 지지한다는 입장을 분명히 했다. 그 외에도 한국신문편집인협회 등 언론단체와 대한변호사협회 등 각 분야의 사회단체에서 항의 성명이 나오고, 국회에서도 전성천 공보실장에 대한 파면 결의안이 나오는 등 반대 공세가 확산되었다.

AP통신은 5월 17일 서울발로 이렇게 보도했다. "이번 폐간조치는 내년(1960년 정부통령) 선거에서 이승만 대통령이 이끄는 자유당이 승리하기 위해서 취해졌으며, 자유당은 언론의 비판을 침묵시키는 등 가혹한 수단만이 1960년 선거 승리의 길이라고 믿고 있다."

폐간처분 취소청구소송과 가처분 신청

사태 해결에 나선 경향신문사 측은 5월 5일, 서울고등법원에 행정처분(발행허가 취소처분) 취소청구소송을 제기했다. 이때 정구영, 김동현, 이태희, 김흥한 등 당대의 명변호사들로 막강한 소송대리인단을 구성한 데서도 신문사 측의 결연한 의지가 엿보였다. 경향신문사는 소장에서 "정부가 처분의 근거로 내세운 군정법령 제88호는 대한민국 헌법에 저촉되어 이미 효력을 상실했으며, 설령 유효하다고 하더라도 이는 공포 당시 공산당의 파괴선전 언론을 막기 위해 마련되었던 것인데, 법령 본래의 목적을 일탈하여 악용하는 것은 재량의 범위를 벗어난 헌법위반이다"라고 주장했다. 물론 내란선동이나 명예훼손에 해당하지 않는다는 주장도 아울러 내세웠다.

이어서 이 (본안) 소송에 대한 판결이 있기까지 우선 정부 측 행정처분의 효력을 급히 정지해달라는 가처분 신청도 했다. 이 사건은 서울고등법원 특별1부(재판장 홍일원 부장판사)에서 담당 심리하게 되었다. 과연 법원은 경향신문에 대한 정권 차원의 메가톤급 탄압을 막아줄 수 있을까? 사람들은 반신반의하는 심정으로 법원의 결정을 기다렸다.

법원의 가처분으로 잠시 소생한 '경향'

행정소송이나 민사소송에서는 분쟁의 실체를 다투는 본안소송과, 그 결론(판결)을 기다리다가는 원고 측에 회복할 수 없는 손해가 발생할 염려가 있을 때 이를 막기 위한 임시적인 가처분소송이 있다. 그러므로 시급성을 요하는 가처분 신청에 대한 판단이 본안소송보다 먼저 나오는 것이 통례다. 앞서 경향신문사(이하 때로는 경향)가 제기한 소송의 경우에도 가처분 신청에 대한 판단이 먼저 나왔다.

1959년 6월 26일 서울고법은 경향의 신청대로 발행허가 취소처분의 집행을 정지한다는 결정을 내렸다.[9] 법원이 경향에 대한 정부·여당의 총공세를 '일단정지'시킨 쾌거였다. 결정 이유의 요지는 이러했다. '(정부의) 공보실장은 경향신문의 형사법 위반 등을 발행허가 취소사유로 삼았으나 법원의 확정판결을 거치지 않고 단순히 형사법 위반 등의 혐의만 가지고 그런 행정처분을 한 것은 잘못이라고 했다. 정부 측의 발행허가 취소사유가 일부 인정되기는 하지만, 경향신문사가 사과 정정기사를 게재하였고, 피해자가 처벌을 희망하지 않으며, 경향이 자유진영의 일익으로 공산당과 싸워온 13년간의 공적을 종합할 때 발행허가 정지처분의 단계도 밟지 않고 취소처분을 한 것은 너무나 과중한 처사로서 재량권을 남용한 위법이 있다. 또한 '여적'란의 기사가 선거제도를 부정하고 폭동을 선동한 것으로 보기도 어렵다.' 그런데 이런 판단에 앞서 홍일원 부장판사는 법원 안팎의 온갖 압력에 시달려야 했다.[10]

어쨌든 경향은 강제 폐간 57일 만에 응급처치로 소생하여 윤전기를 다시 돌릴 수 있는 감격을 맞게 되었다.

'발행인 바꾸지 않으면 폐간'이라는 협박

지금까지는 정부와 경향 사이의 겉으로 드러난 법적 공방만 살펴왔는데, 실인즉 정권의 탄압 국면에도 물밑이 있고 막후가 있게 마련이다. 이 사건의 경우에도 폐간처분이 있기 전부터 정부·여당 측과 경향의 재단(가톨릭) 측 사이에 이면 접촉이 있었다. 즉 1959년 2월 28일 가톨릭의 김철규 신부가 노기남 대주교를 대리하여 전성천 공보실장을 만나 막후조정을 시도했던 것이다. 그 자리에서 김 신부는 편집국장과 정치부장을 바꾸고 당적을 가진 논설위원을 그만두게 하는 안을 내놓았다. 그러나 전 실장은 발행인을 바꾸고 정부에 대하여 사과각서를 내라는 등의 요구를 하면서, 불응하면 반드시 폐간조치를 하겠다고 위협했다. 다음 날인 3월 1일 그 두 사람 외에 노기남 대주교까지 나선 자리에서 김 신부가 발행인을 바꾸겠다고 했다. 그러자 전 실장은 정부 측에서 보증하는 사람이 새 발행인이 되어야 한다느니, 노 대주교는 재단 측에서 추천하는 사람을 승인해달라거니 하는 선에서 타협이 되어가는 듯했다.[11]

그런데 김 신부가 이와 같은 협상 경위를 법정에서 증언한 뒤인 그해 6월 26일 서울고법의 재판부는 앞서 본 대로 발행허가 취소처분의 효력 정지 가처분 결정을 했던 것이다. 신문사의 임원과 사원들이 환성을 올리는 가운데 경향은 강제 폐간 57일 만에 다시 신문을 발행할 수 있게 되었다. 정부·여당은 낭패하여 침묵한 반면 많은 시민, 언론계와 야당은 환호했다.[12]

정부, 폐간 대신 정간처분으로 기습

나중에 알려진 일이지만, 재판장인 홍일원 부장판사는 엄청난 홍역을 치렀다. 오아무개 고등법원장으로부터 경향 측의 가처분 신청 기각을 여러 번 종용당했는가 하면, 이기붕 국회의장이 홍진기 법무장관을 통하여 압력을 가해오기도 했다. 홍 부장판사는 오 고법원장에게 차라리 좌천발령을 내달라고까지 했다. 그러면서 자신이 희생되더라도 소신껏 판단하여 사법권의 독립을 지키기로 굳게 다짐했다.[13]

그러나 법원의 효력(집행)정지 결정으로 소생한 경향 가족들의 기쁨은 한나절도 가지 못했다. 정부는 법원의 결정에 잠시 당황했으나 곧 긴급 국무회의를 열고 오랜 시간 논의한 끝에 경향신문의 발행허가 취소처분을 철회하는 대신 새로 발행허가 정지처분을 하기로 결정했다. 정부의 기습적인 발행정지처분이 발표된 시점은 앞서 서울고법에서 가처분이 내려진 지 불과 7시간 만이었다. 경향의 사원들뿐 아니라 정계를 비롯한 각계에서 분노와 비난에 찬 민심이 들끓었다. 민주당의 조병옥 대표최고위원도 '정부의 독재 근성을 여실히 드러낸 것'이라고 격렬하게 공박했다. '참으로 야비한 수법, 단말마적인 행위'라는 비난이 야당가에서 나왔다.

다시 행정소송으로 맞선 '경향'

경향신문사는 이번에도 체념이나 굴복을 하는 대신, 힘겨운 법적 투

경향신문 정간 특보 게시판 앞의 시민들
서울고법에서 가처분이 내려진 지 불과 7시간 만에 기습적인 발행정지처분이 발표
되자, 각계에서 분노와 비난에 찬 민심이 들끓었다.

쟁을 서슴지 않았다. 아니, 다른 선택의 여지가 없었다. 전에 했듯이 서
울고법에 발행정지처분의 취소를 구하는 본안소송과 아울러 정부 측
처분의 효력(집행)정지를 구하는 가처분 신청을 제기했다.

이번 사건은 서울고법 특별2부(재판장 김치걸 부장판사)에 배당되었다.
관례대로 본안사건과 신청사건을 같은 재판부에서 맡게 되었다. 양측
의 신청에 따른 증인신문이 끝날 무렵, 경향은 정부가 처분의 근거로 계
속 내세우는 군정법령 제88호의 위헌심사를 헌법위원회에 제청해달라
는 신청도 냈다. 경향은 아울러 본안소송에서도 군정법령 제88호가 헌
법 제100조에 의하여 효력을 상실하였다는 주장을 했다.

경향신문에 대한 폐간·정간조치에 정부가 계속 군정법령 제88호를
휘두르자 언론계에서도 그 무효를 주장하고 폐기운동에 나서게 되었
다. 국회에서도 전성천 공보실장에 대한 파면권고 결의안이 상정되었

는데 야당의 이철승 의원은 그 제안설명에서 전 공보실장을 법질서를 파괴한 무뢰한이라고 규탄한 다음, "언론을 탄압하는 자는 결국 망하고 만다는 것이 역사적 진실이다"라고 힘주어 말했다. 그 결의안은 비록 부결되기는 했으나 찬반이 비등했으며(찬성 90, 반대 114) 여당인 자유당 의원의 일부도 찬성한 것으로 알려졌다.

'법률' 아니라면서 '위헌'도 아니라는 모순

그런데 법원은 이 위헌제청 신청을 일언지하에 각하했다. 재판부는 '헌법위원회에 위헌 여부의 심사를 제청할 수 있는 것은 헌법상 오직 법률에 한정되어 있으며, 여기서 법률이라 함은 대한민국 국회의 의결을 거쳐서 제정, 공포한 법률을 말하는 것'이라며, 그런 의미에서 군정법령 제88호는 입법사항을 규정해놓은 것이기는 하지만 대한민국의 법률이 아니기 때문에 위헌제청 신청 대상이 아니어서 신청을 각하한다는 것이었다.[14]

언론계나 법조계에서는 이 결정을 환영했다. 국회의 의결을 거치지도 않은 이름만의 법령이라면 당연히 법률로 볼 수 없다고 하였으니, 그처럼 무효인 법령을 근거로 삼은 행정처분 역시 무효임이 자명하고, 따라서 정부의 이번 정간처분도 당연히 취소될 것이라는 전망이 밝아졌다. 법조계의 한 원로 변호사는 "법원이 내린 결론은 당연한 것이다. 법률이 아닌 것을 가지고 법률로서만 제재할 수 있는 언론의 자유를 박탈한 것은 법을 모르는 자들의 경솔한 짓이다"라고까지 했다.

그러나 그런 칭송이나 기대와는 정반대의 결과가 법원에서 나왔다. 8월 29일 재판부는 정간처분의 효력정지 가처분 신청을 각하한다는 결정을 내렸다. 결정문에 나타난 이유는 이러하다. "정부가 경향신문의 발행허가 취소처분을 철회하고 다시 정간처분이란 이중의 행정처분을 내린 행정행위가 법령에 위반되지 않고, 군정법령 제88호가 헌법위반이 아니며, 무기정간의 행정처분 자체가 행정재량의 범위를 일탈한 위법이 아니고, 법률위반이 있을 때 법원의 유죄 판결을 기다리지 않고 행정처분을 내린 것을 위법이라고 볼 수 없다"는 이유에서였다. 언론계와 재야 법조계에서는 의아한 표정을 감추지 못했다.

1분 안에 끝난 '기각' 판결, 정부 편든 법원

그런 불길한 징후가 있은 뒤 9월 8일에는 발행정지처분의 취소를 구하는 본안소송의 판결선고가 있었다. 법정에는 의외로 사람이 별로 보이지 않았다. 심지어 원고와 피고 측의 소송대리인(변호사)들조차도 나오지 않았다. 이미 위헌제청 신청과 가처분 신청이 줄줄이 각하되는 것을 보고, 법원이 정부에 휘둘리지 않고 독립된 입장에서 소신껏 판결해주리라는 기대를 접었기 때문이다. 썰렁한 법정에 재판부가 들어와 자리에 앉자마자 재판장인 김치걸 부장판사가 판결 주문을 낭독했다. '원고의 청구를 기각한다'는 단 한마디뿐이었다. 판결 이유도 말하지 않았다. 판결 이유는 소송당사자에게 문서로 송달하겠다고 했다. 한 신문사의 문을 닫고 언론의 숨통을 끊는 엄청난 판결의 선고공판은 이렇게 단

1분도 걸리지 않아서 끝이 났다.[15]

물론 군정법령 제88호의 무효 주장도 받아들여지지 않았다. 그 이유인즉, 우리나라 헌법은 언론, 출판의 자유를 절대적 자유로 규정하지 않고 법률로써 제한할 수 있는 자유로 규정하였으므로 신문 발행의 허가제를 법률로 정할 수 있다는 것이었다. 헌법상 언론의 자유가 보장되는 나라에서 신문 발행의 허가제가 용납될 수 있다는 법 해석이 어떻게 판결로까지 포장되어 나올 수 있단 말인가?

상고 석 달 만에 엉뚱한 위헌제청

경향신문으로서는 대법원의 최종 판단을 받아보는 수밖에 없었다. 상고심의 심판대상이 된 사건도 두 갈래여서 본안사건(발행정지처분 취소청구)의 재판부(재판장 김갑수 대법관, 주심 김세완 대법관)와 가처분사건(발행정지처분 효력정지)의 재판부(재판장 김세완 대법관, 주심 백한성 대법관)가 서로 달랐다.

본안사건을 맡은 재판부는 상고 3개월이 지난 뒤에야 사건을 대법관 9명 전원으로 구성되는 대법원 연합부로 넘긴다는 결정을 했다. 앞서의 군정법령 제88호에 대한 종전의 법률 해석을 변경할 필요가 있다는 이유에서였다. 그런데 1960년 2월 5일에 열린 두 번째 심리기일에 대법관들 사이의 의견 불일치로 격론을 벌인 끝에 '군정법령 제88호의 위헌 여부가 이 사건 재판의 전제가 된다'는 이유로 그 위헌 여부의 심사를 헌법위원회에 제청한다는 결정을 했다.[16] 군정법령 제88호는 신문 발행의 허가를 취소하거나 정지하는 요건을 규정하고 있지 않아서 위헌이라는 것이 그 이유였다. 대한민국 수립 후에 제정된 법률이 아니라거나 신문 발행의 허가조항 자체가 위헌이라는 논리와는 사뭇 달랐다.

구성 불능의 헌법위원회에 넘긴 공

그러나 이런 결정에는 신속히 처리해야 할 사건의 공을 왜 이제 와서 뒤늦게 헌법위원회에 넘기느냐는 의구심이 따랐다. 그보다도 훨씬 심각한 문제는 위헌심사를 맡을 헌법위원회가 당시 구성조차 되어 있지 않은데다 가까운 시일 내에 구성될 가능성조차 없다는 점이었다.

헌법위원회는 부통령을 위원장으로 하고, 대법관 5인, 민의원 의원 3인, 참의원 의원 2인(당시 국회는 양원제)으로 구성한다고 되어 있었다. 그런데 참의원은 당시 구성도 되지 않은 상태였다. 거기에다 헌법 부칙을 보면, 참의원의 존재를 전제로 한 규정은 참의원이 구성된 날로부터 시행한다고 되어 있었다. 그렇다면 당시로서는 헌법위원회의 구성 자체가 법적으로 불가능하다는 점을 너무도 잘 아는 대법관들이 존재하지도 않는 헌법위원회에 위헌심사를 제청했다는 것인데, 이는 도저히 이해할 수 없는 꼼수였다.

이런 의견도 나왔다. '군정법령은 문자 그대로 법률 아닌 명령이므로 그 위헌 여부는 대법원 자체에서 판단해야 한다. 군정법령 제88호 자체가 대한민국 헌법 규정에 없는 것이므로 헌법위원회에 회부하여 심사할 성질의 것이 아니다.' 그런데도 대법원은 당시로서는 구성의 여지조차 없는 헌법위원회에 심사를 해달라는 제청을 해놓은 채 손을 놓고 있었다.

이에 대해서는 당사자인 경향뿐만 아니라 법조계, 언론계 등에서도 비난의 목소리가 높아져갔다. 한국신문편집인협회는 1960년 2월 27일 성명을 내고 경향신문이 폐간되었다가 다시 무기정간된 지 열 달이 지났음을 상기시킨 후 '대법원이 헌법위원회의 결정을 기다려야 한다며 무작정 방치하고 있는 것은 민주국가의 치욕이다'라고 공박했다.

이승만 하야하자 그날로 정간 풀어줘

이처럼 대법원이 뒷짐을 지고 있는 동안 3·15 정부통령 부정선거에 분노하고 항거하는 시위가 전국화되어 급기야는 4·19혁명으로 확대되었다. 경무대 앞 발포로 많은 시민과 청년 학생들이 쓰러지는 참극을 고비로 이승만 대통령은 하야 성명을 발표했다. 그날이 바로 4월 26일이었다. 같은 날 오후 2시 50분 대법원은 허겁지겁 경향에 대한 발행정지 처분의 효력정지 가처분 결정을 했다. 이러한 법원의 늑장으로 경향은 1년이란 긴 공백 끝에 겨우 신문을 다시 낼 수 있게 되었다.[17]

조용순 대법원장까지도 헌법위원회의 위헌심사 결과가 나오기 전에는 경향 사건 재판을 할 수 없다고 공언했는데, 하필이면 이 대통령이 하야한다고 발표한 바로 그날 허둥대며 효력정지 가처분 결정을 할 수가 있단 말인가? 이런 해괴한 사태를 놓고 사법부 안에서 먼저 비난과 반발의 목소리가 높아졌다.

이승만 대통령 하야 직후, 대법원의 경향신문 발행정지 취소 기사
4월 26일 이승만 대통령이 하야 성명을 발표하자, 같은 날 오후 2시 50분 대법원은 허겁
지겁 경향에 대한 발행정지 처분의 효력정지 가처분 결정을 했다.

분개한 법관들의 요구로 대법원장 사임

　가처분 결정이 나온 바로 그날 오후 서울고법과 서울지법의 판사들
은 "정치정세가 바뀌자 종래의 태도를 바꿔 돌연히 표변한 것은 종래
법관이 법대로 판결이나 결정을 하지 않았다는 것을 말하는 뚜렷한 증
거"라며 분개하였다. 그리고 조용순 대법원장을 비롯한 대법관 전원
의 사퇴를 권고하기로 결의하였다. 이에 조 대법원장은 '사법부 독립의
완벽을 기하지 못한 책임을 느끼고 사임한다'는 의사를 밝혔다. 그러나
4·19 후의 행정부와 사법부의 공백을 빌미로 한 여권의 만류로 한때 주
춤하다가 대한변호사협회에서 즉각 사퇴를 요구하자 5월 11일 마침내
사임하였다.

그 무렵 전성천 공보실장은 각 대법관의 자택을 자신이 직접 또는 사람을 시켜서 매일같이 방문하였으며 심지어 금품거래설까지 겹쳐 검찰의 조사를 받기도 했다. 전 실장은 검찰 조사에서 경향신문의 폐간조치는 이기붕 국회의장의 강요에 의한 것이었다고 실토했다.[18]

그런데 이쯤에서 진정 국면에 접어드는가 싶던 차에 불의의 변수가 날아들었으니, 충남 공주에 사는 정우택이라는 사람이 경향신문 사건을 맡았던 대법관 전원을 직무유기 혐의로 서울지검에 고발한(5. 18) 것이다. '대법관들이 경향신문 사건을 3개월이나 끌어오다가 4·19가 성공하자 파렴치하게도 몇 시간 만에 신문이 복간되도록 판결함으로써 직무를 유기하였다'는 것이 고발의 요지였다.

대법관들이 고법 판사들을 '기피'

이 고발사건에 대하여 서울지검은 대법관들을 조사도 하지 않고 '범죄의 혐의가 없다'며 안일하게 불기소처분을 하였다. 그러자 정씨는 이에 불복하고 서울고법에 재정신청을 하였다. 재정신청이라 함은 검사의 불기소처분에 대하여 고등법원에 그 당부의 심사를 요구하는 불복절차이다. 그런데 이 재정신청 사건을 담당한 서울고법 형사1부(재판장 윤병칠 부장판사)는 대법관들의 직무유기 여부를 규명하는 데 적극성을 보여 시민들의 칭송과 대법관들의 불만을 아울러 불러일으켰다. 윤 부장판사는 경향 사건의 처리를 미루어오던 대법원이 4·19 이후에야 전화로 합의合意 결정을 하고 가처분 결정문도 사후에 서명한 사실을 밝혀냈다. 요컨대 대법관들이 한자리에 모여서 회의도 하지 않고 전화로 결정했다는 것이었다. 이렇게 진상이 밝혀지자 대법관들에 대한 준기소명령(재정신청에 이유가 있는 경우 법관이 내리는 기소명령)이 떨어질 공산이 커졌다. 만일 그렇게 되면 대법관들은 직무유기죄의 피고인으로 법정에 서야 하는 것이다.

이에 당황한 대법관들의 대응은 실로 놀라웠다. 1960년 11월 7일(바로 그다음 날이 서울고법 재판부에서 대법관들을 재판에 회부하라는 결정, 즉 준기소명령이 나올 것으로 예상되는 시점이었다) 대법관 6명은 서울고법 형사1부의 판사 3명(윤병칠 부장판사, 김택현, 최재형 판사)에 대한 기피신청을 하였다. 담당 법관들이 불공정한 재판을 할 우려가 있다는 이유를 내세웠다. 그렇게 되자 윤 부장판사는 바로 다음 날(11. 8) 문제의 재정신청 사건에서 스스로 손을 떼겠다며 이른바 '회피'를 했다. 그 사건은 형사2부(재판장 조창섭 부장판사)로 재배당된 지 불과 3시간 만에 '재정신청은 이유가 없다'고 기각 결정이 났다. 윤병칠 부장판사는 곧 대구고등법원으로 전보되었으며,[19] 5·16 후에는 보복성이 짙은 곤욕까지 치르고 나서 사표를 내고 법원을 떠났다.

아픔은 경향, 수치는 법원의 몫

그런데 당시 대법관이던 고재호 변호사의 회고록을 보면, '대법관의 파렴치'라는 비난은 '엄청난 누명'이라고 쓰여 있다. 3·15 정부통령 부정선거의 파문으로 헌법위원회 위원장인 장면 부통령이 사임한데다 4월 들어 대법관들이 각급 법원에 대한 사무감사 일정으로 경향 각지에 나가 있는 동안 4·19가 일어났다. 급히 서울로 돌아와 대법원에 모인 대법관들은 장면 부통령의 사임으로 헌법위원회의 심리를 기대할 수 없으니 우선 대법원에서 효력정지신청 사건만이라도 처리를 하자는 의견이 나와 경향의 주장을 받아들이기로 합의까지 마쳤다. 그런데 조용순 대법원장의 제의에 따라 결정문은 일주일 후에 보내기로 했는데 공교롭게도 그날(4. 26) 이 대통령이 하야하는 바람에 대법원이 오해를 사게 되었다는 것이다.[20] 입장의 차이 내지 변명의 여운이 진하게 배어 있다는 느낌이 든다.

경향 사건에서 흉기로 쓰인 군정법령 제88호와 진보당 사건에 악용된 군정법령 제55호는 경향 사건에서 드러난 모순이 악법 제거의 계기가 되어 4·19 직후에 '신문 등 및 정당 등의 등록에 관한 법률'이 제정됨으로써 비로소 폐기되었다. 해방 15년, 정부 수립 12년 만의 늑장 입법이었다.

경향신문에 대한 이승만 정권의 폐간 탄압은 사법부의 힘에 의해서가 아니라 4·19라는 국민적 저항의 힘으로 제거될 수 있었다. 다시 말해 사법부가 국민의 기본권을 지켜준 것이 아니라 거꾸로 국민의 힘에 의해 사법부가 살아나게 된 역설을 실증해주었던 것이다. 아픔은 경향의 몫이었지만 수치는 사법부의 몫이 되었다.

주 ———————

1   대법원 사법사편찬위원회 『역사 속의 사법부』, 사법발전재단 2009, 60면.

2   한배호 「'경향신문' 폐간 결정에 관한 연구」, 진덕규 외 『1950년대의 인식』, 한길사 1981, 134면.

3   김삼웅 『한국필화사』, 동광출판사 1987, 78면.

4   『여적』, 경향신문사 2009, 44~45면.

5   김삼웅, 앞의 책 81면.

6   경향신문 폐간에 대한 공보실 발표(1959. 4. 30) 전문(『한국시사자료연표 (상)』, 서울언론인클럽 1992, 923~24면); 서병조 『정치사의 현장 증언(제1~3공화국)』, 중화출판사 1981, 574면.

7   군정법령 제88호는 언론·출판의 자유를 보장하는 헌법 제13조에 위배되고, 이처럼 헌법에 저촉되는 군정법령은 헌법 제100조에 의하여 무효가 되었다. 설사 무효가 아니라고 하더라도 경향신문이 법률을 위반했다고 볼 근거는 의심스러웠다.(송건호 『한국현대언론사』, 삼민사 1990, 119~21면) 1959년 6월 13일에 열린 '언론자유수호국민대회'에서는 정부의 위헌적 처사를 규탄하고, 경향신문에 대한 폐간조치의 철회를 요구하고, 군정법령 제88호의 무효를 주장하는 결의문을 채택했다.(『한국시사자료연표 (상)』, 923면)

8   서병조, 앞의 책 575면.

9   『역사 속의 사법부』, 60면.

10 김이조 『법조비화 100선』, 고시연구사 1997, 189면.

11 『법조 50년 야사 (상)』, 법률신문사 2002, 457~58면.

12 같은 책 458면.

13 홍일원 부장판사는 당시 법원장, 대법관 등의 압력에도 불구하고 법관직을 그만둘 각오로 이런 판결을 했다고 알려졌다. 자유당 간부 중에는 홍 판사를 없애버려야 한다고 공언한 사람이 있었는가 하면, 가족·친인척의 은행예금까지 조사하는 등의 보복을 당했다.(김이조 『한국의 법조인 (1)』, 고시연구사 2001, 278면)
    홍일원 부장판사는 훗날 『창가에 서서』라는 책에서 이런 글을 남겼다. "오필선 서울고등법원장이 하루에도 몇 차례씩 불러 정부 측 승소를 강력히 종용했다. 또 김두일 대법관도 역시 같은 요구를 하였다. (…) 나중에 들으니 이기붕 씨가 자유당 조직부장인 임철호 씨에게, 임철호는 홍진기 법무부장관에게 말하여 '정부 승소로 결정되도록 하라'는 지령을 내렸다는 것이다. 나는 이러한 주변환경을 견디기 힘들어 오원장에게 사무 분담을 바꿔달라고 요청했는데 안 된다는 것이었다. 그래서 '내 소신 대로 할 터이니, 바로 광주든 어디든 먼 지방으로 좌천발령을 해주면 아무 말 없이 부임했다가 사표를 내겠다'라고 했더니, 그것도 안 되는 일이라며, '정부 승소 결정 만 하라'는 것이었다."(『법조 50년 야사 (상)』, 459면)

14 『법조 50년 야사 (상)』, 462면.

15 같은 책 462~63면.

16 김이조『한국의 법조인 (1)』, 274면.

17 『법조 50년 야사 (상)』, 465면.

18 같은 책 465~66면.

19 김이조『한국의 법조인 (1)』, 276~77면.

20 고재호 회고록『법조 반백년』, 박영사 1985, 48~50면.

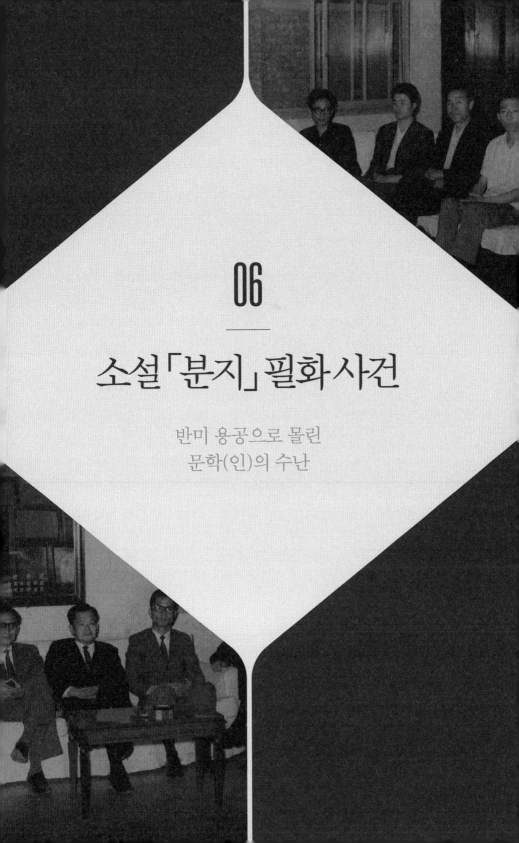

06

—

소설 「분지」 필화 사건

반미 용공으로 몰린
문학(인)의 수난

문학이 역사와 현실에 강렬한 관심을 기울이게 되면
당대의 지배세력과 충돌을 피하기 어렵다.
작가의 필화는 그 과정에서 역시 불가피한 생채기를 남긴다.
그 훈장 없는 전상자 제1호가 바로 작가 남정현이었다.

문학작품 용공 탄압 제1호

1965년 7월 10일자 도하 각 일간지에는 '중앙정보부가 지난 7일 작가 남정현(32) 씨를 반공법 위반 혐의로 구속했다'는 뉴스가 실려 있었다. 1933년 충남 서산에서 태어난 남정현은 1959년 작가 안수길 선생의 추천으로 『자유문학』을 통해 문단에 나온 소설가로, 1961년 「너는 뭐냐」로 동인문학상을 받는 등 참여문학 내지 저항문학의 기수로 주목을 받고 있었다. 중앙정보부(현 국가정보원의 전신, 이하 중정 또는 정보부)에 의하면 남씨는 『현대문학』(1965년 3월호)에 실린 단편소설 「분지糞地」에서 반미감정과 계급의식을 고취하여 북괴 선전에 동조했다는 혐의를 받고 있는데, 그 소설 전문이 북괴 노동당 기관지 『조국통일』(1965년 5월 8일자)에 전재되었다는 것이다.[1]

8·15해방 후의 필화는 대개 신문·잡지의 논설, 기사, 칼럼, 시론, 오식 등 언론활동을 문제 삼는 것이 상례였다. 그나마 대개는 음란이나 명예훼손 등으로 한때의 논쟁이나 조사에 그쳤고, 형사 문제로 재판까지 받게 된 사례는 『경향신문』의 칼럼 '여적' 사건(1959)이 유일했다.

그런데 5·16군사쿠데타로 정치군인들이 정권을 찬탈한 뒤로는 사태가 달라졌다. 탄압의 마수는 마침내 문학의 울타리까지 짓밟고 넘어와 '용공'의 폭압도 서슴지 않았으니, 작가 남정현의 「분지」 필화는 문학에 대한 용공 탄압 제1호로 기록되는 불상사였다. 이 사건에 뒤이어 김지하 담시 「오적五賊」(1970), 양성우 시집 『겨울공화국』(1977), 박양호 단편

소설 「미친 새」(1977), 현기영 소설집 『순이 삼촌』(1979), 한수산 장편소설 『욕망의 거리』(1981) 등의 작품이 정부 기관의 눈에 거슬려 그 작가들이 박해의 대상이 되었던 것이다.[2]

작가가 문학작품의 내용 때문에 반공법 위반으로 구속된 것은 어느 모로 보나 예사로운 일이 아니었다. 그것은 작가 개인의 액운에 그치는 것이 아니라 실로 문학과 예술의 자유를 끌어안는 표현의 자유 내지 국민의 기본권의 위기가 아닐 수 없었다. 남씨의 구속 직후 한국문인협회 (이사장 박종화)가 '문학의 허구성을 고려해서 각별한 선처를 바란다'는 온건한 진정서[3]를 검찰에 제출한 것과는 달리, 문단 안팎에서는 문학의 위기를 수호하기 위한 각성과 저항이 분출되기 시작했다.[4]

대일 굴욕외교 및 베트남파병 반대의 저항 속에서

작가 남정현이 영장에 의해 정식으로 구속된 날짜는 1965년 7월 7일로 알려져 있지만, 실은 그보다 두 달 전인 5월 초에 서울 을지로3가에 있는 '충일기업사'라는 정보부 분실에 연행된 바 있었다. 남씨는 "대명천지라는 서울 한복판에 그렇게도 무지막지하게 사람 취급을 하지 않는 야만적인 공간이 있었는가 생각하니 그저 막막할 뿐이었다"고 당시 자신이 겪은 '야만'을 털어놓은 적이 있다. 그때 수사관들은, 「분지」는 네가 쓴 것이 아니라 북에서 누가 써가지고 너에게 건네준 것이 틀림없다, 언제 어디서 누구에게 받았다는 이야기만 정직하게 털어놓으면 이곳에서 살아나갈 수가 있으니 어서 대답하라"고 다그쳤다. 그러더니 나중에는 너의 작품은 그렇게도 하나같이 북의 대남전략에 편승하여 철저하게 반미·반정부를 선동했느냐고 호통을 쳤다. 소설이란 아기자기한 사랑이야기가 주가 되어야 하는데, 소설마저 일일이 세상일을 꼬집고 나서게 되니 세상이 조용할 리가 있느냐고 큰소리치기도 했다.[5]

수사관들의 입에서 문득 나온 '세상이 조용할 리가 있느냐?'라는 말속에 「분지」 사건의 시대적 배경이 담겨 있었다.

5·16쿠데타로 헌정을 파괴한 박정희 군사정권은 한일회담을 둘러싼 대일 굴욕외교를 반대하는 국민적 저항을 무자비한 국가폭력으로 강압했다. 1964년 3월 재야세력이 망라된 대일굴욕외교반대 범국민투쟁위원회가 결성되고, 학생시위가 전국화되자 정부는 시민과 학생들에 대한 대량 구속을 서슴지 않았고, 이 과정에서 무장군인이 밤중에 법원에 침입하여 시위 학생들에 대한 구속영장 발부를 강요하는 사건까지 일어났다.[6] 사태가 심각해지자 박 정권은 6월 3일 서울 일원에 비상계엄령을 선포했는가 하면, 8월에는 언론 통제를 위한 언론윤리위원회법을 날치기 통과시켰다.[7] 그로부터 얼마 뒤 조선일보의 선우휘 편집국장과 리영희 기자가 구속되었다. 그뿐인가, 해가 바뀌어 1965년이 되자 곧 베트남파병을 결정해서 야당과 다수 국민의 맹렬한 반대에 봉착한다. 이처럼 '세상이 조용할 리가 없으니' 그 원인과 책임을 당시 저항세력을 이루던 학자, 문인 등 지식인들에게 돌리고, 그 표적을 하나쯤 잡아낼 필요가 있었던 것이다. 이 나라에서 가장 평판 높은 문학지에 발표한 소설을 넉 달이 지난 뒤에 문제 삼은 것도 그런 의혹을 사기에 족했다.

미군 만행 묘사가 '반미·용공·이적'?

남정현은 그해 7월 14일에 서울지검에 구속 송치되어 공안부 김태현 검사가 이 사건을 담당하게 되었다. 그달 23일 남씨는 법원의 구속적부심사를 거쳐 석방된다. 그런데 김 검사는 이런저런 핑계로 시일을 끌어가며 남씨를 1년 동안이나 괴롭히다가 1966년 7월 23일 반공법 위반 혐의로 불구속 기소한다.[8] 끝내 법원의 심판을 받게 된 「분지」라는 작품은 정말로 반공법에 걸릴 만한 소설이었던가? 잠시 그 줄거리를 더듬어보기로 한다.

이 작품의 주인공 홍만수는 활빈당의 수령으로 부패한 조정의 무리들을 혼비백산케 하고 비천한 대중들을 구제한 홍길동의 10대손이었다. 그는 어머니와 여동생 분이와 함께 8·15해방을 맞는다. 그러나 독립투사인 아버지는 돌아오지 않았고, 어머니는 미군에게 강간을 당하여 충격을 받은 끝에 미쳐서 죽는다. 외가에 가서 자라던 만수는 6·25를 맞아 군복무를 마치고 제대했으나 여전히 생활은 암담하였다. 거리를 방황하던 중에 누이동생 분이가 미군 상사 스피드와 동거생활을 하고 있음을 알고 만수는 통곡을 했지만, 오히려 스피드 상사에게 의탁하여 미군 물품 장사를 하면서 살아간다.

그런데 스피드 상사는 밤마다 분이를 미국에 있는 본처와 비교하면서 폭언과 학대를 일삼는 것이었다. 그후 스피드 상사의 아내가 한국에 왔을 때 만수는 비취라는 애칭을 가진 그녀를 향미산으로 유인한다. 만수는 비취 부인에게, 얼마나 당신의 몸이 아름답기에 내 누이가 당신의 남편한테 그토록 학대를 받느냐면서 몸을 보여달라고 하다가 거절당하

「분지」 필화 사건으로 법정에 선 작가 남정현
그가 반공법으로 구속되자 문단 안팎에서는 문학의 위기를 수호하기 위한 각성과 저항이 분출되기 시작했다.

자 강제로 그녀를 누이고 국부와 가슴을 더듬었다.

이 사실을 알게 된 펜타곤 당국은 정예사단과 미사일을 동원하여 만수가 숨어 있는 향미산을 포위한다. 만수를 폭살하겠다는 경고에 주변의 주민들은 공포에 떤다. 만수는 자기 출신구 국회의원을 찾아가서 구원을 요청했으나 거절당하고 만다. 그는 눈앞이 캄캄했다. 드디어 만수는 어머니의 영혼을 향하여 자신의 처지를 호소하면서 이 세상이 잘못되어감을 개탄한다. 그리고 저승에 계신 어느 유공자에게 부탁하여 미래를 창조하는 역사의 대열에 자기를 참여하게 해달라고 애원한다. 그런 가운데서도 홍길동의 정신과 비방을 전수받은 만수는 조금도 겁내지 않는다. 이제 10초밖에 남지 않았다. 만수는 한 폭의 깃발을 만들어 잠시 자기가 차지했던 그 미국 여자의 배꼽 위에 그 깃발을 꽂아 그들의 심령을 뿌리째 흔들어놓겠다고 어머니에게 다짐한다.

이 소설은 주인공 만수가 저세상에 있는 자기 어머니에게 아뢰고 호소하는 독백 문체로 시종한다. 그러므로 밋밋하게 스토리만 추려놓은 앞의 요약문과는 달리 매우 강한 호소력과 긴장감을 뿜어내는 작품이다.

공소장, '대남 적화전략의 상투적 활동에 동조'

미군의 만행을 좀 신랄하게 묘사했다고 해서 어떻게 '북괴 동조'가 될 수 있는가? 이 물음에 대하여 '그렇게 보아야 옳다'고 주장한 검사의 소견을 '공소사실'에서 인용해본다.

대한민국이 마치 미국의 식민통치에 예속되어 주둔미군들은 온갖 야만적인 학살과 난행 등을 자행하고, 우리 국민의 생명 재산을 무한히 위협하며, 몇몇 고관 예속자본가 등과 결탁하여 국민 대중을 착취하여 비천한 피해대중은 참담한 기아선상에서 연명만을 하고 있으면서도, 이런 극심한 것을 말할 자유도 없는 이 나라에서는 이런 민중을 버리고 오직 자본가, 정치자금 제공자들의 이익을 위하여 입법·행정을 하고 있으며, 국민 대중들은 물론 국회의원마저 미국에 아부 예속되고, 약탈의 수단인 원조로써 경제의 명맥을 틀어쥐고 미국의 예속 식민지·군사기지로서 약탈과 착취, 부정과 불의에 항거하는 자들은 미국의 가공할 강압과 보복을 받으면서도 굴복과 사멸함이 없이 최후의 승리를 쟁취한다는 양 남한의 현실을 왜곡 허위 선전하며, 빈민대중에게 계급 및 반정부의식을 부식 조장하고, 북괴의 6·25 남침을 은폐하고 군복무를 모독하여 방공防共의식을 해이하는 동시에 반미감정을 조성, 격화시켜 반미사상을 고취하여 한·미 유대를 이간함을 표현하는 등을 주요 내용으로 (…) 북괴의 대남 적화전략의 상투적 활동에 동조한 것이다.[9]

유구한 역사와 전통에 빛나는 반공법 사건 공소장의 틀 그대로였다. 적용 법조는 반공법 제4조 제1항이었다. 시국사건에 단골처럼 등장하는 그 조문은 널리 알려진 대로 "반국가단체나 그 구성원 또는 국외의 공산계열의 활동을 찬양, 고무 또는 동조하거나 기타의 방법으로 반국가단체를 이롭게 하는 행위를 한 자는 7년 이하의 징역에 처한다"고 되어 있다.

나는 소설가 안동림의 권유로 이 사건을 맡게 되었다. 그는 나하고 학연이나 지연이 없으면서도 "야, 자" 하는 문단의 친구였다. 창작과 번역에서 열정이 대단해 자신이 번역한 노먼 메일러Norman Mailer의 『나자裸者와 사자死者』『장자莊子』를 나에게 갖다 주기도 했다. 대학에서 영문학 교수로 퇴임한 그가 지난해(2014) 7월 1일 타계했을 때, 그가 나에게 시국사건 변호의 첫 문을 열어준 50년 전의 그 인연이 떠올랐다. 당시 한국 문단은 남정현의 필화에 대해서 두 갈래 상반된 입장을 드러냈기 때문에 사건 당사자뿐만 아니라 변호인이 보기에도 민망한 국면이 있었다.[10]

'반미감정 고취, 북괴 동조'라고

남정현의 「분지」 필화 사건은 서울형사지방법원 박두환 (단독)판사에게 배당되었다. 1967년 9월 6일 첫 공판이 열린 이후 문단, 학계, 언론계 등 지식층 인사들이 매번 방청석을 메운 가운데 전후 여덟 번에 걸쳐 재판이 진행되었다. 당초 수사를 맡은 김태현 부장검사가 부산으로 전보되어 제3차 공판부터는 박종연 검사가 공소 유지에 나섰다.

변호인단은 이항녕, 김두현, 한승헌 세 변호사로 구성되었고, 작가 안수길 선생이 법원의 허가를 얻어 특별변호인으로 변론에 참여했다. 특별변호인이라 함은 변호사 자격이 없는 사람도 법원의 허가를 얻어 변호인으로 활동할 수 있는 제도인데, 안수길 선생은 피고인 남정현을 『자유문학』지를 통해 작가로 추천한 문학의 대부이기도 해서 특별변호인으로서 적임이었다.

검사는 피고인에 대한 직접신문을 통해 피고인이 「분지」라는 소설에서 남한사회를 왜곡하고 반미감정과 계급의식을 고취한 것이 아니냐고 추궁해나갔다. 남씨는 검사의 공소사실을 적극 부인했다. 작가는 현실일 수 있는 가능성의 세계를 가공적架空的으로 그릴 수도 있는 것이며 이 소설도 우화적·상징적 수법으로 가상적 세계를 묘사한 것이라고 맞섰다. 그는 북괴의 선전에 동조할 의사는 전혀 없었다면서 문학의 본질과 기법 등을 판사에게 이해시키려고 애썼다.

공판은 검사와 변호인 양측에서 신청한 증인신문에서 열기가 높아졌다. 검찰 측 증인으로는 북한에서 『민주전선』 주필을 지내다 월남한 한재덕(공산권문제연구소장), 함흥공산대학 출신의 이영명(군속), 대남간첩 최

146

남섭, 오경무(복역 중) 등 5명이 나온 한편, 변호인 측 증인으로는 문학평론가 이어령 교수(이화여대)가 나왔다.[11] 검찰 측 증인들은 그들의 특수한 신분에 비추어 자유롭고 공정한 증언을 기대하기 어려운 인물들이었다.

북한 『민주전선』 전 주필의 증언

1967년 2월 8일에 열린 4차 공판에서 그 본색이 드러났다. 먼저 한재덕 증인의 진술 요지를 옮겨보면 이러하다. 그는 검사의 질문에 대답하는 가운데 이 소설의 제목 '분지'는 똥의 땅이란 뜻이니 한국을 부정하는 인간이 가질 수 있는 발상에서 나온 제목이라고 보며, 누가 읽어봐도 반미적일뿐더러 계급의식을 고취하고 북괴와 똑같은 주장을 하고 있어 놀랐다고 말했다. 요컨대 검찰의 공소사실에 전적으로 부합하는 진술로 일관했다.

다음은 변호인의 반대신문에 대한 그의 답변 요지이다.

변호인 남한과 북한의 문화가 본질적으로 다른 점이 있다면 무엇인가?

한재덕 북괴의 문화는 노동당이 제시하는 목표에 추종해야 하는 어용문화이지만 남한에서는 그런 기준이나 규율이 없다. 즉 언론의 자유가 있다.

변호인 작가는 가난한 사람의 고통을 그리거나 미국을 비판해서는 안 되는가?

한재덕 정도 문제다. 한국의 특수사정에 비추어 삼가야 할 것도 있다고 본다.

변호인 그 정도라는 것은 무슨 기준에 의해서 판가름하는가?

한재덕 나는 이 작품이 정도를 넘어섰다고 본다.

변호인 반미적 인상인가, 반미를 위한 것인가?

한재덕 제목부터 심히 반미적이다. 선동을 위한 것인지는 모르겠다.

변호인 「분지」의 주인공인 홍만수의 선조 홍길동은 북한 집단의 사상에 부합하는 인물인가?

한재덕 북괴의 대남방송에 '홍길동'을 내세우고 있는데, 이 작품이 그것과 우연의 일치인지 아닌지는 모르겠다. 그러나 이 작품은 북괴의 '홍길동'에 동조하는 내용이다.

변호인 지금 남한에서 「홍길동」이란 영화를 상영 중인 사실을 아는가?

한재덕 알고 있다.

재판장 증인의 감정서에 「분지」는 북괴 주장에 동조하는 내용이라고 하였는데, 여기서 '동조'란 말의 뜻은 무엇인가?

한재덕 북괴가 대남전략에 쓰는 주장과 같은 것을 의미한다.

재판장 지난번 한일회담에 대해서는 북괴도 반대하고 한국 내에서도 반대운동이 있었는데, 그것은 '동조'인가, 아닌가?

한재덕 아니다. '동조'의 해석을 '공산주의적 의사로 북괴와 동일한 주장을 할 때'로 수정한다.[12]

복역 중인 대남간첩의 증언

이어서 증언대에 오른 사람은 최남섭 증인이었다. 그는 수갑을 찬 채 법정에 들어와서 방청객들을 어리둥절하게 했다. 알고 보니 그는 1965년에 북에서 간첩으로 남파되었다가 체포되어 복역 중이었는데, 고학력이 아니라면서도 달변이었다.

> **검사** 「분지」를 읽은 소감은?
> **최남섭** 그 내용이 남한에 대한 북괴의 악선전을 대신하고 있다.

> **변호인** 이 소설을 읽고 대한민국은 자유스럽다고 느꼈는가? 반미적인 소설이라고 분개하였는가?
> **최남섭** 이런 소설이 허용된다면 자유스럽다고 생각했다. 이북에서는 상상도 못한다.
> **변호인** 소설가의 상상이 우연히 북한 공산집단의 선전과 일치했을 때에도 '동조'가 되는가?
> **최남섭** 이 작품은 내용 자체가 북괴의 선전과 동일하다.[13]

세 번째로 검찰 측 증인 이영명의 증언 차례가 되었다. 북에서 월남한 그는 당시 육군본부 정보참모부 군속이란 신분을 갖고 있었다.

> **검사** 이 작품을 읽은 소감은?
> **이영명** 철두철미한 공산주의 작가가 최고로 기술을 발휘해서 쓴대도 이 이상일 수는 없을 것이다. 그 이유인즉, '알링톤 발' 운운하면서 미군이 향미산을 폭파하여 그 안의 사람들을 전멸시킨다고 한 점과 주인공의 어머니가 미군에게 강간당한다는 내용으로 반미사상을 고취시키고 높이 솟은 건물과

증인 선서를 하는 증인들
「분지」 사건 1심 법정에서 변호인 측 증인 이어령과 검찰 측 증인 한재덕 등이 선서문을 읽고 있다.

가난뱅이의 불만을 대조시켜 계급의식을 강조했다.

변호인 증인의 특수한 신분에 비추어 이 소설을 읽을 때에 정치적 편견은 없었는가?

이영명 편견은 없었다. 그러나 이 소설은 정치적 작품이다.

변호인 작품 속의 허구가 곧 현실 그 자체인가?

이영명 작품의 내용은 현실적으로 있을 수 있고 있어야 하며 또 작가가 바라고 있는 세계다.

변호인 남북한 간에는 어떤 차이가 있다고 보는가?

이영명 남한에는 이북과 달리 개인의 자유가 있다. 그러나 헌법에 유보조항이 있듯이 자유에도 한계가 있다.[14]

이어령 증인, '보라는 달은 보지 않고…'

 네 번째는 변호인 측에서 신청한 이어령 증인의 차례였다. 현직 대학
교수의 신분으로 당시 군사정권하의 공안몰이의 살벌함을 무릅쓰고 반
공법 필화 사건의 변호인 측 증인으로 법정에 나온다는 것은 여간한 신
념과 용기가 아니면 작심하기 어려운 결단이었다. 그의 증언 요지는 이
러했다.

 변호인 이 소설은 반미적인가.

 이어령 이 소설은 우화적 수법으로 쓴 것이므로 친미도 반미도 아니다.

 변호인 현실 그 자체를 그린 것이 아니란 말인가.

 이어령 그렇다. 이 작품에서 한국 여성과 미군과의 관계는 미국문화가 한
국문화에 접촉하는 과정을 비유한 것이다. 계급의식이란 것도 빈부의 차가
어떻게 이루어졌는가에 관해서 작품 안에 언급이 없으므로 단순히 약자에 대
한 동정으로 해석된다. 군복무의식을 해이시켰다는 문제도 지엽적인 상황 설
정이지, 그것이 목적이 아니므로 인정될 수 없다. '알링톤 발' 운운하는 대목
에서 이 작품의 상징성이 더욱 분명하다. 여기서 서구문명의 정화인 원수폭
을 사용한다는 건 우화에서만 가능한 이야기다.

 변호인 저항문학이란 무엇인가.

 이어령 문학에는 본질적으로 저항의 일면이 있다. 아무리 평화시라 할지
라도 작가는 저항성을 지니게 마련이다. 문학의 창조성과 저항성은 동전의
안팎관계이다. 특히 저항문학이라면 현실상황에 대한 비판이 더욱 강조될 수
밖에 없다.

변호인 이 작품에서 작가는 어떤 저항성을 보이고 있는가?

이어령 현실적 저항이 아니다. 남씨는 흔들리는 민족문화의 주체성을 지켜야겠다는 생각인 것 같다. 작품 곳곳에서 비서구적인 한국문화에 대한 향수가 나타나 있다.

변호인 홍길동은 저항적인 인물인가.

이어령 그에게는 저항성의 일면과 도술, 은둔 등 동양적 풍류사상의 양면성이 있다. 남씨는 이 소설의 첫머리에서 묘사하였듯이 홍길동을 후자의 것으로 상징했다.

변호인 이 작품이 북한 공산집단의 주장에 동조했다고 공격을 받고 있는데?

이어령 달을 가리키는데, 보라는 달은 보지 않고 손가락만 보는 격이다. 남씨가 가리키는 달은 주체적인 한국문화이며 '어머니'로 상징되는 조국이다. 장미의 뿌리는 장미꽃을 피우기 위해서 있는 것이므로, 설령 어느 신사가 애용하는 파이프를 만드는 데 쓰였다고 해서 장미 뿌리는 파이프를 위해서 자란다고 말할 수는 없다.[15]

검사도 벼르고 있다가 반대신문에 나섰다.

검사 이 소설을 처음부터 상징으로 보았는가.

이어령 어머니를 강조한 데서 그렇게 느꼈다.

검사 상징이라면 우화가 아닌가.

이어령 우화적인 것이지 우화 자체는 아니다.

검사 작가의 내심까지 알 수는 없지 않은가.

이어령　작품은 작가가 썼지만 일반에게 발표가 된 뒤에는 작가만의 것이 아니며, 그렇다고 독자가 멋대로 해석해서도 안 된다. 작품 속에 담긴 상징성은 그대로 존중되어야 한다.

검사　나는 이 소설을 읽고 놀랐는데 증인은 용공적이라고 보지 않았는가.

이어령　나는 놀라지 않았다. 병풍 속의 호랑이를 진짜 호랑이로 아는 사람은 놀랐겠지만, 그것을 그림으로 아는 사람은 놀라지 않는다. 「분지」는 신문기사가 아니다.

검사　증인은 반공의식이 약해서 이처럼 증언하는 것 아닌가.

이어령　나의 저술과 나를 비평하는 글들이 그 점에 대한 증거가 될 줄 믿는다.[16]

법정 최고형 징역 7년을 구형

「분지」 사건의 법정은 현실비판을 주된 흐름으로 하는 참여문학 내지 저항문학과 국가안보를 내세운 공안탄압의 상충에서 빚어진 공개적 설전舌戰의 장場이었다. 그 대단원이라 할 결심공판은 1967년 5월 24일 오전에 열렸다.

이 자리에서 박종연 검사는 "남 피고인은 「분지」를 발표하기에 앞서 북괴의 대남전략을 알고 있었고, 이 소설 자체가 북괴의 대남전략에 부합된다는 사실을 이미 알았다는 증거가 뚜렷하며, 반미사상 고취와 계급의식 강조로 국민에게 반정부의식을 높임으로써 대남적화전략에 동조한 증거가 뚜렷하다"고 주장했다. 또 박 검사는 "『채털리부인의 사랑』이 예술성이 높다고 극찬받으면서도 최근 일본에서 외설작품으로 법원의 심판을 받은 예로 보아 「분지」가 비록 예술성이 높다 하더라도 그 내용이 반공법에 저촉되는 부분이 있으면 우리나라 현실에서는 언론자유의 한계를 이탈한 작품이라 할 것이고, 피고인이 개전의 정이 없고 증거가 충분하므로 법정 최고형인 징역 7년을 구형한다"며 논고를 마쳤다.[17]

변호인들의 파상적 '무죄론'

그다음은 변호인들의 변론 차례였다. 변호인 이항녕은 다음과 같은 요지의 변론을 했다. 「분지」는 다만 하나의 문학작품을 구성함에 있어서 부조리한 현실과 인간의 작태, 힘과 윤리의 불균형, 동서 문명의 접촉상황, 한국민의 주체의식 등을 우화적·해학적 수법으로 묘사하였을 뿐, 용공의식과는 그 차원이 다르다. 이 작품은 반미적이 아니며 약자를 동정하였다고 해서 계급의식을 고취했다고 볼 수는 없다. 이 작품을 이북에서 전재, 이용하였다는 것을 가지고 피고인이 북괴에 동조한 것으로 볼 수는 없다. 무죄를 주장한다.'[18]

나(변호인 한승헌)는 '남한의 반공정책은 매사를 용공적 시각으로 보는 위험을 안고 있는데, 반공의 이름 아래 국민의 기본권이 유린된다면 그야말로 본말전도가 아닐 수 없다. 이 사건에서 문학의 본질과 기법에 대한 이해 없이 간첩 등 특수신분에 묶여 있는 사람들의 몇 마디 말에 따라 유죄로 인정하는 것은 위험천만한 일이다. 이 소설에 한국사회의 어두운 면이 묘사되어 있다고 해서 반국가단체의 주장에 동조했다고 보아서는 안 되며, 특히 반공법 제4조와 같은 모호한 규정을 확대 적용한다면, 국민의 기본권을 본질적으로 침해하여 결국 한 작가의 '분지憤志를 곡해한 분지焚紙의 위험'이 있다'고 경고했다.[19]

반미 선전에 이용된 『분노의 포도』의 경우

특별변호인 안수길의 변론은 직업 변호사의 변론이 미치기 어려운 문학인다운 목소리를 들려주었다. 그는 반공 매카시즘으로부터 문학과 문학인을 지키려는 열정으로 법정 분위기를 숙연케 만들었다.

그의 변론 요지는 다음과 같다. '이 작품에 나타난 미군의 비행은 민족의 주체성을 강조하기 위한 구성상의 대조법으로 쓴 것이다. 이 작품이 북괴의 잡지에 연재되었다고 해서 문제 삼는 것도 부당하다. 미국의 존 스타인벡John Steinbeck은 『분노의 포도』를 써서 나치 독일의 반미 선전에 크게 이용당했지만, 이 작가는 법정에 선 일이 없었다. 당국은 문학의 저항성을 오해하고 있는 것 같다. 일제 치하이던 1932년 작가 김동인은 「붉은 산」이란 소설에 애국가 가사를 넣었는데도 검열을 통과해 잡지에 활자화되었고, 일본어로 번역까지 됐지만 법정에 끌려간 일이 없었다. 이처럼 작품 때문에 작가가 형을 받는 일은 일제강점기에도 없었는데, 해방 20년이 지난 오늘에 그런 일이 있다면 이는 역사의 수레바퀴를 뒤로 돌리는 일이 아닐 수 없다.'[20]

'반미감정·계급의식이 왜 불법인가'

결심공판에서 검사의 구형이 반공법 제4조 제1항의 법정 최고형인 징역과 자격정지 각 7년으로 나오자, 사람들은 검찰의 극한적 처사에 놀라기도 하고 개탄하기도 했다. 그러나 그런 검찰의 과격성을 정면으로 공박하는 논조는 별로 보이지 않았다. 이런 침묵의 카르텔을 깨고 작심한 듯한 사설을 실은 한 신문이 있었다. 우선 그중 서너 대목을 발췌해서 소개한다.

'대한민국에서 계급의식이 법적으로 배척될 근거는 전혀 없으며 반미감정을 어째서 불법으로 단속할 수 있는가? 북괴가 반미 한다고 하여 대한민국 국민이 반미감정을 가져서는 안 된다는 논법이 선다면, 지금 한창 반미노선을 걷고 있는 프랑스의 드골 대통령을 추켜올려도 북괴 동조라는 삼단논법이 성립되지 않는가? 우리의 민주주의를 스스로 창살 없는 감옥으로 만드는 우愚만은 절대로 범해서는 안 되겠기에 감히 일언하는 바이다.'[21]

이 글은 당시 『조선일보』의 사설이었다. 이만한 논조를 편 그 양심과 용기에 놀라면서 모두들 갈채를 보냈다.

정작 문인단체인 한국문인협회는 재판부에 "피고 남씨가 전도유망한 청년 작가일 뿐 아니라 사건의 귀결 여하에 따라서 예술 창작의 자유라는 근본 문제에도 중요한 선례를 남기게 된다"면서 공정하고 관대한 처분을 호소하는 매우 온건한 진정서를 냈다.[22]

공판을 마치고 다시 한자리에 모인 변호인단과 문인들(1967. 5. 24)
왼쪽으로부터 안수길(소설가), 이항녕(고려대 교수), 한승헌(변호사), 남정현, 박용숙, 표문태, 최인훈(이상 소설가).

민족 주체성을 염원한 작품이지만 유죄

마침내 판결을 선고하는 날이 왔다. 1967년 6월 28일 오전 10시 서울 형사지방법원 214호 법정, 박두환 판사는 작품 「분지」가 반공법에 위반되는 작품인지의 여부에 대한 사법적 판단을 설시說示하기 시작했다.

'본건 작품 「분지」를 전체적으로 음미, 이해한 위에 증인 이어령의 법정에서의 진술을 보태어보면, 이 작품은 우리 민족 주체성의 확립이라는 피고인의 염원을 소설로써 표현한 것이라고 인정할 수 있으므로 피고인이 이 작품을 집필함에 있어서 반국가단체의 활동에 호응, 가세할 적극적인 의사 또는 목적이 있었다고 할 수 없다고 할 것이다.' 여기까지만 들으면서 무죄 판결은 물론이고 민족문학 작품상까지도 기대할 만한 칭송으로 '혹시나' 했다.

그러나 판시의 흐름은 이렇게 '역시나'로 달라진다. '반공법 제4조의 해석에 있어서 반국가단체의 활동에 적극 호응, 가세할 목적이 없다 하더라도 소설 등 작품을 쓴 사람이 이 작품을 읽는 사람으로 하여금 반국가단체에 호응하는 감동을 일으킬 요소가 있다고 인식하고 집필하였으면, 동법 제4조 제1항에 저촉된다고 보아야 한다.' 이렇게 유죄의 판시로 매듭지어졌다.[23] 다만 피고인은 장래가 촉망되는 젊은 작가로서 개전의 정이 현저한 점을 참작하여 '피고인에 대한 형의 선고는 이를 유예한다'고 했다.

두고 쓰는 관용문구로 간단히 '항소 기각'

이와 같은 1심 판결에 대해서는 징역 7년이나 구형한 반공법 사건에서 '선고유예'가 나온 것은 사실상 무죄나 마찬가지라는 의견이 있었는가 하면, 단호하게 무죄를 선고하지 못하고 '선고유예'를 한 것은 판사의 고민을 엿볼 수 있는 타협 판결이라는 견해도 나왔다. 그러나 '선고유예'도 유죄 판결의 하나임은 분명하기 때문에 피고인 측은 항소했다. 검사 역시 1심의 형이 너무 가볍다며 항소했다.

나는 항소이유서에서, 피고인에게는 이른바 반국가단체를 이롭게 한다는 범의가 없었고, 특수신분을 가진 검찰 측 증인들의 진술을 유죄의 증거로 삼은 것은 잘못이며, 원판결은 소설 「분지」가 우리 민족 주체성

의 확립이라는 염원을 소설로 표현한 것이며 반국가단체의 활동에 호
응할 적극적 의사가 없었다고 판시한 이상, 무죄를 선고해야 마땅한데
도 막연히 반정부 및 계급의식을 고취시킬 요소가 다분함을 인식하였
다고 하여 유죄를 선고하였음은 이유모순의 오류를 범한 것이라는 점,
그리고 창작의 자유를 포함한 표현의 자유라는 기본권의 본질 등을 거
론하며 무죄를 주장했다.

그러나 1970년 4월 7일 서울형사지방법원 항소 제1부(재판장 유태홍, 배
석 이철환, 정귀호 판사)는 피고인과 검사 양쪽의 항소를 모두 기각한다는
판결을 내렸다. 판결 이유를 옮겨보면, "원심이 적법히 조사한 여러 증
거들을 기록에 의하여 살피니, 원심이 판시한 피고인에 대한 범죄사실
은 이를 인정하기에 넉넉하고 달리 원심이 소론과 같이 사실을 그릇 인
정하였다고 믿을 만한 자료가 없으니"라는 식의 도식적인 한두 마디 나
열이 판단의 전부였다.[24]

승복 아닌 체념으로 상고 포기

남정현과 변호인단은 대법원에 불복할 것인지를 논의한 끝에 상고를
하지 않기로 했다. 수십 장의 상고이유서에 담은 불복 이유에 대해 '논
지는 독단적 견해에 불과하다'거나 '일건 기록과 증거에 비추어보건대
원판결에는 아무런 잘못이 없다'라는 식의 상투적 표현으로 '기각'을
애용하는 최고법원을 믿을 수가 없었기 때문이다. 시국사범에 대해서
는 더구나 그러했다. 결국 우리는 더이상 기대할 곳이 없는 썰렁한 심정

으로 '승복 아닌 체념'으로 상고를 포기하고 말았다.

「분지」 사건은 문화예술 분야 내지 지식인 사회에 두려움과 보신주의를 확산시키는 데 절반의 성공(?)을 거두었다고 본다. 문학이 역사와 현실에 강렬한 관심을 기울이게 되면 당대의 지배세력과 충돌을 피하기 어렵다. 작가의 필화는 그 갈등과 충돌의 과정에서 역시 불가피한 생채기를 남긴다. 그 훈장 없는 전상자 제1호가 바로 작가 남정현이었다.

나는 1972년 6월, 한국앰네스티가 주최한 강연회에서 이런 말을 했다. '필화는 있어도 불행하고, 없어도 불행하다. 필화가 있다는 것은 규제자의 억압과 작가의 수난을 생각할 때 불행한 일이고, 필화가 없다는 것은 작가의 무력이나 문학 부재의 반사적 평온일 수도 있기 때문에 역시 불행하다.'[25]

끝으로 문학평론가 임헌영 씨의 이런 말을 옮겨보고자 한다.

"세계화의 시대, 민족문학이란 구호가 낡은 것처럼 보이고, 이를 주장하면 구시대의 비평가로 착시되는 시대에 남정현을 읽는 기쁨은 배가한다."[26]

주 ───────

1   한승헌 「소설 '분지' 사건」, 『권력과 필화』, 문학동네 2013, 20면.

2   구상 외 『한국문학필화작품집』, 황토 1989 참조.

3   한국문인협회에서는 회장단(박종화, 김동리, 김광섭, 모윤숙)을 중심으로 한 대책위원회를 구성한 뒤, 1965년 7월 13일 이사회에서 남정현 구속에 대한 대책을 논의하고 일주일 뒤에 법무부장관 등 정부 요로에 "소설은 그것이 구체적인 사실의 적

시가 아니라 상상적인 허구의 설화라는 문예창작품 일반의 기본성격에서 벗어날 수 없다는 점을 고려해달라"는 정도의 미온적인 진정서를 제출했다.(『동아일보』 1965년 7월 22일자) 국제펜클럽 한국본부도 검찰과 재판부에 낸 진정서에서 "남씨가 위험한 사상의 소유자는 아니며, 다만 외부적 작품 소재를 기분적으로 과장해서 표현했을 뿐"이라며 아량과 관용을 간청했다.(『경향신문』 1966년 8월 6일자)

4 　앞서의 문인협회 이사회에서도 "작가는 조국을 사랑하기 때문에 창작을 통해 때로는 조국의 뺨을 칠 수도 있다. 한 작가의 작품이 북괴의 지상에 전재되었다고 해서 뒤늦게 이를 문제 삼는다면, 제2 제3의 남정현이 나타날 수도 있다"고 침통해 하는 의견도 나왔다.(『경향신문』 1965년 7월 14일자) 그런 분위기 속에서도 남정현이 법원의 구속적부심사 끝에 석방되고(같은 해 7월 23일) 난 뒤, '문학춘추사'라는 출판사가 "북괴 『노동신문』에 전재되었다 하여 반공법으로 구속되었던 「분지」의 작가 남정현이 당신에게 묻는다"라며 남씨의 동인문학상 수상작 「너는 뭐냐」가 실린 창작집의 신문광고가 나와서 관심을 모았다.(『동아일보』 1965년 10월 29일자) 또한 미국에서 학위를 받고 갓 귀국한 서울대학교의 백낙청 교수(문학평론가)가 『조선일보』에 「분지」 형사사건화의 부당성을 구체적으로 지적하는 글을 쓰기도 했다.(남정현 외 『통일만세: 분단시대의 지식인』, 말 2014, 67면)

5 　남정현 「민족자주의 문학적 열망」, 한승헌선생화갑기념문집간행위원회 『분단시대의 피고들』, 범우사 1994, 114면.

6 　박정희 정권의 '10월유신' 이전의 '사법권 독립에 대한 위협'에 대해서는 대법원 사법사편찬위원회 『역사 속의 사법부』, 사법발전재단 2009, 75~83면 참조.

7 　언론윤리위원회법 통과 전후의 탄압과 저항에 관해서는 송건호 『한국현대언론사』, 삼민사 1990, 139~44면 참조.

8 　구속되었다가 석방된 필화사건 피의자를 1년이나 지나서야 기소한 것은 매우 이례적인데, 당사자인 남정현은 검사가 조사를 질질 끈 과정을 이렇게 회고했다. "2, 3일에 한 번씩, 혹은 일주일 간격으로, 혹은 10여 일 단위로 나를 불러내서는 심문도 하는 둥 마는 둥이었다. 가다가는 하루 종일 앉혀만 놓았다가 해가 떨어지면 그냥 돌려보내는 적도 많았다. 참으로 환장할 노릇이었다."(남정현, 앞의 글 117~19면)

9 　공소장 전문은 『경향신문』 『동아일보』 1966년 7월 13일자.

10 　"「분지」를 유죄로 몰고 간 박정권은 그후 알게 모르게 어용문인들을 내세워 각종 전달매체를 동원하여 세칭 참여문학에 대한 공격의 포문을 열기 시작한 것이었다."(남정현, 앞의 글 116면)

11 이 증인들의 증언 요지는 한승헌「남정현의 필화, '분지' 사건」,『한승헌 변호사 변론사건 실록 (1)』범우사 2006, 117~19면.

12 같은 글 117~18면.

13 같은 글 118면.

14 같은 글 118~19면.

15 같은 글 119~20면.

16 같은 글 120~21면

17 이날의 결심공판 실황은『경향신문』『동아일보』1967년 5월 24일자 참조.

18 한승헌「남정현의 필화, '분지' 사건」, 122면.

19 변론서 전문은『한승헌 변호사 변론사건 실록 (1)』, 52~63면.

20 안수길 특별변호인의 변론서 전문은 같은 책 64~69면, 변론 요지는『동아일보』1967년 5월 25일자「'분지'는 무죄다」참조.

21 『조선일보』(1967년 5월 26일자)는「계급의식과 반미감정의 표현론」이란 사설에서, "(이 판결은) 계급의식이 유죄이고, 반미감정이 유죄인 것처럼 오인되기 쉽다. (…) 계급의식이 대한민국에서 법적으로 배척될 근거는 전혀 없다. 반미감정을 어째서 불법으로 속단할 수 있는가? (…) 우리의 민주주의를 우리 스스로 창살 없는 감옥으로 만드는 우(愚)만은 절대로 범해서는 안 된다"고 비판했다.

22 한승헌「남정현의 필화, '분지' 사건」, 124면.

23 『경향신문』(1967년 6월 28일자)은 이 '판결문 요지'에 "민족의 주체성 확립 표현한 것이나, 독자가 반국가단체 활동에 호응할 요소 있어"라는 제목을 붙였는데, 판단의 전후 모순 내지 혼란을 잘 반영한 표현이라 하겠다.

24 「서울형사지방법원 제1부 판결(67노 1640 반공법 위반)」,『한승헌 변호사 변론사건 실록 (1)』, 86면.

25 한승헌「필화 사건과 창작의 자유」, 월간『다리』1972년 8월호, 142~44면; 한승헌「필화 사건과 문학」,『권력과 필화』, 232면.

26 임헌영「반외세의식과 민족의식」,『한승헌 변호사 변론사건 실록 (1)』, 109면.

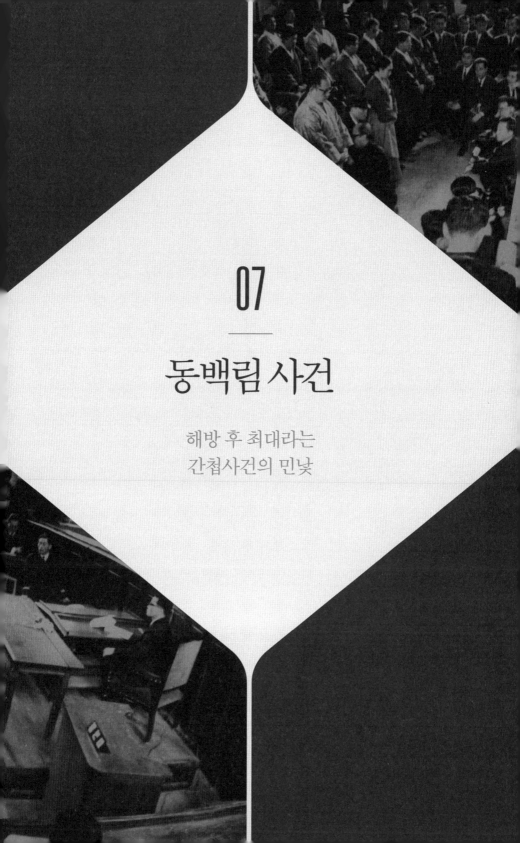

07

동백림 사건

해방 후 최대라는
간첩사건의 민낯

대규모의 '납치' 의혹, 조작 과장된 간첩 혐의,
가혹행위와 무리한 법률 적용, 주권 침해로 몰린 외교적 압박,
판사들에 대한 용공 협박 등 동백림 사건은
이 나라 사법사의 큰 치부이자 굴욕이었다.

'한국 외교사에서 가장 잘못된 사건'

2015년 1월 18일 서울의 한 신문에 공로명 전 외무부장관의 인터뷰 기사가 실렸다. 그는 자신의 경험을 토대로 한 비망록 『나의 외교 노트』(기파랑 2014)의 출간에 즈음한 기자회견에서, '한국 외교사에서 가장 잘못했던 일을 꼽아보라'는 기자의 질문에 이렇게 대답했다. "역시 박정희 정권 때 일로 1967년 동베를린 사건(동백림 사건)과 1973년 김대중 납치 사건이다. 남의 나라에 가서 (사람을 납치해오며) 주권을 행사하려 했다."[1]

우연찮게 나는 그 두 사건의 진상 규명에 참여한 일이 있었기에 공감되는 바가 많았다. 나는 바로 동백림 사건의 변호인이었고, 또 김대중 납치사건의 진상 규명을 위한 시민단체의 책임자로 일한 적이 있기 때문이다.

1967년 7월 8일 중앙정보부(중정)는 '동백림을 거점으로 한 북괴 대남적화공작단 사건'의 전모와 그에 대한 수사상황을 발표했다. 김형욱 당시 중앙정보부장이 직접 기자들 앞에 나와 발표한 그 사건의 내용은 매우 엄청난 것이어서, 모든 언론이 대서특필했다.[2] 발표는 그날 한 번에 그친 것이 아니라 전후 일곱 번에 걸쳐 순차적·파상적으로 계속되어 세상을 온통 얼어붙게 했다.

7차에 걸친 파상적 발표, '사상 최대의 간첩단 사건'

중정의 발표에 의하면, 이 사건에는 서독과 프랑스에 거주 또는 유학 중이거나 유학한 적이 있는 15명의 교수를 비롯해 의사, 예술인, 언론인, 공무원 등 많은 지식인들이 연루되어 있었다. 그들에 대한 혐의의 요지인즉, 1958년 9월부터 1967년 5월까지 동백림(당시 동독의 수도인 동베를린)에 있는 북괴대사관을 왕래하면서 간첩활동을 해왔고, 북괴로부터 공작금을 받았으며, 남북의 평화적 통일방안을 선전하고 적화통일 분위기를 조성, 결정적 시기에 남한에서 무장봉기를 기도하기 위해 암약해왔다는 것이었다. 조금 더 부연하면, (1) 유럽에 거주하고 있는 윤이상·이응로 등 문화예술인, 국내의 황성모·임석진 등 학계 인사, 김중태·현승일 등 6·3학생운동 세력 등과 의사, 공무원, 유학생 등 194명이 대남적화공작을 벌이다 적발되었는데, (2) 그들 중 일부는 1958년 9월부터 동백림에 있는 북괴대사관을 드나들면서 이적활동을 하였는가 하면, 입북하거나 노동당에 입당한 뒤 국내에 잠입해 간첩활동을 해왔다는 것이었다(중정 1차 발표문).

사건의 발단과 배경 및 외교적 파장

그런데 이 사건의 검거 발표가 있은 뒤 국내외적으로 다음과 같은 문제가 뒤따랐다.[3]

동백림 사건 1심 법정
1967년 7월 8일 중앙정보부가 '동백림을 거점으로 한 북괴 대남적화공작단 사건'의 전모와 그에 대한 수사상황을 발표하면서 세상은 온통 얼어붙기 시작했다.

   (1) 이 거창한(?) 사건의 용의자들은 대부분 중정 요원들이 독일, 프랑스 등지에서 직접 연행해온 사람들이어서 거주국 정부로부터 주권 침해의 불법 행위라는 강력한 항의가 제기되어 심각한 외교 문제로 번졌다.

   (2) 국내적으로는 당시 6·8 국회의원 부정선거로 집권 측에 대한 국민의 비난이 높아지면서, 야당 의원들의 등원 거부와 학원가의 대규모 정부 규탄 시위가 격화된 때여서 정부가 국면전환을 위해 공안정국을 조성하고자 검거 선풍을 일으켜 정치적 위기를 모면하려 했다는 의혹을 사기도 했다.

   (3) 중정의 수사과정에서 고문 등 가혹행위가 자행되었다는 호소와 비난이 잇따랐는가 하면, 나중에는 사법권의 독립과 관련된 의혹마저 제기되어 나라의 체면이 적지 않게 흔들렸다.

이 사건은 1967년 5월 명지대 조교수 임석진(36)이 서독 유학 당시 북한 측과 접촉했던 사실을 박정희 대통령에게 직접 자복自服한 것이 단서가 되었다고 알려졌다.(그는 제보의 공로가 참작된 덕인지 '공소보류' 처분을 받고 기소되지 않았으며, 재판 때에는 증인으로 법정에 나왔다.) 그의 제보에 따라 중정의 특수공작팀이 유럽에 거주하면서 동독 주재 북한대사관 측과 접촉한 유학생 등 한국인들을 국내로 연행 내지 이송하는 일대 작전이 실행되었는데, 그 인원은 유럽 5개국에서 모두 30명에 달하는 것으로 훗날 밝혀졌다.

피고인들 면면, 41명 중 23명이 간첩죄로

중정은 검·경·군 합동조사본부의 수사결과에 따라 66명의 피의자를 국가보안법 위반 등으로 서울지검에 송치했고, 검찰은 그중 41명을 기소(뒤에서 언급하는 '민비연' 사건 포함)했는데, 간첩죄가 적용된 사람만 23명이나 되었다.

주요 인물들을 보면 구속 피고인으로는 윤이상(50, 음악가), 정하룡(34, 경희대 조교수), 조영수(34, 전 동국대 강사), 김옥희(30, 전 청와대 경호실 통신원), 이수자(41, 윤이상의 처), 최정길(28, 서독 에센대 경제학과 3년), 강빈구(35, 서울대 상대 조교수), 천상병(38, 시인), 임석훈(32, 서베를린공대 박사과정), 이응로(64, 화가), 박인경(42, 화가, 이응로의 처), 정규명(39, 서독 프랑크푸르트대 연구원), 박성옥(36, 서독 광부) 등이 있고, 불구속 피고인으로는 주석균(65, 전 한국농업문제연구소장), 이순자(37, 전 국회도서관 임시직원), 어정희(43, 서울 구인병원 간호

사) 등이 있었다.

정부 수립 후 가장 규모가 큰 간첩사건으로 선전된 이 사건의 첫 공판은 1967년 11월 9일 오전 10시 서울형사지방법원 합의3부(재판장 김영준 부장판사) 심리로 대법정에서 열렸다. 나는 이응로 화백과 그의 부인 박인경 피고인의 변호인으로서 법정에 나갔다.

작곡가 윤이상, 쌍용총 고구려 벽화 보려고

34명이나 되는 동백림 사건 피고인들 가운데 재독 작곡가 윤이상과 재불 화가 이응로가 세인과 언론의 주목을 받았다. 윤씨는 1958년 8월 다름슈타트 국제음악제 하기강습회에서 만난 동독의 여자 대학생에게 월북한 친구의 소식을 알아봐달라는 부탁을 한 적이 있다. 그것이 계기가 되어 10여 차례 동백림을 다녀온 일이 있다고 그는 법정에서 진술했다. 헬싱키에서 열린 세계공산청년축제에 참가한 뒤에는 부부동반으로 평양을 방문하고 북한 당국자로부터 미화 수천 달러를 받은 사실도 인정했다. 그러나 그가 접촉한 이원조라는 사람이 북한 공작원이었는지 여부는 알 수가 없고, 미화를 받은 것도 예술가에 대한 호의의 표시로 알았을 뿐 그것을 공작금이라고 생각지는 않았다고 공소사실을 부인했다.[4]

북한을 방문한 동기를 묻는 질문에 대한 그의 답변이 과연 예술가다웠다. 그는 "용강에 있는 쌍용총의 고구려 벽화를 보고 싶어서 갔다. 벽화에 나타나 있는 고구려인의 기상을 직접 보게 되면, 내가 민족의 대서

사시를 담은 음악을 작곡하는 데 큰 도움이 되리라고 생각했다"고 답변했다. 나는 분단의 벽을 극복하려고 한 저 예술가의 염원을 재판부가 과연 얼마나 이해해줄까 하는 의문이 들었다.

박 대통령 중임 경축행사 초청이라고 속여

이응로 화백의 경우도 역시 분단의 아픔이 배어 있는 사연이 있었다. 그가 동백림에 있는 북한대사관 사람과 만난 것은 6·25 때 행방불명된 아들이 북한에 살고 있다며, 아들을 만나게 해주겠다는 북쪽 공관원의 말에 끌렸기 때문이었다. 그는 서울구치소에서 변호인인 나와 처음 만났을 때 매우 흥분해 있었다. '내가 서울에 끌려와서 왜 이런 모욕을 당해야 하느냐? 박정희 대통령의 중임 경축행사에 해외에서 국위를 선양한 공로자로 나를 초청한다기에 따라왔는데, 대통령의 이름까지 내세운 속임수는 절대로 용서할 수가 없다'며 분통을 터트렸다.[5]

중정은 윤이상에 대해서도 '국내 초청'이라는 거짓말을 하여 그를 한국대사관이 있는 본Bonn으로 유인했으며, '한국에 가서 간단한 조사를 받고 오면 된다'는 식으로 설득해 한국행을 수락하게 만든 것으로 알려졌다. 이런 사실로 말미암아 서독 정부는 한국 정부에 강력한 항의를 제기하기에 이르렀고, 공판 때마다 법정에 서독 정부 관계자들이 나와 공판의 참관 방청은 물론 국내 언론에는 금지된 무비카메라 촬영까지 했다.[6] 그뿐만 아니라 이 사건의 재판절차가 끝난 뒤에도 (뒤에서 언급하겠지만) 외교적인 압력을 가해 형의 집행정지 등 형식으로 관련자들의

법정에서 답변하는 재독 작곡가 윤이상
중앙정보부는 '국내 초청'이라는 거짓말로 서독에 체류 중이던 윤이상을 유인해 동백림 사건의 피고인으로 법정에 세웠다.

조기 석방을 관철했다. 외교적 마찰의 와중에 서독 주재 한국대사 최덕신이 소환(사실상 추방)되는 불상사까지 있었다.

간첩죄 기소 23명, 최종심 간첩 유죄 0명

피고인들은 1967년 11월 9일 오전 첫 공판 이래 공소사실을 대체로 시인하거나 일부를 부인하기도 했는데, 이른바 자신의 범의나 상대방에 대한 인식에서 공소장과 차이를 드러내는 경우도 적지 않았다. 정하룡 피고인의 경우를 보면 이러하다. 그는 동백림에 들어가 북한대사관의 이원찬을 만났고, 그의 권유로 평양에 갔다. 대남공작 간부의 권고로 노동당에 입당했으며, 돌아올 때 미화 1,000달러를 받았다. 그후 다시 입북해서 밀봉교육을 받고 귀국했으나 적극적인 간첩활동은 하지 않았다. 대체로 이런 정도였다. 조영수 피고인도 자기가 평양에 간 일은 있고 돈도 받았으나 공작금이라고는 생각지 않았다, 거기서 암호교육을 받거나 노동당에 입당한 것처럼 되어 있으나 피동적이었다, 간첩으로 모는 것은 너무 가혹하다고 말했다.

이상에서 보듯이 이 사건에서는 동백림 방문 50명, 북한 방문 12명, 북측으로부터 금품수수 26명, 특수교육 이수 17명, 북측 요청사항 이행 12명 등으로 밝혀져 세간의 의혹과 달리 수사결과 발표가 일부 사실로 확인되었다. 그러나 피고인들의 단순한 대북 접촉 및 동조 행위까지도 국가보안법 제2조 및 형법 제98조의 간첩죄를 무리하게 적용하였으며, 많은 사람을 간첩으로 오인케 하였다는 지적이 훗날 사실로 확인되었다.[7]

실제로 검찰은 중정으로부터 두 번에 걸쳐 송치받은 피고인 41명 중 23명을 간첩죄 또는 간첩미수죄로 기소했으나 최종심(재상고심)에서 간첩죄로 유죄가 확정된 사람은 단 한 명도 없었다.

동백림 사건 연계 혐의로 기소된 서울대 '민비연' 사건

서울지검 공안부는 동백림 사건에 관련하여 중정으로부터 2차로 송치받은 이른바 '민비연'(민족주의비교연구회) 사건 관계자 7명을 별도로 구속 기소했다. 중정은 민비연을 동백림 사건과 연계된 조직으로 발표하였는데, 거기에는 서울대 황성모 교수가 연결 고리로 설정되어 있었다. 황 교수는 독일에 유학하여 학위를 받고 귀국하였는데, 중정은 그가 유학 당시 동백림에서 북한 측에 포섭되어 북한의 지령을 수행하기 위해 귀국 후 민비연을 조직하고, 그 지도교수로서 학생시위를 선동하여 정부를 전복하고 사회주의정권의 수립을 기도하였다고 발표했다.

민비연은 서울대 문리대 정치학과 학생들의 연구서클이었는데, 그때 기소된 피고인은 다음과 같다. 황성모(41, 서울대 문리대 교수, 민비연 지도교수), 김중태(25, 신민당 운영위원, 민비연 2대 회장), 현승일(24, 서울대출판부원, 민비연 3대 회장), 이종률(26, 동아일보 기자, 민비연 초대 회장), 박범진(27, 조선일보 기자, 민비연 초대 총무부장), 박지동(27, 동아일보 기자, 민비연 5대 회장), 김도현(23, 무직, 민비연 회원).

이들은 훗날 정치, 사회, 언론 등 각계에서 자주 이름이 거론되는 인물들이었다. 그중 황성모는 간첩죄와 반국가단체 구성 혐의로, 나머지 사람들은 반국가단체의 구성 또는 가입, 지도적 역할 수행 등 혐의로 기소되었다. 요컨대 민비연이 반국가단체라는 전제 아래 재판에 회부되었던 것이다. 실은 1964~65년 한일회담 반대시위가 격화되었을 때 김중태, 현승일이 이끄는 민비연이 학생운동을 주도하는 조직으로 널리 알려져 검거된 바도 있다(제2차 민비연 사건). 1967년 11월 16일, 동백림 사건 담당 재판부이기도 한 서울형사지법 합의3부 심리로 열린 첫 공판에서 검사의 공소장 낭독이 끝나자 재판장은 공소사실에 대하여 이의가 있느냐고 물었다. 먼저 황성모 피고인이 일어서서 "전면적으로 부인한다"고 하였고, 이어서 이종률, 김중태, 박지동 등 나머지 피고인

들도 큰 소리로 "부인합니다"라고 답변하였다.[8]

검사 구형, 사형 6명에 무기징역도 4명이나

동백림 사건 피고인 34명에 대한 첫 공판은 1967년 11월 9일 서울형사지방법원 대법정에서 열렸다. 이날 법정 안팎에는 국내외의 많은 보도진과 피고인의 가족, 친지 등 방청객 200여 명, 그리고 피고인 사이사이에 끼어 앉은 50여 명의 교도관으로 초만원을 이룬 가운데 긴장된 분위기가 감돌았다. 법정 중앙 단상에는 서울형사지법 합의3부 법관들(재판장 김영준 부장판사)이 착석했고, 검사석에는 서울지검 공안부 검사들(부장검사 이종원, 검사 이준승, 이창우)이 자리 잡았으며, 그 맞은편 변호인석에는 김갑수, 한격만, 이용훈 등 29명의 변호사들이 포진하고 있었다.

재판은 피고인 34명에 대한 검사, 변호인, 재판부의 신문에 이어 증인신문을 하는 등 사실심리와 증거조사에 전후 10회나 공판이 계속되는 대장정이었다. 피고인들의 진술에는 개인차가 있기는 했으나, 대체로 사실관계는 시인하면서도 상대방(북측 사람들)의 정체나 지령 및 반국가적인 의도나 언동에 대해서는 부인하는 공통점을 보였다. 증인으로는 검찰 측에서 신청한 이용택 중정 수사과장 등 3명, 변호인 측에서 신청한 윤태림 숙명여대 총장 등 7명을 신문했다.

결심공판은 12월 6일 오전에 열렸는데, 이종원 부장검사는 장장 1시간 30분에 걸쳐 준엄한 논고를 한 끝에 피고인들에게 엄청난 중형을 구형했다. 즉 사형 6명(정하룡, 조영수, 천병희, 윤이상, 최정길, 정규명),

무기징역 4명(어준, 강빈구, 임석훈, 이응로), 징역 15년 1명(김중환), 징역 10년 4명(이순자, 김옥희, 강혜순, 박성옥), 나머지 피고인들에 대해서는 징역 2년 내지 7년이 구형되었다.

'이게 무슨 간첩사건이냐'

일부 변호인들은 법정 최고형이 사형으로 되어 있는 간첩죄 부분에 대하여 강하게 무죄를 주장했다. 그 대표적인 변론 요지는 이러했다. "이 사건은 간첩사건이 아니다. 피고인들(정하룡, 이순자)의 행위가 간첩활동이라고는 생각할 수 없다."(문인구 변호인) "검찰은 이 사건을 과대평가하고 있다. 조영수, 김옥희 피고인들이 간첩행위를 했다는 증거는 하나도 없다."(박승서 변호인) "윤이상 피고인은 한국 실정을 잘 몰랐으며, 다만 고분과 벽화를 보기 위하여 평양에 간 것이다."(황성수 변호인) 이응로 부부의 변호인인 나는 간첩 혐의 부분은 물론 일련의 행위에서 '반국가단체의 이익이 된다는 정情을 알지 못했음'을 역설했다.

사실 피고인들에 대한 공소사실과 법정 진술을 종합해보면, 일부 피고인들에게 씌운 죄명(적용법조)은 너무도 억지스럽게 보였다. 가령 간첩죄로 기소된 이들의 경우를 보더라도 그 공소사실의 끝머리 문구는 "전시 북괴의 지령사항을 각 수행함으로써 간첩 하고"라고 되어 있으나, 이른바 '지령'이나 '제공한 정보'의 실체를 뜯어보면 사회통념과 법리에 비추어 도저히 수긍할 수 없는 허점이 쉽게 간파되는 것들이었다.

검사 주장에 화답한 엄벌의 융단폭격(1심 판결)

제1심 선고공판은 1967년 12월 13일 오전에 열렸다. 많은 사람들의 걱정은 그대로 현실이 되어 검사의 주장이 대부분 그대로 받아들여져서 중형의 융단폭격처럼 되고 말았다. 간첩 혐의도 거의 공소사실대로 유죄로 보아 조영수, 정규명에게는 사형, 윤이상, 정하룡, 강빈구, 어준에게는 무기징역, 천병희, 최정길, 김중환에게는 징역 15년이 각 선고되었다. 나머지 22명에게는 징역 1년 내지 10년이 선고되었는데, 피고인중 이수자, 박인경, 김종대, 주석균, 천상병 등 11명에 대하여는 형의 집행유예가 선고되었다.

이와 같은 1심 판결에 대해서는 18명의 피고인이 항소를 하였으며(검찰에서도 여러 피고인에 대하여 항소), 서울고등법원 형사부(재판장 정태원 부장판사)에서 2심 재판을 담당하게 되었다. 작곡가 윤이상은 1968년 2월 27일 재판부의 병보석 허가로 몸이 풀려났다.

이응로 화백, 5년(판결)이 무기(구형)보다 길 수도

재판 내용에 대한 메마른 설명이 길어져서 잠시 재판에 얽힌 에피소드 하나를 소개할까 한다. 내가 변호를 맡은 이응로 화백은 1심에서 검사의 구형이 무기징역이었는데, 판결은 징역 5년이 선고되었다. 기자들과 친척, 친지들이 구형에 비해서 아주 가벼운 형을 받았다며 나에게 고맙다고들 했다. 나는 천만의 말씀이라고 했다. '이미 60대 중반의 나이

(64)가 되어 한국인 남자 평균수명(1960년대 약 52세)을 훨씬 넘긴 이 화백에게 무기징역이나 5년 징역이나 무슨 차이가 있단 말인가? 경우에 따라서는 5년이 종신 무기보다 오히려 더 길 수도 있지 않은가? 결국 1심 판결의 형량은 검사의 구형량과 똑같은 것이어서 부당하다.' 이것이 나의 논법이었다. 나는 실제로 항소심 법정에서 그런 주장을 폈는데, 그 때문인지 형량이 2년 줄어서 징역 3년이 선고되었다.[9]

한국 문단의 3대 기인, 천상병 시인의 인간 드라마

다음으로 시인 천상병에 대한 공소사실을 펼쳐 본다. 그는 같은 서울대 상대 친구인 강빈구 피고인을 공갈하여 돈을 갈취하고, 그가 간첩이라는 사실을 알면서도 당국에 신고하지 않았다고 불고지죄로 기소되었다. 그는 강빈구에게 '중정에서 나더러 동독 갔다 온 사람을 대라고 해서 난처하다'는 말을 함으로써 겁을 주어 강씨로부터 일금 6,500원을 받았고, 그후에도 술값으로 100원 내지 500원씩 도합 3만 원을 받음으로써 갈취를 하였다는 것이었다. 대학 친구를 협박하여 2년 동안 갈취(?)한 돈의 합계가 3만 6,500원이었다니, 그것은 한 편의 코미디였다. 어쨌든 나는 글동네 친구의 정으로 그를 위한 변호를 자청했다. '한국 문단 3대 기인' 중의 한 사람으로 정평이 나 있던 그는 시인으로는 뛰어났음에도 가난하다보니, 아는 사람을 만나면 으레 손을 내밀곤 했다. 문인들 사이에서는 그런 버릇을 '수금'이라고 했다. 그러나 1960년대 후반의 대한민국 법정은 그런 정도의 기행조차도 형법상의 공갈죄로 처벌

시인 천상병과 그의 부인
한국 문단의 3대 기인으로 정평이 나 있던 천상병도 동백림 사건에 연루되어 구속되었다.

했다. 형의 집행유예로 풀려나온 뒤, 그는 항소도 포기하고 시골 유랑길
에 올랐다. 전기고문의 후유증에다 영양실조까지 겹쳐 길거리를 헤매
던 그는 한때 행방불명된 채 소식이 끊겼었다. 그가 이 세상을 하직했다
고 생각한 문우들이 뜻을 모아 그의 '유고 시집' 『새』(조광출판사 1971)를
내기까지 했는데, 나중에 살아서 나타나서 사람들을 놀라게 했다. 그동
안 행려병자의 행색을 하고 다니다가 서울의 한 시립병원에 강제 입원
을 당했던 것이다.[10]

민비연 사건: 고문에서 무죄까지

한편 동백림 사건의 국내 연계 조직으로 기소된 앞서의 민비연 사건은 동백림 사건과는 별도로 1967년 11월 16일 첫 공판이 열렸다. 피고인들은 북한 지령에 의한 반국가단체 구성 및 한일회담 반대시위 등을 통한 박정희 정권 전복기도 등의 공소사실을 전면 부인하였다. 6·8부정선거에 대한 대학가의 반대시위가 '북괴의 조종'에 의한 것이라는 검찰의 주장은 재판 과정을 통해서 그 허구성이 드러났다.

그런데도 1심에서는 황성모에게 간첩죄가 아닌 반국가단체 구성 예비음모 조항을 적용하여 징역 3년, 김중태에게 징역 2년의 유죄 판결을 하고, 나머지 5명의 피고인들에게는 무죄가 선고되었다. 검찰의 집요한 노력에도 불구하고 '간첩 황성모가 만든 민비연이라는 반국가단체가 국가전복을 기도했다'는 하급심의 일부 유죄 판결은 대법원(재판장 손동욱, 주심 나항윤 대법원판사)의 파기 환송에 따른 재항소심을 거쳐 종국적으로 전원 무죄가 확정되었다. 이상이 이른바 '제3차 민비연 사건'의 진상이자 귀결이었다.

황성모 교수는 훗날 한 일간지와의 인터뷰에서 '6·8부정선거 규탄 데모가 한창이던 6월 15일, 중정에 붙들려 가 남산과 이문동을 오가며 꼬박 2주일간 조사를 받았다. 허위 자백을 거부하자 끝내는 거꾸로 매달려 물고문을 당했고, 빨리 실신하는 편이 차라리 편하다는 요령도 터득했다'고 말했다.[11]

대법원의 파기 환송 판결인즉

당시의 분위기로 보아 법원의 판결에 별 기대도 하지 않았지만, 2심 판결은 '역시나'였다. 1심과 마찬가지로 피고인 전원 유죄에다 일부 형량만 높이거나 낮추는 정도였다. 즉 1심에서 징역형을 선고받았던 정하룡·임석훈은 사형으로 바뀌었고, 반대로 사형을 선고받았던 조영수는 무기징역을, 무기징역을 선고받았던 윤이상은 징역 15년으로 낮추는 선에서 2심은 끝났다(1968. 4. 13).

그런데 상고심에서는 기대하지 않았던 이변(?)이 일어났다. 즉 1968년 7월 30일 대법원(재판장 김치걸, 주심 사광욱, 최윤모, 주운화 대법원판사)은 원판결(서울고등법원 판결) 중 피고인 정하룡, 조영수, 김중환, 천병희, 윤이상 등 12명에 대한 각 유죄 부분을 파기하고, 그 사건을 원심인 서울고등법원으로 환송한다는 판결을 선고했다.

좀더 구체적으로 말하자면, 원심이 일부 피고인에 대해 반공법상의 회합죄와 잠입죄, 국가보안법과 형법상의 간첩죄 등을 유죄로 인정한 것은 잘못이며, 일부 피고인에 대한 양형(윤이상 징역 15년, 임석훈 사형)도 지나치게 무겁다는 것이 요지였다. 반면 검찰은 보안사범이나 간첩사범을 처벌하는 데 큰 차질을 초래하는 좋지 못한 판결이라는 비판을 내세우며 크게 반발했다. 즉 간첩의 탐지 수집 대상을 '군사기밀'로 좁혀서 해석함으로써 군사기밀 탐지자만을 간첩으로 보았는데, 이것은 잘못된 판단이라는 것이었다.

'빨갱이 판사 몰아내자' 잇단 괴벽보·괴문서

이런 대법원 판결이 선고되자 서울 시내에 '애국시민회' 명의로 '김일성의 판사를 잡아내라' '북괴와 야합하여 기회를 노리는 붉은 도당을 처단하라'는 전단이 뿌려졌다(8. 2). 이어서 대법원 바로 옆에 있는 배재중학교 담장을 비롯해 법무부, 반도호텔(현 롯데호텔 자리), 태평로 일대에 역시 애국시민회 이름으로 된 괴벽보가 나붙었다. 거기에도 대법원 판결을 비난하는 살벌한 문구가 넘쳐나고 있었으니, '물적 증거가 없다고 무죄라는 것은 공산당을 감싸주기 위한 구실이 아니고 무엇인가?' '김일성의 앞잡이 김치걸, 주운화 판사를 처단하라' '북괴의 앞잡이 사법부를 갈아내라' '합법의 미명 아래 북괴 장단에 춤추는 빨갱이를 잡아내자'는 등의 격한 표현들이었다.

심지어 조진만 대법원장에게까지 '사법부 안에 용공판사를 두어서 되겠느냐'는 괴문서가 우송됐다. 앞서의 4명의 대법원판사에게는 서울 시내 곳곳에 뿌려진 전단이 우편으로 배달되었고, 주운화 대법원판사의 부인에게는 '내조하는 부인으로 양심의 가책을 느끼지 않느냐'는 편지가 우송되었다. 이런 일련의 괴문서 사태는 대법원 판결 3일 뒤인 1968년 8월 2일부터 7일 사이에 일어난 일이었다.

대법원장까지 나선 항의, 검찰의 딴전

이처럼 괴벽보·괴문서를 통한 비난과 협박이 계속되자 조진만 대법원장도 그냥 넘어갈 수 없다고 판단했는지 8월 5일 자신의 입장을 밝혔다. 그는 '판결에 대한 학문적 비판이나 법적 절차를 통한 다툼은 있을 수 있으나, 용공판사를 처단하라는 등의 비난이나 협박은 있을 수 없는 일'이라고 했다. 대한변호사협회도 성명을 내고, 일련의 괴벽보와 전단 살포 사건은 사법부의 독립을 말살하고 민주적 기본질서를 파괴하는 가공하고도 가증한 행위라고 지탄했다. 유진오 신민당 총재는 괴벽보 사건은 정부 권력기관의 소행이라고 생각한다는 견해를 밝혔다. 국회 내무 및 법제사법 두 위원회 연석회의에서 야당 의원들은 국무총리와 관계 장관들에 대한 질의를 통해, 이 사건은 권력을 배경으로 한 범죄조직에 의해 저질러진 혐의가 짙다고 추궁했다. 그러나 당국의 수사는 별 진전이 없었다. 한 검찰 고위간부가 이런 말도 했다고 알려졌다. "괴벽보는 판결을 비평한 것이다. 범인을 잡더라도 광고물단속법 위반이거나 즉결심판 대상에 지나지 않는다." 괴전단을 살포하던 두 명이 검거되기도 했으나 애국시민회와는 아무런 관계가 없다고 했다. 국회에서도 '괴벽보 사건 등 진상조사특별위원회'가 구성돼 조사활동을 벌였지만 별다른 성과를 거두지 못한 채 흐지부지 끝나고 말았다.[12]

난처했던 박 정권, 분개 끝에 사표 낸 대법원판사

나중에 알려지기로는, 동백림 사건 일부 피고인들을 서독에서 연행해온 탓으로 서독 정부가 강력한 항의를 거듭해왔기 때문에 박정희 대통령으로서는 재판을 조속히 종결해 외교적 난경에서 벗어나려고 했는데, 난데없는 대법원의 파기환송으로 사건이 재항소심으로 내려가게 되어 낭패했던 것이라고 했다.

이상의 괴벽보 협박사건은 사법부가 직접 당한 피해였기 때문인지 법원 측에서 발간한 『법원사』(법원행정처 1995)와 『역사 속의 사법부』(사법발전재단 2009)에도 자세히 언급되어 있다. 동백림 사건의 대법원 판결에 관여했던 대법원판사 최윤모, 주운화 두 사람은 사법권의 독립이 훼손된 데에 분개해 각각 그해 8월과 그다음 해 8월에 연달아 사임하고 대법원을 떠났다.

재상고심 판결 나오자 사면 또 사면, 전원 석방

대법원으로부터 사건을 환송받은 서울고등법원(재판장 송명관 부장판사)은 1968년 12월 5일 대법원의 파기환송 취지에 따라 1심 판결을 파기하고 정하룡·정규명에게 사형, 조영수에게 무기징역, 윤이상에게 징역 10년을 선고하는 등의 판결을 했다. 이와 같은 재항소심 판결은 1969년 3월 31일 대법원(재상고심)에서 상고가 기각됨으로써 그대로 확정되었다. 그후 정부는 이 사건으로 복역 중이던 윤이상을 비롯해 어준, 강빈구, 천병희, 김중환, 임석훈, 최정길, 김성칠, 박성옥, 이응로를 1970년 광복절 특사(형집행정지)로 석방했으며, 나머지 정하룡, 정규명, 조영수 등을 1970년 연말 특사(형집행면제)로 석방했다. 이로써 동백림 사건으로 복역 중이던 수감자는 전원 풀려났다.

석방된 뒤 프랑스로 돌아가는 이응로 화백(김포공항에서)
서독과 프랑스가 공식 항의를 제기한 후 한국 정부는 공식 사과, 재발 방지 약속, 공관원 소환
등의 조치를 취하고 관련자를 석방해 서독과 프랑스로 돌려보냈다.

국정원 진실위가 밝혀낸 사건의 진실

이 사건에 대해서는 2004년 11월 2일 출범한 '국가정보원 과거사건 진실규명을 통한 발전위원회'(국정원 진실위)의 조사 결과(2007년 발표)가 주목을 끈다.

그 발표문에는 당시의 국내 정치상황과 시대적 배경이 언급되어 있는데, 그 요지는 이러하다. 즉 1967년 재선에 성공한 박정희 대통령은 1971년 이후의 장기집권을 위해 3선개헌을 위한 국회 의석의 개헌 정족수 확보에 급급한 나머지 6·8부정선거를 감행했고, 이에 대항하여 야당과 대학생들이 대규모 규탄시위를 전개하자 많은 대학과 고등학교를 휴업령으로 문을 닫고 탄압하는 시점에서 이 사건을 과장 발표했다. 즉 박 정권이 부정선거 규탄시위를 무력화하기 위해 임석진의 자수를 계기로 동백림 사건을 부풀려 정치적으로 이용한 것으로 판단했다. 실제로 전후 7차례에 걸친 이 사건 수사 발표 이후 대학생들의 부정선거 규탄시위는 없어졌다.

서독 정부의 고자세와 한국 정부의 저자세

서독 거주 한국인의 국내 이송과 관련해 서독과 한국 두 나라 정부 사이에 심각한 외교 문제가 발생했다. 한국 수사관의 서독 내 '체포활동'을 주권 침해로 규정한 서독 정부는 피연행자들의 출국 과정의 강제성 유무에 대한 해명과 관련자의 원상회복 및 한국 공관원 3명의 소환을 요구했다. 프랑스 정부도 한국인들의 귀국 과정에 한국 공관원이 연루되어 있다면서 이는 용서할 수 없는 주권 침해라며 공식 항의를 제기했다. 이에 대해 한국 정부는 공식 사과, 재발 방지 약속, 공관원 소환 등의 조치를 취했다.

그러나 1심 재판에서 중형이 선고되자 서독 측은 신속한 재판과 재판 후의 특별사면조치를 요구했고, 재항소심에서도 중형이 선고되자 한국에 대한 차관 승인을 보류했다. 서독에서는 독일인 시위대 200여 명이 한국대사관에 난입하는 불상사도 있었다. 1969년 1월 서독 대통령 특사가 방한해 사건 관련자 6명에 대한 석방에 합의하고, 앞서 본 바와 같이 광복절 및 연말 특사로 연행 구속자 전원을 석방해 서독 또는 프랑스로

돌려보냈다.[13]

앞서 말한 국정원 진실위는 조사 결론에서 (1) 중정은 피의자들에게 간첩죄를 무리하게 적용하고 사건을 확대하였고, (2) 수사과정에서 심리적 위협은 말할 것도 없고, 신체적인 가혹행위도 하였으며, (3) 학생들의 부정선거 규탄시위를 북한의 지령에 따른 국가전복 행위로 몰고 가기 위해 1960년대 학생운동의 대표적 조직이었던 민비연을 무리하게 동백림 공작단의 일환으로 확대 왜곡하는 등 동백림 사건을 정치적으로 이용하였다고 판단했다.[14]

상처뿐인 대규모 '간첩단 사건', 그 치부와 굴욕

작곡가 윤이상은 훗날 이 사건을 분명히 '납치 사건'이라고 했으며, '나를 구제해준 것은 외국이었고, 많은 예술가들이었다'고 말했다.[15] 그는 나중에 고국 방문을 희망했으나 '사죄'를 요구하는 정부 측의 거부로 재입국의 뜻을 이루지 못한 채 1995년 독일에서 눈을 감았다. 그는 1972년 뮌헨올림픽 문화행사로 공연된 오페라 「심청」으로 세계적인 작곡가의 명성을 얻었으며, 1977년부터 10년간 베를린음악대학 교수를 지냈다. 1987년에는 독일연방공화국 대공로훈장을 받기도 했다.

대규모의 '납치' 검거 의혹, 조작 과장된 간첩 혐의, 수사과정의 가혹행위, 무리한 법률 적용, 주권 침해로 몰린 외교적 압박, 대법원판사들에 대한 용공 협박, '판결 백지화'로 막을 내린 전원 특사 석방 등 동백림 사건은 이 나라 사법사의 큰 치부이자 굴욕이었다.

그러나 한옥신 당시 대검찰청 검사는 이 대법원 판결이 처음에는 간첩의 탐지 수집 대상을 '국가기밀'로 표시하였다가 후단부분에서는 '군사상 기밀'이라는 용어를 써서 간첩 개념을 좁게 해석하였기 때문에 무죄가 선고된 것으로 보았으며, 이렇게 되면 북괴의 대남공작은 용이해지고, 우리의 간첩 색출 및 엄단조치는 구멍이 뚫리는 결과를 초래하게 되지 않을까 염려된다고 하였다.[16]

주 ────────────

1 『중앙SUNDAY』 2015년 1월 18일자.

2 1967년 7월 8일, 도하 각 일간신문에는 김형욱 중앙정보부장의 '사건 1차 발표' 기사가 대서특필로 실려 나왔다. 예컨대, '동백림 거점으로 한 북괴공작단 검거' '교수, 의사, 예술인, 유학생 등 2백여 명 관련' '서구·국내서 간첩활동' '북괴에 동조, 평양도 다녀오고 적화기도' 등 제목이 살벌했다.

3 야당인 신민당은 그해 7월 19일 이 사건에 대한 성명을 내고, 이 사건 조사를 계기로 한·독 양국의 외교관계에 위기를 초래한 진상과 책임을 밝히고, 이 사건을 빙자한 야당 탄압을 중지할 것을 요구하는 성명을 냈다.(『동아일보』 1967년 7월 19일자) 이에 대하여 김형욱 중정부장은 성명은 이번 사건의 지엽 문제를 부각시켜 사건을 흐리게 하는 위험성을 내포하고 있다며, 사소한 외교 문제 때문에 적화공작을 방관할 수 없다는 장문의 반박 담화를 발표했다.

4 『윤이상-루이제 린저의 대담: 상처 입은 용』(홍종도 옮김, 한울 1988, 123~37면)에 윤씨의 북한행과 서울 '납치' 후의 조사, 재판, 수감생활의 회고담이 실려 있는데, 그 내용이 법정 진술과 대체로 일치된다.(최성만·홍은미 편역 『윤이상의 음악세계』, 한길사 1991, 79~117면)

5 이 화백은 「나의 옥중 생활, 천국과 지옥 사이」(고암미술연구소 엮음 『고암 이응노, 삶과 예술』, 얼과알 2000, 361~79면)에서, 그가 알고 지내던 한국대사관 직원의 거

짓말에 속아서 서울로 연행된 경위를 말한 다음, 중정에서 당한 이야기를 이렇게 술회했다. "내 나라니까 철석같이 믿은 거지요. (…) 그러자 조사하던 사람 중 하나가 '들어야 할 이야기가 있으니까 여기 오게 한 거다. 그러니 솔직히 다 털어놓으라'고 하더군요. '도대체 뭘 듣고 싶은 겁니까?' 그랬더니 커다란 나무 몽둥이를 보여주었는데, 고문할 때 쓰는 거였지요. '이것 봐요. 이 몽둥이로 한 번 맞다가는 목숨 건지기도 힘들어요. 여긴 프랑스가 아닙니다.' (…) KCIA(중앙정보부)가 '당신, 평양 갔었지?' '간 적 없다'고 하자 '안 되겠군. 맞아야 털어놓을 거요?'라며 협박을 하더군요. '정 그렇다면 마음대로 조서를 쓰시오'라고 했습니다."

6 국가정보원 과거사건 진실규명을 통한 발전위원회『과거와 대화, 미래의 성찰 (4): 정치·사법편』, 국가정보원 2007, 184면. 실제로 법정에는 매번 독일 정부 대표 그린 발트 교수(본대학, 법학), 한국 주재 독일대사 및 프랑스대사, 독일 TV방송국 등 많은 외국 기자들이 공판을 참관했다.

7 『과거와 대화, 미래의 성찰 (1): 국정원 '진실위' 보고서 총론』, 국가정보원 2007, 126면.

8 『동아일보』 1967년 11월 16일자.

9 한승헌『분단시대의 법정』, 범우사 2006, 30면.

10 한승헌「문인촌에서 법정까지」,『천상병을 말한다』, 답게 2006, 44면 이하.

11 『동아일보』 1991년 7월 5일자.

12 『과거와 대화, 미래의 성찰 (4): 정치·사법편』, 187면

13 『과거와 대화, 미래의 성찰 (2): 주요 의혹사건편 (상권)』, 321~26면.

14 『과거와 대화, 미래의 성찰 (1): 국정원 '진실위' 보고서 총론』, 126면.

15 윤이상의 삶과 예술, 그리고 피랍 과정은『윤이상-루이제 린저의 대담: 상처 입은 용』에 자세히 기록되어 있다.

16 한옥신 편저『간첩재판의 판단과 사상: 동백림거점 공작당사건을 중심으로』, 광명출판사 1969, 13, 393면.

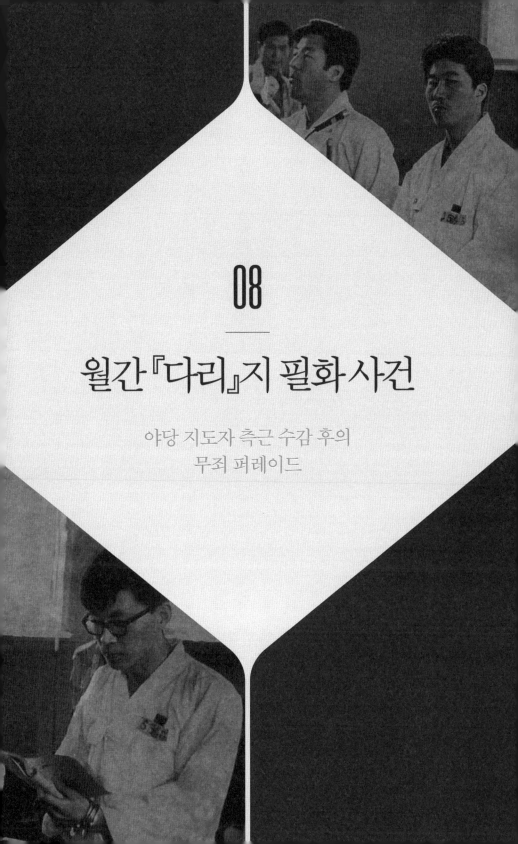

08

월간『다리』지 필화 사건

야당 지도자 측근 수감 후의
무죄 퍼레이드

증인들의 입에서 소신과 용기 있는 증언이 나올 때마다
검사들의 표정은 눈에 띄게 일그러졌다.
누구나 주저하는 반공법 사건의 증인으로
법정에 나온 것부터가 하나의 결단의 표시였다.

쿠데타 정권하의 필화 홍수

압제 정권이 능사로 침해하는 국민의 기본권은 크게 보아 신체의 자유와 정신적 자유로 대별할 수 있다. 정신적 자유 중에서도 언론의 자유, 창작의 자유를 포괄하는 표현의 자유를 침해하는 접점에서 필화(또는 설화)가 일어난다. 독재정권의 극한이라 할 박정희 정권 아래에서 유별나게 필화가 잦았던 것은 바로 그 집권자의 반민주적 체질을 반영하는 증거이기도 하다. 5·16군사쿠데타 직후의 '민족일보' 사건(1961)을 비롯 하여 박정희 정권 아래서 빚어진 필화를 대충 열거해보면 이러하다. 조선일보 리영희 기자의 '남북한 유엔 동시 가입' 기사 사건(1964), MBC 사장 황용주의 '통일론' 사건(1964), 남정현의 소설 「분지」 사건(1965), 동양통신의 '군사기밀' 사건(1968), 『신동아』의 '차관' 기사 사건(1968), 김지하의 담시 「오적」 사건(1970), 월간 『다리』지 사건(1971), 양성우의 시집 『겨울공화국』 사건(1975), 한승헌의 수필 「어떤 조사弔辭」 사건(1975), 『민중교육』지 사건(1985), '보도지침' 폭로사건(1985) 등이 형사 문제로까지 번진 사례들이었다.[1]

감옥이나 법정까지 가지는 않았더라도 연행, 입건 또는 일시구속된 사례는 일람표를 만들기에 지칠 정도로 많았다. 형사처벌과는 달리 행정조치로 폐간당한 경우도 있으니 『사상계』 사건(1970)이 바로 그 대표적인 사례였다.[2]

『사상계』를 잇는 비판적 정론지로

『사상계』는 1953년 장준하 주도하에 창간된 종합 월간지로서 지식인과 학생층으로부터 열광적인 호응을 얻으며 성장했다. 그런데 이 월간지가 5·16 후의 군정 연장, 굴욕적 대일외교, 부정부패 등을 격렬하게 반대하자 당시 박정희 군사정권의 미움을 사게 되었다. 특히 자유당 말기에 함석헌 선생의 「생각하는 백성이라야 산다」(『사상계』 1959년 8월호)로 이승만 독재정권에 의하여 그 필자가 구금까지 된 바 있는데,[3] 5·16군사쿠데타가 터진 직후에 다시 함석헌 선생의 「5·16을 어떻게 볼까?」라는 글을 『사상계』(1961년 7월호)에 게재함으로서 군사쿠데타 세력에게는 큰 충격을 준 대신 엄청난 미움을 샀다. 거기에다 1970년 5월호에 김지하의 담시 「오적」을 싣자 그 작자는 물론 발행인도 구속되는 등 (그것도 반공법 위반으로) 탄압을 받던 끝에 1970년 5월, '인쇄시설 미비'라는 이유로 정부가 잡지사의 등록을 취소함으로써 『사상계』는 폐간되고 말았다.

그뒤 정론지의 부재를 아쉬워하던 지식인 사회 일각에서 『사상계』를 대체할 만한 월간지의 출현을 대망하는 공론이 일어났다. 그런 기대에 부응하고자 뜻있는 몇 사람의 노력으로 세상에 나온 잡지가 바로 월간 『다리』였다. 이 잡지의 발행에 필요한 자금은 정계의 현역 국회의원 김상현이 대고, 운영은 범우사(출판사) 사장 윤형두가 맡기로 했다.

『다리』지가 창간된 것은 1970년 9월이었다. 『사상계』의 자유와 민권을 향한 민주정신을 이어가겠다는 다짐 아래 대화의 가교를 자부하고 창간된 이 잡지는 지식인 사회에 큰 반향을 일으켰다. 넉 달 전까지 『사

『사상계』와 『다리』

1970년 5월 『사상계』가 인쇄 시설 미비라는 이유로 폐간되자 이를 대체할 만한 월간지의 출현을 대망하는 공론이 일어났다. 그 시점에서 『다리』지가 창간되었다.

상계』에 기고하던 필자들을 거의 재결집하였고, 이에 더하여 젊은 신예들을 참여시킴으로써 기반이 아주 탄탄해졌다. 당시 필자들의 면면을 보면 함석헌, 김재준, 이병린, 박순천, 유진오, 천관우, 안병욱, 김동길, 황성모, 리영희, 장을병 등 당시로서는 민족정신과 민주주의에 대한 신념이 확고한 사상가, 학자, 논객 들이었다. 그런 성향으로 해서 자연스레 박정희 정권의 장기독재에 비판적인 잡지가 됐고, 독자의 뜨거운 호응에 비례하여 정치권력 쪽의 주시와 미움은 점차로 커지게 되었다.

김대중 홍보물 봉쇄 위한 구속사태

이런저런 불길한 징후가 겹치던 끝에 마침내 정부 당국의 탄압이 검거선풍으로 번졌다. 1971년 2월 11일 새벽, 『다리』지의 주간 윤형두(36)

가 집으로 들이닥친 가죽점퍼 차림의 건장한 중년 두 사람에 의해서 남산 숭의여전 정문 건너편에 있는 '신한무역'이라는 곳으로 끌려갔다. 당국자는 뜻밖에도 그 전해 11월호 『다리』지에 실렸던 문학평론가 임중빈(31)의 글 「사회참여를 통한 학생운동」을 문제 삼고 나왔다. 필자인 임중빈은 그 전날인 2월 10일에, 잡지 발행인 윤재식(36)도 그 무렵에 별도로 연행되어 있었다.[4]

임중빈의 그 글이 어떻단 말인가? 그때는 모든 출판물은 사전에 정부당국에 납본을 하고 검토를 거친 뒤 이른바 납본증이 나와야 배포를 할 수 있던 시절이었는데, 임중빈의 이 글이 실린 『다리』 1970년 11월호는 아무 탈 없이 납본증이 나와서 버젓이 서점에서 판매되고 있었다.

그럼 무슨 영문일까? 윤형두가 연행되기 이틀 전, 정보 계통에 있는 M이라는 사람이 그를 찾아와 이런 요구를 했다. '임중빈이 쓰고 있는 『김대중 회고록』을 출판하지 마라, 이미 발간한 김대중의 『내가 걷는 70년대』를 더 찍지 마라, 그밖에 김대중의 이름이 들어 있는 간행물을 일절 내지 마라.' 심지어 월간 『다리』의 판권을 자기들이 지정하는 출판사에 넘기라고까지 요구하면서 위협적인 언사도 썼다. 물론 윤형두는 그 요구를 거절했다. 그리고 직감했던 대로 이번 검거가 바로 김대중과 관련된 탄압이라는 것을 확인할 수 있었다.[5]

김대중은 그 전해인 1970년 9월 20일, 1971년 4월에 실시될 대통령선거에 나설 신민당(야당) 후보로 선출되었고, 그런 뜻밖의 사태에 놀란 박 정권은 김 후보에 대한 감시와 탄압을 더욱 강화하기 시작했다. 그 공작의 일환으로 앞의 세 사람(윤형두, 임중빈, 윤재식)이 구속까지 당하게 되었는데, 김대중계 정치인으로 『다리』의 후원자인 김상현은 현역

김대중의 정책 홍보 책자
『다리』지를 발행하는 범우사에서 제작했다. 『다리』지의 주간인 윤형두는 김대중의 홍보물 출판를 총괄하는 역할을 맡았다.

국회의원이어서 그때는 함부로 손을 대지 못했다.(그러나 1972년 '10월 유신' 후 그는 형사범으로 구속되어 재판을 받은 바 있다.)

『다리』지 넘겨라, 기관원 M의 협박

이 사건으로 구속된 3명의 피의자는 모두 김대중 후보의 대선 출마 준비에 일역을 맡은 사람들이었다. 당국에서 김대중계 월간지로 보는 『다리』의 주간이자 김대중 후보의 대선 출마를 위한 출판 업무를 총괄하는 윤형두, 김 후보의 자서전을 집필하는 임중빈, 『다리』지의 발행인이자 김대중의 공보비서인 윤재식, 이런 면면들이었다. 그렇다면 이 사건은 단순한 필화 사건이 아니라, 김대중을 표적으로 삼은 정치적 탄압의 한 부분임이 분명했다. 윤형두에게 기관원 M이 마지막 기회라고 하면서 "T영화사가 월간 『다리』의 판권을 인수하겠다고 하니 그 돈으로 가족과 같이 외국으로 나가 살면 되지 않느냐, 진행하던 것을 그냥 그대로 놔두고 멀리 떠나라"고 한 말이 괜한 위협이 아니었다.[6]

1971년 2월 12일, 이 세 사람은 반공법(제4조 제1항, 반국가단체의 찬양 고무 등) 위반으로 정식 구속되었다. 서울형사지방법원 유태홍 부장판사가 발부한 구속영장에는 문제된 임중빈의 글에 대한 평가를 이렇게 요약해놓았다.

프랑스의 극좌파 학생운동인 1968년의 '파리 5월혁명'에 의한 드골 정권의 타도와 미국의 극좌파인 '뉴레프트' 활동의 타당성을 견제하면서 우리나라 학생운동은 그들과 같은 방법으로 하되, 문화혁명을 통한 정치혁명으로의 길만이 학생운동의 정도이며, 무엇보다도 능동적 참여를 통한 변혁이 필수의 것으로 요청된다고 논단하여, (임중빈은) 은연중 우리 정부 타도를 암시, 반국가단체인 북괴를 이롭게 했고, 두 윤씨는 이를 알면서도 게재했다.[7]

세 사람은 그날 서울지검 공안부(주임검사 김종건, 이규명)에서 간단한 신문을 받고 곧 서울구치소에 수감되었다.

박정희 3선 성공 후 공판 진행

첫 공판은 세 사람이 수감된 지 두 달쯤 되는 1971년 4월 9일 서울형사지방법원 목요상 판사 단독 심리로 열렸다. 변호인석에는 홍영기, 이택돈, 이명환, 이상혁 네 변호사가 나와 있었다. 그런데 검찰 측(서울지검 김종건, 이규명 검사)이 파리에서 모종의 참고서류가 도착하지 않았다는 이유로 공판 연기 신청을 하는 바람에 그날 재판은 공전되고 말았다. 첫 기일에는 통상 검사가 공소사실에 관해서 피고인에게 직접신문을 하는 것이 관례인데, 나중에 증거조사 단계에서나 필요한 참고서류(증거 보강)를 이유로 공판을 연기하는 것은 아무래도 검찰이 지연작전을 쓴다는 의심을 살 만했다. 더구나 그때까지도 피고인들에게는 일절 가족 접견이 허용되지 않았고, 서적의 차입(영치)조차 금지된 상태였다. 변호인석의 이명환 변호사가 이 점을 거론하면서 판사에게 그런 부당한 처사를 시정케 해달라고 요청했다.

제2차 공판은 대통령선거(김대중 후보 낙선)가 끝난 직후인 1971년 4월 30일에 열렸다. 본시 『다리』지 사건은 박정희 대통령의 무리한 3선개헌 후에 일어난데다가 앞서 본 여러 사실에서 간파되듯이 당시의 정치상황과도 밀접하게 연관되어 있는 매우 민감한 사건이었다.[8] 여기서 말하는 '3선개헌'이란 대통령의 중임규정을 고쳐서 3선을 가능케 하는 개헌이었다. 그래서 박정희 대통령의 3선을 위한 개헌안이 나오자 야당의원들은 국회 본회의장에서 철야농성을 하고 있을 때, 여당의원들만 국회 건물 건너편에 있는 국회 제3별관에 새벽 2시 50분(1969. 9. 14)에 몰래 잠입하여 "이의 없지요. 예"로 전광석화처럼 몇 분 만에 처리해버렸다. 그 이듬해(1971) 4월 27일에 실시된 대통령선거는 김대중 후보의 맹렬한 추격에 당황한 정부·여당의 온갖 부정이 난무한 가운데 박 후보의 '승리'로 막을 내렸다. 그로부터 사흘 뒤에 이 사건의 2차 공판이 열린 것이었

법정에 선 『다리』지 필화 사건 피고인들
당국은 『다리』지를 김대중계 월간지로 보았다. 『다리』지의 관련자이자 김대중 후보의 대선 출마 준비
에 일역을 맡은 윤재식, 윤형두, 임중빈(왼쪽부터)은 반공법 위반으로 정식 구속되었다.

다.(그후 박 대통령은 '10월유신'을 선포하고 불법으로 헌정을 중단시
킨 다음 국무회의 의결로 유신헌법을 만들어 악명 높은 유신통치에 들
어간다.)

목요상 판사, 뜻밖의 두 피고인 직권 보석

임중빈은 법정에서, 한국의 혼돈된 학생운동을 성찰함에 있어서 외
국 학생운동의 사례를 예시하였을 뿐, 극렬하고 폭력적인 방법으로 정
권을 타도하거나 그 수단으로 문화혁명을 주장한 것은 아니라고 공소

사실을 부인했다. 자신의 논문은 무질서한 외국의 학생운동을 배격하고 전통적인 우리 방식을 지켜나가자는 생각에서 쓴 글이라고 주장하면서 좌익계 사상가들의 말이나 행동을 인용한 것은 우리의 전통적인 학생운동과 외국 학생운동의 차이를 밝히고자 함이었으며, 미국의 뉴레프트나 프랑스의 콩방디(1968년 5월혁명의 주역인 다니엘 콩방디Daniel Cohn-Bendit) 등 좌익적인 학생운동을 소개한 것 또한 그 불건전성을 지적하기 위함이었다고 집필 동기를 진술했다. 또한, 공소장에는 임 피고인이 『레닌 전집』 『스탈린 전집』과 맑스-레닌주의 서적을 탐독했다고 되어 있으나 자신은 그런 책을 본 일조차 없다고 단호히 부인하였다.[9]

5월 7일에 열린 제3차 공판도 공전되었다. 이번에는 이명환 변호인이 개인사정을 이유로 사임했기 때문이었다. 그 공백을 메울 겸해서 나는 일주일 뒤에 열린 제4차 공판 때에 변호인으로 그 사건 법정에 처음 나갔다.

나중에 알게 된 일이지만, 사건 배당 직후부터 서울형사지법을 담당한 중앙정보부의 조정관이 이 사건의 재판장인 목요상 판사를 수시로 찾아가 '고위층에서 이 사건에 관심이 많다' '그런 나쁜 놈들은 엄벌에 처해야 하는데 잘못하면 신상에 좋지 않을 것이다'라는 등의 위협적인 언사를 늘어놓기도 했다. 그러나 목 판사는 이에 굴하지 않고 '사법부가 살아 있다는 사실을 보여주는 것이야말로 애국하는 길'이라고 생각했다.[10]

그런데 내가 법정에 처음 나간 바로 그날, 그의 '애국하는 길'이 빈말이 아니라는 사실이 확인되었다. 목 판사는 피고인들에게 재판이 이래저래 지연되어 미안하다고 한 뒤에 피고인 윤형두, 윤재식 두 사람에 대하여 직권으로 보석을 허가해 석방한다고 말했다. 법정 안의 모두가 놀랐다. 국가보안법이나 반공법 사건에서는 피고인이나 변호인이 보석을 청구하고 아무리 석방을 호소해도 허가 결정이 나서 석방되는 일은 극히 드물었기 때문이었다. 더구나 목 판사는 전에 내가 변호한 김지하의 담시 「오적」 사건에서도 구속 피고인 전원을 재판 진행 중에 역시 직권 보석으로 석방해 그 후유증(?)으로 알게 모르게 큰 곤욕을 치렀는데, 또 직권 보석이라니, 누구도 생각지 못한 결단이었다. 그때 검찰 측의 경악과 당혹감은 상상 이상이었을 것이다. 방청석에서는 만세를 부르며 환호하는 진풍경도 있었다. 그날 밤 윤형두와 윤재식은 구속된 지 100일 만에 서울구치소 문을 나왔다.

남재희, 김상현, 구상, 송건호의 소신 증언

1971년 5월 20일에 열린 제5차 공판에서는 증인신문이 있었다. 『다리』지의 편집장 박창근, 기자 최의선, 윤길한이 증언대에 올라 피고인들에게 유리한 진술을 했다. 이어 열린 제6차 공판(6. 3)에는 조선일보 논설위원 남재희 및 국회의원 김상현, 제7차 공판(6. 15)에는 시인 구상 및 동아일보 논설위원 송건호 등이 증인으로 나왔다. 우선 증인들의 면면만 보아도 사회적으로 존경받고 중량감 있는 인사들이어서 주목을 받았다.

남재희 증인은 임중빈의 글에 현 정부에 대한 비판적 내용이 들어 있기는 하지만, 체제를 타도하자는 의도로 썼다고 보이지는 않는다고 진술했다. 그는 학생운동은 우선 문화적 작업이 저변의 기초를 이루고, 다음에 사회적 참여와 정치적 참여가 따르는 피라미드 현상이 바람직하지만, 한국에서는 정치적 참여가 과잉되는 반면 문화적 측면이 소홀히 되는 이른바 역피라미드 현상을 빚어내고 있다며, 따라서 우리의 학생운동은 정치적인 면보다는 문화의 형성에 주력하는 방향으로 나아가야 한다는 의미에서 임 피고인의 청년문화론은 오히려 당연한 주장이라고 증언했다. 그리고 피고인의 글 끝머리에 보면, 자유화와 근대화를 강조하고 있는데, 이것은 정권의 타도와는 무관할 뿐 아니라 외국의 예를 든 것은 비교·비판을 위한 예증으로 본다고 진술했다. 또한 '좌파'라는 것은 공산주의자와 동일하지 않으며 반드시 비합법적인 것도 아니라고 하고, 그 예로 우리나라의 통일사회당은 분명히 좌파적이지만 합법정당으로 존립하고 있다고 증언하였다.[11]

김상현 증인은『다리』지 창간의 동기와 경위를 말한 뒤, 임중빈은 사상적으로 불온하다고 생각되지 않아서 기획위원으로 일하도록 했으며, 뉴레프트를 공산주의와 동일시하는 것은 옳지 못하다고 했다. 그런데도 당국이『다리』지를 이처럼 문제 삼는 것은 신민당 대통령 후보자인 김대중의 전기를 집필하고 있던 임중빈과 역시 김대중의 홍보 책자를 발행 또는 준비하고 있던 윤형두, 윤재식의 활동을 중지시키기 위한 탄압으로 본다고 진술했다.[12]

구상 증인은 임중빈의 신앙과 성향에 대해서 증언했다. 즉 임중빈은 자기와 같은 가톨릭문우회 회원으로 신앙심이 견고하며, 장면 박사, 노기남 대주교 등의 회고록과 그밖의 반공물을 집필하면서 그 가운데 주인공들의 반공투쟁 및 공산당에 의한 박해도 충실히 묘사한 점만 보아

법정에 나온 증인들
『다리』지 사건은 증인들의 면면만으로도 사회적 주목을 끌었다. 제7차 공판에는 시인 구상(오른쪽), 동아일보 논설위원 송건호(왼쪽) 등이 증인으로 나왔다.

도, 그의 신념은 결코 용공적이 아니라고 증언하였다. 또한 문제의 글에서 미국의 뉴레프트나 프랑스 5월혁명의 콩방디 등을 예증한 것은 한국의 학생운동 방향을 선명히 밝히기 위한 문장기법상의 이른바 반유법反喩法이며, 오히려 외국의 사례를 비판한 것으로는 볼지언정 북괴를 찬양할 의도는 조금도 없었다고 본다고 말했다.[13]

해박하고 용기 있는 증언에 검찰관석은…

송건호 증인도 검찰 측 주장과 다른 견해를 피력했다. 즉 신좌파운동은 고도의 산업사회에서 인간성 회복을 내세워 기존의 체제에 대한 반항이란 측면이 있으나, 인간성을 말살하는 공산주의 조직에 대해서는 적극 반대하고 나서는 것이라고 증언하였다.

또한 프랑스의 5월혁명이나 미국의 뉴레프트는 공산주의운동과는 성격이 판이하며, 반드시 정치적인 면에서 친공세력이라고 볼 수 없다고 하면서 임 피고인의 논문은 우리나라에서 허용되는 언론의 범위를 조금도 벗어나지 않은 것이라고 했다. 그는 또 우리가 매사를 용공이냐 반공이냐 하는 두 편으로만 나누어 생각하다보면 어떤 사조나 인물을 곡해하기 쉬운 결과를 가져온다고 진술하였다.[14]

증인들의 입에서 소신과 용기 있는 증언이 나올 때마다 검사들의 표정은 눈에 띄게 일그러졌다. 그런 증언을 공박하거나 뒤집으려는 검사의 반대신문은 증인들의 해박한 식견과 논리적인 설득 앞에 힘을 쓸 수가 없었다. 증인들을 상대로 한 검사의 논쟁은 별 효과를 거두지 못했다. 증인들이 누구나 주저하는 반공법 사건의 증인으로 법정에 나온 것부터가 하나의 결단의 표시였다.

특히 구상 시인은 박정희 대통령과의 친분관계 등으로 보아 증인 출석 자체가 쉽지 않을 것이라는 예측이 나돌았는데, 그처럼 확신에 찬 증언을 해 듣는 이들을 감동시켰다.

나는 검사와 맞서서 소신대로 증언할 인사를 증인으로 신청한 것이 적중한 데 대하여 만족했다. 동시에 변호인 측이 신청한 증인들을 모두 채택해서 증언할 기회를 준 담당 법관이 고마웠다. 다른 어떤 필화 사건(1986년 '보도지침' 폭로사건)에서는 변호인 측이 신청한 24명의 증인을 전원 채택했던 판사가 다음 공판에서 이유도 밝히지 않은 채 24명 전원의 증인 채택 결정을 스스로 번복한 일도 있었다.

검사의 '불온 엄벌' 논고 맞선 '무죄' 변론

증인신문을 마친 뒤 검사의 논고와 구형이 있었다. 검사는 "피고인들이 북괴와 국외 공산계열의 활동을 찬양하는 논문을 쓰거나 잡지에 게재하여 불온한 방향으로 유도했기 때문에 엄벌에 처해야 한다"며 임중빈에게는 징역 5년, 윤재식, 윤형두에게는 각 징역 2년을 구형했다.

나는 변론을 통하여 이 사건이 유죄가 될 수 없음을 역설하였다. 정치권력의 입장에만 치우친 안목에서 현실에 대한 고발이나 비판 또는 개혁에의 의지를 모두 반정부적 내지 이단적으로 보는 것부터가 잘못이며, 특히 우리 한국에서는 반공관계 법률이 위정자의 자기방어적 편법에 남용되어 국민의 비판적 언론을 봉쇄하는 데 동원되는 사례가 적지 않았음을 상기시켰다.

우리나라의 특이한 분단상황을 이유로 이만한 내용의 글마저도 용공시한다는 것은 언론자유 자체의 부정인 동시에 '자유와 권리의 본질적인 내용을 침해할 수 없다'는 헌법상의 기본적 데드라인을 파괴하는 '위험스러운 애국'이라고 지탄했다.(그리고 나는 공소사실에서 문제 삼은 몇 개의 대목에 대한 검찰의 주장을 구체적으로 반박했다.) 나아가 본 건 공소사실은 (1) 반국가단체나 그 구성원의 활동에 대한 찬양이 아니라, (2) 국외 공산계열의 활동에 대한 찬양 등으로 지적되어 있고, (3) 그것이 반국가단체인 북괴를 이롭게 했다는 취지인데, 앞서 증인들의 진술에 의해서도 분명히 밝혀졌듯이 콩방디나 뉴레프트는 공산계열이 아닐뿐더러 이 글은 그들을 찬양한 것도 아니기 때문에 어느 모로 보나 무죄가 선고되어야 마땅하다고 결론지었다.

또 직권보석에 검찰, 법원서기 불러 조사

이 사건의 판결 선고는 당초 1971년 6월 29일로 고지되었다. 그런데 검찰에서 전화로 변론 재개를 신청하겠다면서 선고공판의 연기를 법원에 요청했다. 판결 선고가 예정된 그날 목 판사는 검찰 측 요청으로 변론을 재개한다면서 또다시 놀랄 만한 결정을 내렸다. 한 사람 남은 구속자 임중빈마저 직권으로 보석을 허가한 것이다. 그날로 임중빈은 석방되었다.

그러자 검사는 목 판사의 입회서기를 불러서 허위공문서 작성죄로 조사를 벌였다. 『다리』지 사건의 공판조서를 피고인에게 유리하게 허위 작성했다는 것이었다. 목 판사는 김 검사에게 전화로 항의하면서, 공판조서 기재에 오류가 있으면 형사소송법에 따라 조서 기재에 대한 이의신청을 할 일이지, 왜 입회서기를 괴롭히느냐고 따졌다. 결국 한 사건을 놓고 담당 판사와 검사 사이에 언쟁 일보 직전까지 가는 형국이 되었다.[15]

검찰의 소송전략과 압력

검찰의 요청으로 재판부는 변론을 재개했고, 다음 공판기일은 7월 13일로 지정되었다. 그런데 그날도 검사는 법정에 나오지 않은 채 이 사건을 합의부로 이송해달라는 이송신청서를 재판부에 냈다. 피고인 임중빈은 전에 통일혁명당 사건(반공법 위반)으로 처벌을 받았는데, 다시 동종의 범행을 했으므로 반공법 제9조 제2항에 의한 재범자 특수가중사유

(최고 사형까지)에 해당되어 단독판사 아닌 합의부에서 재판해야 할 사건이기 때문에 사건을 합의부로 이송해달라는 것이었다. 그러나 임중빈은 뒤에 보는 바와 같이 이 조항에 해당되는 사유가 없는 사람이어서 검찰의 그런 신청은 판사의 무죄 심증을 간파하고 사건을 합의부 재판으로 옮겨놓거나, 선고를 지연시키려는 속셈으로 보였다. 하지만 목요상 판사는 이 신청을 검토하는 시간을 갖기 위해 할 수 없이 또 재판을 연기해야만 했다.

목 판사에게는 계속 압력과 위협이 가해졌는데, 이 점에 대해서는 2007년 10월 국가정보원에서 나온 한 보고서의 내용을 여기에 그대로 인용한다.

중정 조정관의 직간접적인 위협과 검찰 측의 재판 지연작전 및 방해 외에도 목요상 판사에게는 다양한 압력이 가해졌다. 담당 ○○○ 검사는 정보요원들과 형사들을 데리고 목요상 판사 집 앞에서 일주일간 잠복하면서 감시하기도 하고, 목 판사의 부인이 몸이 아파 을지병원에 입원하자 병원비를 누가 대신 내준 것이 아닌가 뒷조사를 하기도 했다. 당시 양주시 농협 지부장을 하던 목 판사의 큰형도 세무조사를 당했고 목요상 판사가 1973년 재임용에 탈락한 직후 그의 큰형도 퇴직을 했다고 한다.[16]

친구 집에 피신해 작성한 무죄 판결문

사태가 심상치 않음을 직감한 목 판사는 집에서 나와 한 친구 집에서 판결문을 작성해야 했다. 그는 훗날 당시의 상황을 이렇게 회고했다.

다음 날이 판결 선고일인데 아무래도 예감이 좋지 않았다. 틀림없이 내일 판결 선고를 하지 못하도록 방해를 할 것만 같다는 예감이 들었다. 아니나 다를까 초저녁에 집에 있는데, 검사 중 한 사람이 집에 찾아왔다. 대문을 두드리면서 '○○○ 검사입니다' 하는 소리를 듣고 나는 바로 뒷문으로 빠져나가 친구 집으로 갔다. (…) 친구 집에서 머릿속에 있던 기억을 가지고 무죄 판결문을 작성했다. 다음 날 (…) 출근하니까 바로 검사가 쫓아와서 판결을 선고할 것인지 묻기에 '당신이 어제 밤늦게까지 우리 집에 있으면서 기록도 다 집에 있는 걸 봤지 않냐, 그런데 내가 어떻게 판결을 할 수 있겠나?'라고 둘러대고 법정에 들어갔다.[17]

이 말은 7월 16일 오전 공판 이야기로 이어진다. 개정시간이 되고 판사가 입정을 하였는데도 검사는 법정에 나타나지 않았다. 판사는 한참을 기다리다가 판결 선고에 들어갔다. 그때 검사가 황급하게 법정에 들어오더니, 공판조서 기재에 대한 이의신청을 하고, 이어 언론인 2인을 감정증인으로 신청한다면서 판결 선고를 제지하려 했다. 목 판사는 즉석에서 검사의 신청을 기각하고 판결문을 읽어내려갔다.

검사의 방해 무릅쓰고 선고한 무죄 판결

먼저, 검사의 합의부 이송신청은 이유 없다고 판단했다. 임중빈은 형의 집행유예 기간 중인데, 이는 '형의 집행 중이거나 형의 집행을 종료한 때'를 가중처벌 요건으로 삼는 반공법 제9조 2항에 해당되지 않기 때문에 합의부 관할사건이 아니라는 이유였다.

다음으로, 공소사실에 대한 무죄 판시의 요지는 이러했다. '임 피고인이 「사회참여를 통한 학생운동」이란 논문에서 프랑스의 5월혁명, 미국의 뉴레프트 등 서구 학생운동을 인용한 것은 사실이지만, 이들의 활동·주의·사상을 찬양, 고무, 동조했다고는 볼 수 없으며, 독자적인 청년문화운동으로 역사적인 난관을 타개해보자는 일종의 청년문화론을 시도한 것이지, 현 정권 타도를 위한 문화혁명을 일으키는 방향으로 이끌어야 한다는 주장을 했다고는 볼 수 없다.'[18] 판결은, "결론적으로 위 논문 내용을 통틀어 살펴볼 때, 다소 현 정부에 대하여 비판적이고 도전적인 대목이 없지 않으나 헌법상 보장된 '언론의 자유'의 테두리 안에서 전 근대적인 낡은 요소를 완전 청산하고 민족복지사회의 이념을 확립하는 방향으로 학생운동의 진로를 개척해나가자고 주장한 데 지나지 않는 것으로서, 반공법 제4조 제1항에는 저촉되지 아니한다고 보아 마땅할 것이다"라고 명쾌하게 매듭을 지었다.[19]

이 판결은 국가보안법이나 반공법으로 잡아넣는 이른바 공안사건 내지 시국사건에서는 그 전례를 찾아보기 어려운 폭탄선언 같은 것이었다. 당시 한 언론은 '반공법 대 언론자유의 싸움은 일단 언론자유의 승리로 끝맺게 되었다'라고 논평했다.[20] 나는 목 판사의 용단에 경의를 표하면서도 그가 앞으로 무사할까 하는 걱정이 떠나지 않았다.

항소심·상고심까지 '무죄' 3연승의 기적

　검사는 즉각 항소하였다. 그러나 서울형사지법 항소부(재판장 유상호 부장판사)는 극히 이례적인 '무변론 기각' 판결을 했다. 통상 형사재판은 오전에 개정하면 먼저 판결을 선고하고 난 다음에 그날로 예정된 사건의 심리에 들어가기 때문에 변호인들은 앞서의 선고가 끝날 무렵에 법정에 들어간다. 그런데 그날 내가 『다리』지 사건의 법정에 들어갔을 때는 항소심에서 심리를 한 번도 하지 않은 그 사건의 판결이 선고된 뒤였다. 무죄 판결에 불복한 검사의 주장을 들어볼 필요도 없이 (즉 변론조차 열지 않고) 검사의 항소를 기각한 것이었다. 나는 변호인석에 앉아 보지도 못한 채 희한한 '부전승'을 거둔 셈이었다. 항소심 판사들의 기습적인 '무변론 기각'에 검사들도 망연자실하는 모습이었다. 링 위에 올라가보지도 못하고 '부전패'한 악몽이었을 것이다.

　물론 검사는 그런 항소심 판결에 불복하고 대법원에 상고하였다. 그러나 대법원 제2부(재판장 이영섭 대법원판사, 주심 양병호, 한환진, 김윤행 대법원판사)는 1974년 5월 28일 선고공판에서 검사의 상고를 기각함으로써 임중빈, 윤형두, 윤재식 3인에 대한 무죄를 확정지었다. 대법원의 판결 선고 당시는 이른바 '긴급조치' 정국이었는데도 원심의 무죄 판결이 그대로 유지된 것을 보면, 목요상 판사의 제1심 무죄 논리가 얼마나 탄탄했는가를 짐작할 수 있다. 당대 집권자의 라이벌 세력을 제거하기 위한 반공법 사건이 1, 2, 3심 내리 무죄 판결로 3연승을 했으니, 참으로 기적 같은 일이었다.

제1차 사법파동으로 비화된 무죄 판결들

하지만 혹시라도 목 판사에게 무슨 보복조치가 가해지지 않을까 하는 앞서의 걱정은 머리에서 떠나지 않았다. 아니나 다를까, 걱정은 현실이 되어 사상 초유의 사법파동으로 번져나갔다.[21]

즉 시위 학생들에 대한 구속영장 신청을 기각했다가 무장군인 법원 난입 사건(1964. 5. 20)의 변을 당한 적이 있는 서울형사지법의 양헌 판사가, 이번에는 신민당(야당) 당사에서 총선 거부를 외치며 농성을 하다가 구속 기소된 학생들에게 무죄를 선고해(1971. 6. 29) 공안당국을 낭패에 빠트렸다. 거기에다가 7월 들어 목 판사의 『다리』지 사건 무죄 판결까지 나왔으니 사법부와 공안당국(검찰 포함) 사이의 갈등은 깊어만 갔고, 마침내 서울지검이 서울형사지법의 항소부 판사 2명과 참여서기에 대한 구속영장을 신청하는 사태가 벌어지고 말았다(7. 28). 이것이 제1차 사법파동의 도화선이 되었다. 검찰은 이범렬 부장판사와 그 배석 판사 1명이 반공법 위반 항소사건의 증인신문을 위해 제주도에 갔을 때, 변호인으로부터 여비 및 접대비로 9만 7,000원 상당의 뇌물을 받았다는 혐의로 구속영장을 청구한 것이었다. 사실인즉, 그 재판부는 1971년 7월까지 19건 22명의 피고인에게 1심과는 달리 무죄를 선고했으며, 이 가운데는 반공법 사건도 5건이나 들어 있었다. 구속영장은 수석부장판사에 의해 기각되었으나 이 사실을 알게 된 법관들은 대책을 논의한 끝에 37명의 법관이 사표를 제출했다. 그러자 검찰은 구속영장을 재청구했고 이 역시 법원에서 기각되었다.

법관들의 항의와 사표, 그 허전한 득실

국회 본회의에서 야당은 검찰의 법관 구속 시도는 『다리』지 사건 등 일련의 재판에서 보여준 사법부의 의연한 자세에 대한 보복이자 사법권 침해라며 법무장관의 해임을 요구했다. 뒤이어 서울민사지법 판사 36명도 사표를 냈는가 하면, 서울의 민사·형사 양 법원의 법관들이 '사법권 수호 건의문'을 채택하고 이를 대법원장에게 제출하면서 검찰의 사법권 침해 사례를 보고하고 그 시정책을 건의했다. 그러는 사이에 사표를 제출한 법관 수는 전국적으로 150명으로 늘어났다. 민복기 대법원장은 박정희 대통령에게 면담을 요청했으나 이루어지지 않은 채 법관들의 사표 철회를 호소하였고, 이에 해당 법관들은 모두 사표를 철회하였다. 당초 법관들이 요구했던 사법권 독립에 대한 보장과 검찰 관계자의 인책은 무엇 하나 이루어지지 않은 채 대법원판사 회의에서 '사법권은 사법부 스스로 수호한다'는 합의를 하는 정도에서 파동은 맥없이 막을 내렸다.[22]

그러나 법원 쪽의 후유증은 심각했다. 영장청구 대상이 되었던 부장판사는 며칠 뒤에 사임했고, 서울형사지방법원장은 지방으로 전보되자 바로 법관직을 그만두었다. 사법파동의 결과에 실망한 법관 2명도 사표를 냈고, 5명의 법관은 유신헌법 시행 후의 재임용에서 탈락되었다. 그 밖에도 전국에서 여러 법관들이 연달아 법원을 떠났다. 제1차 사법파동은 이렇게 성과 없이 끝났지만 그 의미와 불씨는 역사에 남아 훗날 제2차, 제3차 사법파동으로 이어졌다.

목 판사에게도 올 것이 왔다. 그는 무장군인 법원난입에도 불구하고 시위 학생 구속영장 청구를 기각했던 양헌 판사와 함께 사법부의 독립을 지키는 데 앞장섰지만, 유신헌법에 의한 1973년의 법관 재임용에서 탈락되어 사법부를 떠나고 말았다. 소신과 용기를 다한 법관의 쓸쓸한 퇴장이었다. 그러나 이 나라 사법부의 명맥을 살린 그들의 행보는 자랑스러운 법관상法官像으로 역사에 기록되어 우리에게 큰 깨달음을 주고 있다. 『다리』지 필화 사건은 그런 의미에서 사법사에 기록될 만한 사건이 되었고, 그만큼 값진 교훈을 남겼다.

주────────────

1 한국에서 세인의 주목을 끈 필화 사건 중에 반공법 위반 등 이른바 시국사건이 많았던 것은 압제적 정치현실의 반영이었으며, 표현의 자유에 대한 억압으로서 논란이 많았다.(한승헌 『권력과 필화』, 문학동네 2013; 한승헌 「법정에 선 작가들 (상)」, 『내일을 여는 작가』 2005년 봄호, 386면 이하)

2 장준하선생10주기추모문집간행위원회 편 『장준하 문집 (3): 사상계지 수난사』, 도서출판 사상 1985 참조.

3 이 글로 말미암아 『사상계』 주간 장준하가 경찰에 연행되었고, 필자 함석헌은 20일 동안 구금된 바 있었다. 당시의 수난에 관하여는 『씨올의 소리』(발행인 함석헌) 1972년 2·3월 합병호(34면 이하)에 실린 장준하 「『사상계』지의 수난사」에 자세히 언급되어 있다.

4 이들에 대한 연행 조사 등의 과정에 대해서는 윤형두 『한 출판인의 자화상』, 범우사 2011, 335~57면 참조.

5 같은 책 337~38면.

6 같은 책 338면.

7 윤형두 『한 출판인의 자화상』, 343면.

8 국정원 과거사건 진실규명을 통한 발전위원회 『과거와 대화, 미래의 성찰 (4): 정치

·사법편』, 국가정보원 2007, 372면.

9   『중앙일보』 1971년 4월 30일자.

10 『과거와 대화, 미래의 성찰 (4): 정치·사법편』, 373면.

11 한승헌「『다리』지 사건 변론문」,『권력과 필화』, 문학동네 2013, 125면.

12 같은 글 127면.

13 같은 글 126면.

14 같은 글 126~27면.

15 『과거와 대화, 미래의 성찰 (4): 정치·사법편』, 373~74면.

16 같은 책 374면.

17 같은 책 375면.

18 위와 같음.

19 「서울형사지방법원 판결(71고단 2423 반공법 위반)」,『한승헌 변호사 변론사건 실록 (1)』, 범우사 2006, 336면.

20 『주간조선』 1971년 7월 25일자.

21 대법원 사법사편찬위원회『역사 속의 사법부』, 사법발전재단 2009, 78~83면.

22 『조선일보』『중앙일보』 1971년 8월 4일자.

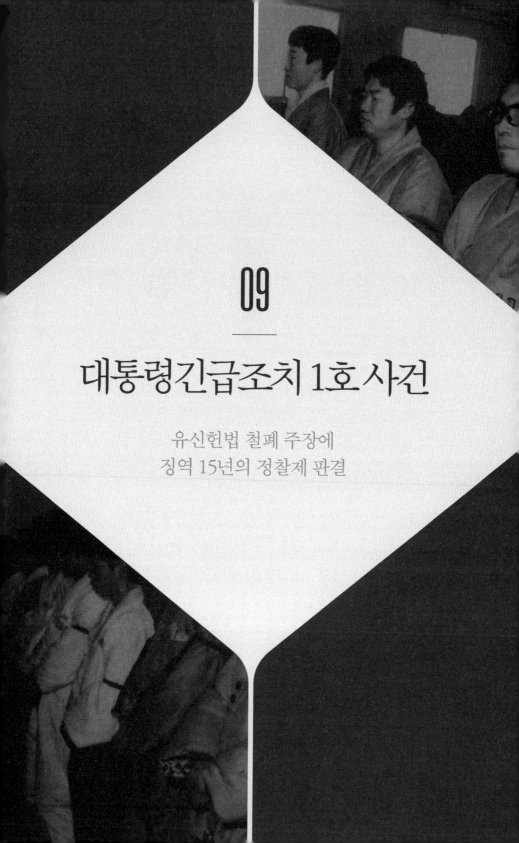

09
—
대통령긴급조치 1호 사건

유신헌법 철폐 주장에
징역 15년의 졸속제 판결

1인 영구집권을 위한 공포정치의 막을 연 '유신체제'는
그것을 선포한 집권자보다 장수하여
1979년 12월 8일 그 9호가 해제될 때까지 2159일 동안
이 나라를 온통 탄압의 도가니로 몰아넣었다.

유신정권의 폭주, 각계의 저항과 개헌운동

5·16군사쿠데타(국권 찬탈)―헌법 파괴―위헌적 3공 헌법―역시 위헌적 3선개헌―7·4남북공동선언―10·17대통령특별선언, 비상계엄 선포―헌법 효력정지, 국회 해산(비상국무회의, 국회 기능 대행)―국회 배제한 유신헌법―통일주체국민회의 대의원 선거(체육관 대통령)―영구집권 체제. 박정희 권부權府 출현 후 헌정 파괴의 궤적을 메모식 명사구名詞句로만 나열해보았다.

박정희의 폭주는 여기서 끝나지 않았다. 1973년 8월에는 해외에서 유신 반대투쟁을 벌이고 있던 야당 지도자 김대중을 중앙정보부 요원들이 일본에서 납치해왔고, 10월에 들어서자 서울대를 비롯한 대학가의 반정부 시위가 격화되었다. 12월에는 함석헌, 윤보선 등 지도급 인사를 망라한 '개헌청원운동본부'가 장준하와 백기완의 주도하에 100만인 서명운동에 돌입했다.[1]

이런 범국민적 저항에 몰리게 된 대통령 박정희와 국무총리 김종필은 유신체제에 대한 도전을 용납하지 않겠다고 경고하면서 개헌서명운동의 중지를 강력히 요구하는 담화를 발표한다. 하지만 이미 전국적으로 번진 개헌(유신헌법 폐지)운동은 누구도 막을 수 없는 대세가 되어 있었다. 해가 바뀌어 1974년의 새해 벽두인 1월 7일, 61명의 문인들이 개헌서명운동을 지지하는 성명을 냈는가 하면, 군부정권의 여당인 공화당의 초대 총재이자 당의장을 역임한 정구영과 전 사무총장 예춘호

가 함께 공화당을 탈당함으로써 집권자를 낭패에 빠뜨렸다.[2]

긴급조치 1호, 개헌청원에 15년 징역

그러자 박 정권이 최악의 위기를 벗어나려는 대증요법으로 긴급히 내놓은 조치가 1974년 1월 8일의 '대통령긴급조치 제1호'였다. 이런 조치는 그 이름부터가 매우 생소하고 미심쩍었다. "대한민국 헌법을 부정, 반대, 왜곡 또는 비방하는 일체의 행위를 금한다"로 시작되는 이 조치는 유신헌법 반대자를 군법회의에서 15년 징역으로 엄벌하겠다는 독기로 가득 차 있었다. 박 대통령은 "불행하게도 국가적 현실을 이해하지 못하고 아직까지 과대망상증에 사로잡혀 있는 일부 인사들과 불순분자들은 부질없는 선동과 악의적인 유언비어를 유포시키면서 사회혼란을 조성하여 헌정질서인 유신체제를 부정하고 이를 전복하려 들고 있다"고 비난하고, 이를 방관할 경우 안보와 질서에 위협이 되기 때문에 긴급조치를 선포한다고 주장했다.[3] 헌법상 보장되는 개헌 논의조차도 15년 징역이라는 잔인한 형벌을 들이대야 할 만큼 그 헌법과 그 정권에 심각한 문제가 도사리고 있었던 것이다. 이렇게 1인 영구집권을 위한 공포정치의 막을 연 '유신체제'는 그것을 선포한 집권자보다 장수하여 1979년 12월 8일 그 9호가 해제될 때까지 2159일 동안 이 나라를 온통 탄압의 도가니로 몰아넣었다.

장준하·백기완, 유신 반대의 선봉에 서

이런 초법적인 엄벌 위협에도 불구하고 반유신 개헌운동은 그야말로 요원의 불길처럼 전국에 번져나갔다. 이 과정에서 긴급조치 1호 위반 첫 사건의 주인공이 등장했다. 일제 때 중국에서 광복군에 투신했고, 귀국 후에는 『사상계』 주간과 국회의원을 역임한 장준하(58), 그리고 통일운동가이자 백범사상연구소장인 백기완(42), 이 두 사람이 긴급조치 재판극의 첫 배역으로 끌려가게 된 것이다. 두 사람은 그 전해인 1973년 12월 24일 함석헌, 천관우, 계훈제, 문동환, 홍남순, 김수환 등 각계 인사들이 뜻을 모아 헌법개정청원운동본부를 결성할 때 주도적 역할을 했으며[4] 그 후 개헌운동의 중심에서 다각적인 활동을 한 인물이다. 긴급조치(긴조) 사건은 일반법원이 아닌 비상보통군법회의가 1심, 비상고등군법회의가 2심, 대법원이 최종심을 맡게 되어 있었다. 이름부터 '비상'이 '보통'에 얹혀 있으니 피차에 어리둥절했다.

나는 백기완 선생의 변호인이 되었다. 장준하와 백기완은 긴조 1호가 나온 지 5일 만에 중앙정보부로 연행, 구속되어 그달 25일에 기소, 31일에 첫 공판, 바로 다음 날인 2월 1일 판결 선고, 이런 식의 초고속 질주로 1라운드가 끝났다. 서울 삼각지 국방부 청사 근처의 언덕바지에 있는 군용 퀀셋 안에서 비상보통군법회의가 열렸는데, 법정 중앙 단상에는 재판장 육군중장 박희도, 심판관석엔 육군소장 신현수, 법원과 검찰에서 차출되어온 판사·검사 각 1명, 법무사 육군중령 김영범, 이렇게 5인이 자리 잡고 있었다.

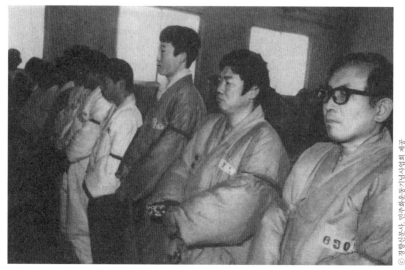

군법회의 법정에 선 장준하와 백기완
장준하, 백기완(오른쪽부터)은 긴급조치 1호가 나온 지 5일 만에 중앙정보부로 연행, 구속되어 1974년 1월 25일에 기소, 2월 1일 검사 구형대로 징역 15년을 선고받았다.

긴급조치 비방도 '긴급조치 위반'이라고

피고인석에 선 두 사람은 재야 민주세력의 지도자답게 자신들의 유신 반대, 개헌운동에 관하여 당당하게 소신을 밝혀나갔다. 그런데 공소장에는 정작 헌법개정청원운동본부를 결성하고 100만인 서명운동에 들어간 행위는 이른바 모두冒頭사실, 즉 처벌대상인 범죄사실이 아니라 그 전 단계의 경과사실로 기재되어 있었다. 긴조가 발표된 1월 8일 이전의 일이었기 때문으로 보였다. 그러다보니 막상 공소사실에는 긴조를 비난하는 말 몇 마디만 남게 되었다. 예컨대, "국민이 대통령에게 개헌청원도 못한단 말인가" "개헌이란 '개'자만 말해도 잡혀가게 되어 있으니, 이런 놈의 나라가 어디 있느냐"라는 등의 말을 함으로써 대통령긴급조치를 비방하고(장준하), 또는 "이런 조치는 대통령이 더 오래 해먹겠다는 이야기니 나는 15년 징역을 살고 나오면 백기완 옹이 되겠구나"라는 말을 함으로써 대통령긴급조치를 비방하는(백기완) 식으로 되어 있어서 자못 희극적이었다.[5] 긴조 1호에는 유신헌법 비방뿐 아니라 '이 조치를 비방하는 자' 역시 긴조 위반으로 처벌한다는 조항이 있었던 것이다. 그 저인망식 표현에 냉소를 금할 수가 없었다.

백기완의 5,000원, 장준하의 180원

변호인인 나와 백기완 선생 사이에는 이런 법정 문답도 오갔다.

　　변호인　이번에 중앙정보부에 잡혀가서 조사를 받을 때에 주머니에서 나온 돈이라고는 단돈 5,000원뿐이었다는데, 그게 사실입니까?
　　백기완　예, 딱 5,000원밖에 없었습니다.
　　변호인　잡혀오기 직전까지 개헌운동을 주도해오시면서 상당한 자금이 필요했을 터인데…….
　　백기완　아닙니다. 민주주의와 통일을 바라는 엄청난 민심이 바로 우리들의 자금이요, 힘이었으니까요.[6]

내가 그런 질문을 한 데는 개헌운동에 대한 국민적 공감과 백선생의 헌신을 부각시키려는 의도가 담겨 있었다. 당사자인 백선생도 그때를 회고하는 글에서 "나는 어찌해서 그 많은 변호사 반대신문과 변론 요지를 빼고 굳이 이 대목을 상기하고 있는 것일까? 그것은 바로 이 대목에서 한승헌 변호사의 날카롭고 당당한 백기완 변론의 알짜가 살아 있다고 여겨지기 때문이다"라고 적고 있다. 당시의 "반박정희 기류가 그만치 치솟았다는 것은 몇 사람이 주도한 까닭이 아니라, 바로 온 민중의 염원이 객관화된 것이나 다름없었기 때문이다"라고도 했다.[7]

그런데 장준하 선생의 호주머니에서는 단돈 180원이 나왔다. 담배 한 갑 값도 안 되는 푼돈이었다. 눈물겨운 일이었다.

구형 다음 날, 구형대로 징역 15년 선고

1974년 1월 31일 결심공판에서 군 검찰관은 두 피고인에게 각 징역 15년과 자격정지 15년을 구형했다. 바로 다음 날(2. 1), 전날의 구형과 똑같은 15년형이 두 사람에게 선고되었다. 참으로 어이없는 '정찰제 판결'이었다. 이게 개판이지 무슨 재판이냐고 분개하는 사람도 있었다. 나는 그들에게 말했다. "군법회의니까, 다시 말해서 회의 결과에 불과하니까 그리 알고 넘어갑시다." 내 그런 말을 듣고 바뀐 것은 아니겠지만, 그뒤 '군사법원'이라고 개명을 해서 지금은 '회의' 소리는 면했는지 모르겠다.

이 사건은 대법원에서도 상고 기각으로 끝났다. 박 정권이 긴조 1호를 발동해, 법률로도 할 수 없는 짓을 대통령 명령 하나로 15년 징역을 먹이는 판이었으니, 황당하면서도 만만치 않은 공포 분위기가 넘쳐났다.

젊은 기독교 성직자들의 '정면 돌파'

그러나 그처럼 표독스러운 정권의 협박에도 굴하지 않고 개헌서명운동을 계속하다가 긴조 1호 위반으로 검거된 정면돌파형 그룹이 있었다. 김진홍(32, 활빈교회 전도사), 이해학(29, 성남 주민교회 전도사), 이규상(34, 수도권 특수선교위원회 전도사), 인명진(27, 도시산업선교연합회 목사), 박윤수(29, 창현교회 전도사), 김경락(36, 도시산업선교연합회 총무 겸 영등포중앙교회 목사) 등 기독교(개신교)계의 젊은 성직자 6명이었다.

그들은 1월 17일 오전 10시, 서울 종로5가 기독교회관 7층에 있는 한국기독교교회협의회(KNCC) 총무실에 예고 없이 들어갔다. 총무인 김관석 목사를 동석시킨 가운데 '1·8긴급조치 철회 및 개헌청원 서명운동을 촉진하기 위한 시국선언 기도회'를 열었다. 이해학 전도사가 '1·8조치는 즉각 철회되어야 한다'는 등 3개항의 선언문을 낭독했다. 참석자 일동은 개헌청원 서명록에 서명한 다음, 같은 건물 안에 있는 기독교 관계 기관 및 단체들을 찾아가 선언문을 배포하고 개헌청원 서명을 받았다.[8]

그들은 검거되어 '남산'으로 통칭되는 중앙정보부에서 조사를 받게 되었다. 그때 수사관들은 누가 주범인지를 따지기 시작했다. 그런데 김진홍, 이해학 두 젊은 전도사는 서로 자기가 주범이라고 우기는 바람에 오히려 수사관들을 당혹스럽게 만들었다.

수사요원들은 중정이 생기고 나서 처음 있는 일이라고 하면서 두 사람을 존경한다고까지 했다. 그런가 하면 수사관들이 자기가 담당한 사람을 주범으로 만들기 위해 다투기도 했다고 한다. 결국 성명서와 현수

막의 글씨를 쓴 김진홍 전도사를 주범으로 하기로 합의(?)했다.[9]

"목사들은 전도나" "군인들은 국방을"

긴급조치 제1호 위반 두 번째 사건의 첫 공판이 열리던 날, 2월 초의 날씨답게 흰 눈이 내린 싸늘한 아침나절, 긴장된 얼굴로 총을 받쳐 든 헌병들이 둘러싸고 있는 비상보통군법회의 법정으로 정어리 엮이듯 줄줄이 묶인 피고인들이 들어왔다. 법정 안은 단상·단하가 모두 납덩이처럼 굳어 있는 분위기였다. 방청석엔 불과 몇 사람의 여인들(가족)이 불안한 표정으로 웅크리고 앉아 있었고, 그밖엔 기관원과 기자들 몇 사람의 모습만 보였다. 공개재판이 아니었다. 기자들도 '풀제'인 듯 몇 안 되었고, 그나마 필기 메모조차 금지된 상태에서 멍하니 듣고만 있었다. 공소사실에 적힌 행위 자체에 대한 문답은 별반 논쟁할 것도 없었다. 그러나 행위의 동기, 정당성, 시국관, 유신과 긴급조치에 대한 평가에서는 피차 팽팽한 평행선을 그었다.

단상의 심판관(군 장교)이 단하의 피고인(성직자)에게 질문이라기보다는 문책을 하는 어조로 물었다. "이 비상사태에 목사들이 어찌하여 기도나 전도는 하지 않고 이렇게 정치 활동을 하여 세상을 소란스럽게 만드는가?" 단하에서 즉각 받아치는 목소리가 튀어나왔다. 김진홍 전도사의 반격이었다. "이 비상사태에 군인인 당신들이야말로 어찌하여 국방의 임무를 망각하고 여기 와서 민간인을 재판한다고 앉아 있는가?" 이것은 답변이 아니라 준엄한 호통이었다. 단상의 표정들은 노기

법정에 선 목사와 전도사들
단상의 심판관(군 장교)이 문책을 하는 어조로 묻자 단하의 피고인(성직자)은 준엄한 호통으로 맞받아쳤다. 오른쪽부터 김진홍, 이해학, 이규상, 인명진, 박윤수, 김경락.

와 곤혹스러움으로 범벅이 되어 있었다.

검찰관 구형 그대로의 '정찰제' 판결

단하의 성직자들은 입을 모아 자기들은 하느님을 믿는 자의 신앙적 결단에 따라 박 정권의 유신통치를 반대하는 것이 기독교인의 사명으로 안다고 당당하게 말했다. 기독교인이 아닌 나는 '피고인'들이 신념과 행동의 근거로 삼고 있는 성서적 진리를 대변하기 위해 밤늦도록 성경과 기독교 서적을 펼쳐가며 소나기식 공부를 해가지고 법정에 나갔다. 그리고 그들이 하고 싶은 말, 해야 할 말을 이끌어내고자 힘썼다. 그들은 차츰 개정 벽두의 긴장에서 풀려나 자신들의 신앙고백적 진술을 거침없이 이어가며 유신통치와 긴급조치 철폐의 당위성을 역설할 정도로 분위기를 반전시켰다. 변호인인 나도 목회자를 포함한 기독교인들의 사회 참여, 특히 불의한 권세를 바로잡는 일도 하느님 사역의 일부라는 점을 강조했다.

2월 7일에 선고공판이 열렸다. 김진홍, 이해학, 이규상, 김경락에게 각 징역 15년, 인명진, 박윤수에게 각 징역 10년이 떨어졌다. 각본에 의한 재판이라는 것을 확인이라도 시켜주듯 검찰관 구형 그대로의 '정찰제 판결'이었다.

장황한 판시, 궁색한 변명

판시 이유를 보면 "피고인들은 위 긴급조치가 국민의 기본권을 제한하는 독재적인 조치라고 그릇 판단한 나머지…" 또는 "정상을 살피건대, 피고인들은 종교인으로서 그 본연의 자세를 저버리고 종교를 빙자하여 가지가지 교묘한 수단과 방법으로 동조세력을 규합, 국민총화에 의한 국력배양, 그리고 안정과 번영 위에서 조국의 평화적 통일을 추구하고자 하는 국민적 염원을 외면하고 사회질서의 혼란과 동요, 그리고 국민총화의 저해와 분열을 획책한 것은 추호도 용납할 수 없는 행위이다"라는 등 어쩐지 재판부의 궁색한 변명으로 들리는 정상론이 장황했다.[10] 이날 외국 기자의 인터뷰에 응했던 한 구속자의 부인은 '남산'(중앙정보부)에 끌려가 밤샘 조사를 받고 다음 날에야 풀려나왔다.

이 사건은 비상고등군법회의에서도, 대법원에서도 1심 판결대로 추인되었으니, 당시로서는 대법원의 선고조차도 하나의 통과의례에 지나지 않았다. 민복기 대법원장의 1973년 신년사 첫 줄이 "10월유신으로 빛나는 새 아침이 밝아왔습니다"로 시작되었으니[11] 대법원에서도 기대할 것이 없었다. 2심 재판장인 이세호 대장은 서울에서 가장 크다는 교회의 집사였는데, 그도 이렇게 피고인들을 꾸짖었다. "왜 성직자들이 기도나 하지, 정치에 관여하는가?"

'성직자 구속 경위서' 우송도 '긴급조치 위반'

앞에서 본 대로 1974년 1월 17일 기습적으로 열린 '개헌서명 촉진 시국선언 기도회' 사건으로 이해학 전도사 등 기독교 성직자 6명이 구속되자, '종로5가'로 별칭되는 KNCC와 그 회원인 진보성향의 기독교 6개 교단에서는 큰 충격파가 일어났다. 그러나 서슬 퍼런 긴급조치에 묶여 어떤 행동으로 나서지는 못하고 있었다. 그런데 며칠 뒤, 전국 주요 도시의 교회와 목사들에게 긴급조치 1호 위반으로 구속된 목사, 전도사들의 구속 경위와 그들의 시국선언 기도회 선언문이 동봉된 우편물이 배달되었다. 발송인도 불명이고 우체국 소인도 각 지방으로 찍혀 있었다.

이에 놀란 경찰은 이미 구속된 6명의 성직자와 밀접한 관련이 있으면서 밖에서 그들을 돕고 있는 사람으로 짐작되는 김동완 전도사(약수 형제교회)를 연행해갔다. 그러나 그는 열흘 동안 조사를 받고도 무혐의로 풀려날 수가 있었다.

그런데 그것이 끝이 아니었다. 2월 24일 김 전도사는 이번에는 남산 중앙정보부에 끌려가서 엄청난 고문과 생명의 위험마저 느끼는 극한상황에서 입을 열 수밖에 없었다. 결국 성직자 구속경위서를 작성, 전국 교회에 우송하는 비밀 작업에 참여한 8명의 '범인'이 모두 구속되고 말았다. 총책(?)이라 할 김동완(32, 훗날 감리교 목사, KNCC 총무), 권호경(32, 서울제일교회 부목사, 훗날 기독교방송 사장), 김용상(24, 요가 강사), 박주환(25, 한국신학대학 신학과 4년, 훗날 목사), 이미경(23, 에큐메니칼현대선교협의체 간사, 현 국회의원), 차옥숭(23, KNCC 직원, 현 이화여대 교수), 박상희(29, 한국신학대학 기독교교육학과 4년, 현 나눔교회 목사), 김매자(22, 이화여대 의학과 3년, 현 울산병원 의사) 등 남녀 각 4명씩 동수로 잡혀갔다.

권호경·이미경 주도하의 업무 분담으로

이들 중 일부는 전에도 반독재, 반정부 활동을 하다가 검거되거나 재판을 받은 전력이 있었다. 즉 권호경은 1973년 4월 22일 서울 남산야외음악당에서 열린 부활절연합예배에서 박형규 목사 주도하에 반정부 전단을 살포하다가 내란예비음모 혐의로 구속 기소되어 징역 2년형을 선고받고 보석으로 석방되어 항소심 재판을 앞두고 있었다. 이미경은 이화여대 동문들과 함께 노동현장에 뛰어들어 위장취업을 한 적도 있는 데다가 노동자의 권익옹호를 위해(당시는 기독교인도 아니었으면서) 기독교 선교 권익운동단체인 에큐메니칼현대선교협의체 간사로 일했다. 그는 기독교 각 교파의 대표들이 모인 한 인권기도회에서 '교회 사찰 금지' 등 반정부 구호를 외쳐 경찰에 연행된 적도 있었다.

공소장에 따르면 김동완과 권호경은 '개헌청원운동 성직자 구속사건 경위서'를 작성, 그것을 전국 교회에 알려서 기독교인들의 여론을 환기시키기로 합의하고, 그 뜻을 전해 들은 이미경은 다른 피고인들에게 릴레이식으로 이를 알려서, 김동완은 총괄, 권호경은 비용 조달, 이미경, 차옥숭은 경위서 문안 작성, 김매자, 박상희, 김용상, 박주환 등은 문서의 등사 발송 임무를 분담해 실행함으로써 "김진홍 등이 대한민국 헌법의 개정을 청원하였던 사실을 위 이영찬 등에게 알린 것이다"라고 한다.[12]

"애인인가?" "그렇게 되기를 희망"

헌법 개정 청원 사실을 알린 것이 무슨 죄일까? 판결문에 보면, 피고인들의 각 판시소위는 긴급조치 위반행위를 '타인에게 알리는 행위'(긴급조치 1호 4항)에 해당되니까 처벌 대상이라는 것이다. 진짜 범죄도 그것을 누구에게 알렸다고 해서 무슨 죄가 되는가? 그런데 폭행사실을 알리면 폭행죄가 되고, 횡령사실을 전파하면 횡령죄가 된단 말이냐, 이런 코미디가 어디 있느냐고 언성을 높이는 시민도 있었다. 공판에서는 기소사실 자체보다는 유신과 시국관을 둘러싼 공방이 치열했는데, 딱 한 대목 예외가 돌출했다.

"김동완 씨, 이미경이 당신 애인 아니오?"

무슨 일을 함께하는 젊은 남녀 사이에는 이성 간의 연인관계라도 있을 법하다는 도식적 사고의 발로였는지, 단상의 심판관(장교) 입에서 이런 질문이 튀어나왔다. 참 황당한 소리였다.

"아닙니다."

대답은 여기서 끝나도 좋았는데, 김 전도사는 이어서 천하의 명답을 남겼다.

"그러나 저로서는 그렇게 되기를 희망하고 있습니다."

기상천외의 탈선 문답(모욕적 질문에 대한 통렬한 카운터펀치)에 그 살벌하던 긴급조치 법정의 단상·단하에서 동시에 폭소가 터져나왔다. 희한한 해프닝이었다.[13]

3월 28일 선고된 1심 판결은 김동완, 권호경 두 사람은 검찰관 구형대로 징역 15년, 박상희는 징역 10년(2심에서 7년), 나머지 사람들은 징역 3년에 집행유예 5년이었다.

유신헌법과 긴급조치에 대한 일부 성직자 중심의 이러한 저항과 수난은 KNCC를 중심으로 한 한국 기독교계에 새로운 각성과 대응을 불러일으켰다. 그 결과로 KNCC 인권위원회가 출범하였고, 그밖에 교계 내의 여러 기관·단체 및 교회가 박 정권의 유신독재에 대한 저항의 단계로 접어들게 되었다.[14] 이 부분은 다음에 자세히 살펴보기로 한다.

큰 사건에 가려진 서울대 의대생들의 수난

흔히 '긴급조치 1호 사건' 하면 앞서 살펴본 세 사건처럼 재야 지도자

나 종교인이 구속된 큰 사건만 거론한다. 그러나 이밖에도 긴급조치 1호로 처벌받은 사람은 많았다. 여기에서는 당시의 판결문 등 기록과 자료에서 확인되는 '피고인'들의 저항과 수난에 대해 잠시 살펴봄으로써 큰 사건의 그늘에 가린 그들의 고난을 '다시 보기' 하기로 한다.

서울대학교 의과대학 3학년에 재학 중인 이근후(23), 김영선(23), 김구상(24)은 1974년 1월 18일 서울 종로구 연건동에 있는 서울대 의대 도서관에서 '새해가 되면 지난날의 모든 어려움을 씻어줄 새날이 올 것을 기대했건만, 우리에게 주어진 것은 더 굵은 쇠사슬과 더 큰 자갈뿐이 아니었던가?'로 시작해 1·8긴급조치는 국민의 기본권을 지나치게 제한하는 독재적 탄압조치라며, 그 조치의 철회를 요구하는 서울대학교 의과대학생 일동 명의로 된 격문檄文을 낭독하였다. 그리고 이에 호응하는 학우들과 1·8긴급조치의 철회와 개헌청원 서명운동을 전개하기로 결의하였다. 이에 따라 '1·8긴급조치를 즉각 철회하라, 자유민주주의 체제를 확립하라, 개헌청원 서명운동을 적극 지지한다'는 내용의 결의문을 작성하여 학생들에게 널리 알렸다. 이 세 학생은 곧 검거되었고, 헌법 개정의 청원을 선동하고 긴급조치 1호를 비방하였다는 이유로 이근후는 징역 10년, 김영선과 김구상은 각 징역 7년을 선고받았다.[15]

민주통일당 간부들의 징역 15년, 그리고 민초도

정치권에서는 민주통일당의 간부들이 긴급조치 1호에 도전하고 나섰다. 정동훈(42, 노동국장), 유갑종(41, 당무국장), 김장희(37, 청년국장), 김성복(43, 국제부국장), 권대복(41, 조직국장) 등이 긴급조치 위반으로 구속된 당최고위원 장준하의 석방과 아울러 긴급조치 1호의 철회를 거듭 요구하였다. 그들은 모두 긴급조치 위반으로 비상보통군법회의에 넘겨졌고, 정동훈, 김장희, 김성복은 각 징역 15년, 유갑종, 권대복은 각 징역 12년에 처한다는 판결을 받았다.[16]

한국신학대학을 중퇴한 정봉민(40, 무직)은 자기 집에 온 젊은이에게 "박정희가 세 번 터트렸는데, 3선개헌, 10·17선언, 그리고 이번 긴급조치, 이것은 다 현 정권이 무너지는 징조다. 개헌서명운동을 내버려두면 개헌이 되는 것이 틀림없고, 그렇게 되면 정권을 뺏길 테니까 최후의 발악을 하는 것이다"라는 등의 말을 했다가 징역 12년을 선고받았다.[17]

"박정희 여순반란 때…"로 12년 징역

이처럼 긴급조치 위반으로 황당한 처벌을 받은 사람은 비단 종교인, 지식인, 학생, 그밖의 이른바 운동권뿐만이 아니었다. 자영업자, 회사원, 농부 등 평범한 민초들도 적지 않았다. 죄목(?)도 비단 유신헌법 반대나 개헌청원뿐 아니라 유언비어 유포(긴급조치 1호 3항)로 걸린 사례도 있어 화제가 되기도 했다.

농부인 박모씨는 이웃들에게 "박정희가 여순반란 때 부두목을 지낸 사람인데, 운이 좋아 대통령까지 되었다"고 말했다가 끌려가 무려 12년형을 선고받았다.[18]

중학교에서 사회과목을 가르치던 최모 교사는 수업시간에 "유신헌

비상고등군법회의 현판 행사
긴급조치 위반으로 처벌을 받은 사람은 비단 종교인, 지식인, 학생, 그밖의 이른바 운동권뿐만이 아니었다. 자영업자, 회사원, 농부 등 평범한 민초들도 적지 않았다.

법은 장기집권을 위해 만들어진 것으로, 통일주체국민회의 대의원제도로 대통령을 간접선거 하는 것은 나쁜 제도"라고 말했다가 8개월 동안 징역을 살았다. 재야인사나 학생들이 무더기로 당하는 대형 조작사건 외에도 일반 시민들이 술김에 박정희 정권을 비판했다가 징역을 산 이른바 '막걸리 보안법 사건'도 자주 화제가 되었다.

대폿집에서 한 취중 일성으로 10년 징역

윤석규(26, 무직)라는 청년은 긴급조치 1호가 선포된 바로 다음 날 저녁, 서울 명륜동에 있는 대폿집에서 친구인 서울대 학생 두 사람에게 "이번 긴급조치는 오히려 현 정권의 수명을 단축시키는 최후 발악이며,

개새끼들 지랄이다. 이번 조치로 인하여 한국은 국제적으로 고립될 것이며, 외국의 대한 원조가 중단될 것이다"라는 말을 함으로써 긴급조치를 비방하고 유언비어를 날조, 유포하였다며 징역 10년형을 받았다. 변호인은 피고인이 당시 음주 만취로 인하여 심신상실 또는 심신미약 상태에 있었다고 주장했다. 이에 대해 판결은 '피고인이 이 법정에서 당시 다소 술을 마신 것은 사실이나 증인 허한무의 진술 내용과 일건 기록을 정사하여 보면, 피고인이 음주로 인하여 심신미약의 상태에 있었다고 인정할 자료가 전혀 없으므로 위 주장은 받아들이지 않는다'라고 거창하게 판시하고 있다.[19] 이처럼 취중에 몇 마디 했다가 10년 징역을 사는 나라에 우리가 살고 있었다.

"그럴 것이다" 공감 표시했다가 징역 3년

기독교 전도사로 일한 적이 있는 오봉균(27, 무직), 김태수(32, 무직) 두 사람은 각 징역 3년의 형을 받았다. 15년, 10년에 비해서는 가벼운 편인데, 도대체 무슨 말이 화근이 되었을까. 오씨는 제과점에서 김씨를 만나 "박정희는 장기집권을 위하여 민주적으로 헌법을 개정하려는 것을 막으려고 1·8긴급조치를 발동한 것이다. 우리 국민들은 할 말도 못하고 벙어리 행세를 하게 되었다"고 말했다. 또한 어떤 교회 사무실에서 직원에게 "학생들이 개학하면 가만히 있지 않을 것이다. 팽이는 때리면 때릴수록 잘 도는 것이 상식이 아니냐"라고 말했다.

김씨는 대통령을 지칭하여 "이놈아들, 머리 잘 쓴다. 개헌청원자가 날로 늘어가니까 긴급조치를 선포하였다"고 말했다. 그리고 오씨의 말에 "그럴 것이다"라고 하여 공감을 표시하였다. 이런 말들이 모두 긴급조치 비방에 해당된다고 해서 징역 3년씩을 받게 되었다.[20]

'모 대학 교수 자살 조작'에 징역 5년

강원도 속초에 사는 김준길(44, 무직)은 속초 시내의 한 다방에서 "정부가 물가를 조정한다고 하면서 물가가 오르기만 하니 정부가 국민을 기만하는 것이 아니냐" "지난번 중앙정보부에서 모 대학 교수를 잡아다 조사를 하다가 때려 죽이고서는 자살하였다고 거짓 발표를 하였다" "그래서 학생들이 데모를 하니 전 중앙정보부장 이후락이를 영국으로 도망 보냈다"고 한 것이 긴급조치의 '유언비어 날조 유포'에 해당된다는 이유로 징역 5년이 떨어졌다.[21]

또 연세대 학생인 고영하, 황규천 각 징역 7년, 이상철, 문병수, 김석정 각 징역 5년, 서준계, 김향 각 징역 3년에 집행유예 5년, 학원 강사인 윤석규 징역 7년 등 여러 사람의 묻힌 고난도 잊지 말아야겠다.

긴급조치 1호는, 요컨대 박정희 정권의 유신체제에 대한 비판과 도전을 응징하겠다는 비상수단이었다. 그러기에 같은 동기와 원인에서 빚어진 탄압 사건이라면, 그 죄명이 무엇이든 유신정권에 대한 저항과 그에 따른 수난이라는 성격은 다를 바가 없다. 그러한 탄압의 사례로 1973년 3월의 전남대 『함성』지 사건, 같은 해 5월의 고려대학교 노동문제연구소 사건(『민우』지 사건), 같은 해 11월 고려대의 '검은 10월단' 사건

('야생화' 사건), 1974년 1월의 『기독공보』편집국장 고환규 연행 고문 사건, 그리고 이른바 '문인간첩단' 사건(『한양』지 사건) 등을 들 수 있다.

긴급조치와 동시 상영 '문인간첩단' 사건 등

특히 문인간첩단 사건은 긴급조치 1호가 나오기 바로 전날(1974. 1. 7) 문인 61명의 이름으로 나온 (유신헌법) 개헌 지지성명과 관련하여 주목을 끌었는데, 그 시기로 보나 서명자들의 면면으로 보나 탄압 사건이라는 의혹이 짙게 배어 있었다. 문인들의 성명이 나온 지 20일 만인 1월 28일 긴급조치 1호의 폭음이 채 가시지 않은 시점에서 5명의 문인들이 보안사령부(보안사)에 구속되었으니, 그 충격은 이만저만이 아니었다. 더욱이 그 성명에 서명한 사람 중에는 박 정권의 유신통치에 비판적인 문인들이 상당수 포함되어 있었다. 검거된 문인은 이호철(소설가), 임헌영(문학평론가), 김우종(문학평론가), 정을병(소설가), 장백일(문학평론가) 등이었는데, 그중 이호철과 임헌영이 문인 성명에 참여한 사람이었다.

공소사실의 요지는 문인들이 일본에서 발행되는 우리말 월간지 『한양』의 관계자들(조총련계)로부터 금품과 접대를 받았으며, 그 잡지에 기고를 함으로써 반국가단체를 이롭게 했다는 것이었다. 보안사에서 씌운 간첩 혐의는 공소사실에서는 사라졌으나 계속 '문인간첩단 사건'이라는 용어가 따라다녔다.(굳이 말하자면 '『한양』지 사건' 정도로 불리는 것이 옳다.) 그런데 이 잡지는 창간 초부터 한국 문단의 저명한 문인들이 대거 축사나 원고를 보냈고, 조총련계 자금으로 운영된다는 주

'문인간첩단' 사건으로 법정에 선 문인들
긴급조치 1호의 폭음이 채 가시지 않은 시점에서 5명의 문인들이 보안사령부에 구속된 이른바 '문인간첩단' 사건의 충격은 실로 컸다. 오른쪽부터 이호철, 임헌영, 김우종, 장백일, 정을병.

장도 사실이 아니었다. 더구나 『한양』지는 국내에도 수입이 허용되어왔고, 주일 한국공보관에도 진열되어온 터였다. 그리고 많은 문인, 학자들이 혐의사실의 근거 없음을 증언하였다. 그러나 재판 결과는 정을병만 무죄가 되고, 나머지 네 사람은 모두 유죄 판결을 받았다. 원고료를 받은 것도 반공법상의 금품수수로 단죄되었다. 문단 내지 지식인 사회에 두려움과 몸조심 풍조를 불러일으킨 성과(?)를 부인할 수 없는 사건이었다.[22]

대법원과 헌재가 '긴급조치 무효' 경쟁으로

세월이 흘러 2009년 9월 1일, '진실·화해를 위한 과거사정리위원회'는 유신정권의 긴급조치가 헌법에 위반된다는 결정을 내림으로써 국가기관이 긴급조치의 위헌성을 처음으로 공식 확인하고, 국회와 정부 및 사법부에 대하여 피해자 구제를 위한 조치를 취하도록 권고했다.[23]

이에 따라 대법원은 2010년 12월 16일, 긴급조치 1호가 위헌 무효라는 판결을 내렸다. 긴급조치 발동 후 36년 만의 급변이었다. 판결이유인즉, "긴급조치 1호는 현행 헌법은 물론 당시 유신헌법상의 긴급조치 발동요건조차 갖추지 못한 채 국민의 기본권을 침해했기 때문에 위헌"이라는 것이었다.[24] 이 판결에 좇아서 2010년 6월 10일 서울중앙지방법원에서는 '법령이 위헌일 경우, 해당 법령으로 기소된 사건은 무죄'라는 1심 판결이 처음 나왔다. 또한 긴급조치 9호와 4호에 대해서도 2013년 4월과 5월에 연달아 위헌 무효라는 판결이 나왔다.[25] 긴급조치는 국회의 입법절차를 거치지 않아서 '법률'에 해당하지 않기 때문에 그 위헌 여부의 심사권이 법원에 있다는 것이었다.

그런데 2013년 3월 21일, 헌법재판소도 긴급조치 1호, 2호, 9호에 대하여 역시 위헌 결정을 하였다. 긴급조치는 기본권을 제한하는 내용과 형벌규정을 두고 있어서 법률과 동일한 효력을 가지는 것으로 봐야 하기 때문에 그 위헌 여부의 판단은 헌법재판소의 소관이라는 것이다.[26]

정작 긴급조치 발동으로 국민들이 참담한 고통을 당하고 있을 당시에는 납작 엎드려 보신하던 이 나라 최고의 두 재판기관이 이제 와서 긴급조치의 위헌 무효 선고는 우리 소관이라며 서로 경쟁하듯 나섰으니,

이 또한 한심한 일이 아닐 수 없었다.

주————————

1 당시 박정희 정권의 시국 대응 충격요법과 이에 맞선 유신헌법철폐 개헌서명운동
   의 자세한 과정에 대해서는 한승헌 「긴급조치와 긴급인권」, 『유신체제와 민주화운
   동』, 삼민사 1984, 6~8면 참조.
2 그때 상황을 구체적으로 기술한 책으로는 예춘호 『시대의 양심: 정구영 평전』, 서울
   문화사 2012; 예춘호 『서울의 봄, 그 많은 사연』, 언어문화사 1996.
3 1974년 1월 8일 대통령 특별담화(전문), 『한국시사자료연표 (하)』, 서울언론인클럽
   1992, 1097면.
4 정동훈 「대통령긴급조치 1호와 장준하」, 장준하선생20주기추모문집간행위원회 편
   『광복 50년과 장준하』, 장준하선생20주기추모사업회 1995, 350면 이하; 백기완 「박
   정희 유신독재와의 정면 대결」, 『한승헌 변호사 변론사건 실록 (2)』, 범우사 2006,
   66~77면.
5 '대통령긴급조치 1호'에는 '헌법에 대한 반대, 개정청원'뿐 아니라, 그런 위반행위
   를 '방송, 보도, 출판, 기타 방법으로 타인에게 알리는 일체의 언동'과 '이 조치를 비
   방하는 자'까지도 법관의 영장 없이 체포, 구금하고, 최고 15년 징역에 처한다고 되
   어 있었다.(긴급조치 1호 1, 2, 4, 5항)
6 한승헌 「대통령긴급조치 제1호 사건들의 실체」, 『한승헌 변호사 변론사건 실록
   (2)』, 64면.
7 백기완, 앞의 글 73면.
8 한국기독교교회협의회 인권위원회 『1970년대 민주화운동 (1)』, 한국기독교교회협
   의회 1986, 313면 이하 참조.
9 이해학 「개신교 젊은 성직자들의 긴급조치 저항」, 『한승헌 변호사 변론사건 실록
   (2)』, 110~11면.
10 「비상보통군법회의 판결(74 비보군형공 제3호)」, 『한승헌 변호사 변론사건 실록
   (2)』, 121, 125~26면.

11 법원행정처 『역대 대법원장 연설문집 (1)』, 1973, 431면. 실은 1972년 인권선언일 (12.10) 기념사에서도 "새마을운동이야말로, 그 정신이야말로 (…) 인간과 인권의 존중 발양에는 더 없는 소중한 사회적 생활원리라고 말할 수 있는 것입니다. (…) 유신헌법을 준수하며 유신헌법에 투철하여 유신과업에 분골쇄신한다는 일이 곧 한 국적인 인권옹호사상의 핵심이 됨을 절감한다는 점에서 오늘의 기념식은 지난날의 형식적·모방적인 어느 행사와도 다른 깊은 뜻이 있다고 하겠습니다"라고 하였다.(『역대 대법원장 연설문집 (1)』, 427~28면)

12 「비상보통군법회의 제1심판부 판결(741 비보군형공 제11호)」, 『한승헌 변호사 변론 사건 실록 (2)』, 152~58면.

13 한승헌 『분단시대의 법정』, 범우사 2006, 78면.

14 『1970년대 민주화운동 (1~5)』에 기독교계의 저항 내지 투쟁의 구체적인 배경, 실상, 탄압, 영향, 의미 등이 수록되어 있다.

15 74 비보군형공 제6호 사건 판결(이근후, 김영선, 김구상에 대한 대통령긴급조치 위반).

16 74 비보군형공 제7, 8호 사건 판결(정동훈 등 5명에 대한 대통령긴급조치 위반).

17 74 비보군형공 제5호 사건 판결(정봉민에 대한 대통령긴급조치 위반).

18 『동아일보』 2007년 1월 25일자.

19 74 비보군형공 제4호 사건 판결(윤석규에 대한 대통령긴급조치 위반).

20 74 비고군형공 제9호 사건 판결(오봉균, 김태수에 대한 대통령긴급조치 위반).

21 74 비보군형공 제10호 사건 판결(김준길에 대한 대통령긴급조치 위반).

22 이 사건의 혐의사실과 수사 재판 경과 및 피고인의 체험 등에 관해서는 임헌영 「허황된 '문인간첩단 사건'의 누명」, 『한승헌 변호사 변론사건 실록 (2)』, 166~80면, 법정 문답은 한승헌 「문인 '간첩단' 사건 제3회 공판」, 『한승헌 변호사 변론사건 실록 (2)』, 181~99면 참조.

23 『한겨레』 2009년 9월 2일자.

24 『한겨레』 2010년 12월 17일자.

25 『한겨레』 2011년 7월 11일자.

26 『한겨레』 2013년 3월 22일자.

10

대통령긴급조치 4호 사건

유인물상의 '민청학련'에
사형판결의 광기

이건 독충이 기다리고 있는 거미줄이었다.
실체도 없는 민청학련 '구성원'은 사형 등 중형을 받았고
정당한 이유 없는 학생의 결석, 시험 거부 등 집단행위에
대해서도 사형조항이 있었다.

'민청학련'을 겨냥한 긴급조치 4호

유신헌법을 반대하면 15년 징역으로 처벌하는 '대통령긴급조치 1호'에도 불구하고 재야 민주세력과 종교계 일부는 '남산'(중앙정보부)과 '삼각지'(비상군법회의)를 두려워하지 않고 정면 돌파에 나섰다. 이런 시국에 대학가도 침묵할 리가 없었다. 실인즉, 1973년 하반기에 달아올랐던 학원가의 유신 반대운동은 겨울방학과 긴급조치 1호의 협박으로 잠시 주춤한 듯이 보였다. 그러나 1974년 3월 새 학기가 시작되자 서울대를 중심으로 전국의 대학가에 심상치 않은 징후가 드러나는 가운데, 산발적으로 학생들이 연행되기도 했다. 그런 긴장 속에서 4월 3일에는 서울대, 성균관대, 이화여대 등 서울 시내 각 대학에서 대규모 반정부 시위가 일어났다. 이때 '전국민주청년학생총연맹'(민청학련) 명의로 된 '민중·민족·민주 선언'이 살포되었는데, 거기에는 "소위 유신이란 해괴한 쿠데타, 국가비상사태와 1·8조치 등으로 폭압체제를 완비하여 언론을 탄압하고 학원과 교회에 대한 억압을 더욱 가중시킴으로써 비판을 원천적으로 봉쇄하고 있다. 비판할 수 없는 정치, 이것이 과연 한국적 민주주의인가?" "이에 우리는 반민주적·반민중적·반민족적 집단을 분쇄하기 위하여 숭고한 민족·민주 전열의 선두에 서서 우리의 육신을 살라 바치려 한다"라고 쓰여 있었다.[1] 유신정권에 대한 정면 포격이었다.

'사형!'으로 범벅이 된 광기의 초강수

바로 그날(4. 3) 저녁 10시 박정희 대통령은 특별담화를 통해 또 하나의 초헌법적인 대통령긴급조치 제4호를 선포했다. 그는 담화에서 전국민주청년학생총연맹이라는 불법단체가 불순세력의 배후조종하에 반국가적 행위를 전개하기 시작했으므로 이를 발본색원하기 위해서 긴급조치 제4호를 발동한다고 했다. 모두 12개항으로 길고도 촘촘히 얽어놓은 긴급조치 4호의 1항은 이러하다.

전국민주청년학생총연맹과 이에 관련되는 제 단체(이하 '단체'라 한다)를 조직하거나 또는 이에 가입하거나, 단체나 그 구성원의 활동을 찬양, 고무 또는 이에 동조하거나, 그 구성원과 회합 또는 통신 기타 방법으로 연락하거나, 그 구성원의 잠복·회합·연락, 그밖의 활동을 위하여 장소·물건·금품·기타의 편의를 제공하거나 기타 방법으로 단체나 구성원의 활동에 직접 또는 간접으로 관여하는 일체의 행위를 금한다.

이건 독충이 기다리고 있는 거미줄이었다. 거기에다 이를 위반한 자에 대한 형벌은 사형, 무기 또는 5년 이상의 징역이라고 했다. 그러니까 민청학련이나 그 관련단체의 구성원, 동조자, 회합한 자, 편의 제공자는 최고 사형에 처한다는 것. 그뿐만이 아니다. 민청학련 관련 문서 등을 제작 또는 소지한 자, 민청학련 구성원으로서 소정의 자수를 하지 아니한 자, 정당한 이유 없는 학생의 결석, 시험 거부, 교내집회 등 집단행위까지도 줄줄이 '사형!' '사형!'이었다. 긴급조치 1호와 마찬가지로 영장

비상고등군법회의 법정(1974. 5)
대통령긴급조치 4호, 민청학련 사건을 재판하는 자리였다. 단상 중앙이 재판장 이세호 대장, 오른쪽 옆모습이
한승헌 변호사.

없이 체포할 수 있고, 비상군법회의에서 재판하는 것은 물론이었다.

'인혁당과 조총련 조종으로 북괴식 혁명 노려'

이러한 긴급조치 4호의 발동을 전후해 대학가에 일대 검거선풍이 불
어닥쳤다. 4월 25일 신직수 중앙정보부장은 '민청학련 사건의 수사 상
황'을 발표하였다. 그에 따르면, 민청학련은 공산계 불법단체인 인민
혁명당(인혁당) 재건위 조직과 재일 조총련계 및 일본 공산당, 국내 좌
파 혁신계가 복합적으로 작용, 1974년 4월 3일을 기해 현 정부를 전복하

려 한 불순 반정부세력으로, 북괴의 통일전선 형성 공작과 동일한 4단계 혁명을 통해 노동자·농민에 의한 정권 수립을 목표로 하여 과도적 정치기구로 민족지도부의 결성을 획책하였다는 것이었다. 주동 인물로는 (1) 전 인혁당 당수 도예종과 여정남 등의 불순세력, (2) 재일 조총련 비밀조직의 망원인 곽동의와 그의 조종을 받은 일본 공산당원 일본인 2명, (3) 한국기독학생회총연맹(KSCF) 간부진, (4) 이철, 유인태 등 주모급 학생운동가 및 유근일 등을 지목했다.[2]

긴급조치 4호로 걸어 중앙정보부(중정)에서 연행 조사한 사람은 1,204명이나 되었다니, 전무후무한 대량 검거였다. 이들 중에서 자진 신고자 266명을 포함한 745명이 훈방되고, 235명이 비상군법회의 검찰부에 송치되었다. 최종적으로 180명이 기소되어 군법회의에서 재판을 받게 되었다. 사건은 몇 갈래로 분리되어 각각 별도로 재판이 진행되었다. (1) 학생운동권 핵심인물과 기독청년 등 32명을 망라한 (좁은 의미의) 민청학련 사건, (2) 또다른 청년 학생들을 묶어 따로 기소한 사건, (3) 앞서 중정이 민청학련의 배후로 설정한 인혁당 재건위 사건, (4) 일본인 기자 2명에 대한 별도 사건 등으로 분리 기소가 된 외에도, (5) 자금 지원과 관련된 윤보선 전 대통령 및 박형규 목사 사건, (6) 학생 선동 혐의를 받은 김동길, 김찬국 교수 사건, (7) 천주교 측의 지학순 주교 사건 등 몇 갈래의 재판이 거의 동시에 진행되었다. 이와 같은 여러 사건이 이른바 긴급조치 4호 사건, 또는 넓은 의미의 민청학련 사건으로 볼 수 있으며, 좁은 의미로는 앞서의 32명 그룹의 사건만을 '민청학련 사건'이라고 부른다.

'김일성에 맞먹는' 죄목들의 법정

내가 변호에 나섰던 이철 등 32명 그룹의 기소와 공소유지는 군 검찰관이 아닌 일반 검찰에서 파견된 검사 4명이 맡고 나섰다. 당시 정권 측이 이 사건의 '기획'에 얼마나 공을 들이고 있었는지를 알 만했다. 변호인단도 그전의 시국사건 때와는 달리 훗날 '인권변호사'로 불리는 황인철, 홍성우, 강신옥, 이세중, 임광규, 박승서, 한승헌 등이 참여하는 강팀으로 맞섰다.

400여 쪽에 달하는 이 사건의 공소장은 실로 방대한 공소사실로 넘쳐 있었다. 죄명 또한 어마어마해서 긴급조치 4호 외에도 국가보안법, 반공법, 형법상의 내란 예비음모, 내란선동, 여기에 긴급조치 1호까지 총집결되어 있었다. 한 피고인이 "그때 김일성을 잡다가 재판을 했다고 해도 그 이상의 죄목은 더 달지 못했을 것이다"라고 말했을 정도였다.

1974년 5월 27일에 기소된 이 사건은 6월 15일에 첫 공판이 열렸다. 용산에 있는 국방부 근처의 퀀셋에 마련된 법정은 피고인과 헌병, 기관원, 기자, 가족 들로 초만원이었다. 32명이나 되는 피고인 곁에 헌병이 한 사람씩 끼어 있었고, 방청석은 기관원과 기자들이 들어앉는 바람에 정작 가족들이 앉을 자리는 아주 좁아 피고인당 한 사람씩만 겨우 들어올 수 있었다. 기자들은 이전의 긴급조치 1호 재판 때와 마찬가지로 메모조차 금지된 채 그저 방청만 하고 있었다. 피고인석의 면면들은 구속된 후 접견 한번 못한 가족들과 오랜만에 잠깐 눈길이라도 나누려고 뒤를 돌아보곤 했다. 6월 중순의 초여름 날씨치고는 무더운데다가 법정 공방의 열기가 더하여 폭염을 느끼게 했다.[3]

발언 제지에서 퇴정 명령까지, 뜨거운 공방

법정 단상 중앙에는 재판장인 박희동 중장이 앉아 있고, 그 좌우로 신아무개 소장, 박아무개 판사, 김아무개 검사, 그리고 군 법무사(대령)가 배석한 가운데 재판이 시작되었다. 장시간에 걸친 검사의 공소장 낭독에 이어 피고인과 검사 및 재판부 사이에 문답과 격론이 벌어졌다. 피고인들은 유신통치를 공격하면서 자기들의 정당성을 강하게 내세웠다. 공소사실에 적힌 인혁당 배후조종이나 국가전복기도 혐의를 전면 부인했음은 물론이었다. 마침내 단상의 발언 제지가 빈번해졌고, '예, 아니오'라고만 대답하라는 요구가 날아오기도 했다. 그러다보니 재판은 단상의 발언 제지와 단하의 불응이 얽히는 가운데 마침내 경고, 휴정, 항의소동, 퇴정명령 등으로 혼란에 빠지곤 했다. 그럴 때면 재판장(또는 법무사)이나 검찰관이 어디에선가 전달되는 쪽지를 받아보고는 밖으로 들락거리거나 휴정을 하기도 했다.

공소장 기재 순서인 이철, 유인태, 여정남, 정문화, 황인성, 김병곤, 나병식, 서중석 등은 신문의 순서일 뿐 아니라 형벌의 경중의 순서로도 예상되었다. 그만큼 앞쪽의 피고인들은 부담이 커서 많은 공격에 맞서 싸워야 했다. 이 험난한 재판 과정을 통하여 피고인들은 북한의 통일전선 전략 운운의 혐의를 일소에 부치고, 오로지 박정희 유신통치를 무너뜨리고 민주정부를 세워야 된다는 시대적 요청에 따라 행동했을 뿐이라고 항변하였다.[4]

248

변호인 연행 뒤, 사형 구형에 "영광입니다"

마침내 7월 9일, 결심공판이 열렸다. 검사는 지루한 논고문을 읽은 다음 구형에 들어갔다. "피고인 이철, 유인태, 여정남, 김병곤, 나병식, 김영일, 이현배를 각 사형에…." 이렇게 사형의 우박이 떨어지고, 이어서 무기징역, 20년, 15년 등으로 중형의 홍수가 넘쳐났다. 그다음 순서로 변호인들의 변론이 시작되었는데, 그중 강신옥 변호사의 변론이 문제가 되어 휴정을 한 사이에 그가 중정에 연행되는 불상사가 일어났다. 홍성우 변호사도 같이 붙들려 가서 돌아오지 않았다. 강 변호사는 박 정권을 나치 정권에 비유하고, 피고인들의 투쟁을 정당한 국민저항운동이라고 변호하던 끝에 "저 피고인석에 서 있는 저들과 함께 서서 재판을 받고 싶은 심정"이라고 했다. 이렇게 격앙된 분위기 속에서 재판의 끝 순서로 피고인들의 최후진술이 시작되었다. 맨 먼저 이철 피고인이 입을 열었다. "나는 이 나라의 민주주의를 위해서 목숨을 바치는 것은 아깝지 않다. 하지만 유신체제는 끝까지 반대할 것이며, 절대로 잊어서는 안 되는 반민족적인 것이다. 반유신을 이유로 나에게 빨갱이라는 누명을 씌우지 말라. 그렇다면 나는 떳떳이 죽겠다."[5]

모두가 단호하고 비장한 최후진술을 했다. 그중에서도 김병곤은 "사형을 구형받아 영광입니다"라고 하여 법정 안을 더욱 숙연케 하였다. 같이 피고인석에 있던 김지하(김영일)는 그 순간, "이게 도대체 무슨 말인가" 하고 엄청난 충격에 휘말렸었다고 훗날 회상기에 썼다.[6]

'맨 앞줄은 사형, 다음 줄은 무기……'

여러 피고인의 최후진술 중에서도 여정남 피고인의 최후진술이 특히 듣는 이의 마음에 걸렸다. 그는 '인혁당이 민청학련의 배후'라는 시나리오에 맞춘 연결고리로 기소된 처지였는데, 인혁당 관련자들의 처형을 예감이라도 했는지 절박한 표현으로 공소사실의 허구를 밝히느라 많은 말을 하다가 재판장의 제지를 받기도 했다.[7]

"판결은 보나마나"라는 소리가 나돌았다. "맨 앞줄은 사형, 다음 줄은 무기, 그리고 세 번째 줄은……." 이런 식의 체념과 개탄에 맥이 빠진 채 판결의 날이 왔다. 7월 13일에 열린 1심 선고공판은 일반의 불길한 예측을 '역시나'로 확인시켜주었다. 앞서 검사가 사형을 구형한 이철(서울대 사회학과 3년), 유인태(서울대 사회학과 졸업, 목재상), 여정남(경북대 정외과 제적, 무직), 김병곤(서울대 경제학과 4년), 나병식(서울대 국사학과 4년), 김영일(서울대 미학과 졸업, 시인), 이현배(서울대 대학원 사학과 2년)는 구형대로 모두 사형이었다.

이어 정문화(서울대 외교학과 4년), 황인성(서울대 독문과 4년), 서중석(서울대 국사학과 4년), 안양노(서울대 정치학과 4년), 이근성(서울대 동양사학과 졸업, 무직), 김효순(서울대 정치학과 졸업, 무직), 유근일(중앙일보 논설위원)은 각 무기징역, 정윤광(서울대 철학과 4년), 강구철(서울대 정치학과 3년), 이강철(경북대 정외과 졸업, 무직), 정화영(경북대 정외과 4년), 임규영(경북대 사범대 사회학과 4년), 김영준(연세대 경제학과 4년), 송무호(연세대 경영학과 2년), 정상복(한국기독학생총연맹 간사), 이직형(한국기독학생총연맹 총무), 나상기(한국기독학생총연맹 이사), 서경석(서울대 기계공학과 졸업, 무직), 이광일(한국신학대 1년, 보병 제30

사단 신병교육대)은 각 징역 20년, 구충서(단국대 사학과 1년), 김정길(전남대 상대 4년), 이강(전남대 법학과 4년), 윤한봉(전남대 축산과 4년), 김수길(성균관대 행정학과 3년), 안재웅(한국기독학생총연맹 간사)은 각 징역 15년, 판결은 이렇게 형벌의 해일海溢이자 광기의 발로 그 자체였다.

공소사실을 그대로 베낀 판결문과 '정찰제 판결'

판결문에 적힌 범죄사실은 공소장을 그대로 베낀 것이고, 선고형량도 거의 구형 그대로여서, 나는 '정찰제 판결'이라고 공박을 했다. 그런데 이 말이 훗날 언론 등에서 자주 인용됨으로써 나는 자연스레 이 용어의 '저작(권)자'가 되었다. 사형 7명, 무기징역 7명, 나머지 18명의 징역 형기를 합치면 피고인 32명의 형기가 모두 240년에 달한다는 통계(?)도 있다. 긴급조치 1호와 4호로 재판받은 사람 중 (사형과 무기를 면한) 유기징역을 선고받은 203명의 형기를 합산하면 2000년도 넘는다는 셈이 나온다고도 했다.

중정과 군 검찰의 조서는 잔인한 고문 등 가혹행위에 의해서 허위 조작된 것임이 피고인들의 폭로와 호소로 명백히 드러났다. 그 처절한 절규를 다 옮길 수는 없고, 그중의 한 예로 한국기독학생회총연맹 간사 정상복 피고인의 폭로를 요약해보기로 한다.

'남산'에 끌려가서 처음 며칠은 잠을 재우지 않더니, 그다음엔 "너 이곳에서 싸늘한 시체로 나갈 것인지, 그렇지 않으면 우리에게 협조를 할 것인지 잘 생각하라"고 하면서 "너 같은 놈 총으로 갈겨서, 정보부 습격하려는 놈인데 우리가 사살했다고 하고 철조망에 시체를 걸쳐놓고 찍은 사진과 함께 발표만 하면 끝이다"라고 했다.

고문의 첫 단계는 손가락 사이에 볼펜을 끼우고 비틀면서 양 손가락 누르기, 그다음엔 눕혀놓고 의자로 가슴을 누르거나 나무 방망이로 의자를 치기, 그래서 탈진상태에 빠졌는데도 전보다 더 잔혹한 물고문과 전기고문까지 당했다.[8] 그러나 재판부는 피고인들이 고문에 의하여 허위 자백을 했다는 주장을 묵살했는가 하면, 군 검찰 측 증인을 피고인이나 변호인도 모르게 법무사가 비공개리에 일방적으로 신문하고 이를 유죄의 증거에 끼워 넣었다.

선언문 명의인 '민청학련'을 '가상현실화'

중정에서 거창한 반국가단체처럼 발표한 '전국민주청년학생총연맹'은 유인물상의 명의, 즉 가공적 명칭에 불과할 뿐 실재하는 조직이 아니었다. 학생 측도 '반국가단체 구성'이라는 공연한 트집을 피하기 위해서 조직체도 만들지 않고 명칭도 쓰지 않기로 했었다. 그런데 1974년 4월 3일자 '민중·민족·민주 선언'의 맨 끝에 발표 명의는 있어야 되지 않겠느냐는 생각에서 황인성이 임의로 적어 넣은 이름이 '전국민주청년학생총연맹'이었다.

민청학련 관련자에 대해 중정이 내건 엄청난 현상금만 보아도 유신정권의 조바심과 광기를 엿볼 수가 있었다. 당시 간첩 신고의 현상금이 통상 30만 원 선이었는데, 민청학련 수배자에 대해서는 200만 원이라고 현상 전단에 나붙었다.

어느 수배자는 그 점을 꼬집어 "어차피 잡힐 것이니까 아는 사람에게 신고하라고 해서 그 현상금의 절반만이라도 어려운 가정에 보탬이 되게 했으면 좋겠다고 말하기도 했다."[9]

전임 대통령도 '내란선동'으로 법정에

윤보선 전 대통령, 박형규 목사는 민청학련의 활동자금을 지원했다는 이유로 역시 비상보통군법회의 법정에 서야 했다. 윤보선 전 대통령에게서 나온 자금이 박형규 목사와 이우정 교수를 순차로 거쳐 학생들에게 전달되었던 것이다.[10] 공소장에는 '민청학련을 배후에서 선동, 민중봉기를 일으켜 정권을 장악할 목적으로 학생들에게 거사 자금을 주는 등 내란을 선동했다'는 거창한 혐의가 박혀 있었다.[11] 그렇다고 전직 대통령까지 내란선동죄로 군법회의에 기소한 것은 놀라운 패착이었다.

윤보선은 법정 최후진술에서 이렇게 말했다. '내 나이 77세 일생에 국가내란죄명으로 재판을 받게 되니 감회가 깊다. 나의 죄를 감해달라는 것보다는 학생들에게 공산당이란 죄목은 부당하니 벗겨주기를 부탁한다. 나를 사형장으로 끌고 가거나 풀어주는 것은 당신들 마음대로지만, 민주주의를 해야 된다는 내 소신을 빼앗지는 못할 것이다.'[12]

다음은 박형규 목사의 최후진술. '저로 인해 법정에 서게 된 윤보선 전 대통령께 죄송하다. 이번 사건에 내가 학생들에게 자금 지원을 한 것은 사실이다. 그들이 올바른 일을 하고 있다고 생각했기 때문이다. 나만 뒤에 처져 있어서는 안 되겠다는 생각에서 참여하기로 마음먹었던 것이다. 학생들보다 가볍지 않은 무거운 벌을 나에게 내려주기 바란다.'[13]

박 목사는 이 사건으로 105일이나 수감되고도 풀려나지 못하고 15년 형을 받았고, 불구속으로 재판을 받아온 윤 전 대통령은 징역 3년에 집행유예 5년의 선고를 받았다. 존경받는 법조계 원로인 이병린, 박세경 두 변호사가 윤 전 대통령을, 내가 박 목사를 각각 변호했는데, 법정에 선 두 분의 모습과 말씀에 마음이 아팠다.

파격적인 최후진술, 희한한 항소 이유

연세대 김동길, 김찬국 교수는 유신헌법 철폐 주장, 긴급조치 비방 외에 학생시위를 교사, 격려함으로써 내란을 선동했다는 죄목으로 구속되어 군사법정에 섰다. 김동길 교수는 제자들에게 '긴급조치로 박정희는 스스로 자신의 묘혈을 팠다'고 용기 있는 말을 했는가 하면, 파격적인 법정 최후진술을 남겼다. 즉 '나는 석방을 원하지 않는다. 석방이 되더라도 나는 계속 유신에 반대할 것이다. 그러면 다시 구속될 텐데, 그렇게 구속과 석방을 반복하는 것은 피차 번거로우니까 계속 감옥에서 조용히 살게 해달라'고 거침없는 기개를 과시했다. 그는 1심에서 징역 15년 선고를 받고 그날로 항소를 포기하여 유신재판을 냉소함으로써 또 한 번 사람들을 놀라게 하였다.[14]

목사이기도 한 김찬국 교수는 1심에서 징역 10년형을 받고 이에 불복 항소하였는데, 그 이유가 아주 남달랐다. 1심 변호인이 '피고인은 외국에 유학해서 서양식 민주주의밖에 몰라서 본건과 같은 행위를 한 것이니 관대한 처분을 바란다'고 변론한 데 실망했던 것이다. 그래서 나보고 항소심에서 제대로 변론을 해달라고 했다.[15] 말하자면, 판결 자체에 대한 불복이 아니라 변호인의 변론에 불복 항소한 특이한 경우였다. 나는 그의 소원대로 2심 법정에서 강경 일변도의 변론을 펼쳤다. 그런데 판결은 오히려 반으로 깎여서 징역 5년이 나왔다.

서울대생과 KSCF가 큰 흐름의 표적

천주교 원주교구장인 지학순 주교는 김지하에게 학생들의 거사 활동 자금을 주었다는 이유로 내란선동, 긴급조치 1호·4호 위반, 특수공무집행방해로 기소되어 1심 군법회의에서 징역 15년을 선고받았다.[16]

그는 법정 진술과 미리 써놓은 '양심선언'에서 1인 장기집권과 유신헌법에 반대한다는 입장을 분명히 밝혔다. 김지하에게 돈을 준 것은 민주 수호를 위한 학생운동의 기금이었지, 유혈 시위나 폭동을 일으키라고 준 것은 절대 아니라고 했다. 이어 '나에 대한 내란선동 죄목은 억압받는 청년들에게 그리스도적 정의와 사랑의 운동을 하라고 돈을 준 데 대하여 붙인 조작된 죄목이다'라고 항변하였다.[17]

이상에서 알 수 있듯이 긴급조치 4호에 걸린 (넓은 의미의) 민청학련 사건의 피고인들은 크게 보아 대학생들과 기독교 성직자들이 흐름을 주도하고 있었다.

군법회의에 회부된 180명 중 학생이 108명으로 단연 많았는데(그밖에는 이른바 인혁당계 23명, 지식인 17명, 언론인 3명, 일본인 2명, 기타 종교인, 교사 등이 포함되어 있었다) 대학별로는 서울대가 40명으로 가장 많고, 이어서 전남대 14명, 서강대 11명, 연세대 10명, 경북대 8명 순이었다. KSCF 소속의 학생들이 많은 것은 학생과 기독교라는 두 세력의 접목 내지 접합적 동력을 상징한다고 볼 수 있다.

대법원도 못 믿어, 상고 포기 속출

앞서 살펴본 사건들 외에도 긴급조치 4호로 기소된 피고인들은 많았다. 그중에는 대법원도 믿을 수 없다는 생각에서 아예 상고를 포기한 사람도 많았는데, 여기서는 지면 사정으로 그 가운데 일부만 열거해보기로 한다(괄호 안은 항소심 판결의 징역 형량).

이해찬(서울대, 10년), 유홍준(서울대, 7년), 제정구(서울대, 15년), 강창일(서울대, 10년), 정찬용(서울대, 12년), 문국주(서울대, 10년), 최민화(연세대, 12년), 김학민(연세대, 15년), 김경남(한국신대, 12년), 이학영(전남대, 7년), 윤한봉(전남대, 15년), 정명기(감신대, 7년), 장영달(국민대, 7년), 여익구(동국대, 15년), 방인철(중앙일보 기자, 10년).

이철을 비롯한 민청학련 그룹과 같은 날(1974. 5. 27) 기소되었던 일본인 다치가와 마사키太刀川正樹(자유기고가)와 하야가와 요시하루早川嘉春(대학 강사) 두 사람은 이철, 유인태 등에게 폭력혁명을 사주하고 7,500원을 '거사 비용'(실은 취재사례비)으로 주었다는 혐의로 내란선동, 긴급조치 위반, 반공법 위반 등으로 비상보통군법회의에서 징역 20년형을 선

고받았다.[18]

'문세광 사건으로 국민총화 확인', 긴급조치 1·4호 해제

그해 8월 15일, 서울 장충동 국립극장에서 열린 광복절 경축식장에서 대통령 저격사건이 발생했다. 재일교포 문세광이 쏜 총탄에 박정희 대통령은 무사했는데 부인 육영수가 총상을 입고 사망하는 참사가 일어났다. 그런데 그로부터 일주일이 지난 8월 23일 박 대통령은 특별담화를 통하여 긴급조치 1호와 4호를 해제한다고 발표했다. 묘하게도 문세광 사건의 반응을 내세운 조치였다. 즉 '지난번 광복절 식전에서의 참변을 본 우리 국민들은 북한의 흉계가 무엇인가를 새삼 깨닫게 되었을 것이며 그동안 정부가 취해온 긴급조치의 참뜻도 이해했으리라고 믿고, 이 사건을 계기로 국민총화가 다져졌음을 볼 때 든든한 마음을 금할 길이 없다'면서, 따라서 긴급조치 1호와 4호를 해제한다고 하였다.[19]

문세광의 총격이 참으로 묘한 결과를 가져온 데 대해서 의아해하는 사람이 많았다. 그러나 해제가 곧 '백지화'는 아니었고, 해제 당시 재판에 걸려 있던 사건이나 이미 처벌을 받은 자에게는 영향을 미치지 아니한다고 되어 있었다. 그러니까 재판은 재판대로 받고, 수감자는 한 사람도 석방되는 일이 없었다. 그렇게 '국민총화'가 다져졌다면 좀 풀어주는 것이 순리일 터인데…….

운동사의 측면에서 볼 때 일련의 긴급조치 사건은 한국 교회가 유신체제 반대운동에 동참하여 민주화운동을 이끄는 주도세력으로 변화하는 계기가 되었다.[20] 나아가서 유신철권통치에 정면으로 도전했던 젊은 이들의 의기가 정권의 무자비한 탄압과 맞물리면서 학생운동과 제반 사회운동을 아우르는 연합전선 발전의 계기가 되었다고도 볼 수 있다.[21]

유신헌법 국민투표 한 뒤 구속자 석방

정부의 철권정책은 누그러지지 않은 채 여전했다. 각 대학과 종교계, 사회단체에서는 유신 철폐와 구속자 석방을 요구하는 목소리가 더욱 거세어지고, 시위와 기도회가 끊이지 않았다. 언론계에서도 10월 24일 동아일보 기자 200여 명이 '자유언론실천선언'을 발표하고, 기관원 출입 및 기자 불법연행 거부, 간섭 배제를 외쳤고, 이 파문은 조선일보 등 다른 언론사에도 파급되었다.[22] 그해 11월 27일에는 종교계, 학계, 정계, 언론계, 법조계 등 각계 인사 71명이 서울 종로5가에 있는 기독교회관에서 민주회복국민선언대회를 열고, 그 결의에 따라 '민주회복국민회의'가 결성되었다.[23]

정부는 북한의 남침 땅굴 발견을 호재로 한 총력안보, 전군지휘관회의 등으로 맞불을 놓았는가 하면, 재야 지도자들에 대한 보복을 서슴지 않았다. 이때의 경색 국면은 심지어 대법원장이 세계인권선언 기념식에서 "유신체제는 철저한 인권보장의 첩경이며, 유신정신은 인권을 억압하려는 뜻이 추호도 없는 것으로 이해되어야 한다"라고 말했을 정도였다.

여러 풍파와 격돌이 끊이지 않은 채 1975년이 밝아오자 박정희는 유

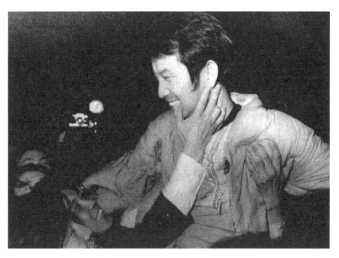

석방되는 민청학련 사건 사형수 이철
정부는 유신헌법을 반대했다고 구속한 사람들을 바로 그 유신헌법에 대한 '국민의 지지'가
확인되었다는 이유로 석방했다.

신체제의 찬반을 묻는 국민투표를 실시하겠다고 발표하여(1. 22) 국민들을 또 한번 어리둥절하게 만들었다. 야당과 국민의 극심한 반대와 난데없는 비상계엄령 속에서 강행된 투표 결과는 투표율 79.84%, 찬성률 73.1%라고 발표되었다. 전체 투표권자의 58.3% 찬성이었다. 국민투표 사흘 뒤(2. 15)에 국민들은 다시금 박 대통령의 특별담화를 듣게 된다. "현행 헌법질서의 역사적 당위성과 국민적 정당성이 주권자인 국민의 총의로 재확인된 이 시점에서 긴급조치 구속자들을 석방함으로써 이들에 대해서도 국민총화를 더욱 굳게 다지며 민족중흥의 역사적 과업 수행에 참여할 수 있는 기회를 부여하기로 결심했다." 유신헌법을 반대했다고 구속한 사람들을 바로 그 유신헌법에 대한 '국민의 지지'가 확인되었다는 이유로 석방한다니, 참으로 시니컬한 논법이었다.[24]

어쨌든 구속자 석방은 좋은 일이었지만, 여기에도 복선이 깔려 있었다. 인혁당(재건위) 사건 관련자들을 비롯하여 반공법 위반 수감자들은 석방 대상에서 제외되었던 것이다. 이래저래 박 정권에 대한 국내외의 비난과 분노는 수그러들지 않았고, 학원가도 조용할 리가 없었다. 그 와중에 민청학련 사건 석방자 중 시인 김지하가 동아일보에 투고한 글이 문제가 되어 다시 '남산'에 연행되었다. 인혁당 사건이 날조라는 내용의 글이었는데, 그의 변호인단을 구성하여 선임계를 제출한 나는 그날로 '남산' 측의 사임 요구를 받고 이를 거부했다가 바로 다음 날(3. 21) 반공법 필화 사건으로 구속되는 몸이 되었다.(나는 당시 일본에서 납치당한 뒤 선거법 위반 사건으로 재판을 받고 있던 야당 지도자 김대중의 변호인으로 그의 자택과 법정을 드나들고 있었다.) 나는 그후 항소심에서 형의 집행유예로 풀려날 때까지 9개월 동안 수감생활을 하고 나서 변호사 자격을 박탈당한 채 무직자가 되었다.

긴급조치 7호 이어 9호의 노림수

이 시점에서 긴급조치 본성을 버리지 못한 박 정권은 1975년 4월 8일 또 하나의 강수로 '대통령긴급조치 제7호'를 발동한다. 고려대에 휴교를 명하고, 그 학교 내 일체의 집회·시위를 금하며, 위반자는 최고 10년 징역에 처한다는 내용이었다. 필요하면 병력을 투입할 수도 있다는 규정도 보였다.[25] 이어서 5월 13일에는 현행 헌법의 부정, 학생의 집회·시위, 유언비어의 유포 등에는 1년 이상의 유기징역에 처한다는 대통령긴급조치 제9호가 선포되었다. 이 조치를 비난하는 행위 또한 처벌한다는 기막힌 규정도 부활시켜놓았다.

이 조치에 의한 명령은 사법심사의 대상이 되지 않는다고 미리 철조망을 쳐놓는 용의주도함도 보였다. 해제했다던 긴급조치 1호와 4호가 더욱 억센 모습으로 재현된 것이다. 이 조치에 위반되는 범죄는 군법회의가 아닌 일반 법원에서 재판한다는 점이 그전의 긴급조치들과 달랐으나 일반 법원에서도 긴급조치 사건은 거의 '묻지 마 유죄'에 과잉처벌로 시종했다. 허위사실 또는 유언비어 유포죄가 전가의 보도로 위력을 발휘했다.[26]

그중 몇 가지 사례를 여기에 옮겨본다. 학원 강의 중 군부를 비판하고, 국어책을 정부 선전의 매개체라고 말했다가 징역 8년을 선고받은 학원 강사. 교회 설교에서 박 정권이 인권 탄압을 계속하고 있으며 근로자와 농민을 억압하고 있다고 말했다가 징역 6년형을 받은 목사. 박정희가 단독 입후보해서 대통령이 된 것을 비판하고, 차라리 북한의 김일성이 똑똑하다고 수업시간에 말했다가 징역 3년을 받은 교사. 한국에는 민주주의가 소멸되고 많은 지식인, 학생들이 정치적 이유로 고통받고 있다는 내용의 편지를 미국의 유명인사와 언론에 보냈다가 징역 7년을 선고받은 한 시민……. 이처럼 황당한 사례는 개그 차원으로 진화해나갔다.[27]

앞에 적은 각 사건의 1심(지방법원) 선고형은 상급심에서도 극히 일부만 감형이 되었을 뿐이고, 무죄 선고가 난 예는 찾아보기가 어려웠다. 하지만 그처럼 위축된 법원의 분위기 속에서 놀랍게도 무죄 판결을 한 용감한 법관도 있었다. 그는 서울지법 영등포지원 이영구 판사였다. 이

판사는 박 정권의 유신독재에 항거하여 스스로 목숨을 끊은 김상진 군의 49재에 맞춰 교내시위를 벌인 서울대생들을 집행유예로 풀어주었다가 당시 대법원장이 정부 측으로부터 이 판사를 인사조치하라는 압력을 받은 일이 있었다. 그런데 이 판사는 그런 사실도 모른 채 긴급조치 9호와 반공법 위반 혐의로 기소된 한 여고 교사에게 무죄를 선고했다. 그는 마침내 지방으로 발령이 났고, 한 달여 뒤에 법복을 벗고 말았다.[28] 그러나 대부분의 법관들은 정치권력의 눈치에 맞추어 판결함으로써 사법부의 독립을 스스로 무너뜨리고 국민의 불신을 키웠다.

박정희 "내가 봐도 유신헌법은 엉터리"

1995년 봄, 서울의 한 여론조사기관에서 전국 5대 도시의 현직 법관들에게 '가장 부끄럽게 생각하는 사법부 관련 사건'을 묻는 설문조사를 한 적이 있다. 그 결과 '민청학련 사건, 긴급조치 사건 등 유신 당시 판결'이 수치스러운 '사건' 1위로 나타났다.[29] 긴급조치 1호와 4호 사건도 상고심은 대법원이었고, 7호와 9호 사건은 1심부터 일반 법원이 재판을 했던 것이니, 잘못된 재판의 책임이 일반 법원의 법관들에게 있다고 보는 것은 당연했다. 그런 사법적 과오는 훗날 '과거사' 재판을 뒤집는 재심 무죄를 통하여 재확인되었다.(다음에 다룰 '인혁당 사건' 후반에서 살펴보겠다.)

문제의 처음과 끝은 한마디로 '유신헌법'에 있었다. 정작 그 창시자이자 수혜자인 박정희는 이 미증유의 '위법僞法'에 대해서 어떤 생각

민청학련 사건 피고인과 변호인이 28년 만에 다시 한자리에 모였다(2003. 7)
유신의 본체가 스스로 '엉터리'라고 실토한 그 유신헌법 때문에 이들을 포함한 많은 국민이 참담한 고통을 겪었다.

을 하고 있었을까? 물론 겉으로는 그 정당성을 입에 올렸지만, 철석같이 믿는 측근에게는 이렇게 말했다. "내가 봐도 유신헌법의 대통령 선출 방법은 엉터리야. 그러고서야 어떻게 국민들의 지지를 얻을 수 있겠어?" 1979년 1월, 당시 대통령 경제담당 특별보좌관이던 남덕우에게 그가 한 말이었다.[30] 유신의 본체가 스스로 '엉터리'라고 실토한 그 유신헌법 때문에 이 나라와 국민이 겪어야 했던 참담함을 생각하니, 말문이 막힌다.

대구 일원은 본시 '저항과 야성이 강한' 지역이었다. 일제 때엔 항일 투사들을 많이 배출했고, 해방 후에도 청년운동과 민중항쟁으로 기세를 올린 고장이었다. 그런데 박정희는 자신의 고향이 야당 도시의 전통을 살려 자신에 대한 반대세력의 주요 근거지가 되는 것을 참을 수 없어서 인혁당 사건으로 인혁계 인사들을 잔인하게 제거한 것으로 보며, 그 참변을 고비로 "정통 야당 도시 대구가 완전히 박정희 정권의 품에 안기게 되었다"고 진단하는 견해도 있다.[31]

대법원, "긴급조치 위헌이지만 불법행위 아니다"(?)

유신정권하에서 긴급조치 4호가 발동된 지 30년이 지난 2005년 12월 7일, '국가정보원 과거사건 진실규명을 통한 발전위원회'는 민청학련 사건이 정권에 의해 조작되었다는 조사 결과를 발표했다. 과거사위원회는 인혁당 사건과 마찬가지로 민청학련 사건도 학생시위로 인한 정권의 위기상황 속에서 무리하게 반국가단체로 짜맞춘 것이었다고 밝혔다.[32]

이러한 결정이 나온 뒤 민청학련 사건의 피고인이었던 사람들은 법원에 재심을 청구하여 모두 무죄판결을 받아냈다. 이해찬, 유홍준, 장영달 등 민청학련 사건 피해자들이 낸 재심사건에서 서울고등법원은 긴급조치 1호와 4호 위반에 대해서는 그 근거법인 유신헌법 53조가 폐지되었음으로 면소판결을 했으며, 내란음모와 국가보안법 위반 등에 대해서는 "이들이 영장 없이 체포되어 고문 등으로 허위자백을 하였으며, 공소사실에 대한 범죄의 증명이 없다"는 이유로 무죄를 선고했다.[33] 35년이 지난 뒤의 이런 무죄판결은 어떤 의미를 갖는 것일까?

사건 당사자들이나 그 유족들은 국가를 상대로 소송을 제기하여 손해배상금을 받아내기도 했다. 그런데 훗날 대법원에서 '대통령의 긴급조치 발령 자체는 고도의 정치성을 띤 국가행위이므로 불법행위가 아니며 개개인의 권리에 법적 의무를 지지 않기 때문에 국가배상 책임이 없다'고 종래의 위법론을 사실상 뒤집었다.[34] 위헌이지만 불법은 아니라는 판결은 많은 비판을 받았다. 그런데 정작 하급심에서는 긴급조치 발령 자체가 불법행위라며 대법원 판결에 반기를 든 판결이 연달아 나오고 있다.[35] 과연, 대법원은 최고법원이자 정책법원이라고도 하는 막강한 위상을 지켜내고 있는 것일까?

주———————

1   이 선언이 나오게 된 배경 및 경위는 이철 「민청학련에서 사형수가 되기까지」, 민청학련운동계승사업회 『1974년 4월: 실록 민청학련 (1)』, 학민사 2003, 99면 이하, 선언 전문은 이상우 『비록(秘錄) 박정희 시대 (3): 반체제민권운동사』, 중원문화 1985, 53~55면 참조.

2   『동아일보』 1974년 4월 25일자 「폭력데모로 노농정권수립 기도」.

3   한승헌 「긴급조치와 긴급인권」, 『유신체제와 민주화운동』, 삼민사 1984, 10면 이하. 그러나 당시 공안부 검사들은 별다른 인사조치나 불이익을 받지 않았다. 그중 한 사람이었던 장원찬 전 검사는 이렇게 회고했다. "요새 와서 생각해보면, 일체의 불이익을 주지 않았다. 흔히 있는 좌천, 당시 공안부장님이 지청장 발령이 났는데 끝까지 거부해서 사표가 수리됐고, 우리는 자리도 옮기지 않았다."(천주교 인권위원회 『사법살인』, 학민사 2001, 297면)

4   한승헌, 같은 글 11~13면.

5   이철, 앞의 글 109면.

6   김지하 「고행…1974」, 『사법살인』, 92면.

7   고문에 의한 조작과 1심 재판의 불공정에 관해서는 여정남의 「항소이유서」, 『한승

헌 변호사 변론사건 실록 (2)』, 범우사 2006, 421면 이하 참조.

8 정상복「고문으로 조작된 KSCF운동」, 민청학련운동계승사업회『1974년 4월: 실록 민청학련 (1)』, 학민사 2003, 199~200면.

9 유인태「내가 겪은 민청학련 사건」,『1974년 4월: 실록 민청학련 (2)』, 학민사 2004, 14면.

10 박형규「한국교회, 그 고난의 역정 (13)」,『새누리신문』1993년 6월 12일자; 이우정「민청학련 사건과 KNCC」, KNCC 인권위원회 편『한국교회 인권선교 20년사』, 한국기독교교회협의회 1994, 38면; 이문숙『이우정 평전』, 삼인 2012, 165~68면.

11 『동아일보』1974년 7월 16일자.

12 그가 연행된 경위와 기소된 혐의사실 및 법정 진술 등에 관해서는 윤보선「민주주의를 위해서라면 내 목숨을 가져가라」,『1974년 4월: 실록 민청학련 (1)』, 10~29면 참조.

13 박형규 회고록『나의 믿음은 길 위에 있다』, 창비 2010, 256면; 한국기독교교회협의회 인권위원회『1970년대 민주화운동 (1)』, 한국기독교교회협의회 1986, 371면.

14 김동길「15년 징역에 항소 포기」, 한승헌선생화갑기념문집간행위원회『분단시대의 피고들』, 범우사 1994, 312면 이하; 한승헌『분단시대의 법정』, 범우사 2006, 106~07면.

15 김찬국「자유와 인권을 위한 만남」,『분단시대의 피고들』, 324~26면; 한승헌『분단시대의 법정』, 107면.

16 그의 연행 구금 경위와 가톨릭의 대응 등에 관하여는 명동천주교회『한국가톨릭인권운동사』, 1984, 114면 이하 참조.

17 「지학순 주교의 양심선언」(1974. 7. 23) 전문은『한국가톨릭인권운동사』, 119~20면 참조.

18 다치가와 마사키「취재사례비가 내란음모 자금으로」,『1974년 4월: 실록 민청학련 (1)』, 249~78면. 그는 10개월 만에 구속집행정지로 석방되었고 2010년 1월 27일 서울지방법원 재심 법정에서 무죄(긴급조치 위반 부분은 면소) 판결을 받았다.(『한겨레』2010년 1월 28일자)

19 『동아일보』1974년 8월 23일자.

20 한국기독교교회협의회『한국교회 인권운동 30년사』, 2005, 85면;『1970년대 민주화운동 (1)』, 352면.

21 황인성「내가 겪은 민청학련」, 민청학련 40주년 심포지엄 자료집『다시 민주주의를

묻는다』, 민청학련기념사업회 2014, 11~16면.

22 김종철『폭력의 자유: 해직기자 김종철의 젊은이를 위한 한국 현대언론사』, 시사IN 북 2013, 127면 이하; 장윤환「동아일보와 박정희와 나」, 윤활식 외『1975: 유신독재에 도전한 언론인들 이야기』, 인카운터 2013, 22면 이하.

23 민주회복국민회의는 1974년 12월 25일 서울 YMCA에서 각계 대표가 중심이 되어 민주회복을 목표로 결성된 범국민적 단체다. 이병린, 함석헌, 천관우, 김홍일, 강원용, 이희승, 이태영으로 7인위원회를 구성하여 재야 민주세력의 구심점으로서 역할을 수행했다.

24 한승헌「긴급조치와 긴급인권」,『유신체제와 민주화운동』, 20면.

25 『조선일보』1975년 4월 9일자.

26 『조선일보』1975년 5월 14일자.

27 「긴급조치 위반 사건 주요 판결」,『한겨레』2007년 1월 30일자.

28 『한겨레』2007년 2월 5일자.

29 『경향신문』1995년 4월 11일자. MBC의 의뢰를 받은 여론조사기관이 전국 5대 도시 법관 357명을 대상으로 실시한 법관 의식 설문조사 결과에서 현직 판사들이 가장 부끄럽게 생각하는 사법부 관련 사건은 유신정권 당시 민청학련 사건 등 학생운동과 관련된 사건의 판결인 것으로 나타났다. 이어 정권교체 때마다 행정부에 의해서 자행된 법관 인사조치, 1980년 김대중 내란음모 사건 판결, 1970년대 사법파동, 신민당 김영삼 총재 권한집행정지 결정 등이 '사법부 수치'의 순위로 나타났다.

30 남덕우 회고록『경제개발의 길목에서』, 삼성경제연구소 2009, 181~82면. 남덕우는 "나는 이 말을 듣고 크게 놀랐다"고 써놓았다.

31 정운현『청년 여정남과 박정희시대』, 다락방 2015, 435면.

32 『한겨레신문』2005년 12월 8일자.

33 『한겨레』2009년 9월 19일자.

34 『법률신문』2015년 3월 30일자.

35 『한겨레』2015년 8월 17일자.

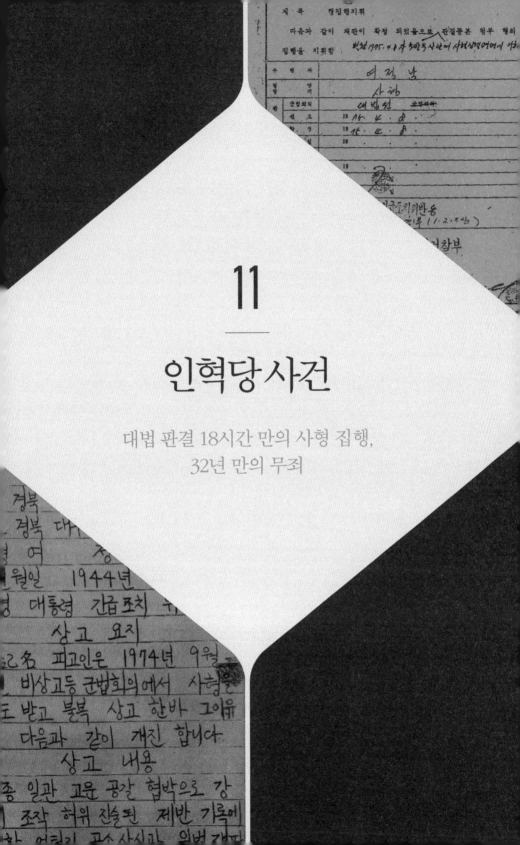

11

인혁당 사건

대법 판결 18시간 만의 사형 집행,
32년 만의 무죄

제네바에 본부를 둔 국제법학자협회는 4월 9일을
'사법사상 암흑의 날'로 선포했다.
권력자에 의해 조작된 누명을 쓰고 '사법살인'에 희생된
인혁당 사건 관련자들은 32년이 지난 후에
재심·무죄판결을 받았다.

학생운동에 붉은 색칠, 1차 인혁당 사건

이른바 '인혁당(인민혁명당) 사건'은 박정희 정권하에서 두 번 있었다. 1964년에 '1차 인혁당 사건'으로 검사의 불기소 항명파동이 일어났고, 그로부터 10년 후인 1974년에 '2차 인혁당 사건'으로 사법살인의 참극이 세상을 뒤흔들었다. 1974년 사건은 '인혁당 재건위 사건'이라고도 부르며, 통상 '인혁당 사건'이라고 하면 여덟 분의 억울한 형사刑死를 빚어낸 후자를 가리킨다.

먼저 1964년 1차 인혁당 사건부터 살펴본다. 당년 44세의 박정희 소장은 5·16쿠데타로 민주정부를 쓰러뜨린 뒤, 민정 복귀의 공약을 어기고 군복만 벗은 채 대통령이 되었다. 그리고 무단통치와 대일 굴욕 외교에 반대하는 국민 각계의 저항에 부딪혔다. 그중에서도 대학생들의 움직임이 격렬했다. 1964년 5월 20일 서울대 문리대 학생들은 집단시위와 아울러 당시 박정희가 내세운 '민족적 민주주의'의 장례식을 치르기도 하였다. 박 정권은 학생들을 대거 연행하여 구속영장을 청구하였다. 하지만 법원에서 기각당하자 한밤중에 무장 군인들이 법원과 영장 담당 판사의 집에 난입하는 사태가 벌어졌다. 이에 분노한 국민 각계, 특히 대학가의 항거가 걷잡을 수 없을 만큼 달아오르자 정부는 6월 3일 비상계엄을 선포하고, 공산당 내지 불순세력이 학생들을 배후조종하고 있다며 학생운동에 '적화'의 색칠을 하고 나선다.[1]

수사검사들의 기소 거부와 사표 파동

마침내 중앙정보부(중정)는 "북괴의 지령을 받고 국가변란을 기도한 대규모 지하조직인 '인혁당'을 적발했다"고 발표하면서, 한일회담을 반대하는 학생시위도 인혁당 관련자들이 북괴의 지령에 따라 배후조종한 것이라고 했다. 동시에 지하조직 관련자 57명 중 41명을 구속하고 16명은 수배 중이라고 했는데, 그들에게는 정당 발기인 모임, 강령 규약 채택, 북괴 중앙당에의 창당 보고 및 지령에 의한 학생조직 강화 등의 어마어마한 혐의가 씌워져 있었다.

이 사건은 그해 8월 서울지검 공안부로 송치되었다. 그런데 이용훈 부장검사를 비롯하여 김병리, 장원찬, 최대현 등 네 검사가 총동원되어 전력을 다하여 수사했으나, 검사들은 증거 불충분으로 도저히 기소할 수 없다며 기소를 거부했다.[2] 이에 놀란 검찰 상부와 중정 측이 당황한 나머지 수사검사들에게 어떻게든지 기소를 하도록 온갖 압력을 가하였으나 검사들은 물러서지 않았다. 그러자 중정 차장 출신의 신직수 검찰총장의 명령에 따라 서울지검은 구속 만기가 되는 날 당직검사 명의로 그 사건을 기소하게 하였다. 이에 반발한 이용훈, 김병리, 장원찬 세 검사는 사표를 냈다. 법무장관은 국회에 불려나가 "법원의 판단을 받아보려고 기소한 것이다"라고 답변하였다.

서울지검 공안부 검사들의 이러한 불기소 항명파동은 용기 있는 검사들이 당시 중정의 막강한 위세에 검사직을 걸고 맞섬으로써 검찰의 위상을 지켜내고자 한 역사적인 사건이었다. 그러나 검찰 수뇌와 중정의 밀착으로 사건이 변칙 기소됨으로써 검찰의 권력 예속성을 실증한

치욕적 일면도 간과할 수는 없다.

당시 서울지검 공안부의 이용훈 부장검사를 비롯한 수사검사들의 소신과 용기를 잠시 '다시 보기' 해본다. 그들은 수사결과 증거 불충분으로 기소할 수 없다는 결론을 검사장과 검찰총장에 이어 법무부장관에게 보고했다. 그 자리에서 권모 법무부 차관은 "빨갱이 사건에 일일이 증거 운운할 수 있나? 정보부에서 받아낸 피의자의 자백을 검사들은 왜 못 받아내나?"라고 다그쳤다. 그뒤 검사장은 "당신들은 기소를 하든지, 옷을 벗고 나가든지 택일하라"는 말도 했다. 그래도 검사들이 굽히지 않자 검사장은 구속 만기일 전에 무조건 기소하라는 엄명과 함께 끝내 기소를 못하겠다면 공소장이라도 작성해달라고 사정을 했다. 검사들(부장검사 포함 4인 중 3인)은 이것마저 거부하고 사표를 냈다.[3]

김형욱의 강공에 당직 검사 이름으로 기소

당시 중정부장 김형욱은 '재판 결과야 어떻게 나든 단 한 명이라도 기소해야 한다'는 말로 검찰을 압박했다. 검찰 상층부에서는 서울지검 차장검사의 이름으로 기소하도록 지시했으나, 그(여운상 차장검사) 또한 이를 거부했다. 당황한 검찰 내부에서는 구속 만기일 서울지검 당직 검사(정명래)로 하여금 중정의 사건 송치 의견서를 그대로 베껴서 공소장을 작성하고, 그의 이름으로 기소하게 하는 촌극을 벌이기도 했다.[4] 정 검사는 얼마 후 중정 5국 부국장으로 기용되었다. 이용훈 부장검사와 여운상 차장검사는 사표 수리의 형식으로 면직되었다.(나도 1964년 당시 서울지검 검사로 재임 중이어서 위와 같은 일련의 과정을 지켜보며 분노와 감동을 체험했다.)

그런데 김형욱은 이런 말을 남겼다. "사표를 내던져 나를 곤란하게 만들기는 했으나, 이용훈 부장검사와 여운상 차장검사의 정의감과 용기를 나는 내심 인정하지 않을 수 없었다. 나는 아직은 살아 있는 검찰의 양심에 판정패를 당한 셈이었다."[5]

이것이 사건 당시 김형욱의 생각이었는지, 20년 후 회고록을 쓸 때의 생각이었는지는 알 길이 없다. 수사검사의 한 사람이었던 장원찬은 이런 비화도 술회했다. "기록 보따리를 들고 검사장방에 들어갔다. 그때 공안검사 중 한 명은 화장실에 간다며 들어오지 않았다. 검사장은 야단도 치고, 달래기도 하고, 역정도 냈다. 세 사람은 보따리 위에 사표를 얹어놓고 나왔다. (…) 화장실에 가느라 사표를 내지 못했던 검사는 상대적 공로(?)를 인정받았다."[6]

재조사 후 14명 공소 취소, 12명은 죄명 바뀌어

이 사건을 둘러싼 물의는 기소 후에도 계속되었다. 특히 기소된 26명의 피고인 대부분이 중정에서 나체로 물고문·전기고문까지 당했다는 사실과 이에 따르는 사건 조작설이 퍼짐에 따라 수사당국의 입장이 크게 몰리는 국면으로 빠져들어갔다. 할 수 없이 검찰은 서울고검의 한옥신 검사로 하여금 고문 및 허위 진술 강요 등에 관한 재조사를 하게 한 후, 피고인 26명 중 14명은 공소를 취소하고 석방하였다.[7] 그리고 나머

274

지 12명에 대해서는 당초의 반국가단체구성죄(국가보안법 위반)를 철회하고 추가 구속자 1명과 함께 (13명에 대해) 반국가단체에 대한 찬양고무 동조죄(반공법 위반)로 공소장을 변경하여 법정형을 낮추었다.[8]

기소된 피고인들에 대한 1심 선고공판은 1965년 1월 20일 열렸다. 도예종은 징역 3년, 양춘우는 징역 2년, 나머지는 무죄였다.

그런데 항소심에서는 달랐다. 그해 6월 29일 선고된 2심 판결은 도예종 징역 3년, 박현채 등 6명에게 각 징역 1년, 이재문 등 6명에게 각 징역 1년에 집행유예 3년이었다. 전원 유죄로 뒤집힌 판결이었다.[9] 같은 해 9월 21일 대법원은 항소심 판결을 그대로 확정했다.[10]

중정과 서울지검 공안부 검사들의 대결(?)은 그 과정이나 결말에 있어서 피차 절반의 승리로 끝난 셈이었다. 그러나 수사검사들의 유례없는 소신 싸움은 이 나라 검찰사에 빛나는 자국으로 평가되고 있다.

10년 후에 재현된 '인혁당 재건위' 올무

그로부터 10년이란 세월이 흘렀다. 박정희는 1972년 헌정을 중단하고 국회도 아닌 비상국무회의의 의결과 국민투표라는 연출을 거쳐 반헌법적인 유신헌법을 만들고 영구 집권의 기틀을 다졌다. 그리고 반유신세력을 무자비하게 탄압하는 흉기로 대통령긴급조치를 연발하였으니, 1974년 4월 3일에는 긴급조치 4호를 발동하고 이른바 '민청학련 사건' 수사결과를 발표한다. 그때 이철, 유인태, 이강철 등과 지면이 있는 경북대 총학생회장 출신의 여정남을 민청학련 사건 그룹에 '배치'하여 인혁당 재건위와의 연결고리로 삼는다.[11] 그런 구도 속에서 중정은 "인혁당 재건위가 북괴의 조종을 받아 민청학련을 배후에서 조종했다"고 발표한다. 즉 중정부장 신직수가 4월 25일의 수사결과 발표에서 민청학련을 정부전복을 기도한 반국가단체로 규정하고, 북괴의 지령을 받은 인혁당 재건위가 그 배후세력이라고 주장한 것은 앞서 '긴급조치 4호 사건'에서 살핀 바와 같다. 10년 전에 사건을 조작했다가 수사검사들의 기소 거부 파동을 겪으면서 호되게 쓴맛을 본 중정은 다시금 예전의 그 사람들을 검거하여 '인혁당 재건위 사건'이라는 확대판을 '재건'한다. 중정에서 사건을 송치받은 비상보통군법회의 검찰부는 '민청학련 주동의 국가변란기도사건'의 추가 발표에서 "서도원, 도예종 등은 1969년부터 지하에 흩어져 있는 인혁당 잔재세력을 규합, 인민혁명당을 재건하고, 대구 및 서울에서 반정부 학생운동을 배후에서 사주했다"고 발표했다. 군 검찰은 이 '인혁당 재건위 사건'으로 송치된 21명을 대통령긴급조치 1호·4호 위반, 국가보안법 및 반공법 위반, 내란 예비음모 등의 혐의로 기소했다. 긴급조치 4호를 적용했기 때문에 비상군법회의 관할 사건이 되어, 일반 검찰이 아닌 군 검찰에서 공소 제기를 하게 되었다는 점이 1차 인혁당 사건 때와 달랐다.

적법한 물증 없고, 고문에 의한 허위 자백만

군법회의 심리에서 '인혁당 재건위'라는 반국가단체를 결성했다는 사실을 뒷받침할 적법한 증거는 나오지 않았다. 다만 일부 피고인들의 자백이 있을 뿐이었는데, 이는 고문 등 가혹행위에 의해서 조작되었다는 의혹이 짙었다. 요컨대 '재건위' 관련자들의 활동이 국가변란을 기도했거나 민청학련의 배후로서 작용했다는 증거가 없었다. 거기에다 '민청학련'이라는 조직 자체가 실재하지도 않았고, 그것은 오직 학생들의 유인물에 들어간 발표 명의에 불과했음은 앞서 '민청학련 사건' 부분에서 살핀 바와 같다. 피고인들은 한결같이 중정의 수사과정에서 혹독한 고문을 당했다고 주장했으며, 그와 부합하는 교도관의 증언도 나왔다. 군 검찰의 조사에서 '중정에 되돌려 보내겠다'는 위협까지 받았다는 진술도 나왔다.

이처럼 반국가사범이라는 혐의를 쓰고 군사법정에 서게 된 비운의 피고인들은 서도원, 도예종, 하재완, 이수병, 김용원, 우홍선, 송상진 등 모두 21명이었다. 민청학련 사건에 접목시킨 여정남 역시 '인혁당 재건위'와 운명을 같이할 징후가 보였다.

공판조서 조작 항의한 변호사도 연행

인혁당 사건은 수사에서 재판까지의 전 과정이 위법·불법의 연속이었다. 중정에서의 온갖 고문에 의한 진술 조작은 말할 것도 없었다. 거기에다 군 검찰 조사에도 중정 직원이 동석하거나 중정으로 되돌려 보내겠다는 위협이 가해져 피의자는 검찰관이 중정의 의견서를 보며 불러주는 대로 진술서를 작성할 수밖에 없었다. 가족 면회(접견)도 일절 금지되었고, 공개재판을 받을 권리도 침해되었다. 법정에서의 자유롭고 충분한 진술의 기회도 주어지지 않았다. '예' '아니오' 식의 답변만 허용되었다.[12] 한 피고인이 자신의 진술서는 중정에서 고문에 의해 조작된 것이라고 하자, "당신이 그런 말을 할 수 있는 것은 당신이 아직도 충분한 고문을 당하지 않았다는 것을 의미한다"고 말한 검찰관도 있었다. 검찰관이 신청하는 증인은 모두 채택되어, 피고인이나 변호인도 모르게 수명受命 법무사가 비밀리에 증인신문을 했다. 반면, 변호인이 신청하는 증인은 채택조차 하지 않았다. 심지어 피고인들이 법정에서 공소사실을 부인한 대목도 공판조서에는 시인한 것으로 허위 기재가 되어 있었고, 이를 항의한 변호인들(김종길, 조승각 변호사)이 중정에 연행되어 조사를 받은 일까지 있었다.[13]

74년 사건, 10년 전 그때 그 사람들의 악연

여기서 잠시 제1차 인혁당 사건(1964년 사건)과 제2차 인혁당 사건(1974년 사건)의 유사성, 연관성, 그리고 차이점을 살피는 일도 사건 이해에 도움이 되지 않을까 싶다. 우선 그 상황적 배경이 거의 같다. 두 사건 모두 학생들의 반정부 시위가 격렬해졌을 때 그 배후세력으로 '인혁당'을 내세웠다. 학생시위가 북괴 내지 공산세력의 사주로 국가전복이나 정권 타도를 목적으로 삼았다고 했으며, 동일한 인물들이 두 사건 수사의 지휘부를 이루고 있었다. 즉 1964년 사건 때 검찰총장이었던 신직수와 인혁당 사건 담당 중정 요원이었던 이영택이 1974년 사건 때는 각 중정부장과 중정 6국장으로 '격상'되어 있었다. 이런 줄기찬 악연에서 두 사건을 조망해보는 안목도 나왔다. 즉 1964년 사건 때 공안부 검사들의 불기소 항명으로 고역을 치르며 체면을 구긴 두 사람이 '10년 만에 보복'을 한 것이라는 잠재심리 분석이었다.[14] 긴급조치 4호를 발동하여 일반 검찰이 아닌 군 검찰에 수사를 맡기고 군법회의에서 재판하도록 한 것도 1964년 사건의 '학습효과'에서 나온 지혜가 아닌가도 생각된다.

이보다 주목할 만한 차이점을 지적하는 의견도 나왔다. 즉 1964년 사건에 비해 1974년 사건은 상대적으로 덜 주목받는(또는 지명도가 덜한) 인물들을 추가시켜 그만큼 사회적 관심을 덜 끌겠다는 의도가 작용한 게 아닌가 하는 시각이다. 그래서인지 1974년 사건은 그 발표 후 몇 달 동안은 사회적으로 큰 관심을 끌지 못했던 것도 사실이며, 이 점에 대해서 기독교(개신교) 일각에서 반성하는 움직임이 늦게나마 머리를 들었다.

1심, 사형 7명 등 역시 '정찰제 판결'

비상보통군법회의는 그해(1974) 7월 21일 인혁당 재건위 사건에 대한 1심 판결을 선고했다. 서도원, 도예종, 하재완, 송상진, 이수병, 우홍선, 김용원은 사형(여정남은 이 사건이 아닌 민청학련 사건에서 사형 선고를 받았다), 김종대 등 8명은 무기징역, 이창복 등 6명은 징역 20년이었다. 검찰관의 구형량과 똑같은 '정찰제' 판결이었다. 이보다 이틀 뒤 (7. 23)에 선고된 민청학련 32명 그룹에 대한 판결의 형량은 앞서 살펴본 '민청학련 사건'에서 밝힌 바와 같다. 군법회의 판결은 이른바 설치장관의 확인조치를 거치게 되어 있는데, 앞서의 민청학련 그룹의 사형수들은 국방부장관의 확인조치에서 7명 중 5명이 무기징역으로 감형되었고, 여정남과 이현배는 '원판결대로 확인'이 되었다.(그런데 이현배는 2심에서 무기징역으로 감형돼 여정남만 계속 사형수로 남아 불안을 키웠다.) 항소심인 비상고등군법회의에서는 이 두 사건을 병합심리하게 되었는데, 이때 나는 여정남의 변호인이 되었다. 그의 1심 변호인이던 강신옥 변호사가 1심의 법정 변론이 문제가 되어 구속당했기 때문에 내가 대타로 나서게 되었던 것이다.

여정남의 수난, 인혁당 사건의 축소판

여정남의 항소이유서에 의하면, 그가 당한 수모는 인혁당(재건위) 사건의 피고인들이 겪은 불법과 야만의 축소판이었다. "긴급조치하인데 법이 무슨 필요냐? 정보부에서는 불가능이 없다. 어느정도는 시인해야지, 안 그러면 재판 도중이라도 끌어내다 박살낸다"는 협박을 여러 번 당했다고 한다. 고문으로 정신상태가 혼미해진 가운데 부르는 대로 받아써야 했던 정황을 폭로하기도 했다. 시기의 선후가 맞지 않는 말을 부르는 대로 받아쓰라기에, 조작을 해도 좀 똑똑히 하라고 했더니, 수사관이 '네 말이 맞다, 피의사실과 다르게 불렀군, 내가 잘못 불렀다'라며 틀린 것을 자인(?)하더라는 희극의 한 장면도 있었다.[15] 실제 진술과 다르게, 심지어는 그와 정반대로 조서가 작성된 것을 알면서도 강제에 못 이겨 시키는 대로 이름을 쓰고 무인을 찍어야 했던 그 참담한 심정이 잘 드러나 있다. 또한 대구의 여정남이 서울에 올라와 이철, 유인태를 사주했다고 하는 시나리오도 유인태의 다음과 같은 진술에 의하여 그 허구성이 변명의 여지를 잃고 말았다.

처음엔 민청학련을 인혁당 배후로 설정하려다

즉 중정 수사관들은 인혁당의 배후조종과 관련하여, "처음 수사관들이 여정남에게 내가 모든 것을 지령했다고 쓰라고 하기에 '이분은 선배인데 어떻게 내가 지시를 합니까?' 했더니 '인마, 선배 좋아하지 마. 너희 서울대 애들은 지방대 애들을 우습게 알잖아?' 하며 막무가내로 (그렇게 쓰라고) 요구했던 것이다. 그러더니 얼마 지나면서 거꾸로 내가 여정남으로부터 모든 것을 지시, 지령받았다고 바꿔 쓰라고 윽박질렀다. (…) '그 사람이 나이는 많지만, 서울의 학생운동 사정에 어두운데 무슨 지시를 받는단 말입니까?'라고 했더니 '이 새끼야, 잔말 말아. 그래도 선배잖아!' 이렇게 해서 소위 인혁당과의 관계가 생긴 것이다."[16] 여정남이 이철, 유인태에게 화염병 제조나 각목 사용을 지시했다든가, 민족지도부 구성을 논의했다는 것도 사실무근이었다. 그러나 다른 피고인이 시인했으니 너도 시인해야 한다느니, 그렇게 부인하면 정보부로 다시 보내겠다는 협박에 못 이겨 검찰관이 불러주는 대로 쓸 수밖에 없었다고 여정남은 실토했다.[17] 인혁당 재건위가 민청학련의 배후세력이라는 '가설'은 이렇게 해서 완성되었던 것이다.

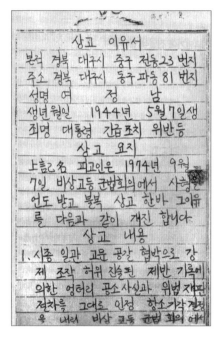

여정남의 상고이유서(자필)

여정남의 항소이유서에 의하면, 그가 당한 수모는 인혁당(재건위) 사건의 피고인들이 겪은 불법과 야만의 축소판이었다.

사실심리도 봉쇄한 2심 재판의 허울과 위법

두 사건(민청학련 사건, 인혁당 사건)을 병합한 항소심은 피고인의 진술과 변호인의 반대신문, 증거신청이나 이의신청도 봉쇄, 묵살한 채 일사천리의 속도전으로 시종했다. 판결도 김종대, 전재권 두 피고인이 무기에서 20년 징역으로 감형된 것 외에는 모두 1심 그대로였다. 2심에서 제대로 심리도 하지 않고 폭주暴走를 할 때 모두가 짐작했던 대로였다.

하지만 항소심 판결문에 보면 "살피건대 일건기록과 원심에서 적법하게 조사한 증거들을 모두어보니 원심이 판시한 각 피고인들에 대한 범죄사실들은 이를 넉넉히 인정할 수 있고, 달리 원심이 사실을 그릇 인정하였거나 그 사실 인정 과정에 심리를 다하지 아니한 잘못을 찾아볼 수 없으므로 논지 모두 이유 없다"는 기계적인 부동문자 몇 줄의 나열로 '묻지 마' 유죄를 포장해놓고 있다.[18] 오죽하면 이 사건이 대법원에 올라가 불문곡직하고 상고기각으로 끝장 날 때에도, 유일하게 원심 파기 환송 의견(이른바 소수의견)을 낸 이일규 대법원판사는 이런 지적을 했을까. "기록에 의하면 이 사건의 항소심인 원심 판결은 제1심에서의 신문과 중복된다 하여 피고인의 신문을 생략하여 항소이유에 관한 변론만을 시행하여 결심하였는바, 이는 공소사실에 대한 사실심리를 아니하고 재판을 한 절차상의 위법이 있다고 아니할 수 없고, 따라서 원심 판결은 파기를 면할 수 없다고 본다."[19]

대법원 사형 확정 직후의 울부짖음과 나

이 사건이 상고심에 걸려 있는 동안 유신헌법에 대한 난데없는 국민투표가 강행된 후 정부가 말하는 '일부 공산주의자 내지 국가보안법 위반자'를 제외한 긴급조치 위반자들은 구속집행정지(미결수) 또는 형집행정지(기결수)로 석방되었다. 그것이 1975년 2월 17일이었는데, 한 달쯤 뒤인 3월 21일 나는 2·17 석방 후 재구속된 김지하의 변호인을 사퇴하라는 중정의 요구를 거부한 직후 반공법 필화사건으로 구속되었다. 그리하여 내가 변호하던 여정남을 포함한 인혁당 피고인들과 같은 서울구치소에서 수감생활을 하게 되었다.

나의 첫 공판날인 4월 8일은 바로 인혁당 사건의 상고심 판결이 예정된 날이었다. 서울 서소문동에 있는 법원 본관 건물 앞마당에서 인혁당 사건의 가족과 친지, 각계 인사로 보이는 많은 사람들이 실성하다시피 절규하고 통곡하며 몸부림치는 모습을 나는 구치소 호송차 안에서 수갑을 찬 채 바라보아야만 했다. 사형수들에 대한 상고기각으로 사형이 확정되었음을 직감할 수가 있었다. 그날 오전 대법원 전원합의체(재판장 민복기 대법원장)는 인혁당 사건 및 민청학련 사건 피고인 38명 중 2명을 제외한 36명에 대한 상고기각 판결을 선고함으로써 서도원, 도예종, 하재완, 이수병, 김용원, 우홍선, 송상진, 여정남 등 8인에 대한 사형 판결을 확정했던 것이다. 선고에 단 10분도 채 안 걸렸다. 법정 내에는 '전부 조작이다'라는 절규가 튀어나왔고, 북받쳐 오르는 비통함과 분노를 주체하지 못한 울부짖음으로 넘쳐났다.[20]

이 판결을 놓고 사법부의 변질을 논하는 견해도 나왔다. 즉 한 사학자는 "(1964년의 1차 인혁당 사건이 있었던) 10년 전의 사법부와 유신체제하의 사법부는 크게 달랐다. 1960년대 후반에 조금씩 권력에 종속되던 사법부는 1971년 사법부 파동을 거치며 독립성이 아주 약해졌다"며, 당시 법관의 임명 보직권을 대통령이 갖고, 그해 3월 대법원판사 15명 중 9명이 재임명에서 탈락했던 사실을 상기시켰다.[21]

대법원 선고 18시간 만의 '사법살인'

인혁당 사건의 가족들은 걷잡을 수 없는 통분 속에서도 재심 청구를

인혁당 사건의 대법원 법정
대법원이 인혁당 사건 피고인들의 상고를 기각함으로써, 그로부터 18시간 후에 8명의 사형수들은 형장으로 끌려갔다.

논의하는 등으로 밤을 새우고, 날이 밝자 곧장 서울구치소로 달려갔다. 남편들에 대한 접견이 금지되었다는 교도관의 말에 무슨 이유냐며 항의를 했으나 아무런 소용이 없었다. 그때는 이미 사형이 집행된 뒤였던 것이다.[22] 다음 날 재심 청구를 위해 변호사 사무실로 가는 길에 제부로부터 사형 집행 소식을 들었다는 가족도 있었다.[23]

놀랍게도 대법원에서 사형이 확정된 바로 다음 날인 1975년 4월 9일 새벽 여덟 명의 사형수들에 대한 교수형이 서울구치소에서 전격 집행되었다. 언론 보도에는 그 시각이 판결 선고 후 18시간 만인 새벽 5시였다고 했다. 군법회의 판결이 확정된 것이어서 형집행장에는 군 법무장교와 군종장교(목사)가 입회했다. 당시 군목으로 참여했던 박정일 목사의 말에 의하면, 형집행은 그날 오전 4시 반경부터 8시 무렵까지 계속되었다. 사형수들은 "난 억울하다. 언젠가는 모든 일이 밝혀질 것이다" "나는 유신체제에 반대한 것밖에 없고, 민족과 민주주의를 위해서 투쟁한 것밖에 없는데, 왜 억울하게 죽어야 되느냐! 반드시 우리의 이번 억울한 희생은 정의가 밝힐 것이다"는 등의 유언을 남겼다. 누구도 자신의 죄를 인정하거나 용공적인 말을 한 사람은 없었다. 마지막 가는 길에 기도를 원하느냐는 군목의 말에 모두 묵묵부답이었다고 한다.[24] 내가 변호인이었던 여정남을 비롯해 여덟 분의 목숨이 그처럼 오랏줄에 매달리던 그 시각, 나는 같은 구치소 감방에서 새벽잠을 자고 있었으니, 기가 막히는 일이었다.

판결 전 선고통지서, 집행명령 도착 전 사형(?)

사형 확정 후 하룻밤 사이에 형집행을 하는 것은 전례도 없고 있을 수도 없으며 따라서 누구도 예상할 수 없는 일이었다. 당시의 군법회의법에 의하면 사형은 확정일로부터 6개월 이내에 국방부장관이 집행명령을 내리고, 그때부터 5일 이내에 집행해야 한다고 규정되어 있었다. 이것은 하룻밤 지나고 집행을 해도 좋다는 규정이 아니라 상당한 유예기간을 두고 사정 변경 등도 감안해 신중을 기하라는 뜻이다. 특히 사형수에게 재심 청구 등 마지막 구명의 기회를 준다는 의미가 담겨 있다. 그러므로 사형 확정 다음 날의 형집행은 법적으로도 피고인의 재심 청구권 박탈이라는 위법을 면하기 어려웠다.

의혹에 찬 반칙은 이밖에도 속속 드러났다. 대검찰청에서 발송한 도

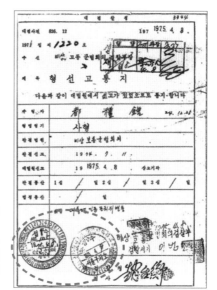

대검찰청에서 비상고등군법회의 검찰부에 보낸 형 선고통지서
국방부장관의 형집행지휘서에 고쳐진 시간(접수인)을 보면, 서울구치소의 인혁당 사건 사형수들에 대한 사형은 집행지휘서가 오기도 전에 집행되었다는 놀라운 사실이 드러난다.

예종을 비롯한 사형수들의 형 선고통지서가 비상고등군법회의 검찰부에 접수된 시점이 대법원 판결이 선고된 1975년 4월 8일 오전 10시보다 8시간이나 빠른 오전 2시로 문서 접수인에 찍혀 있었다. 판결 선고 훨씬 전에 군 검찰부에 통지서가 갔다는 이야기다. 그뿐만이 아니었다. 국방부장관이 발부한 사형집행 명령서가 서울구치소에 접수된 시각은 4월 8일 오후 2시로 되어 있었는데 누군가 '8'을 '9'로 고쳐놓은 것이 역시 접수인에 훤히 보였다.[25] 당초의 오후 2시 접수는 행정절차상 불가능한 일임을 뒤늦게 알고 하루 뒤로 날짜를 고쳤음이 틀림없다. 만일 그렇게 고친 대로라면 서울구치소에서는 사형집행 명령서가 오기도 전에 집행을 한 것으로 되어 더욱 큰 문제가 된다. 이렇게 조급하게 허둥대면서까지 사형집행을 서둔 속셈은 무엇이었을까? 대법원의 사형 판결은 기정

사실 내지 통과의례에 불과했다는 점을 실증하는 것이 아니었을까?

고문 상처 숨기려 시신 탈취 화장까지

시신의 처리에서는 더욱 통분할 만행이 벌어졌다. 유족들은 형장에서 나온 시신을 천주교 정의구현전국사제단 신부들의 도움으로 서울의 한 성당으로 옮기려고 했다. 그러나 당국은 서울 이외 지역 거주자의 시신은 서울에서 가족에게 인도하기를 거부하고, 각 거주지 시립병원으로 실어 보냈다. 송상진의 시신만은 어떻게든 응암동성당(서울)으로 옮겨 안치하려 했으나 도중에 유족 및 신부, 목사, 시민 20~30명과 경찰 300~400명이 대치 충돌한 끝에 시신을 빼앗긴 채 어디론가 사라지는 차를 놓치고 통곡만 했다.[26] 송상진, 여정남의 시신은 끝내 가족에게 넘겨주지 않고 경찰이 벽제 화장터로 싣고 가서 화장 처리하고 말았다. 전격적으로 처형을 한 것은 처참한 고문의 흔적 때문이었고, 그중에서도 상처가 심했던 두 사람의 시신은 아예 인도조차 하지 않고 화장해버린 것이라고 모두들 통분해했다. 당시 제네바에 본부를 둔 국제법학자협회는 4월 9일을 '사법사상 암흑의 날'로 선포했다.

추방당한 성직자, 오글 목사와 시노트 신부

인혁당 재건위 사건과 관련해 우리가 기억해야 할 두 사람의 외국인

성직자가 있다. 조지 오글George E. Ogle 목사와 제임스 시노트James P. Sinnott 신부가 바로 그들이다. 당시엔 누구도 함부로 인혁당 사건에 대해서 입을 열지 못할 때였는데, 오글 목사는 1974년 10월 10일 개신교의 목요기도회에서 인혁당 사건을 공개적으로 문제 삼고 나섰다. 그는 그날의 설교를 이유로 중정에 연행되어 조사를 받고 강제 추방되었다.[27]

시노트 신부는 1975년 2월 24일 구속자가족협의회 후원회 회장으로 천주교 정의구현전국사제단과 함께 명동성당에서 내외신 기자회견을 열어 인혁당 사건이 조작임을 밝히는 '인혁당의 진상은 이렇다' 등의 성명을 발표하고, 그 사건이 조작임을 공개 성토하는 등 대정부 투쟁에 앞장섰다. 그리고 사형집행 후 주검조차도 가족에게 넘겨주지 않는 당국의 처사를 현장에서 거세게 항의하다가 경찰에 끌려갔고, 마침내 그도 강제 출국을 당했다.[28]

인혁당 사건의 진상규명을 요구하는 각계의 운동은 시일이 가도 끊이지를 않았다. 특히 천주교 정의구현전국사제단과 개신교의 한국기독교교회협의회, 그리고 민주화실천가족운동협의회를 중심으로 줄기차게 전개되었다.

의문사위·진실위, "고문에 의한 조작" 발표

역사는 흘러 1979년 10월 박정희 왕조가 김재규의 총격으로 끝나는가 했으나, 전두환이 군사반란 및 내란을 일으켜 권좌(제5공화국)에 오르고, 1987년 6월항쟁의 성과에도 불구하고 노태우의 제6공화국 등장을 막지 못했으며, 그와 합세한 김영삼 정부가 출현했다. 그에 이어 김대중 정부가 들어선 1998년 인혁당 사건 진상규명과 명예회복을 위한 대책위원회(공동대표 이돈명, 문정현)가 결성되면서 이 사건의 진상규명운동이 본격화되었다. 대통령 직속 의문사진상규명위원회는 2002년 9월 12일 (인혁당 사건으로 복역 중 옥사한 장석구에 대한 직권 결정으로) 인혁당 재건위 사건은 중정에서 정권 안보를 위해 고문 등에 의하여 조작한 것이라고 발표했다. 국가기관으로서는 처음으로 조작 의혹을 밝혀낸 것이다. 그리고 이 사건에 대해 재조사할 것을 정부에 권고하는 결정을 했다.[29] 이어서 그해 12월 인혁당 사건의 유족들이 법원에 재심을 청구했고, 2005년 12월 7일 '국정원 과거사건 진실규명을 통한 발전위원회'도 중정이 이 사건을 무리하게 반국가단체로 짜맞추기 위해 수사 과정에서 고문을 자행했다는 조사결과를 발표했다. 이와 관련해 당시의 한 위원은 '사건의 성격상 사형 집행은 박 대통령의 재가 없이는 불가능한 일이었다'고 말했다.

법원, 30년 만의 재심 개시 결정

서울중앙지방법원(형사합의23부)은 그해 12월 27일 이 사건의 유가족들이 낸 재심 청구에 이유가 있다며, 재심 개시 결정을 했다. 사법살인으로 불리는 통한의 죽음이 있은 지 실로 30년 만의 일이었다. 재판장인 이기택 부장판사는 결정을 고지하기에 앞서 "가장 가슴아픈 건 피고인들이 이미 없어진 국가기관에 의해 사형당해 지금 법정에 서지 못한다는 점입니다. 그들의 명복을 빕니다"라고 소회를 밝혔다. 이어서 그가 "이 사건의 재심을 개시한다"는 결정 주문을 낭독하자 유족들은 소리 죽여 흐느끼기 시작했다고 신문은 전하고 있다.[30]

재심 첫 공판은 2006년 3월 20일에 열렸다. 같은 재판부(이때 재판장은 문용선 부장판사)에 의해 심리가 진행된 이 재판에서는 의문사진상규명위원회의 조사 결과와 생존자들의 증언에 의하여 기존의 유죄 판결은 무너질 수밖에 없었다. 검찰은 결심공판 때 구형도 하지 못했다.

32년 만의 무죄 판결, 그러나 불귀의 원혼들

2007년 1월 23일 이 재심 사건에 대한 1심 판결이 선고되었다. 재판부는 도예종 등 재심 피고인 8명 전원에 대해 무죄를 선고했다.(다만 폐지된 긴급조치 위반 부분은 면소됐고, 긴급조치 및 유신헌법 자체가 무효라는 변호인 측 주장은 그 위헌 여부를 심사할 권한이 법원에 없다는 이유로 받아들여지지 않았다.) 실로 32년 만의 무죄 판결이었다. 법정은 박수와 눈물로 뒤범벅이 되었다.[31] 그러나 한 번 형사刑死한 억울한 영령들이 되살아나는 것은 아니었다. 다만 권력자에 의해 조작된 누명을 쓰고 '사법살인'에 희생된 원혼들의 명예가 회복되었다는 데서 그 의미와 위안을 찾을 수밖에 없는 판결이었다. 이 판결은 법원이 '과거사'에 얽힌 사법적 오류를 더이상 고수할 수 없는 국면에서, 흔히 내세우는 '법적 안정성'보다 '사법 정의'를 중시한 결단으로 평가되었다. 또한 지난날 시국사건 등에서 억울한 유죄 판결을 받았던 사람들의 재심에도 영향을 미칠 것으로 기대되었다. 다만 법원이 지난날의 과오에 대해 좀더 진정성 있는 사죄를 했어야 되지 않느냐는 아쉬움이 남았다.

그후 인혁당 사건 생존자 및 복역 중 사망자, 민청학련 사건으로 처벌을 받은 장영달 등 8명, 이해찬 등 5명을 비롯한 45명이 연달아 재심에서 무죄 판결을 받았다. 그리고 1959년의 진보당 조봉암(사형) 사건, 1961년의 민족일보 조용수(사형) 사건, 1974년 오종상의 긴급조치 위반 사건 등도 재심에서 무죄 판결을 받았다.

대통령 박정희는 말년에 술에 취하면 인혁당 사건 처리를 후회하며 울먹였다고 한다.[32] 내가 그 기사를 읽고 술의 참회 유발적(내지 양심 회귀적) 효용에 대해 경탄했던 기억이 난다.

주————————

1   한국기독교교회협의회 인권위원회 『1970년대 민주화운동 (1)』, 한국기독교교회협의회 1986, 450면.

2   『법조 50년 야사 (상)』, 법률신문사 2002, 648면. 검사들은, 피의자들이 정치혁신계 정당을 창당하기 위하여 인민혁명당이라는 지하서클을 조직하고 있었던 사실은 있으나, 이것을 반국가단체로 보기 어렵고, 그들이 북한공산집단의 지령을 받았다는 점을 인정할 자료가 없다는 이유로 불기소처분이 옳다고 결론을 내렸다.

3   『한겨레신문』 2005년 10월 25일자. 이때(1차 인혁당 사건, 1964) 민복기 법무장관은 국회 답변에서, "상명하복관계에 있는 검찰이 상부의 명령을 어긴 것은 항명으로 볼 수 있다"고 말했다.

4   『법조 50년 야사 (상)』, 649면.

5   김형욱·박사월 『김형욱 회고록 (2)』, 아침 1985, 135면.

6   『한국일보』 2003년 5월 9일자.

7 『법조 50년 야사 (상)』, 650~51면.

8 해방20년사 편찬위원회『해방 20년사』, 희망출판사 1965, 1183면;『법조 50년 야사 (상)』, 같은 면.

9 『해방 20년사』, 같은 면.

10 그러나 2004년 11월 2일 설치된 '국가정보원 과거사건 진실규명을 통한 발전위원회'(국정원 진실위, 2005년 5월 3일 국회에서 통과된 '진실화해를 위한 과거사 정리 기본법'에 의한 위원회와 다른 기구)는 사건 당시의 중정 발표와는 달리, 인혁당은 규약과 강령을 갖춘 당 수준으로 존재하지 않았다고 판단했다.(『내일신문』2005년 12월 7일자)

11 한승헌『분단시대의 법정』, 범우사 2006, 96~97면.

12 여정남 「항소이유서」(1974. 8. 13),『한승헌 변호사 변론사건 실록 (2)』, 범우사 2006, 422면.

13 국정원 과거사건 진실규명을 통한 발전위원회『과거와 대화, 미래의 성찰 (4): 정치·사법편』, 국가정보원 2007, 202면 이하.

14 『1970년대 민주화운동 (1)』, 452면.

15 여정남, 앞의 글 422~27면.

16 유인태 「내가 겪은 민청학련 사건」,『한승헌 변호사 변론사건 실록 (2)』, 범우사 2006, 342~43면.

17 여정남, 앞의 글 425면.

18 「비상고등군법회의 판결(74 비고군형항 제14호, 제15호, 제16호)」,『한승헌 변호사 변론사건 실록 (2)』, 468면.

19 한승헌 「인혁당과 민청학련의 연결고리로 몰린 사형수」,『한승헌 변호사 변론사건 실록 (2)』, 419~20면.

20 정운현『청년 여정남과 박정희시대』, 다락방 2015, 407~08면.

21 서중석「인혁당 재건위 사건 조작과 박정희 유신체제」,『인혁당 재건위 사건 재심백서 (1)』, 4·9통일평화재단 2015, 22면.

22 하재완의 부인 이영교의 말(『한국일보』2003년 5월 23일자).

23 인혁당사건 피고인 우홍선의 부인 강순희의 말(『경향신문』2012년 9월 14일자).

24 『한겨레』2012년 9월 12일자.

25 국가기록원에 보존된 관계 문서에서 확인(『한겨레신문』2005년 12월 13일자).

26 이상우 「인혁당 사건에 대한 가톨릭의 '현실 고증'」,『비록 박정희 시대 (3): 반체제

　　민권운동사』, 중원문화 1985, 131~32면.

27　『1970년대 민주화운동 (1)』, 514~37면.

28　같은 책 537~42면; 명동천주교회『한국가톨릭인권운동사』, 1984, 331~36면.

29　『세계일보』 2002년 9월 13일자.

30　『경향신문』 2005년 12월 28일자.

31　『중앙일보』 2007년 1월 24일자.

32　『한겨레』 2014년 12월 27일자.

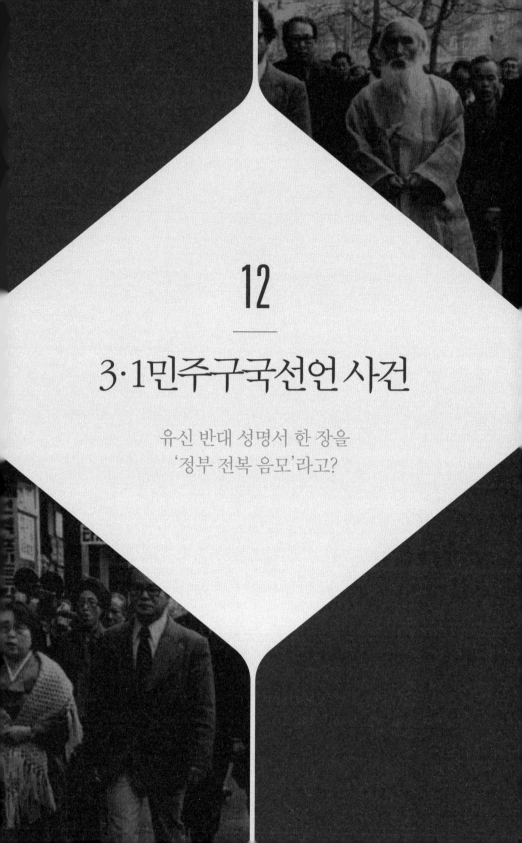

12

3·1민주구국선언 사건

유신 반대 성명서 한 장을
'정부 전복 음모'라고?

도대체 그 '민주구국선언'은 내용이 어떠했기에
검사장이 내외신 기자들 앞에 나와 직접 발표문을 읽었을까?
유신통치에 정면으로 저항하는 민주세력의 중심인물들이 총망라된
이 사건은 국내외에 엄청난 파문과 충격을 일으켰다.

명동성당 미사에서 읽은 '민주구국선언'

1975년은 박정희 정권의 긴급조치 유신통치가 '민청학련 사건'과 '인혁당 사건'으로 그 야만성을 드러내어 온 세계의 분노를 산데다가, 긴급조치 9호[1]라는 또 하나의 탄압장치가 출현하여 숨이 막히는 가운데 저물었다.

그러니 1976년은 새해답지 않은 불안과 함께 1월이 열리고 2월을 거쳐 다시 3·1절을 맞았다. 이날 오후 6시 서울 명동성당에서는 연례적인 3·1절 기념 미사가 열렸다. 20여 명의 사제들이 공동 집전을 하고, 여러 신·구교 성직자와 700여 명의 신도들이 여기에 함께 참예했다. 김승훈 신부의 강론에 이어 문동환 목사가 설교를 하고, 전주에서 온 문정현 신부가 김지하 어머니의 호소문을 읽었다. 끝으로 이우정 교수(서울여대)가 '3·1민주구국선언'을 낭독한 뒤에 밤 9시 45분경 미사는 별일 없이 끝났다.[2] 그러고 나서 농성이나 시위도 하지 않고 모두 조용히 돌아갔다.

'정권 탈취 획책'이라며 20명 입건

그런데 그로부터 열흘 뒤인 3월 10일, 천만뜻밖에도 서울지방검찰청 서정각 검사장이 기자들 앞에서 "일부 재야인사들의 '정부전복 선동 사건' 관련자 20명을 대통령긴급조치 9호 위반 혐의로 입건"했다고

발표함으로써 세상을 발칵 뒤집어놓았다. 그는 "(1) 일부 재야인사들은 기회 있을 때마다 반정부 분자들을 규합하여 그동안 각 계열별로 민주회복국민회의 또는 갈릴리교회 등 종교단체 또는 사회단체를 가장한 불법단체를 만들어 각종 기도회, 수련회, 집회 등 종교행사를 빙자하여 수시로 회합, 모의하면서 '긴급조치 철폐, 정권 퇴진 요구' 등 불법 구호를 내세워 정부전복을 선동하였다. (2) 심지어는 외세를 이용하여 이같은 비합헌적인 정부전복 선동의 목적을 달성하고자 대한민국에 대한 각종 비방과 모함을 자행케 하기까지 하였다. (3) 그러나 국민으로부터 아무런 지지를 받을 수 없게 될 것임이 명백해지자 이들은 초조한 나머지 김대중, 문익환, 함세웅 등이 주동이 되어 윤보선, 정일형, 함석헌 등의 동조를 받아 민중 선동에 의한 국가변란을 획책하였다"고 발표하였다. 그리고 '국가변란'을 위한 실행과정에 대해서는 "이들은 3·1절 기

넘 미사가 열리는 것을 사전 탐지하고 동 미사가 끝나 청중이 해산할 무렵 기습적으로 선언문을 발표"하여 "청중을 선동하여 시위를 촉발함으로써 민중봉기로 유도, 확산시켜 사회를 혼란에 빠뜨리고 이를 이용하여 현 정부를 전복, 정권 탈취를 획책하였다"고 했다.[3] 실인즉, 이 '선언'에 참여했거나 관련된 인사들이 이미 3월 2일부터 경찰과 중앙정보부에 연행되어 조사를 받아온 터였다.

이 사건으로 입건된 20명에는 그 선언문에 서명한 함석헌(75, 종교인, 사상가), 윤보선(78, 전 대통령), 정일형(72, 국회의원), 김대중(51, 전 대통령후보), 윤반웅(66, 목사), 안병무(54, 신학자), 이문영(49, 교수), 서남동(48, 목사), 문동환(55, 목사), 이우정(53, 교수) 등 10인 외에 가톨릭 신부 등 10인이 더 포함되어 있었다. 그중 구속된 사람은 문익환(58, 목사), 함세웅(36, 신부), 김대중, 문동환, 이문영, 서남동, 안병무, 신현봉(46, 신부), 이해동(42, 목사), 윤반웅, 문정현(36, 신부) 등 11명이고, 불구속된 사람은 정일형, 함석헌, 윤보선, 이태영(61, 가정법률상담소 소장), 이우정, 김승훈(37, 신부), 장덕필(36, 신부), 김택암(37, 신부), 안충석(37, 신부) 등 9명이었다.

윤보선, 김대중 등 겨냥한 무모한 사건화

도대체 그 '민주구국선언'은 내용이 어떠했기에 검사장이 내외신 기자들 앞에 나와 직접 발표문을 읽었을까?

그 선언문은 한마디로 박정희 정권에 대한 '유신 철폐 및 퇴진' 요구였다. '선언'은 온건한 듯하면서 강도 높은 내용을 담고 있었으며 분량도 장문이었다. 그 줄거리를 요약하면 이러하다. '이 나라는 민주주의의 기반 위에 서야 한다. 국민의 자유를 억압하는 긴급조치를 곧 철폐하고, 민주주의를 요구하다가 투옥된 민주인사들과 학생들을 석방하라. 언론, 집회, 출판의 자유를 국민에게 돌려달라. 유신헌법으로 허울만 남은 의회정치가 회복되어야 한다. 사법권의 독립을 촉구한다. 지금 이 겨레의 지상과업인 민족통일을 어떤 개인이나 집단이 저들의 전략적인 목적을 위해서 이용한다거나 저지한다면 역사의 준엄한 심판을 면치 못할 것이다. 민족통일의 첩경은 민주역량을 기르는 일이다.'[4]

1976년 3월 26일 검찰은 앞서 구속된 11명을 전원 구속 기소하고, 불구속 입건된 9명 중 김택암, 안충석 두 신부는 기소유예, 나머지 7명은 불구속 기소하였다. 검찰은 이 민주구국선언문에 서명하지 않은 목사와 가톨릭 신부 몇 사람까지도 입건하여 기소함으로써 사건을 더욱 부풀렸으니, 추가된(?) 피고인들을 살펴보면 이러하다. 명동성당에서 거행된 3·1절 기념 미사와 기도회에서 강론을 한 김승훈 신부, 미사를 집전하고 사회를 본 장덕필 신부, 2월 16일 전주에서 열린 천주교 전주교구 사제단 주최 기도회에서 유인물을 배포한 외에 앞의 명동성당 미사에서 김지하 시인 어머니의 호소문을 낭독한 문정현 신부, 그리고 그해 1월 23일 원주 원동성당에서 있었던 신·구교 연합기도회에서 강론을 한 신현봉 신부 등[5]과 이 행사 아닌 다른 집회에서 정권을 공격하는 설교를 한 윤반웅 목사, 거기에다 갈릴리교회의 목요기도회를 주관하였고 민주구국선언문의 인쇄 작업을 한 이해동 목사, 당초 민주구국선언문을 기초한 문익환 목사[6] 등을 피고인 그룹에 합류시켜놓았다. 피고인들의 면면에 이처럼 박정희 유신통치에 정면으로 저항하는 민주세력의 중심인물들이 총망라됨으로써 이 사건은 국내외에 엄청난 파문과 충격을 일으켰다.

첫 공판부터 '방청 제한' '재판 거부'로 파행

검찰의 기소 죄목은 법률도 아닌 '대통령긴급조치 9호 위반'이었다. 긴급조치 9호는 유언비어를 날조, 유포하거나 사실을 왜곡하여 전파하는 행위, 유신헌법을 부정, 반대, 왜곡, 비방하거나 개정·폐지를 주장, 청원, 선동, 선전하는 행위에 대해 1년 이상 10년 이하의 유기징역에 10년 이하의 자격정지를 병과한다는 중형 규정이었다. 바로 긴급조치 1호와 4호의 부활이었다. 국회에서 제정된 법률도 아닌, 대통령이 일방적으로 선포한 또 하나의 '긴급조치'가 초헌법적인 위력을 다시 보여준 터였다.

서울형사지방법원 합의7부(재판장 전상석 부장판사, 배석 제차룡, 황우여 판사)에 배당된 이 사건의 1심 첫 공판은 1976년 5월 4일에 열렸다. 검사석에는 정치근, 최명부 등 서울지검 검사 5명이 앉아 있었고, 변호인석엔 천주교 정의평화위원회와 한국기독교교회협의회 인권위원회가 선임한 박세경, 이돈명 등 27명의 대변호인단이 포진하고 마주해 있었다. 피고인석에는 전직 대통령, 제1야당의 전 대통령 후보, 대표적 사상가, 목사, 신부, 학자, 시민운동가 등 대한민국의 각계 지도급 인사들이 총동원된 듯한 분위기였다. 법정 밖에선 방청권이 없는 시민 200여 명이 서성거리는가 하면, 구속자 가족들은 방청 제한에 항의하는 뜻으로 입에

십자가 모양의 검은 테이프를 붙이고 법정 밖에서 시위를 했다.

오전 10시가 조금 넘어 개정된 이날의 첫 공판은 바로 이 방청 제한 문제로 논란을 거듭했다. 피고인들에 대한 인정신문도 하기 전에 변호인단에서 재판의 방청 제한에 따른 재판의 비공개 문제를 제기하였다. 방청석에 빈 공간이 남았는데도 가족과 시민들의 입정을 막고 기관원과 사복 경찰관들이 방청석을 차지하고 있는 데 항의하며 변호인단에서 재판에 응할 수 없다고 거부하자 재판부는 개정 50분 만에 첫 공판을 끝냈다.

공정한 재판 요구하며 변호인단 퇴장

5월 15일 오전에 열린 2차 공판에서도 방청 제한 문제로 소란이 벌어지자 피고인 가족들은 방청권을 소각하며 항의하는 사태가 벌어졌다. 이에 경찰은 일부 가족과 시민을 마이크로버스에 끌어넣어 서대문경찰서로 연행했다가 오후에야 풀어주는 불법을 자행하기까지 했다.

공판이 시작되자 재판부는 피고인들에 대한 인정신문에 들어갔는데, 윤보선은 사선변호인이 있는데도 법원이 국선변호인을 세 사람이나 선임하여 변호인석에 앉혀놓은 것이 문제가 되었다. 재판부에 대한 기피신청이라도 나오고 변호인의 퇴정이라도 있을 경우에 대비한 것이 아니냐는 변호인 측의 항의에 재판부가 그 선임을 취소하는 촌극도 벌어졌다.

이날 방청석에는 김수환 추기경, 지학순 주교, 성공회 이천환 주교,

법원으로 향하는 피고인들
3·1민주구국선언 사건의 대법원 판결이 있는 날, 법원으로 향하는 피고인과 각계 인사들.
앞줄 왼쪽으로부터 피고인 이우정, 안병무, 함석헌, 이해동.

강원용 목사 등 많은 종교계 인사들과 20여 명의 신부, 수녀들의 모습이 보였다.

검사의 공소장 낭독이 끝나자 변호인단에서는 공소사실이 구체적으로 특정되어 있지 않고, 막연히 '사실왜곡'이라고만 기재되어 있을 뿐, 왜곡 이전의 진실된 사실이 무엇인지 적시하지 못하고 있다는 등의 이유를 들어 공소기각을 요구하였다. 그러나 재판부가 이를 받아들이지 않자 변호인들은 재판 진행의 공정성 문제와 피고인 접견의 제약, 기록 열람의 지연 등을 이유로 재판의 연기를 요청하였으나 이 또한 거부당했다. 참다못한 변호인단 전원이 법정 밖으로 나갔다.

그런데도 재판부는 인정신문을 하겠다며, 먼저 함석헌에 대하여 본적, 주소 등을 물었다. 그러나 함석헌은, 그런 것은 '남산'(중앙정보부)

과 검찰에서 다 말했다면서 설왕설래 끝에 이렇게 물었다. "이 사건 재판이 지금 공개재판으로 (처리되고 있다고) 생각하십니까? 재판장께서는?" 재판장이 "알겠습니다"라고 답하자 "아니, 글쎄 대답을 해주세요. 공개재판으로 생각하십니까?"라고 재차 물었다. 재판장이 대답했다. "분명히 공개재판입니다." 이태영, 이우정 두 사람도 법원으로 오는 길목에서 겪은 경찰의 처사를 거론하며 공개재판 문제를 강하게 제기하였다.[7]

그런데도 검사는 김대중에 대한 직접신문을 하려 했다. 이에 김대중은 '변호인도 없는 상태에서 신문에 응할 수 없다'고 묵비권을 행사했다. 검사는 공소사실을 질문 형식으로 바꾸어 일방적으로 묻기만 하고는 김대중에 대한 직접신문을 마친다고 했다.

검사와 피고인 간의 치열한 설전

3차 공판은 5월 29일에 열렸고, 이때부터 본격적인 사실심리가 시작되었다. 먼저 검사의 직접신문에서 오간 그날의 문답 일부를 옮겨본다.[8]

검사 이 선언문의 선언인이 된 동기가 무엇입니까?

이우정 제가 학교에 있을 적에 신앙의 자유도 굉장히 억압을 받았고, 교수로서 제 소신에 따라 강의를 하는데, 경찰에서 매일 학교에 와서 살다시피 해요. 예배 보고 나면 찬송가를 몇 장을 불렀느냐, 성경은 어디를 읽었느냐, 너무 간섭이 많으니까, 이렇게 종교의 자유와 학원의 자유가 없을 때에 우리가 정부에 대해서 충고를 하든지 어떻게 해서라도 이것은 시정을 해야 되겠다는 일념에서 선언에 이름을 올렸습니다.

이문영 ("검찰이 마이크를 쓰고 있는데 나도 기운이 없으니 마이크를 좀 달라"고 하자 검사는 마이크를 치웠다. "검찰의 공소장 내용을 보면, 유죄로 인정하기 위해 편리한 대로 짜 맞춰져 있는데, 법에 걸려들도록 말할 테니까 안심하라"고 말한 뒤 검사의 신문에 답변을 하였다.)

검사 선언문에 보면, 현 정권의 퇴진을 요구하였는데, 이에 찬동을 한 것이지요?

이문영 제가 생각하는 민주주의는 미국 독립선언서에 있는 정신인데요, 정부의 1차적인 기능은 국민의 기본권을 존중해야 한다는 것이고, 둘째는 정부가 그러한 권한을 갖는 방법은 국민의 동의에 의해서 되어야 하며, 셋째는 이 두 가지가 갖추어지지 않을 경우에는 정부를 퇴진시킬 권리가 국민에게 있다는 것입니다.

검사 그러면 현 정권이 스스로 물러나리라고 생각합니까?

이문영 검사께서는 어떻게 생각하세요?

검사 내가 피고인한테 묻는 것이 아니요?

이문영 민주주의 원리라고 하는 것은 국민이 주인이에요. 국민이 당신 가지곤 안 되겠습니다, 그러면 나가야지요.

검사 선언문을 보면, 이 민족은 또 다시 독재정권의 쇠사슬에 매이게 되었다. 삼권분립은 허울만 남고 말았다. 국가안보라는 구실 아래 신앙과 양심의 자유는 날로 위축되고, 언론의 자유와 학원의 자유는 압살당하고 있다는 등의 상황을 표현한 것이 사실과는 비뚤어진 표현이라고 보여지는데, 어떻습니까?

이문영 사실을 너무나 정확하게 말한 것이라고 생각합니다.

검사 (검사가 문익환 피고인에 대해서는 선언문을 작성 발표한 경위에 대해서만 묻고 신문을 끝내자.)

문익환 다른 피고인에게는 선언문의 내용에 관하여 질문하면서, 정작 선언문을 기초한 나에게는 선언문의 내용에 관하여 조목조목 묻지 않는가? 그리고 선언문의 골자는 민족통일에 있는데, 검사의 공소장에는 그에 관하여 왜 한 마디의 언급도 없는가?

"검사에게 손가락질은 마세요" "죄송합니다"

4차 공판은 6월 5일에 열렸다.

검사 박정희 씨와 그 일당이 물러가야만 이롭게 살 수 있다, 박정희 씨와 그 일당은 마음대로 기도를 못하도록 방해해왔고, 대학 교수들의 목을 베고, 대학생들을 비롯한 여러 사람을 감금시켜 자기 백성을 원수로 여기니, 이런 학정을 하는 박정희와 그 일당을 조속히 몰아내고 이 나라를 옳게 세워야 한다는 등의 발언을 한 사실이 있습니까?

윤반웅 그렇습니다. 박정희 씨와 그 일당이라는 말이나 조속히 몰아내라는 말도 다 옳습니다. 그런데 우리 힘으로 할 수 없으니까 하나님께 그렇게 기도를 한 것이 사실입니다.

검사 경과보고에 나오는 이야기인데, 민방위법이라든지 주민등록 갱신은 전 국민을 얽어매려는 것이고, 사회안전법은 반정부 인사나 저명 인사의 입을 틀어막기 위해서 만든 것이라고 말한 내용이 포함되어 있지요?

문정현 정확히 기록되어 있습니다. 이것은 전시입법인데, 대한민국은 정부에 대해서 참 불신이 많은데, 5·16 이후에 계속해서 거짓말만 해왔습니다. 민정 이양한다고 해놓고 군복만 바꾸어 입고 대통령으로 일하고, 거기에다가 임기가 끝나니까…….

검사 피고인, 얘기하는 것은 좋은데, 검사석을 향해서 손가락질은 마세요.

문정현 죄송합니다. 평소에 수양이 모자라서 죄송합니다.

"각본에 의한 재판 같은 인상" "법정 모욕이다"

5차 공판은 6월 12일에 열렸다. 4차 공판의 공판조서도 작성되지 않은 상태에서 5차 공판을 여는 등 매주 기일을 넣어 서두르는 데 대하여 변호인단의 항의가 있었고, 그중 한 변호사가 "이 재판은 무슨 각본에 의해 끌려가고 있는 듯한 인상을 준다"고 지탄하자 재판부는 그런 발언은 법정에 대한 중대한 모욕이라고 경고하고 재판을 계속하려 하였다. 그러나 지난번의 공판조서도 작성되어 있지 않고, 속기록도 열람할 수 없는 현재로서는 공판을 해서는 안 된다고 이의를 제기하여 결국 다음 공판으로 미루어졌다.

6차 공판은 6월 19일에 열렸다. 전에 한 변호인이 윤보선 피고인에 대하여 '각하'라는 호칭을 쓰자 검사가 이의를 제기한 일이 있는데, 이날은 김대중 피고인에 대하여 박세경 변호사가 '김대중 후보'라는 호칭을 쓰자, 검사가 또 이의를 제기함으로써 잠시 설전이 오가기도 했다.

변호인 공소장에 보면, 국민들이 안보우선 및 국민총화의 당위성을 인식하여 유신체제에 적극 지지를 보내고 있다고 되어 있는데?

김대중 나는 그런 의견에 전혀 동의할 수가 없다. 그 이유는 첫째, 유신헌법을 만든 법적 절차에 당위성이 없다. 둘째, 유신헌법에 대한 국민투표의 과정과 내용에 있어서 당위성이 없다. 셋째, 정부가 주장하는 유신헌법의 목적에도 당위성이 없다. 지금처럼 우리가 성명서 한 장 냈다고 구속하고 재판하는 상황을 가지고는 국민총화는 있을 수 없다.

변호인 정부 타도라는 목표를 설정했다는 공소장의 주장에 대해서는?

김대중 이번에 우리가 민중 폭동을 선동하고 정권을 탈취하려고 했다면, 어째서 검찰이 내란죄라든지 내란예비, 혹은 음모죄로 기소하지 않고 긴급조치 9호로 기소하였는가? (이날 김대중은 오후 4시 30분까지 계속된 재판에서 인쇄물로 정리해도 여러 쪽에 달하는 긴 진술을 하였다.)[9]

"구국 위한 선언이었다" "빙자해서"라는 말에 분노

7차 공판은 6월 26일에 열렸다. 이날 공판에서는 문익환, 함석헌, 문동환에 대한 변호인의 반대신문이 있었다.

변호인 민주구국선언을 기초하게 된 동기는?

문익환 성서 번역이 민권운동 못지않게 중요하니 거기에 전념하라는 캐나다에 계신 부모님의 말씀에 따라 성서 번역에만 전념해왔는데, 57년 전 3·1독립선언과 함께 외친 민족의 함성이 귀에 쟁쟁하게 들려왔고, 그들이 흘린 피가 아직도 보람을 찾지 못하고 있으며 욕된 민족의 수난사를 벗어나 국토분단과 경제 파국을 민주적으로 극복되어야 한다는 데 생각이 미쳤으며, 거기에 먼저 가신 장준하가 나보고 대신 뭔가 해달라고 원하는 소리가 들려 그의 대타로 생각나는 대로 써가지고 함석헌 선생께 보여드렸더니 기뻐하시면서 좋다고 하시기에 이태영 박사와 김대중 선생의 의견도 듣고 해서 선언문 초안을 확정하여 발표하게 되었다.

그밖의 피고인들의 진술 요지는 이러했다

함석헌 정부전복이란 것은 생각도 해본 일이 없으며, 단지 구국을 위해 선언을 했을 뿐이다. 민주회복국민회의에 참여하게 된 것도 비판을 통하여 정부로 하여금 잘못을 고치도록 하기 위함이었다.

문동환 공소장에 기도회, 수련회 등을 빙자해서, '빙자해서'라는 말이 거듭 나오는데 사실 이런 문구를 보고 분노를 억제하느라고 힘들었다. 종교인들이 하느님 앞에서 양심대로 살려고 하는 것을 '정치를 위해서 빙자하는 행동'이라고 하는 것이 있을 수 있는 일인가? 정부가 허용하는 한도 내에서의 자유는 종도 가지고 있다. 이북 공산권에서도 그런 자유는 있다. 이런 것을 가지고 '자유가 전연 없는 듯이'라고 하는 것은 말이 되지 않는다.

8차 공판은 7월 3일에 열렸다.

안병무 종이 한 장을 읽고서 그렇게 (정권을 쟁취)할 수 있다고 생각하는 그런 천치가 어디에 있겠는가? 공소장을 보면 의외로 굉장히 추상적이다. 어디에서 어떻게 선동하고 무엇을 선동했는지, 6하원칙이라는 것이 하나도 없다. 비방이나 왜곡이라는 말의 개념 정리라도 제발 좀 해줬으면 좋겠다.

이해동　갈릴리교회[10]에는 항상 북부서 형사가 나와 있기 때문에 정치적 활동을 하고 싶어도 할 수가 없다. 문익환 목사가 선언문의 등사를 부탁했을 때, 거절하거나 고발한다는 것은 생각할 수도 없었다. 나는 그리스도 안에서 충실하고 정직하게 목사로 산다는 것, 이것 때문에 어쩔 수 없이 현실의 불의와 부조리 또는 자유와 인권 문제에 대해서 관심하고 말하지 않을 수 없다.

"안보 위해 민주주의 포기해야 된다는 말은…"

9차 공판은 7월 10일에 열렸다.

서남동　공소장에 '정권욕에 급급한 해직 교수'라고 되어 있는데, 먼저 말하고 싶은 것은, 정권 쟁취나 정권욕이 있느냐 없느냐가 문제가 아니라, 그런 것이 (있다고 해서) 범죄를 구성한다고는 생각하지 않는다. 정권 쟁취를 한다고 할지라도 총칼을 들고 중앙청에 들어갔느냐? 선언문을 내가지고 국민에게 호소하는데 그게 무슨 죄냐? 굳이 말한다면 정권 쟁취가 아닌 민권 쟁취의 집념에서 한 일이다. 세 번, 네 번 무리한 방법으로 헌법을 고쳐가면서 정권 연장에 집착하다보니까 민권 쟁취가 정권 쟁취로 보이는 것이다.

윤반웅　나는 설교에서 박정희 씨를 대통령으로 생각하지 않고 있다고 말했다. 이북의 김일성이와 연락한 것도 아니고, 간첩행동을 한 것도 아닌데, 민주회복을 하려는 사람들을 저렇게 몇 해씩 징역을 살리고 있으니, 어떻게 대통령이라고 인정할 수 있겠는가? 나는 중앙정보부에 여섯 번인가, 일곱 번, 청량리경찰서에 아홉 번, 중부경찰서에 두 번, 동대문경찰서에 세 번, 연행당한 것으로는 이루 다 말할 수 없다.[11]

함세웅 천주교 정의구현사제단은 1974년 7월 6일 원주교구장 지학순 주교께서 귀국하자 김포공항에서 중앙정보부원에게 납치되었을 때, 전국의 젊은 사제들이 자발적으로 모여 기도하면서, 특히 인권침해를 방지해야겠다는 취지에서 구성된 사제들의 모임이다. 전국에 약 350명의 사제들이 동참해서 일하고 있다. 민주회복국민회의는 초대 대표위원인 윤형중 신부를 가까이서 대변인으로 보좌할 인물이 없고, 또 너무 어려운 자리라서 내가 맡게 되었다.

안보를 위해 민주주의를 포기해야 된다는 것은 도둑을 피하기 위해서 자기 재산을 불태워 없애야 된다는 논증과 똑같다. 이것은 안 되겠다, 해서 원주의 신구교 예배에서 시국에 관한 선언문을 발표하게 되었다.[12]

정일형 자유민주주의가 국시인 대한민국에서 민주주의를 주장했다 하여 재판을 받는 것은 있을 수 없는 일이다. 내가 항일투쟁을 할 때 일본군 앞잡이는 누구였으며, 내가 반공 대열에 섰을 때 여순반란 사건에 가담한 사람이 누구였고, 내가 민주화운동을 할 때 독재자로 전락한 사람은 누구인가?[13]

박정희 대통령을 증인으로 신청하자 검사들이…

11차 공판(7. 24)에서는 검찰과 변호인 양측에서 증인 신청이 있었다. 검사는 김택암, 양홍, 김종식, 전학석, 김두식, 김의주를 증인으로 신청하였다. 변호인단에서는 헌법과 체제 문제에 대해서는 김종필, 유진오,

박일경, 언론 문제에 대해서는 천관우, 종교의 자유 문제에 대해서는 김정준, 은명기, 경제 문제에 대해서는 조동필, 장원종, 조화순, 농촌 문제에 대해서는 주석균, 외교 문제에 대해서는 김동조, 오세웅, 종교와 양심의 자유문제에 대해서는 지학순, 김관석, 그리고 문정현 작성의 호소문과 신현봉 작성의 경과문에 대해서는 김지하, 정금성을 각각 증인으로 신청하였다. 이때 김대중은 "유신헌법이나 현실 제반 상황에 대하여 너무도 잘 아시는 박정희 대통령을 증인으로 신청한다"고 발언하였다. 그러자 검사들은 언성을 높이며 이의를 제기했고, 방청석에서도 소란이 일어났으며[14] 재판부는 바로 휴정을 선언했다. 그러나 속개된 공판에서 재판부는 쌍방 신청 증인 중 검찰 측 4명과 변호인 측 2명만 채택하고 나머지는 채부採否를 보류하였는데, 박정희와 김지하에 대해서는 즉석에서 기각을 했다.

12차 공판(7. 31)에서는 검찰 측 증인 4명에 대한 신문이 있었다.

'편파적 증인 (불)채택'에 재판부 기피신청까지

13차 공판은 8월 3일에 열렸다.

재판부가 변호인 측에서 신청한 증인과 사실조회 등을 받아들이지 않은 것을 이유로 변호인 27명 중 26명의 이름으로 재판부에 대한 기피신청을 했다.

변호인 측에서 재판장의 그동안 재판 진행과 조금 전 발언에 대하여 반박을 하고, 변호인단의 기피신청엔 변함이 없다고 하자, 재판부는 변

불구속으로 재판을 받고 있는 함석헌 선생과 함께한 피고인의 가족들
함석헌이 "정부전복이란 것은 생각도 해본 일이 없으며, 단지 구국을 위해 선언을 했을 뿐이다"라고 했음에도 결국 징역 5년을 선고받았다.

호인들의 기피신청을 그 자리에서 기각하고[15] 재판을 계속하겠다고 하였다. 이에 변호인단 전원이 퇴정을 하였고, 결국 변호인들이 재정하지 않은 상태에서 검사의 논고가 시작되었다. 정치근 부장검사의 논고는 장장 두 시간 반이나 계속되었다. 나중에 보니 검사의 논고문은 무려 202쪽이나 되는 장문이었다. 그 낭독이 끝나고 피고인들에 대해 다음과 같은 구형이 있었다(8월 5일 70세 이상 고령자들에 대한 별도 구형 포함).

김대중, 문익환, 윤보선, 함석헌은 징역 10년, 함세웅, 문동환, 이문영, 신현봉, 윤반웅, 문정현, 이태영, 이우정, 정일형은 징역 7년, 서남동, 안병무, 이해동은 징역 5년, 김승훈, 장덕필은 징역 3년.(징역형과 같은 기간의 '자격정지' 형 부가)

14차 공판은 8월 5일에 열렸다. 재판장은 피고인들에게 최후진술을 간단히 하라고 했다.

김대중 검사의 논고는 황당무계하다. 재판부가 변호인 측의 증인과 증거물 신청을 전부 안 받아들인 것은 납득이 안 간다. 아직도 (구속기간이) 한 달이나 남아 있지 않은가? 그렇게 기각을 해서 변호인단이 재판부에 대한 기피신청까지 했는데 이 또한 재판부가 기각을 했으니, 이런 상황 아래에서는 최후진술을 할 수 없다.

이어서 다른 피고인들도 최후진술을 거부하는 이유만을 진술하고 그 이상은 거부했다.

변호인 전원 사퇴 후에 내린 1심 판결과 그 이후

1심 선고공판은 8월 28일에 열렸다.

변호인단이 신청한 재판부 기피신청(사건 담당 재판부의 간이기각 결정에 대한 항고 사건)은 같은 법원의 다른 부에서 기각했고, 이에 대한 항고는 서울고법에서, 재항고는 대법원에서 연달아 기각되었다. 그리고 변호인 27명 전원이 사퇴서를 제출한 가운데 1심 판결이 선고되었다. 판결은 '역시나'였으니, 검찰의 주장을 거의 그대로 받아들여 피고인 전원에 대하여 대통령긴급조치 9호를 적용, 8년 내지 2년의 징역형을 선고하였다(1심의 개인별 선고형은 다음에 나오는 항소심 판결과 아울러 표시).

이 사건의 항소심은 서울고등법원 제3형사부(재판장 전병연 부장판사, 배석 최휴섭, 김종화 판사)에서 맡게 되었다. 전후 9회에 걸친 공판에서는 1심에서 채택되지 않은 증인 중 일부를 채택하여 법정신문을 하기도 했으며, 피고인들도 최후진술까지 하고 심리를 종결했다. 12월 29일 판결이 선고되었는데, 검찰의 공소사실을 모두 유죄로 인정한 점은 1심 판결과 조금도 다를 바가 없었다. 다만 형량이 조금 낮아졌을 뿐이었다. 안병무, 이해동은 형의 집행유예 판결로 석방되었다. 2심의 개인별 선고형은 이러하다(괄호 안은 1심 선고형). 문익환, 김대중, 윤보선, 함석헌은 징역 5년(8년), 정일형, 이태영, 이우정, 이문영, 문동환, 함세웅, 신현봉, 문정현, 윤반웅은 징역 3년(5년), 서남동은 징역 2년 6월(4년), 이해동, 안병무는 징역 2년, 집행유예 3년(3년), 김승훈은 징역 2년, 집행유예 3년(2년), 장덕필은 징역 1년, 집행유예 2년(2년).

18명의 피고인 전원이 대법원에 상고하였으나, 대법원은 다음 해 3월 22일 상고를 전부 기각했다. 고령자인 윤보선, 함석헌, 정일형과 여성인 이태영, 이우정은 검찰에서 그날로 형집행정지 결정을 하여 징역형의 집행을 면했다. 이렇게 유죄가 확정됨에 따라 정일형은 국회의원직을 잃게 되었고, 그의 부인 이태영은 변호사 자격을 상실하는 등 이중의 불이익을 당했다.

실형을 살게 된 피고인들 중 1977년 7월 17일에 윤반웅 목사와 신현봉 신부가, 12월 25일에 함세웅 신부가, 12월 31일에 문익환, 문동환, 서남동 목사와 이문영 교수 및 문정현 신부가 석방되었다. 끝까지 석방에서 제외되었던 김대중은 1978년 12월 27일에야 제9대 대통령 취임을 기해 형집행정지로 풀려났다.

이 사건의 수사·재판의 파장과 영향

3·1절 기념 미사에서 발표된 시국선언문 한 장으로 전직 대통령과 야당의 대통령 후보를 역임한 정치 지도자와 종교 지도자, 성직자, 학자 등을 20명이나 구속하여 '정부전복기도' 운운하며 재판의 이름을 빌려 중형을 내린 이 사건은 국내외에 큰 파문과 충격을 일으켰다.

먼저, 박정희 유신통치의 무모한 탄압상을 온 세계에 드러내어 국제 사회의 분노와 비난을 자초하였다. 미국과 일본 등 우방국가에서도 규탄성이 높았고 외교적으로 불이익이 가중되었다.

그렇다면 박정희 정권은 어찌하여 그와 같은 무모하고 극단적인 수법을 썼을까? 박 정권의 반민족적·반민주적 실체의 근본을 규탄한 선언의 내용에 충격을 받았을 것이며, 긴급조치나 유신헌법의 폐지에 그치지 않고 아예 정권의 퇴진을 요구한 것에 흥분이 더했을 것이다. 거기에다 그 선언의 동참자와 동조자들이 한국의 국가원수 또는 대통령 후보였던 정치인과 종교계의 지도적 인물들이라는 점에서 더욱 긴장을 했을 것이다.

실인즉, 3·1절에 시국에 관한 성명서가 나오는 것은 거의 연례적인 일이어서 정부도 그냥 넘어가기로 했는데, 3월 2일 국무회의에서 서명자 중에 김대중이 들어 있다는 보고가 나오자 박정희 대통령이 격노하여 모두 잡아넣어 엄벌하라는 지시가 떨어졌다고 한다.[16]

국내적으로는 박정희 독재에 대한 공분이 높아져서 특히 기독교(천주교와 개신교)와 노동자, 재야세력 사이의 연대가 강화되고 투쟁력이 증폭됨으로써 YH무역 여성근로자 집단항의 사건, 김영삼 야당 총재에

316

대한 제명 파동, 부마항쟁, 재야·대학가의 반유신투쟁 격화 등으로 박정희 정권의 몰락을 불러들이게 되었다.

또한 야당 지도자 김대중에게 기독교, 학계 및 재야인사들과의 친분과 유대감을 굳건히 하는 계기가 되어 유신통치 후반기의 연대투쟁에 큰 힘이 되었다.

긴급조치 9호 무효 판결과 36년 만의 재심 무죄

그후 세상이 바뀌자 대법원은 대통령긴급조치 1호에 대한 위헌 무효 판결(2010. 12. 16)을 했고[17] 이어서 대통령긴급조치 9호도 헌법상 보장된 국민의 기본권을 지나치게 침해한 것이므로 (즉 그 발동요건을 갖추지 못한 채 목적상 한계를 벗어나 국민의 자유와 권리를 지나치게 제한했으므로) 위헌 무효라고 판결했다(2013. 4. 18). 좀더 자세히 말하면, "긴급조치 9호는 유신헌법 제18조(현행 헌법 제21조)가 규정한 표현의 자유를 제한하고, 영장주의를 전면 배제함으로써 신체의 자유를 제한할 뿐만 아니라 허가받지 않은 학생의 모든 집회와 시위, 정치관여 행위를 금지하는 등 학문의 자유를 제한한 것으로, 긴급조치 제9호가 해제 내지 실효되기 이전부터 유신헌법에 위반되어 위헌·무효이고, 현행 헌법에 비추어보아도 위헌·무효"라고 판시하였다.[18] 이에 따라 이 민주구국선언 사건으로 유죄 판결을 받은 인사들은 법원에 재심을 청구하였고, 서울고등법원 형사8부(재판장 이규진 부장판사)는 그해 7월 3일 위 대법원 판결의 취지에 따라 재심 청구인 전원에게 '무죄'를 선고하였다. 그런데 그날 재판은 그것으로 끝나지 않았다. 재판장의 발언이 다음과 같이 이어진 것이다.

"피고인들의 인권을 위한 헌신과 고통이 민주주의 발전의 기틀이 되었으며, 오늘의 판결에 깊은 사죄와 존경의 뜻이 담겨 있음을 알아주시기 바랍니다."

이 말을 마치고도 판사들은 법정을 나가지 않고 그대로 앉아 있었다. 재심 청구인(피고인 또는 그 가족)들이 법정을 나갈 때까지.[19]

긴급조치는 유신헌법에도 위반된다고 변호인들이 그렇게 목청을 높여도 대법원조차도 '묻지 마' 판결을 쏟아낸 지 실로 36년 만의 일이었다. 이래서 사법부의 과거사 청산 문제가 거론될 수밖에 없다는 생각이 절실해진다.[20]

주─────────

1 긴급조치 9호는 유신헌법 철폐와 박정희 정권의 퇴진을 요구하는 민주화운동을 탄압하기 위하여 1975년 5월 13일 선포된 대통령의 조치였다. 유언비어를 날조, 유포하거나 사실을 왜곡, 전파하는 행위 금지, 유신헌법을 반대하는 행위 처벌 등 국민기본권의 광범한 침탈을 내용으로 하고 있으며, 이른바 '10·26사태'로 박 대통령이 사망한 뒤인 1979년 12월 8일 해제될 때까지 4년여 동안 800여 명의 구속자를 양산하였다.

2 한국기독교교회협의회 인권위원회『1970년대 민주화운동 (1)』, 한국기독교교회협의회 1986, 684면 이하; 하경철「3·1민주구국선언 사건의 회고」, 3·1민주구국선언 관련자『새롭게 타오르는 3·1민주구국선언』, 사계절 1998, 91면.

3 『동아일보』1976년 3월 11일자.

4 '3·1민주구국선언서'의 전문은『새롭게 타오르는 3·1민주구국선언』, 17~21면;

『1970년대 민주화운동 (1)』, 685~87면 참조.

5 　명동천주교회『한국가톨릭인권운동사』, 1984, 399면. 당시 가톨릭 안에서도 신부들
　　이 유신정권의 정치 조작과 보복에 의하여 투옥되었는데도 마치 신부들이 이 '선
　　언'사건을 계획적으로 일으킨 것으로 오해하여 구속된 신부들을 비난하는 분위기
　　가 감돌았다.(김정남『진실, 광장에 서다』, 창비 2005, 161면)

6 　이 '선언서'의 작성자인 문익환 목사는 당시 맡고 있던 성서 번역을 마무리지어야
　　하고, 또 4·19행사 준비도 해야 하기 때문에 서명자에서 빠졌다. 한국기독교교회협
　　의회 김관석 총무는 그 직분의 중요성 때문에, 박형규 목사는 교도소에서 나온 지
　　얼마 되지 않아서 선언서에 이름을 넣지 않기로 했다.(이우정「3·1민주구국선언 사
　　건의 부스러기 이야기들」,『새롭게 타오르는 3·1민주구국선언』, 251~52면)

7 　『1970년대 민주화운동 (1)』, 700~01면; 서울대학교 법학연구소 공익인권센터 편
　　『인권변론자료집 (3)』, 경인문화사 2012, 공판조서(3~12차).

8 　여기에 옮기는 법정 문답은 주로『1970년대 민주화운동 (1)』, 684면 이하에서 인용,
　　발췌 또는 요약한 것이며, 내용이 중첩되더라도 별도의 자료가 있는 것은 개별적으
　　로 따로 표시하기로 한다.

9 　『새롭게 타오르는 3·1민주구국선언』, 31~44면.

10 　갈릴리교회는 박정희 정권의 유신통치 긴급조치하인 1975년 7월 기독교인 해직교
　　수들과 그 가족 20여 명이 서울 수유리의 한빛교회에서 예배를 본 신앙모임으로, 그
　　중 안병무, 이우정, 이문영, 서남동, 문익환, 문동환 등 6인이 '3·1민주구국선언'에
　　주역으로 참여하고, 그 예배장소를 제공한 한빛교회 목사 이해동이 이 선언서 인쇄
　　를 맡아서 함께 구속됨으로 국내외에 주목을 받게 되었다.(이해동·이종옥『둘이 걸
　　은 한 길 (1)』, 대한기독교서회 2014, 99~102면)

11 　『1970년대 민주화운동 (1)』, 752면.

12 　'원주선언' 원문은『한국가톨릭인권운동사』, 387~90면 참조.

13 　「이희호 평전(연재 31)」,『한겨레』 2015년 11월 9일자.

14 　『1970년대 민주화운동 (1)』, 767~68면.

15 　법관에 대한 기피신청이 있으면 소송절차를 정지하고 다른 합의부에서 결정을 해
　　야 하나, 그 신청이 소송의 지연을 목적으로 함이 명백하거나 부적법한 때에는 신청
　　을 받은 재판부가 결정으로 이를 기각할 수 있다(형사소송법 제20조 제1항).

16 　이우정, 앞의 글 254면.

17 　『한국경제』 2010년 12월 17일자.

18   『법률신문』 2013년 4월 22일자.

19   SBS 라디오 「한수진의 SBS 전망대」 2013년 7월 4일자.

20   역대 정권하에서의 사법적 과거 청산을 법적 과제로 파악하고 접근한 논문으로는
한인섭 「'회한과 오욕'의 과거를 바로잡으려면: 사법부의 과거 청산을 위하여」,『서
울대학교 법학』 제46권 제4호, 서울대학교 법학연구소 2005, 84면 이하.

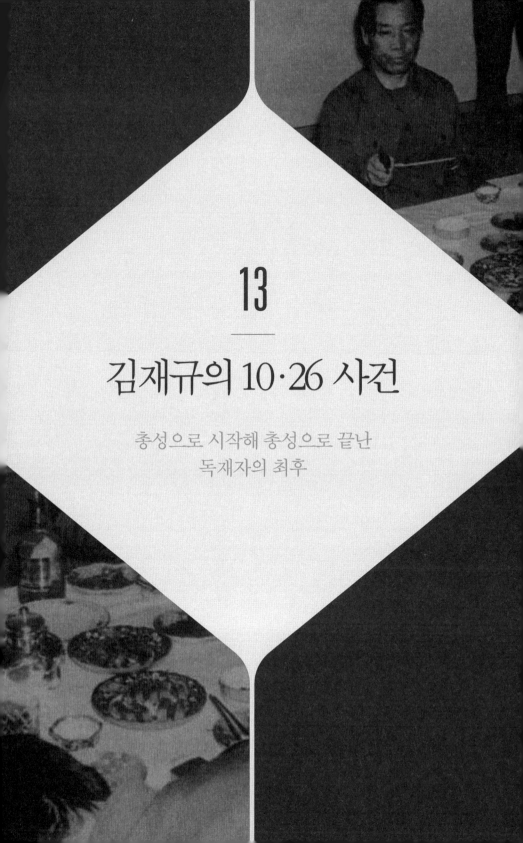

13

―

김재규의 10·26 사건

총성으로 시작해 총성으로 끝난
독재자의 최후

군법회의 법무사가 "자유민주주의의 회복을
위해서는 대통령을 살해할 수밖에 없었다?" 하고 묻자
김재규는 "예, 대통령 각하와 자유민주주의의 회복이라는 문제는
숙명관계가 되어 있었습니다"라고 답했다.

헬기에 놀란 사슴의 횡사

1979년 10월 26일 오후 7시 50분, 박정희 대통령이 김재규 중앙정보부장이 쏜 총탄에 맞아 숨졌다. 궁정동 안가安家, 중앙정보부(중정) 식당에서 박 대통령과 김 부장, 김계원 대통령 비서실장, 차지철 대통령 경호실장이 만찬을 하던 자리에서 일어난 참변이었다. 그때 김 부장과 차 실장 사이에 언쟁이 벌어졌고, 김 부장이 차 실장과 박 대통령에게 연달아 권총을 발사하여 두 사람을 사망케 하였다. 대통령의 궐위에 따라 최규하 국무총리가 그 권한대행에 취임했으며, 27일 오전 4시를 기해 제주도를 제외한 전국에 비상계엄이 선포되었다. 이것이 사건 다음 날 아침 7시 20분, 김성진 정부 대변인이 발표한 세칭 '김재규 사건' 또는 '10·26 사건' 전후의 상황이었다.

운명의 그날 오전 10시, 박 대통령은 충남 아산만에서 열린 삽교천 방조제 준공식에 참석했다. 이어 오찬 장소로 예정된 도고호텔 마당에 박 대통령이 탄 헬기가 내릴 때, 마당 한구석의 우리 안에 있던 사슴들이 놀라서 벽에 마구 부딪치다가 그중 한 마리가 숨지는 흉사가 일어났다. 불길한 징조였다.[1] 서울에선 또 이런 일도 있었다. 사건이 나던 그날, 대통령 정무 제2수석비서관이던 고건은 청와대 사무실에 남아 있었다. 박 대통령이 돌아온 뒤 별 지시사항이 없자 청와대 본관을 걸어 나오는데, 길모퉁이에 있는 큰 백합나무 위로 갑자기 회오리바람이 불더니 나뭇잎이 떨어져 내렸다. 그때 "깍, 깍, 깍" 까치 우는 소리가 나기에 나무 위

1979년 10월 26일 오전 행사에서의 박정희
운명의 그날 오전 10시, 박 대통령은 충남 아산만에서 열린 삽교천 방조제 준공식에 참석했다.

를 보았더니 15~16마리의 까치 떼가 두 무리로 나뉘어 싸우고 있었다. 청와대에서는 처음 보는 불길한 광경이었다.[2] 이와 같은 두 가지 불상사가 심어준 예감은 바로 그날 저녁 궁정동 안가에서 현실이 되었다.

박정희, 궁정동 만찬에서 피격

사건이 터진 10월 26일, 박 대통령은 그날 오전 삽교천 방조제 준공식에 참석하고 돌아온 뒤, 차 실장에게 궁정동 식당에서 만찬을 갖도록 하라고 지시했고, 그 연락을 받은 김재규 부장은 측근 부하들에게 음식 준비와 채홍사 노릇을 서두르도록 명했다. 그다음에 일어난 사건 전모를 그후 계엄사 합동수사본부(본부장 전두환 국군보안사령관)가 발표한 내용을

간추려 정리해본다.[3]

그날 오후 6시가 좀 지난 시각에 만찬이 시작되었다. 참석자는 앞서의 네 사람과 시중드는 젊은 여인 두 사람, 이렇게 여섯 명이었다. 박 대통령은 그 무렵의 '부마사태'(부산·마산 일원에서 일어난 대규모 반정부 시위)는 중정의 정보 부재 때문에 일어난 것이 아니냐며 김재규 부장을 힐책했다. 거기에다 차 실장도 중정의 무능을 과격한 말투로 공박했다. 이에 불쾌해진 김 부장은 흥분된 얼굴로 방에서 나온 뒤, 2층에 있는 자기 집무실로 가서 권총을 뒷주머니에 넣고 나왔다. 그때 자신을 따라오던 박흥주 대령(중정부장 수행비서)에게 "오늘 밤 내가 해치우겠으니 방에서 총소리가 나거든 자네들은 (청와대) 경호원들을 해치워라"라고 지시했다. 방으로 돌아온 김 부장은 중정 의전과장 박선호의 보고를 받기 위해서 다시 나갔다가 들어온 뒤 김계원에게 "각하를 똑바로 모십시오"라고 말한 다음, 차지철을 쳐다보며 박정희에게 "각하, 이따위 버러지 같은 자식을 데리고 정치를 하니, 올바로 되겠습니까?"라고 외치면서 권총을 뽑아 1발을 차지철을 향해서 쏘고, 이어서 1발을 박정희를 향하여 발사하였다. 김재규는 팔목에 총상을 입고 화장실 쪽으로 피신하려는 차지철에게 다시 한 발을 쏘고, 연달아 박정희의 머리에 또 한 발을 발사하였고 두 사람은 모두 숨지고 말았다.

'남산' 아닌 육본으로 갔다가 체포된 김재규

이상이 궁정동 사건의 요약이다. 당시 현장에 불려 온 두 여인이 충격을 당한 박정희를 부축한 일, 방 안의 총성을 신호로 박선호가 응접실에서 대기 중이던 청와대 경호처장과 부처장을 사살하는 한편, 김재규의 비서관, 경비원, 운전기사 등은 청와대 경호실 요원 2명을 사살한 것도 그후 알려진 대로였다.

오후 7시 43분경 김재규는 현장에서 뛰쳐나와 미리 중정 차장보 김정섭과 함께 안가 별채에 대기시켜두었던 정승화 육군참모총장에게 이야기는 나중에 하자면서 박흥주까지 한차에 태웠다. 이때 정승화의 권유로 중정이 있는 남산이 아닌 육군본부로 갔다. 국무위원과 군 수뇌들이 모인 다음 국무회의를 소집하고 국방부로 장소를 옮기는 과정에서 김계원의 귀띔으로 범행을 알게 된 국방장관과 육군참모총장의 명령에 따라 김재규는 27일 오전 0시 40분 체포되었다. 최규하 대통령 권한대행은 그날 새벽 국무회의의 의결을 거쳐 전국(제주도 제외)에 비상계엄을 선포하였다.

계엄사 합동수사본부(합수부)는 위와 같은 요지의 수사결과를 발표하면서 "시해사건은 김재규가 집권을 노려 일으킨 범행이며 군이나 미국 CIA의 개입은 전혀 없었다"고 부연하였다.

내란목적살인죄로 계엄군법회의에

육본 계엄보통군법회의 검찰부(중령 전창렬, 소령 이병옥, 대위 차한성)는 11월 26일 김재규, 김계원, 박선호(중정 의전과장), 박흥주(중정부장 수행비서), 이기주(중정 궁정동 식당 경비원 조장), 유성옥(같은 식당 운전사), 김태원(같은 식당 경비원) 등 7인을 내란목적살인죄 및 내란미수죄로, 유석술(같은 식당 경비원)은 증거은닉죄로 기소하였다.

이 사건을 맡은 군법회의 심판부는 재판장 육군중장 김영선, 심판관 육군소장 유범상, 이호봉, 오철, 법무사 육군준장 신복현(2차 공판부터 대령 황종태) 등이었다. 변호인단은 유례가 없을 정도로 막강했다. 김재규 피고인에 대하여 김제형, 이돈명 등 변호인 21명(재판 도중 한때 김재규의 사선변호 거부로 국선변호인 안동일, 신호양 등), 피고인 김계원에 대하여 이병용 등 2인, 그밖의 전 피고인에 대해서 변호인들이 선임되어 있었다.

첫 공판(12. 4)에서는 인정신문, 공소장 낭독, 진술거부권 고지 등이 있은 뒤 변호인단을 대표하여 김제형 변호사가 발언에 나섰다. '이 사건은 역사의 심판, 국민의 심판만이 있을 수 있을 뿐, 현행 실정법 체계 안에서는 부적당한 재판인지 모른다. 그러나 법제도상 어쩔 수 없다면 재판 과정 및 절차적 적법성이라도 철저하게 보장되어야 한다'는 내용이었다. 이어 김정두 변호사가 발언에 나섰다. '이번 비상계엄은 헌법상의 선포 요건을 갖추지 못한 면이 있다. 따라서 이 계엄군법회의는 피고인을 재판할 권한이 없다. 특히 현역 군인 군속이 아닌 김재규 피고인에 대해서 군법회의는 재판권이 없다. 그에 대한 공소사실은 계엄 선포 이전에 행해진 것이므로 이 사건을 군법회의에서 재판하는 것은 헌법 제24조 2항에 위반된다. 따라서 군법회의의 재판권에 대한 재정신청을 제기하는 바이다.' 그러나 대법원 전원합의부는 같은 달 27일 이 재정신청을 기각하였다.[4]

"김재규 장군…" "호칭 삼가라"

그러나 변호인들은 초반부터 강수를 연발하였다. 2차 공판(12. 8)에서는 사실심리에 들어가기 전에 변호인과 검찰관의 의견 대립으로 네 번이나 휴정이 되풀이되었다. 공판정에서의 녹취 요구, 비상계엄하에서 현역 군인(박흥주)은 단심으로 끝낼 수 있다는 군법회의법 규정의 위헌성 문제, 재판부 기피신청, 변호인에 대한 퇴정 명령, 검찰관의 피고인들에 대한 분리 심리 신청 등으로 쌍방은 날카롭게 대립하였다. 변호인 중에는 "본인은 김재규 장군의 변호인으로서…"라고 피고인을 깍듯이 예우하였다가 재판부로부터 경고를 받기도 하였다. 즉 법무사가 "변호인단에게 한 가지 경고하겠습니다. 피고인들은 검찰관에 의해 적법하게 공소가 제기된 자들이므로, 장군이라든가 부장이라는 호칭은 삼가기 바랍니다." 이에 변호인도 물러서지 않았다. "재판이 유죄로 확정되기 전에는 피고인의 인격도 존중되어야 하므로 그런 존칭을 써도 무방하리라는 생각에서 장군이라는 호칭을 썼습니다." 이번에는 검찰관이 거들고 나섰다. "여기서 역사나 국민의 심판 대상이 된다고 하는 말은 곧 혁명으로 이끌어가려고 하는 것에 하나의 동조 발언이 되지 않겠느냐는 것을 말씀드리는 것입니다."

개인 보신 야망론 대 민주회복 대의론

이 사건에서 모두 궁금하게 여기는 두 가지 문제가 있었다. 첫째는 김재규의 범행 동기요, 둘째는 미국의 개입 여부였다.

공소장에 의하면, '김재규는 중정부장으로서 자신의 정국 수습책이 거듭 실패하여 그 무능함이 노출되어 박 대통령으로부터 질책을 당하고, 인책 해임설이 나돌아 불안을 느끼는 한편, 군 후배이자 연하인 대통령 경호실장 차지철의 오만방자한 태도와 월권적 업무 간섭에도 불구하고, 박 대통령은 차지철만을 편애하는 데 불만을 품고 대통령 등을 살해한 후 정권을 잡을 것을 기도하고'라고 하여 범행 동기를 김재규의 사적 감정에 의한 살인 및 집권 기도로 범죄 구성을 하였다. 그러나 김재규의 답변은 전혀 달랐다. 그는 비공개 재판에서 박 대통령 살해 동기로 '민주회복 혁명론'을 내세웠다.

김재규는 법정에서 자기와 동향(경북 선산) 출신이며 육사도 동기(2기)일뿐더러 자신을 권력자로 입신시켜주기까지 한 박정희에 대하여 시종 '대통령 각하'란 존칭을 써가며, 그럼에도 불구하고 의리를 버려야 했던 까닭을 막힘없이 진술해나갔다. 그는 '유신체제 완화, 통일주체대의원이 아닌 국민 직선에 의한 대통령선거, 긴급조치 해제, 1979년 9월의 부마사태 등과 관련된 건의를 거듭하면서 체제에 대한 국민의 저항과 국민의 불신을 말해주었으나 대통령은 물러설 줄을 몰랐다'며 자신의 '대의大義'를 내세웠다.[5]

법무사가 "자유민주주의의 회복을 위해서는 대통령을 살해할 수밖에 없었다?" 하고 묻자 김재규는 "예, 대통령 각하와 자유민주주의의 회복이라는 문제는 숙명관계가 되어 있었습니다"라고 답했다. 이어 "대통령 각하만 희생되면 자유민주주의는 곧 회복된다, 이런 동기에서 했다?"라는 법무사의 물음에 김재규는 "대통령 각하께서 건재하시면 자

궁정동 안가에서의 현장 검증 장면

김재규는 권총을 뽑아 차지철과 박정희를 향해 발사했다. 이어서 화장실 쪽으로 피신하려는 차지철에게 다시 한 발, 연달아 박정희의 머리에 또 한 발을 발사했다.

유민주주의는 회복 안 된다, 이 관계는 대통령 스스로가 그런 식으로 몰고 가셨다, 이런 말씀입니다"라고 했다.

그밖에도 김재규는 1980년 1월 28일자 '항소이유보충서' 말미에 '10·26 혁명의 동기의 보충'이라는 항목을 달고, 공개된 법정에서는 밝힐 수 없었지만 꼭 밝혀둘 필요가 있다면서, 최태민 목사가 총재, 박근혜 양이 명예총재로 있는 구국여성봉사단과 관련된 부정과 원성을 거론하고, 육사생도로서는 용납될 수 없는 박지만 군의 탈선 등에 관한 언급을 하여 주목을 받았다.

미국의 '10·26' 개입 여부에 대한 관심

한국에서 무슨 정변이라도 발생하면, 흔히 미국의 입장과 개입 여부에 관심이 쏠린다. '4·19'와 '5·16' 때도 그러했고, 5·18광주항쟁 때도 마찬가지였다. 특히 10·26사태는 박정희의 유신통치로 미국과의 관계가 어긋나고 있던 시점에서 돌출했기 때문에, 그 점이 한층 더 예민한 관심사가 되었다. 실제로 출처 불명의 소문이 나돌기도 했다. 계엄사 합동수사본부의 수사결과 발표에 '외세의 조종이 개입된 사실이 전혀 없었다' '내외 불순 집단의 조작된 유언비어에 현혹되지 않기를 바란다'는 문구가 들어 있는 점이 역설적으로 어떤 의문의 존재를 염두에 둔 것으로 보이기도 했다. 쉽게 말해 '김재규의 배후에 미국이 있다고 하더라'는 식의 추론을 막을 필요가 있었던 것이 아니었을까?

그런데 10·26의 '미국 배후설'을 암시하는 단서가 전혀 없는 것도 아니었다. 사건 바로 전날인 10월 25일, 몇 달 전까지 주한미군사령관이었던 존 베시John W. Vessey 육군참모차장이 아시아협회의 행사에서 강연을 했는데 그때 미묘한 발언이 나왔다. "미국의 대한관계가 예상할 수 없는 방향으로 발전하고 있다는 것은 의심의 여지가 없지만, 가령 특별한 사건이 일어난다고 해도 현재의 대한 협력관계를 냉전의 유산으로만 파악해서는 안 되고, 모두에게 장래의 커다란 기대를 불러일으키는 것으로 생각해야 한다"고 말한 것이다. 그날 참석자 중에는 '특별한 사건이 일어난다고 해도'라는 말에 의미를 부여하는 사람도 있었다.[6] 또 『파이스턴 이코노믹리뷰』의 워싱턴지국장 바버 기자는 "미국 당국자는 박(정희)의 암살에 놀라움도 당혹감도 보이지 않고 있었다"며 미리 사태의 발생을 알고 있었던 것이 아닌가 하는 의심을 갖게 하였다고 썼다.

국내에서 나돌던 미국 중앙정보국(CIA) 개입설은 김재규 자신이 부인했을뿐더러 달리 확인할 길도 없었다.(일본의 교도통신이 김재규가 '내 뒤에는 미국이 있다'고 주장했다는 보도를 한 일은 있었다.) 다만 김재규는 조사 과정에서 '혹시 미국 측에서 무슨 연락이 없느냐'고 수사관에게 거듭 물은 적이 있다고 한다.[7]

11차례 휴정, 김재규의 비공개 진술

12월 8일 열린 2차 공판에서는 법정 녹음 허용 문제를 둘러싸고 변호인 측과 재판부 사이에 마찰이 빚어져 개정 5분 만에 첫 번째 휴정에 들어갔다. 이렇게 휴정과 속개續開를 무려 열한 번이나 되풀이하며, 오후 7시 45분경 폐정할 때까지 재판부와 변호인단 사이에 공방이 치열하게 이어졌다. 재판부가 밀리는 형국이 되면, 밖에서 법정 뒷문을 통해 법무사에게 쪽지가 전달되기도 했다. 군법회의법에 대한 위헌(비상계엄하의 현역 군인에 대한 단심 재판제) 제청 신청에 검찰관이 반대의견으로 가세하자 쌍방은 더욱 격하게 맞서게 되었다. 그 와중에 검찰관의 탈선 발언까지 튀어나와 법정 분위기가 한층 더 악화됐다.

'범행의 원흉을 '장군'이라고 호칭하여 영웅시한다는 것은 계엄당국의 아량을 오판한 것이다. 재판절차를 악용하여 소송을 지연시키는 것은 본건 범행을 미화하여 사회적 혼란을 야기시키려는 음모라고 생각한다. 국가변란의 기도를 분식, 호도함은 국민의 준엄한 비판을 받을 것

이라는 점을 경고해둔다.' 이런 위협적인 검찰관의 말에 변호인들은 격분했다.[8]

오후 공판은 재판부의 분리신문 결정에 따라 김재규 피고인 한 사람만 입정시켜놓고 신문을 했다. 그에 앞서 검찰관은 '오전 재판 때의 과격한 표현에 대해 정정한다'며 사과했다. 이날 공판은 지루한 난조(亂調)로 사실심리도 못한 채 오후 6시가 되었다. 하지만 변호인단의 반대에도 불구하고 재판부는 그날로 사실심리를 마치겠다며 김재규에 대한 분리신문을 강행했다.

김재규의 비공개 진술은 별로 큰 제지를 받지 않고 밤늦은 시간까지 계속되었다. 김재규는 중앙정보부장인 자기가 왜 대통령을 살해하지 않으면 안 되었는지에 대해 또렷하게 진술했다. 김재규가 미국이 유신체제를 마땅치 않게 생각하니 좀 완화해보면 좋지 않겠느냐고 말했더니, 대통령은 내정간섭을 받을 필요가 있느냐면서 "미국 놈들 데려가려면 다 데려가라고 그래!"라며 강경하게 나왔다. 대통령 직선제도 건의했으나 일언지하에 거부당했고, 긴급조치 해제를 진언했더니 "긴급조치가 있어도 이 모양인데 그걸 해제하면 어떻게 하느냐"는 핀잔만 돌아왔다. 그해 9월 시민·학생의 대규모 시위로 계엄이 선포된 부산에 가서 박 정권에 대한 저항과 불신의 심각성을 확인하고 돌아와 대통령의 마음을 누그러뜨리려 했으나 이 또한 실패했다. "결국 자유민주주의를 회복하기 위해서는 한쪽을 희생시킬 수밖에 없다고 생각했습니다." 자신을 배신과 패륜으로 모는 재판에서 그가 내세운 '민주회복 대의론'은 당시 언론매체에서 제대로 보도되지 않았다. 그는 (궁정동 거사 후) '입을 다물지 못하고 불어버린' 김계원을 살려둔 것을 후회한다고도 했다. 박

홍주, 박선호를 비롯한 중정 요원들이 보여준 김재규에 대한 절대적 복종은 법정 밖의 일반 국민들에게도 적지 않은 놀라움과 충격을 주었다.

초고속 재판의 마무리, 구형과 최후진술

이 사건은 궁정동의 총성 후 계엄사 합수부가 수사에 나선 지 39일 만에 1심 첫 공판이 열렸고, 전후 9회에 걸쳐 재판이 진행되었다. 12월 18일에는 결심(심리 종결), 구형 공판이 열렸다. 오후 1시 30분 검찰관은 장문長文으로 준비한 논고를 시작했다. 그는 "어제까지 체제의 주도적 입장에 있던 자가 하루아침에 돌변하여 체제 타도를 외치면서 덜컥 대통령을 시해 (…) 본건 범행 동기는 오히려 정권욕이나 개인 감정의 처리라는 탐욕성과 충동성이라는 천박한 편린만을 엿보이게 할 뿐"이라며 친형제보다 더 신뢰하고 온갖 은혜를 베풀어준 대통령을 쏜 행위는 인륜을 저버린 배신의 가증성과 수단의 잔인성 때문에 국민의 분노 대상이 되고 있다고 김재규를 비난했다.[9] 그밖의 피고인들에 대해서도 장황하게 논고를 한 검찰관은 피고인들에 대한 구형에 들어갔다. 피고인 8명 중 유석술(징역 5년)을 제외한 김재규 등 7명에 대하여 사형이 구형되었다. '사형!'이라는 저승사자의 음성이 일곱 번이나 울려 나왔다. 방청석에서 흐느낌과 한숨 소리가 터져 나왔다.

변호인단의 변론에 이어 피고인들의 최후진술 차례가 왔다. 김재규의 최후진술은 그의 가족 4명만 남기고, 보도진과 방청객을 모두 퇴정시킨 가운데 30분이 넘게 계속되었다. 그는 자신의 혁명 대의론을 거듭 강조하고 부연하면서 "유신 이후 7년이 경과하면서 영구집권을 다져왔기 때문에, 박 대통령이 살아 있는 한 20년 내지 25년까지는 민주회복이될 수 없었다. 국민들의 많은 희생을 막기 위해 내가 혁명을 한 것이다" "이 혁명으로 자유민주주의의 회복은 20~25년은 앞당겨졌다는 자부를갖고 나는 간다" 등의 말을 남겼다.

첫 공판 16일 만의 1심 판결, 항소심도 3일 만에

구형이 있은 지 불과 이틀 뒤인 12월 20일, 그러니까 재판이 시작된지 불과 16일 만에 역사상 유례없는 초고속 재판의 1심 판결이 선고되었다. 그날 오전 11시, 재판장 김영선 중장은 먼저 판결 이유를 요약해서 말한 뒤 판결 주문을 낭독했다. "피고인 김재규, 동 김계원, 동 박선호, 동 박흥주, 동 이기주, 동 유성옥, 동 김태원을 각 사형에, 동 유석술을 징역 3년에 처한다." 사람들이 예상한 대로였다. 극형을 선고받은 사람답지 않게 피고인들의 표정은 담담했다고 전해진다. 사형선고를 받은 피고인 중 현역 군인인 박흥주는 군법회의법에 따라 1심 판결만으로형이 확정되었기 때문에 다른 피고인들처럼 항소도 하지 못하고, 재심을 청구했다. 그러나 1980년 3월 6일 그에 대한 사형이 집행되었다.

이 사건의 항소심을 맡은 육군계엄고등군법회의(재판장 윤흥정 중장) 첫재판은 1980년 1월 22일에 열렸다. 그날은 항소이유서 제출 시한인 1월 21일 바로 다음 날이었다. 1심에서 사선 변호인의 변호를 거부했던김재규도 가족들의 권유를 받아들여 사선 변호인의 선임에 동의했다.

군법회의 법정에 나온 김재규
김재규는 법정에서 자신을 권력자로 입신
시켜주기까지 한 박정희에 대하여 시종 '대
통령 각하'란 존칭을 써가며, 그럼에도 불
구하고 의리를 버려야 했던 까닭을 막힘없
이 진술해나갔다.

검찰관은 김계원에 대한 공소사실과 적용법조를 '내란목적 살인'에서 '단순 살인'으로 변경 신청을 했다. 검찰관과 변호인단 사이에 피고인들의 행위가 단순히 자연인에 대한 살인인지, 내란목적의 살인인지를 놓고 논쟁이 벌어졌다. 또한 박 대통령의 '연회'와 관련된 박선호의 진술이 관심을 끌었다. 김재규는 최후진술에서 종전의 '민주회복 대의론'을 다시 역설하고 나서, "내 부하와 그의 불쌍한 가족들을 각별히 처리해주기 바란다. 법리의 차원을 떠나서 역사적 관점에서 심판하라"고 호소했다.[10]

고등군법회의는 1심보다 더한 초고속으로 연달아 사흘 동안 재판을 강행하고 숨가쁘게 결심공판을 했다. 불과 나흘 만인 1월 28일에 선고까지 끝냈다. 결과는 1심 선고형과 다를 것이 없었다. 다만 김계원만은 계엄사령관의 사후 판결 확인 조치에서 무기징역으로 감형되었다.

민주화의 역주행과 김재규 구명운동

김재규는 2심 최후진술에서 "민주화를 지연시키다간 1980년 4~5월 경 국가적 혼란사태가 야기된다"는 경고성 발언을 했다. 그는 1심에서 도 조속한 민주회복을 하는 것이 국민의 요구이며, 이것을 하지 않으면 민심이 폭발할 수밖에 없는 한계점에 도달할 것이라고 했다. 그런데 그 때 바깥세상은 어떻게 달라지고 있었던가?

전두환을 중심으로 한 신군부집단은 국민의 여망과는 정반대의 역주 행을 계속해 위기감을 조성했다. 더구나 민주화 일정이 불투명한 가운 데 국군보안사령부(보안사)가 정승화 계엄사령관을 총격전 끝에 체포 한 하극상 사건, 즉 '12·12사태'가 일어나고, 계엄통치가 장기화되자 학 생시위와 노동자 농성파업이 격화되었으며, 이를 구실로 삼은 비상계 엄 전국 확대와 아울러 김대중 내란음모 사건을 조작해 재야 민주세력 의 무더기 검거에 돌입했다. 그리고 끝내 광주 일원에서 계엄군의 발포 로, 시민 대학살의 참극이 발생했다. 이런 정세 속에서 미국에서는 '김 재규 의사 구명운동본부'가 출현했는가 하면, 국내에서도 함석헌, 윤보 선 등 지도급 인사들이 역시 김재규를 살리고자 하는 운동에 나섰다. 김 수환 추기경을 비롯한 천주교 정의구현전국사제단, 기독교(개신교)계 및 불교계에서도 최규하 대통령과 전두환 보안사령관에게 김재규의 구명을 요구했고, 사회 각계에서도 이에 호응하는 움직임이 확산되었다.

대법원판사 8 대 6으로 상고기각

10·26사건의 항소심은 3일에 걸쳐 심리를 마치는 과속이었는데, 실제 심리에 소요된 시간은 8시간에 불과했다. 피고인들에게 진술의 기회도 주어지지 않았다. 이런 '건너뛰기' 재판은 나중에 상고심에서 '심리미진'으로 문제가 되었다. 그렇게 날림으로 끝난 항소심의 판결은 1심 판결을 그냥 '들었다 (제자리에) 놓은' 것이어서 피고인들은 모두 대법원에 상고했다.

대법원 형사3부(재판장 안병수, 주심 유태홍, 양병호, 서윤홍 대법원판사)에서 이 사건을 맡게 되었다. 그런데 그 재판부에서 합의合議에 들어갔으나 의견의 일치를 보지 못하여 사건은 대법원 전원합의체(재판장 이영섭 대법원장, 주심 유태홍 대법원판사)로 넘어갔다. 여기서도 의견이 갈린 채로 합의를 끝내고, 사건 발생 후 207일 만인 1980년 5월 20일에 최종심의 선고 공판이 열렸다. 이영섭 재판장은 김재규 피고인 등 7명에게 내란목적살인, 내란수괴미수, 내란중요임무종사미수, 증거은닉 등 사건에 대한 판결을 선고하겠다고 말문을 열었다. 그는 먼저 변호인들의 상고이유에 대한 판단을 요약 설명한 뒤, 다수의견으로 상고이유가 없다는 결론을 내렸다며 "피고인들의 각 상고를 기각"한다고 판결 주문을 낭독했다. 다수의견, 즉 상고기각을 주장한 대법원판사는 이영섭, 주재황, 한환진, 안병수, 이일규, 나길조, 김용철, 유태홍 등 8인이었다. 민문기, 양병호,

임항준, 김윤행, 정태원, 서윤홍 등 6인은 원심 판결의 파기를 주장하는 소수의견을 고수했다.[11]

소수의견, "내란 목적 인정할 수 없다"

다수의견의 요지는 이러하다. '피고인들에게 내란죄 성립에 필요한 '국헌문란의 목적'이 있었음이 증거에 의하여 인정된다. 유신헌법 자체가 주권을 찬탈한 불법적인 범법이거나 민주국가의 정치적 기본조직을 파괴한 것에 해당되어 그 자체가 내란상태라는 주장은 독단에 지나지 않는다. 피고인들의 행위는 내란죄의 성립 요건인 폭동에 해당된다. 저항권은 실정법에 근거가 없으므로 법관은 이를 재판규범으로 원용할 수 없다.' 이런 취지였다. 그러나 소수의견은 달랐다.

민문기 박 대통령 사망 후 새 헌법을 만들자는 것이 전 국민의 합의로서 이는 시국을 지배하는 구속력이 있으므로, 10·26사건 범행 시의 기반이 재판 시의 기반과 달라졌다는 정치상황이 초법규적으로 처벌할 수 없다는 사유가 된다. 따라서 피고인들을 내란죄로 처벌할 수 없다.(행위와 재판 시의 체제 다르다.)

양병호 김재규 피고인이 말하는 혁명이라는 것이 과연 국가의 통치기구를 변혁한다는 뜻인지의 여부를 좀더 가려보아야 한다. 일국의 대통령을 살해하였으니 정부를 전복하려는 국헌문란의 목적으로 살해한 것으로 보지 않을 수 없다는 소견은 지극히 소박하고 단순한 사고에서 비롯된 것이다. 따라서 '국헌문란의 목적'을 인정할 수 없다.(내란목적살인, 증거 없다.)

임항준 헌법 전문에서 '4·19의거'의 이념을 계승한다고 한 것은 저항권의 실정법상 근거로 볼 수 있으며, 이러한 저항권의 재판규범으로서의 기능을 배제할 근거가 없다.(저항권의 존재, 부정할 수 없다.)

임항준·김윤행 피고인들과 같이 6,7명에 불과한 사람들이 대통령 등을 저격한 경우에는 내란죄에서 규정된 폭동을 할 만한 다수인의 결합이 있다고 볼 수 없으므로 내란죄가 성립되지 않는다.(폭동의 법리를 오해한 위법 있다.)[12]

계엄사·보안사의 '상고기각' 압력

이 사건의 대법원 심리를 전후해 계엄사, 보안사 등 군부 측에서 대법원 측에 노골적인 압력을 가했다.

이영섭 대법원장은 12·12사태 후 최규하 대통령 권한대행이 베푼 만찬회에서 이희성 계엄사령관으로부터 3월 중에 김재규 사건이 넘어가니 잘 부탁한다는 말을 듣고 어리둥절했다. 또 1980년 1월 전두환이 대법원판사 전원을 육군회관으로 초청해 만찬을 베푼 사실이 있다.[13] 그 무렵 보안사의 2인자라는 사람이 양병호 판사를 찾아와 김재규 사건의 조속한 상고기각을 요구한 일도 있었다. 이영섭 대법원장에게도 압력이 미쳤다.

"(1980년) 3월 어느날, 육군본부 법무감이 찾아와, 1개월 안에 사건을 처리해달라는 말을 하더라구요. 할 말을 잃었죠. (…) 어거지 같은 독촉에다 그래도 때가 때이니만큼 대법원판사들이 적극적으로 매달렸기에 그나마 2개월 만에 심리가 끝났습니다."

그런데도 (그 사건 대법원 판결 후인 9월 초순) 최규하 대통령 취임 인사차 청와대를 방문한 이 대법원장에게 전두환은 굳어진 목소리로 "김재규 사건을 늦게 마무리 짓는 바람에 5·18광주사태가 터졌다"며 사법부에 유감이 많다고 했다. 또 "국사범을 처리하는 데 무슨 놈의 법관들 합의가 필요하냐, 정신 나간 대법원판사들 그냥 쓸어버리지"라고 말한 장성도 있었다면서 전두환은 위협적인 말을 서슴지 않았다.[14]

고문당하고 사표 쓴 판사도

대법원 판결에서 소수의견을 굽히지 않은 양병호 판사는 8월 3일 보안사 서빙고 분실로 연행돼 밀폐된 공간에서 고문을 받고 사표를 강요당했다. '당신이 옷을 벗어야 일이 된다'고 해서 백지에 사표를 썼다.[15]

양 판사의 강제 사표 작성 전후의 과정을 좀더 알아본다. 1980년 7월 하순경, 서일교 법원행정처장이 한남동 대법원장 공관으로 숨 가쁘게 달려왔다. 그는 양병호 판사의 입장이 난처해질 것 같다면서 이런 말을 했다.

"사실은 그분이 6·25 때 여자관계가 있었는데, 거기서 태어난 아이를 자식으로 인정하지 않아서 아이 어머니가 국보위(국가보위비상대책위원회)에 진정을 해서 안기부가 나서게 된 것 같습니다."

"그래서 어쩌란 말인가요?"

"그 이야기가 공개되면 대법원의 망신이니까, 알아서 조용히 해결하라는 뜻 같습니다."

이 대법원장은 그날 저녁 양 판사를 공관으로 불러 물어보았으나 펄쩍 뛰었다. 결혼 전 혼담이 있었던 여성을 피란길에 우연히 만나 알고 지냈던 건 인정하지만, 친자 운운하는 것은 날조이며 모함이라는 것이었다. 양 판사는 그런 사퇴 압력을 일소에 부치기라도 하듯이 여름휴가도 다녀왔다. 그런데 8월 초 집에서 저녁을 먹던 그는 2명의 기관원에게 끌려가 행방불명이 되었다. 다음 날 서 법원행정처장은 어떤 군인이 가져왔다는 흰 봉투를 대법원장 앞에 내놓았다. 양 판사의 자필로 된 사표가 그 안에 들어 있었다. "이걸 원장님께서 수리해주셔야 양 판사가 나올 수 있답니다." 이 대법원장은 안쓰러운 마음으로 양 판사의 사표를 수리했다. 그리고 나서 1시간도 채 안 되어서 양 판사가 대법원장실에 나타났다. 그는 처음에는 헛웃음을 터뜨리며 아무 일도 없었다고 하더니, 조금 뒤엔 마시던 커피가 흘러내려 목덜미와 가슴을 적시는 것도 모른 채 정신 나간 사람처럼 눈에 초점이 풀려 있었다.[16]

대법원판사 '소수의견'은 면직, '다수의견'은 승진

서윤홍 대법원판사 또한 보안사의 2인자라는 사람으로부터 조속한 상고기각을 재촉받은 적이 있었고, 그래도 소수의견을 낸 뒤인 1980년 8월 10일 당시 국가보위입법회의 측으로부터 사퇴 요구를 받았다. 그러나 서 판사는 사표를 받으러 온 국보위 직원에게 "내가 자네한테 사표를 낼 수는 없고, 내더라도 대법원장에게 낼 테니 가라"고 일러 보낸 뒤 결국 사표를 내고 말았다. 같은 시기에 민문기, 임항준, 김윤행 판사도 사표를 냈다. 이영섭 대법원장은 1981년 4월 17일 퇴임하면서, "과거를 돌이켜보면 모든 것이 회한과 오욕으로 얼룩진 나날이었다"는 말을 퇴임사에 남겨 세인의 놀라움을 샀다. 정태원 판사도 그 이틀 뒤 재임명에서 탈락되어 법원을 떠났다.

이들과는 달리 다수의견을 냈던 판사들 중에서 유태흥, 김용철, 이일규는 연이어 대법원장을 역임했으며, 그 가운데는 사법부의 정권 종속화와 관련하여 국회에서 탄핵결의안이 상정되거나, 현직 법관들의 집단 요구로 임기 중 사퇴한 사람도 있었다.

유언도 집례의식도 거부한 김재규의 최후

대법원의 상고기각으로 사형이 확정된 김재규 등 5인의 사형은 판결이 난 지 불과 나흘 만인 5월 24일 서울구치소 사형장에서 집행되었다. 집행관이 김재규에게 물었다. "유언이 있으면 하십시오." "할 말이 없습니다." "스님을 모셨습니다. 집례를 받으시겠습니까?" 김재규는 말없이 고개를 좌우로 흔들었다. 이어서 그의 부하 네 사람도 순차로 최후를 맞았다. 중앙정보부 전 의전과장 박선호는 목사의 집례로 마지막 예배를 올렸다. 목사는 「디모데후서」의 한 구절을 읽고 간단한 설교를 한 다음, 박의 손을 잡고 찬송가를 함께 불렀다. "괴로운 인생길 가는 몸이/편안히 쉴 곳 아주 없네…"[17]

　10·26사건이 난 지 며칠 뒤, 그때 내가 일하고 있던 국제앰네스티 한국위원회 사무실로 한 중년 남자가 찾아왔다. 그는 대봉투 하나를 주면서 김재규 부장의 친필이니 국내외 인권단체에 전해달라며 내놓고는 총총히 사라졌다. 화선지에는 한자로 '자유민주주의'라는 글귀가 쓰여 있었다. 달필이었다. 그런데 며칠 뒤 그 사람이 다시 나타나서 그 봉투를 도로 찾아갔다. 훗날 언론(신문, 방송)에서 사진으로 공개된 김재규의 필체를 보고 나는 얼마쯤 놀라지 않을 수 없었다.

주───────

1　당시 박정희 대통령을 수행했던 동력자원부장관 이희일의 회고 「1979년 10월 29일, 삽교천 방조제에서의 쉰 목소리」, 『월간조선』 1993년 1월호 별책부록 『비록(秘錄) 한국의 대통령』, 조선일보사 1993, 188~89면.

2　고건 「고건의 공인 50년 (58)」, 『중앙일보』 2013년 5월 7일자.

3　계엄사 합동수사본부 발표 「박대통령 시해사건 전모」 전문(『조선일보』 1979년 11월 7일자).

4　『법조 50년 야사 (하)』, 법률신문사 2002, 84~86면.

5　김재홍 『누가 박정희를 용서했는가』, 책으로보는세상 2012, 128~29면. 김재규의 범행동기 및 당시의 시국관 등은 그가 1심 재판부에 제출한 최후 진술서와 2심 재판부에 제출한 항소이유보충서(자필)에 자세히 적혀 있다. (서울대학교 공익인권법센터 편 『인권변론자료집 (4), (6)』, 경인문화사 2012, 641~48면, 743~58면)

6　박세길 『다시 쓰는 한국현대사 (2)』, 돌베개 1989, 285면.

7   김재홍, 앞의 책 103면.

8   『동아일보』 1993년 12월 23일자.

9   『경향신문』 1979년 12월 18일자.

10   김대곤 『10·26과 김재규』, 이삭 1985, 106면.

11   『법조 50년 야사 (하)』, 93~94면.

12   박기룡 「김재규 대법원 판결문 소수의견」, 『월간조선』 1986년 2월호, 218~45면.

13   「5·18사건 수사기록」 중 보안사 대공처장 이학봉의 검찰 진술조서(『월간조선』 1999년 1월호 별책 부록 『총구와 권력』, 조선일보사 1999, 175면).

14   「김재규사건 재판장, 전 대법원장 이영섭」, 『레이디경향』 1990년 10월호, 85면.

15   '12·12 및 5·18사건' 20차 공판조서(1996. 7. 8) 중 증인 양병호의 진술.

16   대법원 사법사편찬위원회 『역사 속의 사법부』, 사법발전재단 2009, 96면.

17   조갑제 『유고(有故)! (2)』, 한길사 1987, 249~50면.

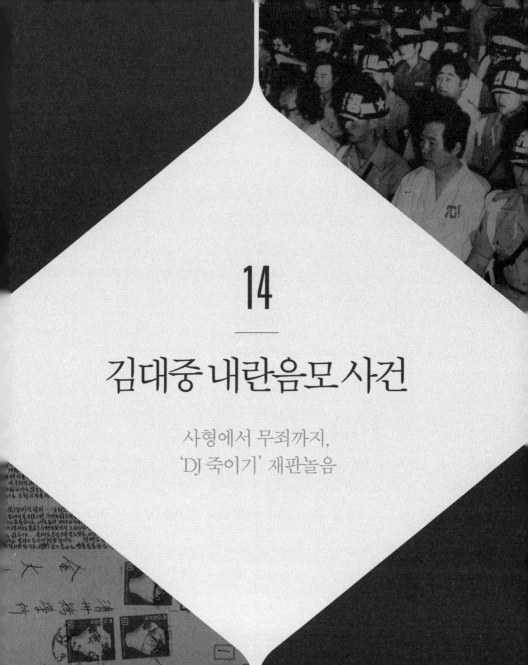

14

—

김대중 내란음모 사건

사형에서 무죄까지,
'DJ 죽이기' 재판놀음

일본에서 열린 김대중 대통령 추도행사에서
나는 이런 말로 추모사의 첫머리를 열었다.
"대통령이 사형수가 되는 나라, 그리고 사형수가 대통령이 되는 나라,
한국은 이러한 격동을 거치면서
역사가 바로잡혀나가는 나라입니다."

김대중 가슴에 총 겨누며 "갑시다"

1980년 5월 17일, 그날 밤의 상황을 김대중(이하 때로 DJ) 자신은 이렇게 술회하고 있다. "10시가 넘어 초인종이 울렸다. 정승희 경호원이 조심스럽게 문을 열었다. 검은 그림자들이 문을 밀치고 쏟아져 들어왔다. 다짜고짜 M16소총 개머리판으로 경호원의 머리를 후려쳤다. 경호원이 쓰러졌다. 다시 이세웅 경호원이 그들을 막아서자 역시 개머리판을 휘둘렀다. 총마다 검이 꽂혀 있었다. 비서들이 놀라 뛰어나갔다. '이 새끼들 까불면 다 죽여버리겠어!' 40여 명의 군인들이 응접실 쪽으로 몰려들었다. 몇몇은 권총을 들고 있었다. 장교 두 명과 군인 대여섯 명이 내 가슴에 총을 겨누었다. 총구보다 칼이 더 섬뜩했다. 장교 하나가 사납게 말했다. '합수부에서 나왔습니다. 잠깐 가셔야겠습니다.' 내가 되물었다. '어디요?' '계엄사란 말입니다.' 나는 윗도리를 가지러 안방으로 들어갔다. 내가 나오자 군인들이 양팔을 잡아끌었다. 잡힌 팔을 뿌리쳤다. (…) 군인들이 뒤에서 총을 겨누며 따라왔다. (…) 그들은 나를 검은 승용차에 태웠다. 집에 있던 비서와 경호원들도 연행되었다."[1]

DJ는 남산에 있는 중앙정보부 지하실로 끌려가 조사를 받게 되었다. 출생 후 지금까지의 행적을 쓰라고 했다. 그다음에는 정권을 전복하려는 모의를 하지 않았느냐며 다그쳤다. 그러나 그런 혐의는 전혀 근거가 없는 억지였다. 그들은 잠을 재우지 않았다. 같은 질문을 반복했다. 질문자도 수시로 바뀌었다. 이런 수법들은 고문보다 더 잔인했다고 DJ는 회고했다. 수사관들은 전남대생 정동년에게 500만 원을 주어 반정부운동을 시키지 않았느냐고 물었다. 그러나 사실이 아니니 물론 부인했다. 수사관들은 고문이라도 해야겠다면서 DJ의 옷을 벗기고 군복을 입혔다. 바로 그때 누군가가 문을 열고 들어와 저희끼리 수군거리더니 다시 옷을 갈아입으라고 했다.[2]

10·26사태 이후 전두환에 의해서 장악된 최규하 과도정부는 1980년 5월 17일 24시를 기해 비상계엄을 전국(제주도 포함)으로 확대한다고 발표하면서 그 이유를 "북괴의 동태와 전국적으로 확대된 소요사태 등을 감안할 때, 전국 일원이 비상사태에 있다고 판단했기 때문"이라고 했다. 이어 계엄사령부(계엄사)는 권력형 부정축재자로 김종필(공화당 총재) 등 9명을, 사회혼란 조성 및 학생·노조 소요 관련 배후조종 혐의자로 김대중(정치인) 등 7명을 연행 조사 중에 있다고 발표했다. 그러나 이들 외에도 민주화세력을 형성하고 있던 각계의 인사들과 '동교동'(DJ 자택의 별칭)의 비서 및 경호원들이 그날 밤에 남산에 끌려갔으며, 그후 시차를 두고 많은 사람들이 연달아 계엄사에 잡혀갔다.

전두환의 야욕에 짓밟힌 '서울의 봄'

'김대중을 체포했다'는 계엄사의 발표를 듣고 격분한 광주시민들은 다음 날인 5월 18일 거리로 몰려 나왔다. 군부 측은 DJ를 체포했다는 사실이 알려지면 반드시 광주나 목포 시민들이 궐기할 것을 예측하고 그런 혼란을 의도적으로 조성했던 것으로 DJ는 판단했다. 그런데 사태가

10·26 후 12·12사태, 5·17내란, 광주사태 등을 일으킨 전두환 보안사령관(육군소장)

'김대중 사형'을 노린 재판극은 전두환 군부의 음모대로 서막이 열렸고, 많은 '배역'들이 영문도 모르고 '징발'되었다.

예상외로 커지게 되었던 것이다.[3]

"김대중을 체포하면서 잔인한 폭력을 행사한 군인들이 보여준 대담성은 앞날의 불길한 징조를 예감케 하고 있다. 남한에서는 새로운 드라마가 분명히 시작되었다"라고 독일의 한 일간지는 재빠르게 한국의 정세를 꿰뚫어보고 있었다.[4] 이처럼 '김대중 사형'을 노린 재판놀음은 전두환 군부의 음모대로 서막이 열렸고, 많은 '배역'들이 영문도 모르고 '징발'되었으며, 나도 그런 조연급의 한 사람으로 스카우트되어 끌려갔다. 참으로 어이없는 전두환식 기습이었다.

그 전해의 10·26사태로 유신의 본체(박정희)가 사라진 뒤, 새로운 민주정부를 대망하며 불안과 기대에 숨이 차던 '서울의 봄'은 전두환 신군부의 국권 찬탈 야욕 앞에 여지없이 무너지고 말았다. 심지어 계엄군은 시민에 대한 무모한 총질도 서슴지 않았다. 광주에서뿐만이 아니었다. 전두환은 직속상관인 정승화 육군참모총장을 총격전까지 벌인 끝에 체포했다. 그가 김재규 사건에 연루되었다는 이유였지만, 실인즉 전두환이 군을 완전 장악하여 자기중심의 신군부 세력을 강화하려는 목적의 하극상 범행이었음은 훗날 형사판결로 확인된 바와 같다.

'남산' 지하실의 고함과 비명 소리

또한 전두환은 4월 중순에 중앙정보부장서리직도 겸임하며 민간 정보기관까지 손아귀에 넣어 무소불위의 전권을 휘두르게 되었다. 그리고 자신의 국권 찬탈에 장애가 되는 인물 내지 세력을 소탕하는 단계에 접어들면서 '김대중 내란음모 사건'의 사전 각본을 실행에 옮기게 되었던 것이다. 그런 한편으로 전두환은 국가보위비상대책위원회라는 것을 만들고(5. 31) 자신이 상임위원장이 되었는데, 이것은 겉으로는 대통령 자문기구였으나 사실상 국회의 기능을 대행하는 국가최고통치기구로 군림했다.

5월 17일 밤부터 남산 중정 지하실 이 방 저 방에서는 시도 때도 없이 고함과 비명 소리가 들려왔다. 끌려온 사람들에게 잠을 안 재우는 것은 관례요, 기본이었다. DJ에 대한 수사관의 말투는 비교적 공손했고, '선생님'이란 호칭도 썼다. 『김대중 평전』을 쓴 김택근은 "어차피 죽일 대상이었으니 가혹한 고문을 가할 필요가 없었을 것이다"라고 했다.[5]

온갖 고문 당하며 지옥 같은 밤낮을

이 사건으로 붙들려 간 민주인사와 청년 학생들은 온갖 고문을 당하며 지옥 같은 밤낮에 함몰되었다. 부산역에서 체포된 예춘호(전 국회의원)도 남산 지하실에서 모진 수모를 당했다. "(계급이 제법 높은 듯한) 그놈은 방에 들어서자 첫마디로 '이 새끼가 예춘혼가' 하더니, 이어 '이 새끼 땅바닥에 앉히지 않고 의자엔 와 앉히나' 하고는 의자를 차 밀어붙인 뒤 내 멱살을 잡고는 땅바닥에 앉혔다. 내가 일어서려고 하자 그놈은 사정없이 내 얼굴을 구둣발로 찼다."[6] 그는 입을 꽉 다물고 음식도 거부했다. 탈진상태에 빠졌다. 수사관들은 미리 짜인 각본대로만 인정하라고 다그쳤다.

김종완(민주헌정동지회 대표)의 경우도 여간 처참하지 않았다. "그들은 그저 몇 시간 동안 나를 오직 두들겨 패기만 했다. 내가 정신을 잃으면 물을 먹여 정신을 차리게 만들었고, 정신을 차리면 다시 패기 시작했다. (…) 그러한 고문과 악형이 며칠 동안 잠을 재우지도 않고 계속되었다. (…) 앉아 있다가 졸면 그들은 나를 세워놓았다. 세워놓아도 졸음이 쏟아졌다. 나는 서서도 잤다. 서서도 자면 그들은 옆으로 다가와서 갑자기 걷어차거나 벽으로 밀어 쓰러뜨렸고, 펜대 같은 날카로운 물건으로 이마와 옆구리 등을 사정없이 찔렀다. (…) 나는 죽을 결심을 했다."[7]

그런 야만적인 조사과정에서 영호남을 가르는 비열한 지역감정도 드러났다. 우락부락하게 생긴 사나이가 한완상(서울대 교수)에게 질타를 했다. "그래, 경상도 놈이 전라도 놈을 대통령으로 옹립하려 한다고…… 미친놈이지. 이 자식은 국가관도 없고 전라도 놈만 따라다니는 한심한 경상도 놈 아닌가……."8

'북악파크호텔에서 내란음모', 각본대로

고문과 허위 자백을 강요당하지 않은 사람은 거의 없었다. 밤낮으로 이 방 저 방에서 소름 끼치는 비명이 들려왔다. 나도 예외일 수는 없었다.9 가장 터무니없는 억지는 그해 5월 12일 김대중 등 재야인사들이 서울 북악파크호텔 모임에서 내란음모를 했다는 대목이었다. 물론 완강하게 부인하느라 방마다 또 '격전'이 벌어지고 고문을 당했다. 수사관들의 수법은 이런 식이었다. "다른 사람들도 다 시인했단 말이오. 당신 하나만 시인하면 조사가 끝나는데……."

남산 지하실에 갇힌 지 거의 두 달이 될 때까지 우리 구속자들은 구속영장도 없이 불법감금 상태에 놓여 있었고, 가족 접견은 생각도 할 수 없었다. 그러던 중 내란음모죄를 적용한 사람들 중 김대중, 문익환, 이문영, 예춘호, 고은태(고은), 김상현 등 6명은 7월 15일 남한산성 밑에 있는 육군교도소로 실려갔고, 이신범, 조성우, 이해찬, 이석표, 송기원, 설훈, 심재철, 서남동, 김종완, 한승헌, 이해동, 김윤식, 한완상, 유인호, 송건호, 이호철, 이택돈, 김녹영 등 18명은 (나중에 알고 보니 하루 먼저) 서울구치소로 실려가 수감되었다. 1975년 봄 반공법 필화 사건으로 그곳에 수감된 적이 있던 나는 말하자면 '재수 없는 재수再修'를 하게 되었다. 같은 날 이상의 24명이 연루된 사건은 계엄사 합동수사본부(합수부)에서 계엄사 검찰부로 송치되었다.

'DJ 사형' 우려에 미·일의 경고도

계엄사는 김대중과 재야 민주인사 36인에 대한 '중간수사결과 발표'(5. 22)에 이어 사건의 군 검찰 송치와 동시에 확대판 '수사결과'를 발표했다.

골자인즉, 김대중 등이 국민의 봉기를 일으켜 정부를 전복하려 했다는 것이다. 그 발표문의 분량이 어찌나 방대했던지 서울의 각 방송국이 그 전문을 방송하는 데만 1시간이나 걸렸다고 한다. 거기엔 '5월의 광주사태와 서울의 학생시위를 김대중이 배후에서 조종했다'며 죄명도 내란음모, 반공법, 계엄법, 그리고 국가보안법 위반까지 얹혀 있어서 최고 사형까지 가능한 법적용이었다.

서울발 로이터통신은 김대중이 정치생명뿐 아니라 진짜 목숨까지 빼앗길 위기에 직면했다며 큰 우려를 나타냈다.[10]

'과거에 공산주의자였던 김대중'이라는 표현에도 계엄 당국의 속셈이 배어 있었다. 일본 외무성은 김대중의 일본에서의 정치활동을 위법이라고 한 수사결과에 대해 '(1973년 한국 중앙정보부의 김대중 납치사건 후 한국 정부는 김대중의 해외 언동에 대해 책임을 묻지 않는다고 한) 한·일 간의 정치 결착決着에 저촉되는 부분이 있다'며 한국 정부에 주의를 환기했다.[11]

미국의 한 고위 관리도 한국 군정당국이 만약 김대중에게 사형을 선고한다면 미국은 한국의 군사정권과 정상적인 관계를 유지하기가 어렵게 될 것이라고 강력하게 경고했다.

'반국가단체 수괴'로 기소된 DJ

군 검찰부는 그저 하나의 '경유역'에 지나지 않았다. 피고인들의 진술을 그대로 조서화할 사실상의 권능도 없고 의욕도 없어 보였다. '법정에 가서 사실대로 말하면 되지 않느냐'는 친절한(?) 조언만 되풀이했다. 대세를 뒤집을 수 없음을 알게 된 구속자들도 '법정에 가서 사실대로 말하는 수밖에'라는 생각을 갖게 되었다.

며칠 뒤 두툼한 책자로 된 공소장이 감방으로 송달되었다. DJ에 대한 공소사실과 적용법조에 먼저 눈이 갔다. 주된 흐름은 DJ가 1980년 5월 12일 서울 북악파크호텔에서 조속한 민주화 추진을 논의한 재야인사 모임을 형법상 내란음모로 몰았고, 일본에서 '한국민주회복통일촉진국민회의'(한민통)를 조직, 그 의장에 취임하여 국가보안법상 반국가단체 수괴가 되었다는 요지였다. 그런데 내란음모죄는 법정형이 3년 이상의 유기징역이므로 DJ를 사형에 처하기 위해서 국가보안법(1980. 12. 31, 개정 전) 제1조 제1호를 끌어다 붙인 것이 분명했다. 다른 여러 사람들에 대한 공소사실, 즉 불법집회 등 계엄법 위반이나 내란음모 혐의 역시 견강부회 수준의 작문이자 조작이었다. 심지어 내란음모의 '공범'으로 기소된 설훈(고려대생)은 그때까지 DJ와 일면식도 없는 사이였고, 첫 공판이 있던 날 법정에서 처음으로 얼굴을 대하게 된 처지였다. 그는 이렇게 회고했다. "1980년 '종범'인 나는, 너무도 무표정해서 차라리 평화로워 보이는 '주범' 김대중 선생을 (법정에서) 그렇게 첫 대면했다. (…) 공소장을 받아보고 나는 깜짝 놀랐다. (…) 내가 만나본 적도 없는 분과 공범이 되다니!"[12]

김대중 내란음모 사건 군법회의 법정
반국가단체 수괴로 지목된 김대중에 대한 군법회의 법정은 엄숙과는 질이 다른 살벌한 분위기를 연출했다.

검찰에 대든 국선변호인, 법정에서 사라져

그해 8월 14일 육군본부 군법회의 법정에서 계엄보통군법회의 첫 공판이 열렸다. 남산으로 끌려간 지 거의 석 달 만에 우리 24명이 처음으로 한자리에서 얼굴을 마주하게 되었다. 매우 착잡하고 눈물겨운 '묶인 몸'으로 만나는 상봉이어서 애절하면서도 반가웠다. 재판장인 문웅식 소장을 비롯한 심판관(박명철·이재홍·여운건 준장)과 법무사(양신기 중령)가 들어온 뒤에 공판이 시작되었다. 엄숙과는 질이 다른 살벌한 분위기였다. 관여 검찰관(정기용 중령, 정인봉 대위 등)들이 DJ에 대한 공소장을 낭독하는 데만 1시간 27분이 걸렸고, 오후에는 5시간에 걸쳐 나머지 피고인들에 대한 공소장 낭독이 계속되었다.

피고인들은 사전에 변호인 선임조차 봉쇄당했다. 가족들이 애타는 심정으로 변호사 사무소를 찾아다녔으나 모두 헛걸음이었다. 그러더니 군법회의 측이 일방적으로 붙여준 국선변호인들이 법정에 나타났다. 그들 중에는 변호인의 입장을 저버린 묘한 질문을 하다가 피고인들로부터 규탄을 당하고 언쟁을 벌이는 진풍경도 있었다.

DJ의 사형에 직결되는 국가보안법 위반, 즉 일본에 있는 한민통을 반국가단체로 규정하고, DJ가 그 의장에 취임했다는 부분은 전혀 사실이 아니라고 DJ는 강력히 부인했다. 그는 한민통이 출범하기 전에 중앙정보부에 의해서 서울로 납치된 몸이었고, 납치된 뒤에도 일본에 서신과 인편을 통하여 한민통에 대한 자신의 입장을 분명히 밝힌 바가 있었다.[13]

그가 납치된 뒤에 선거법 위반 사건과 3·1민주구국선언 사건으로 재판받을 때에도 한민통과 관련된 어떤 혐의도 거론된 바가 없었다. 이 점에서도 한민통 관련 국가보안법 위반은 'DJ 사형'을 관철하기 위한 허구이자 조작임이 명백했다. 피고인들의 의사와 무관하게 법정에 나와 마찰까지 빚기도 한 국선변호인들 중에서 오직 소종팔 변호사만은 검찰관의 주장에 정면으로 맞서 소신 있는 변론을 했다. 그는 "내란사건이라고 하는데, 피고들은 각목이나 화염병은커녕, 부지깽이와 박카스 병 하나 가지고 다녔다는 증거는 물론, 사실 기록도 기소장에 없다. 도대체 뭘 들고 내란을 하려 했다는 것인가?" 이렇게 역공을 편 그는 그뒤로 법정에 나타나지 않았고, 연락조차 되지 않았다고 한다.[14]

재판 거부 곡절 끝에 'DJ 사형' 구형

이와는 달리 변호인답지 않은 국선변호인들에 대한 항의가 피고인석에서 연달아 나왔다. 김종완은 한 국선변호인을 보고 "실례지만 댁은 누구십니까"라고 야유를 했는가 하면, 참다못한 송기원은 변호인석을 향해 "도저히 못 들어주겠으니 그만해!"라며 고함을 질렀다. 이처럼 피고인과 변호인 사이에 큰소리와 삿대질이 오가며 법정은 난장판이 되었다. 이때 문익환 목사가 자리에서 일어서며 외쳤다. "재판부 기피신청을 하겠소. 우린 이런 재판, 받을 생각이 없어요." 문 목사에 이어 DJ도 일어섰다. 그들이 법정 밖으로 나가자 나머지 피고인들도 그뒤를 따라 퇴정을 했다. 피고인들은 두어 사람을 예외로 하고 모두가 공소사실을 전면 부인하고, 비상계엄 연장과 사건 조작에 항의하는 발언을 하였다.

9월 11일에 열린 결심공판(16차 공판)에서 검찰관은 장장 2시간에 걸친 논고 중 약 50분간을 DJ에 대한 공격으로 소모했는데, 그중에서도 한민통과 관련한 것 등 해외활동에 많은 시간을 할애했다.(실은 이 부분이 김대중 납치사건 후 한·일 정부 간의 '정치 결착'에 저촉되어 문제가 되었음은 앞에서 언급했다.) 그리고 예상했던 대로 검찰관은 DJ에게 사형을 구형했다. '역시나'였다. 그밖의 피고인들에 대한 구형은 징역 20년 4명, 15년 6명, 10년 1명, 7~3년 12명이었다.

L목사의 고문 참상 폭로에 울음바다

그다음 날에는 피고인들의 최후진술이 있었는데, 공소장에 적힌 순서대로가 아니라 그 역순으로 하라는 것이었다. 최후진술에서 몇 사람은 중정 지하실에서 당한 처참한 고문의 실상을 폭로하여 법정 안을 분노와 흐느낌의 장으로 만들었다. 실은 재판 첫날 개정 벽두에 이문영 교수가 손을 들고 재판장의 허락을 얻은 뒤, '조사받을 때 내 양쪽 방에 한승헌 변호사와 이해동 목사가 있었는데, 이분들은 무지하게 고문을 당하여 몸 사정이 나쁘니 재판을 천천히 하십시오'라고 요구한 바도 있었다.[15]

그런 폭로는 나를 당황케 하였다. 모두가 당한 일인데다 방청석의 가족이 듣고 놀랄까봐 나는 고문에 대해서는 시종 침묵하고 있었다. 이해동 목사의 고문 폭로는 정말로 충격적이었다. "사나흘씩 잠을 못 잔 적이 여러 번이었고, 여러 차례 발가벗겨져 온갖 수모를 당하였으며, 어찌나 많이 맞았던지 앉는 것은 물론이고 누울 수조차 없어서 사흘간 엎드려 지낸 경우도 있었다. 온몸은 피멍이 들어 목불인견이었는데 그 피멍을 빼느라 날고기를 포 떠서 멍이 심한 상처 부위에 붙이고 엎드려 있었는데, 무엇보다 고기 썩는 냄새는 정말이지 참기 힘든 악취였다."[16]

이처럼 혹독하고 야만적인 고문의 참상이 피해자의 입을 통해 폭로되자 피고인석과 방청석에서는 흐느낌과 오열의 파도가 일었다. 여기에다 설훈의 최후진술은 또 하나의 충격을 안겨주었다. 그는 이렇게 말했다. "나는 광주에서 무참하게 죽어간 그들과 함께 죽지 못하고 아직 살아 있다는 것이 못내 부끄럽고 한스러울 뿐이다. 그런데 우리가 고문

당한 일 따위를 가지고 찔찔 짜기나 하고 있을 때인가?" 법정 안은 얼음처럼 차갑고 숙연해졌다.

점심시간에 구치소 호송차 안에서 우리 피고인들이 함께 점심을 먹을 때, 내가 한마디 했다. "고문 폭로에 울고, 울었다고 또 야단맞고, 그럼 우린 뭐야?" 웃을 수 없는 이야기에 모두 웃었다.[17]

감동적인 DJ의 최후진술, 그뒤

DJ의 최후진술은 9월 13일 18차 공판에서 있었다. 그는 약 1시간 40분 동안 마치 유언과도 같은 간절한 발언을 이어갔다.

5·17계엄령의 전국 확대로 우리의 민주주의는 심상치 않은 시련을 맞이하였습니다. (…) 이번 사건을 김대중 일당 내란음모 사건이라 했는데 나 한 사람이 다수의 학생·국민을 선동하고 동원할 수 있는 능력을 갖고 있다고 판단했다면 왜 정부는 학생의 자제를 요망한 나의 성명서나 동아일보의 요청에 따라 쓴 기고문을 보도조차 못하게 했습니까? (…)

나는 천주교 신자입니다. 하느님이 원하시면 이 재판부를 통해 나를 죽일 것이요, 그렇지 않으면 나를 살릴 것이라고 믿고 모든 것을 하느님께 맡겼습니다. 내가 죽더라도 국민들의 손에 의해 민주주의가 살아날 것을 확신합니다. 나는 아마도 사형 판결을 받고 또 틀림없이 처형당하겠지만 (…) 나는 여기서 공동 피고 여러분께 유언을 남기고 싶습니다. 내 판단으로 머지않아 1980년대에는 민주주의가 회복될 것입니다. (…) 그때가 되거든 먼저 죽어간

나를 위해서든, 또다른 누구를 위해서든 정치적인 보복이 이 땅에서 행해지지 않도록 부탁하고 싶습니다. 이것이야말로 내 마지막 남은 소망이기도 하고 또 하느님의 이름으로 하는 내 마지막 유언입니다.[18]

드디어 각본대로 "김대중 사형!"

그의 진술이 계속되는 동안 간간이 흐느끼던 방청석에서는 이 유언이 끝나자 일제히 일어나 애국가를 부르기 시작했다. 그뿐인가. 헌병의 제지를 뿌리치고 「우리 승리하리라」를 부르다가 한 사람씩 끌려 나갔다. 그러면서 "민주주의 만세" "김대중 선생 만세"를 연신 외쳤다. 물론 우리 피고인들도 눈물을 흘렸다.

그로부터 불과 나흘 뒤인 9월 17일, 선고공판이 열렸다. 법무사가 판결이유의 요지를 낭독하고 난 뒤, 문응식 재판장이 판결 주문을 읽었다. 그때의 심정을 DJ는 이렇게 가감 없이 기록해놓고 있다. "죽고 싶은 사람이 어디 있겠는가. 나는 제발 사형만은 면하기를 간절히 바랐다. 법정에서도 속으로 기도했다. 재판장의 입 모양을 뚫어지게 보았다. 입술이 옆으로 찢어지면 사, 사형이고, 입술이 앞쪽으로 나오면 무, 무기징역이었다. 입이 나오면 살고, 찢어지면 죽었다. 재판장의 입이 찢어졌다. '김대중, 사형'."[19]

그밖의 피고인들에게 선고된 징역형은 다음과 같다. 문익환, 이문영은 20년, 고은태(고은), 조성우는 10년, 예춘호, 이신범은 12년, 김상현, 이해찬, 송기원, 설훈은 10년, 이석표는 7년, 심재철은 5년, 김종완, 한승

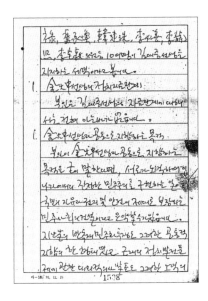

김대중 내란음모 사건으로 검거되어 '남산'에서 쓴 한승헌의 자필 진술서

진술서는 혹독한 고문을 전후해서 작성되었다. 최후 진술에서 몇 사람은 중앙정보부 지하실에서 당한 처참한 고문의 실상을 폭로하여 법정 안을 분노와 흐느낌의 장으로 만들었다.

헌, 이해동, 김녹영은 4년, 유인호, 이호철은 3년 6월, 서남동, 김윤식, 한완상은 2년 6월, 송건호, 이택돈은 2년.

전향 간첩 망언에 2심 최후진술 거부

DJ에 대한 1심 사형 판결에도 국내 언론은 비상계엄하의 족쇄를 벗어나지 못했다. 반면, 해외 여러 곳에선 놀라움과 비난의 목소리가 비등했다. 미국의 에드먼드 머스키Edmund S. Muskie 국무장관은 '미합중국은 김대중 씨에게 극형이 내려진 데 대하여 심히 우려한다'는 성명을 발표했다. 서독의 한스디트리히 겐셔Hans-Dietrich Genscher 외무장관은 유럽공동체의 회원국들에게 한국 정부에 항의할 것을 권고했다. 그밖에도 동독, 베

이징, 모스크바의 당국이나 언론들도 한국의 군부를 비난했다.[20]

항소심(재판장 유근환 소장)에서 군 검찰은 조총련계 간첩에서 전향했다는 윤여동이란 사람을 증언대에 불러 앉혔다. 일본의 '한민통'이 반국가단체이며 DJ가 그 수괴라는 사실을 입증한다는 것이었다. 그런데 그는 '부(副)부장 동지께서' 운운하는 등으로 북한식 어투를 써가며 'DJ 사형'에 북을 치고 나섰다. 이에 참다못한 김상현이 질타하는 목소리로 외쳤다. "여기가 어느 나라 법정인데, 언어 순화조차 안 된 간첩을 내세워 민주인사를 해치는 증언을 시키다니, 도대체 이게 될 말이오?" 그러자 문익환도 일어서서 "이건 내란이다! 내란!"이라고 고함을 쳤다. 거의 동시에 다른 피고인들도 일제히 일어나 "이게 뭐냐"며 재판부에 항의했다. 법정은 순식간에 소란에 휩싸였다.[21] 상황이 이렇게 되자 검찰 측은 윤여동을 비호하여 도망치듯이 뒷문으로 빼돌렸다.

피고인들은 재판을 거부하는 뜻으로 전원이 2심 최후진술을 거부했다. 11월 3일 항소심 선고공판이 열렸다. DJ에게 1심과 마찬가지로 '사형'이 떨어졌다. 일부 피고인들에게 감형도 있었고, 이른바 관할관의 사후조치에서 석방자도 나왔지만 별로 의미가 없는 쇼에 지나지 않았다.

육군교도소 이발소에서 본 '레이건 당선' 기사

2심의 'DJ 사형' 판결에 맥이 쑥 빠져 서울구치소로 돌아온 우리는 바로 호송차에 실려 육군교도소로 이감되었다. 남한산성 밑에 있는 육군교도소 감방은 사면 벽에 창은 고사하고 바늘구멍만 한 틈도 없는 완전 먹방(전등이 없다면)이었다. 그러니까 하늘도 바깥도 전혀 볼 수 없는, 영화나 소설 속의 공간이었다. 그래도 전부터 거기서 수감생활을 하고 있던 DJ를 비롯한 '내란음모' 그룹(?)과 함께 지내게 되어서 좋았다.

그러나 문제는 DJ의 목숨이었다. 아무래도 미국의 대통령선거 결과가 기다려졌다. 인권파인 지미 카터Jimmy Carter가 재선되기를 바랐다. 그런데 감옥 안에서 그쪽의 당락을 알 길이 없었다. 하지만 의외로 손쉽게 그 결과를 알게 되었다. 육군교도소 구내 이발소에 갔다가, 찢어진 신문에서 '레이건 당선'이란 1면 톱기사 제목에 눈이 번쩍 뜨였던 것이다. 순간, 좀 허탈했다. DJ도 카터 낙선 소식을 듣고 '하느님이 나를 버리셨단 말인가?'라며 슬퍼했다고 자서전에 쓰고 있다.[22]

그 무렵 DJ는 부인 이희호 여사로부터 이런 편지(1980. 11. 21)를 받는다. "내일에 대한 희망 꼭 가지세요. 바다 가운데서 구해주신 그 하느님 지금도 당신 곁에 계시니 이번에도 꼭 구해주실 것을 믿고 기도하세요."[23]

집단 옥중 단식—상고 기각—DJ 무기 감형

대법원 판결을 앞두고 육군교도소 안의 우리는 불안에서 헤어나지 못하고 있었다. 최악의 경우를 생각지 않을 수 없었던 우리는 DJ에 대한 사형 판결에 항의하는 뜻으로 (DJ 모르게) 전원 단식에 들어갔다. 5일간 성공적으로(?) 이어지던 단식은 뒤늦게 이 사실을 알게 된 DJ가 동참하겠다고 나서는 바람에 중단하고 말았다. 그의 생명을 살리자는 단식이 도리어 그의 생명을 위험에 빠뜨려서는 안 되기 때문이었다. 대법원 상고는 '내란음모' 그룹만 하고, 나머지 '계엄법 위반' 그룹은 아예 상고를 하지 않았다. 'DJ 사형' 말고는 더이상 왈가왈부할 필요가 없었기 때문이다. 해가 바뀌어 1981년 1월 23일 대법원의 최종 판결이 나왔다. '상고 기각'으로 DJ에 대한 사형 판결은 확정되고 말았다.

절망했던 우리는 그날 오후 DJ가 무기징역으로 감형되었다는 소식에 한숨을 돌릴 수 있었다. 세계 언론과 지도자들, 그리고 양심적인 시민운동단체의 강력한 압력이 주효했던 것이다. 카터 대통령은 후임자인 레이건Ronald W. Reagan에게 '김대중 구명'을 중요한 인계인수 사항으로 당부했고, 레이건은 전두환과의 회담 전제조건으로 DJ 감형을 관철시켰던 것이다.[24]

전두환은 그로부터 5일 뒤인 1월 28일 레이건 미국 대통령과의 회담을 위해 출국한다. 1월 31일, DJ는 청주교도소로 이감되었으며, 2심에서 풀려나지 않은 다른 사람들도 한 사람씩 지방 교도소로 실려 갔다. 이해동, 김종완, 그리고 나, 세 사람은 합수부가 석방 조건으로 제시한 '준법각서' 작성을 거부한 다음 날 역시 지방 교도소로 분산, 이감되었다.

DJ 경호원, 비서진들의 수난과 저항

1980년 7월 4일의 계엄사 발표에 '김대중을 비롯한 37명을 계엄보통군법회의 검찰부에 구속 송치할 방침'이란 말이 나온다.[25]

보통 '김대중 내란음모 사건'이라고 하면 앞서 언급한 DJ 등 24명 그

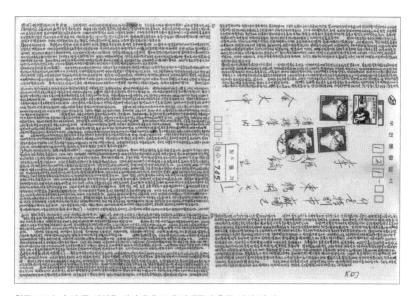

청주교도소 수감 중 이희호 여사에게 보낸 김대중의 옥중 서신(자필)
1981년 1월 23일 대법원의 최종 판결이 나왔다. '상고 기각'으로 DJ에 대한 사형 판결이 확정되고, 그날 오후 무기징역으로 감형되었다. 1월 31일, DJ는 청주교도소로 이감되었다.

룹을 연상하는데, 나머지 사람들은 누구였는가? DJ의 장남과 비서진, 경호원 등이었다. 그들은 앞서의 24명보다 더한 고문을 당하고 비열한 수모에 시달렸으며, 재판도 수도경비사령부 군법회의에서 따로 받아 언론이나 세인의 주목을 제대로 받지 못한 면이 있었다. 하지만 그들도 법정에서 투사다운 면모를 유감없이 보여줬다. "역사는 언젠가 우리의 진실을 밝혀줄 것이다. 기필코 정의가 승리할 것이다. 언젠가 당신들도 오늘 이 사실에 대해 심판을 받을 것이다." 김옥두의 이런 강성 발언에 검찰관은 법정모욕죄로 추가 기소를 하겠다고 으름장을 놓기도 했다. 그러자 피고인들은 "추가 기소해서 우리도 사형시켜라"며 굽히지 않고 대들었다.[26]

1심에서 한화갑, 김옥두는 징역 4년, 박성철, 전대열, 김대현, 김홍일, 권혁충, 오대영, 함윤식은 각 징역 3년을 선고받았다. 항소심에서는 형이 조금씩 줄어들었을 뿐, 한 사람도 석방되지 않았고 대전교도소로 이감되어 복역을 했다.

DJ, 23년 만의 '재심 무죄'

한편, 전두환은 1981년 2월 25일 이른바 '대통령선거인단' 투표(단독 후보)에서 대통령으로 '당선'되어 3월 3일 취임식을 치른다. DJ는 다음해 12월 23일 형집행정지로 석방된 직후 '신병 치료차' 미국으로 건너간다. 그뒤 정치상황의 격동은 길게 설명할 겨를이 없거니와, 요약건대 전두환 정권 말기인 1987년의 거족적인 '6월민주항쟁'으로 이른바 '6·29선언'이 나오고, 대통령 직선제를 골자로 한 헌법 개정이 이루어졌는데(10월 12일 국회 의결, 같은 달 27일 국민투표로 확정), 그뒤 실시된 13대 대통령선거에서 야권 후보 단일화의 실패로 제6공화국의 노태우 정권이 등장한다.

그뒤를 이어 1993년 김영삼 정부(문민정부)가 들어선 뒤에 '5·18민주화운동 등에 관한 특별법'(5·18특별법)이 제정(1995년 12월 21일 공포)되어 이른바 신군부가 '12·12'와 '5·18' 전후에 저지른 '헌정질서 파괴행위'의 공소시효를 정지시킴과 아울러 '5·18민주화운동' 관련자 등에 대한 특별 재심의 길이 열렸다.

이 '5·18특별법'에 따라 전직 대통령인 전두환은 1996년 8월 27일 반란 및 내란 수괴 등 죄목으로 서울형사지방법원에서 사형선고를 받는 다(노태우는 징역 22년 6월). 반면에 2003년 1월 김대중 내란음모 사건 의 피고인들(당시 현직 대통령이던 DJ는 재심 청구를 미룸)은 서울고등법원에서 전원 (재심) 무죄 판결을 받았다. 법원은 "피고인들의 원심 판시 각 행위는 전두환 등의 이러한(12·12군사반란 행위 및 5·17 이후의 내란 행위) 헌 정질서 파괴범행을 저지하거나 반대함으로써 헌법의 존립과 헌법질서 를 수호하기 위한 정당한 행위였다고 할 것이다"라고 판시 이유를 밝혔다.[27] DJ는 대통령 퇴임 후에 재심을 청구하여 2004년 1월 29일 역시 서 울고등법원에서 앞서 사건의 판시와 같은 이유로 무죄 판결을 받는다.[28]

그러니까 무고한 사람들을 잡아다 고문으로 사건을 조작하고 사형 등 혹형을 내린 전두환 등이 오히려 반란 및 내란죄 등으로 처단되었으 니 먼 훗날이 아닌 당대에 법의 심판으로 역사가 바로잡힌 기록을 남긴 셈이었다. 사형선고 23년 만에 재심 법정에 나온 DJ는 이렇게 진술했다. "민족과 국가를 위해 충성을 다하다 역적으로 몰려 억울한 죽음을 당한 사람들은 수백 년이 지나야 오명을 벗는데, 나는 당대에 이런 기회를 갖 게 됐다. 법의 정의를 바로 세우고, 후세에 교훈을 남기기 위해 좋은 판 결을 해주기 바란다." 재심 무죄 판결 후에는 "이번 판결로 국민과 역사 는 반드시 승리한다는 것을 다시 한번 깨달았다"고 말했다.[29]

이 사건은 당시 신군부의 정권 장악을 용이하게 하기 위하여, 그리고 김대중과 재야 시민운동세력과의 연계를 차단하기 위하여 신군부가 조 작한 것이었지만, 결과적으로는 광주민주화운동을 촉발시킨 동인이 되 어 군부집권 반대 및 민주주의 쟁취라는 대항이데올로기와 이에 바탕 을 둔 한국의 민주화운동을 굳혀나가는 결정적인 계기가 되었다고 보

는 견해도 있다.[30]

2009년 11월 13일 일본 도쿄에서 열린 '고故 김대중 한국 대통령을 추도하는 모임'에서 나는 이런 말로 추모사의 첫머리를 열었다. "대통령이 사형수가 되는 나라, 그리고 사형수가 대통령이 되는 나라, 한국은 이러한 격동을 거치면서 역사가 바로잡혀나가는 나라입니다."

주————————

1   『김대중 자서전 (1)』, 삼인 2010, 405~06면.

2   같은 책 407면.

3   일본 NHK 취재반 구성『김대중 자서전: 역사와 함께 시대와 함께 (2)』, 김용운 편역, 인동 1999, 119~20면.

4   *Süddeutsche Zeitung* 1980년 5월 20일자.

5   김택근『새벽: 김대중 평전』, 사계절 2012, 144면.

6   예춘호「민주투사들을 제물로 삼아」, 이문영 외 편『김대중 내란음모의 진실』, 문이당 2000, 96면.

7   김종완「군화발에 짓밟힌 민주화의 봄」,『김대중 내란음모의 진실』, 115~17면.

8   한완상「서울의 짧은 봄, 긴 겨울 그리고…」,『김대중 내란음모의 진실』, 255면.

9   한승헌「5·17사태와 나」,『피고인이 된 변호사』, 범우사 2013, 109면.

10 『朝日新聞』1980년 7월 4일자.

11 石井清司『ドキュメント金大中裁判』, 東京, 幸洋出版 1981, 103, 106면.

12 설훈「영원히 잊지 못할 그 모습」,『김대중 내란음모의 진실』, 349, 353면.

13 김대중 내란음모 사건 1심 군재 법정에서 한 김대중의「최후진술」(『김대중 내란음모의 진실』, 21면).

14 『김대중 자서전 (1)』, 418면.

15 이문영「5·17과 오늘」,『김대중 내란음모의 진실』, 48~49면.

16 이해동·이종옥『둘이 걸은 한 길 (1)』, 대한기독교서회 2014, 192면.

17   같은 책 199면.

18   『김대중 자서전 (1)』, 421~22면;『김대중 내란음모의 진실』, 15~23면.

19   같은 책 424~25면.

20   『김대중 자서전: 역사와 함께 시대와 함께 (2)』144면.

21   김상현「내가 겪은 80년, 그리고 광주」,『김대중 내란음모의 진실』, 220~21면; 이해동·이종욱, 앞의 책 199면.

22   『김대중 자서전 (1)』, 427면.

23   이희호『내일을 위한 기도』, 여성신문사 1998, 16면.

24   『김대중 자서전 (1)』, 432면.

25   「계엄사 '김대중 내란음모사건 수사결과 발표'」,『동아일보』1980년 7월 4일자.

26   김옥두「희망으로 되살아난 5·17의 피와 눈물」,『김대중 내란음모의 진실』, 290면.

27   1999 재노 22 및 2000 재노 2 내란음모 등 사건 판결.

28   2003 재노 19, 국가보안법 위반 등 사건 판결.

29   『동아일보』2004년 1월 9일자;『한겨레신문』2004년 1월 30일자.

30   이만열「5·17 김대중 내란음모 사건의 진실과 그 역사적 의의」,『김대중 내란음모의 진실』, 499~501면.

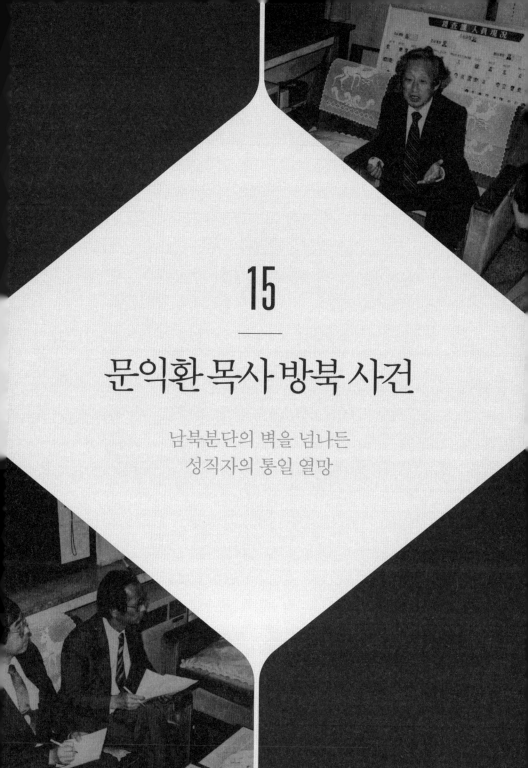

15

문익환 목사 방북 사건

남북분단의 벽을 넘나든
성직자의 통일 열망

문 목사가 남과 북을 오가며 통일을 위한 열정을 불태울 때
그의 나이도 칠순을 넘겼는가 하면, 건강도 몹시 악화되어갔다.
그럼에도 군사독재에 항거하여 젊은이들의 분신이 속출하는
민주화 투쟁의 현장에서 한 발짝도 물러서지 않았다.

'이건 진담이라고' 예고한(?) 북행길

난 올해 안으로 평양으로 갈 거야

기어코 가고 말 거야 이건

잠꼬대가 아니라고 농담이 아니라고

이건 진담이라고

(…)

난 걸어서라도 갈 테니까

임진강을 헤엄쳐서라도 갈 테니까

그러다가 총에라도 맞아 죽는 날이면

그야 하는 수 없지

구름처럼 바람처럼 넋으로 가는 거지

— 문익환 「잠꼬대 아닌 잠꼬대」 부분[1]

문익환 목사가 1989년 첫 새벽에 쓴 신년시 「잠꼬대 아닌 잠꼬대」의 첫 연과 끝 연은 이러했다. 그는 일제 때 중국(북만주) 간도間島에서 태어나 윤동주 시인과 명동소학교 동문으로 친하게 지내면서 자신도 시를 써왔다. 목사의 아들로 태어나 중학교 때 신사참배를 거부했다가 퇴학을 당했는가 하면, 일본과 만주, 그리고 해방 후에는 서울에서 신학을 공부했다. 미국 프린스턴신학교에 유학했으며, 6·25전란 중에는 판문점 휴전회담과 도쿄의 유엔군 사령부에서 통역으로 근무한 특이한 경력도 있다. 귀국한 뒤에는 신학대학 교수, 교회 목사, 성서 번역가로 조용한 삶을 살아가던 중, 『사상계』 발행인이었던 장준하의 의문사(1975. 8. 17)에 공분을 느끼고 민주화운동에 투신하여 재야 지도자로 열정을 쏟았다. 3·1민주구국선언 사건(1976)과 김대중 내란음모 사건(1980)으로 투옥된 바 있으며, 민주통일민중운동연합(민통련) 의장을 맡아 재야 민주화운동의 지도자로 활약 중이었다.

그래도 앞의 시는 어디까지나 문학작품이지 그것을 '조선민주주의인민공화국'을 방문하는 북행을 예고하는 '진담'으로 여긴 사람은 없었다. 다만, 그 시의 마지막 연 "그러다가 총에라도 맞아 죽는 날이면/그 야 하는 수 없지/구름처럼 바람처럼 넋으로 가는 거지"에 다다르면, 그 처연함에 마음이 끌린 사람이 적지 않았을 것이다.

'문 목사 평양 도착'에 놀란 남쪽에선

1989년 3월 25일 오후, 문익환 목사는 북한 당국이 제공한 조선민항 특별기편으로 베이징을 출발, 평양 부근의 순안비행장에 도착했다. 일본에서 합류한 정경모(재일동포 문필가), 서울에서 뒤따라 온 유원호(사업가)가 일행이었다. 비행장에는 정준기(정무원 부총리 겸 조국평화통일위원회 부위원장), 여연구(여운형의 딸) 등 북한 측 요인들이 영접을 나왔다. '평양으로 가고 말겠다'는 그의 연두시年頭詩는 농담이 아니라 진담이었던 것이다. 총에 맞지도 않고, 바람처럼 넋으로 가지도 않고, 멀쩡한 육신으로 갔던 것이다. 그는 평양 도착 성명에서 "제가 금단의 땅이었던 이곳을 찾아왔다는 것, 김일성 주석과 더불어 서로가 민족의 일원으로서 뜨겁게 부둥켜안고 민족의 빛나는 미래에 대하여 서로가 아름다운 꿈을 이야기한다는 것, 이것의 상징적인 뜻을 생각하는 것만으로 저는 기쁨과 가슴의 고동을 억누를 수가 없습니다"라고 자신의 심경을 밝혔다. 또 "말로 하는 대화가 아니라 가슴과 눈으로 하는 대화를 하려고 왔다"는 말도 했다.[2]

문 목사의 평양 도착 소식은 당일로 국내에 알려졌다. 오후 7시 조선중앙방송이 북한 당국의 발표문과 아울러 문 목사의 도착 성명을 육성 녹음으로 방송했던 것이다. 정부는 그날 자정 무렵 신문사와 방송국에 이 뉴스를 알리면서, 정부의 사전허가를 받지 않은 방북임을 강조하였다. 온 나라가 경악에 휩싸였다. 정부와 여당(민정당)은 "문익환 목사 등의 평양 밀행이 김일성 집단의 일관된 대남 분열정책의 소산"이라며 그들 일행이 귀국하는 대로 구속 수사할 것이라는 방침을 밝혔다.[3]

김일성과 회담, 조평통과 공동성명 등으로

검찰은 문 목사의 방북행위를 국가보안법 제6조 2항(잠입·탈출)과 제8조 1항(회합 금지) 위반으로 의법 처리하겠다고 밝혔다. 한편, '문 목사가 지난 3월 19일 한양대 전국민족민주운동연합(전민련) 집회에서 방북 의사를 밝혔는데도 공안당국이 이를 간과한 것은 치명적인 허

방북 중 김일성 주석과 만나고 있는 문익환 목사
문 목사는 평양 도착 다음 날인 8월 26일에 평양 봉
수교회의 부활절 예배에 참석, 특별 강론을 하였고,
27일에는 김일성 주석과의 회담이 이루어졌다.

점을 드러낸 것'이라며 문책론을 제기하는 측도 있었다. 문 목사가 출국
전에 만난 인사들은 대부분 '시기'나 '정부 허가' 등을 이유로 방북을
만류하였다. 그러나 문 목사로서는 일본에 거주하는 정경모를 통해 북
한의 조국평화통일위원회(조평통) 허담 위원장의 초청장과 아울러 김
일성과의 회담 언질까지 받아놓은 기회를 살려 남북 사이의 분단의 벽
을 넘어서기 위한 민간통일운동의 물꼬를 터야겠다는 일념이 앞섰다.
정경모와의 연락은 유원호가 일본에 왕래하면서 담당했다.[4]

문 목사는 평양 도착 다음 날인 8월 26일에 평양 봉수교회의 부활절
예배에 참석, 특별 강론을 하였고, 27일에는 김일성 주석과의 회담이 이
루어졌다. 두 사람은 남과 북의 체제 차이를 공존시키는 연방제 통일방
안 등을 비롯해 남북한 사이의 여러 현안을 논의하였다. 이어서 조평통
위원장 허담과의 회담, 묘향산 보현사 관광, 김일성과의 2차 회담(4.1)이

있었다.[5]

다음 날에는 조평통 허담 위원장과의 2차 회담을 갖고, "쌍방은 어떠한 경우에도 분열의 지속을 목적으로 하는 두 개 조선정책을 반대하고 끊임없이 하나의 민족, 그리고 통일된 나라를 지향해야 한다는 것을 확인한다"는 등 9개 항의 공동성명을 발표했다.[6]

엄벌론과 환영론의 극한 대립

이처럼 바쁜 일정을 마친 문 목사는 4월 3일 항공편으로 북한을 떠나 귀로에 베이징과 도쿄에 들렀다. 그는 귀국길에 베이징에서 가진 내외신과의 인터뷰(4. 4)를 통해 "나의 방북은 민족통일의 실현에 누구라도 참여할 수 있음을 보여주기 위한 것"이라며 "나는 구속되는 것을 두려워하지 않는다. 그러나 남북관계를 원만히 펴도록 이번만은 구속되지 않기를 바란다"고 했다. 또 "남북교류는 정부 간 대화를 민간 대화로 보충해야 한다"라고도 했다.[7]

그의 방북은 국내 여론을 둘로 갈라놓았다. 하나는 규탄 엄벌론이었다. '문 목사의 월북은 국민에 대한 배신이자 국가에 대한 반역'이라는 것이었다(민정당). 다른 한편에는 옹호론도 있었다. '문 목사의 입북은 민족통일을 앞당기는 전기가 될 것으로 보아 이를 환영한다'는 입장이었다(진보정치연합). 정계의 야권과 재야 민주세력 일부에서는 방북 자체보다는 그 시기에 문제가 있었다는 아쉬움을 보이기도 했다. 즉 여소야대의 6공(노태우 정권)에서 막 5공(전두환 정권) 청산(비리 규명) 작업이 진행 중이었는데, 정부와 여권에서 문 목사의 방북을 빌미로 공안정국을 조성해 국면전환을 하는 데서 오는 손실이 막대하게 되었다는 것이다. 그런 가운데 학원가에서는 문 목사 귀환 환영집회를 준비하는 움직임이 번지고 있었다.[8]

'지령에 의한 탈출' 구속에 접견 금지 파문

문 목사는 4월 13일 낮 김포공항에 도착하자마자 기내에서 국가안전기획부(안기부) 요원에 의해 유원호와 함께 안기부로 연행되었다. 문 목사 자신의 표현을 빌리자면 '기관원들이 와락 달려들어 억센 팔로 끌어내렸다'는 것이다. 그는 예상대로 구속되었다. 반국가단체 구성원과의 연락·회합, 지령에 의한 탈출, 반국가단체에 대한 동조·찬양 등의 죄목(국가보안법 위반)이 구속영장에 올라 있었다.[9]

그런데 안기부는 문 목사가 구속된 지 일주일이 넘도록 가족은 물론 변호인의 접견까지도 금지했다. 언론과 법조계를 비롯한 사회 각계에서 '국민의 기본권을 침해하는 위법행위'라는 비난이 높아졌다. 한 신문은 '문 목사의 변호인단(한승헌, 황인철, 조준희, 홍성우)은 문 목사의 유치장소로 기재된 서울 중부경찰서로 가 접견을 신청했으나 거부당하자 공안합동수사본부장인 이건개 대검 공안부장을 방문, 공식 항의하였다'고 사회면 톱뉴스로 보도했다.[10] 그만큼 이른바 공안사범에 대한 위헌적인 접견금지 관행이 심각한 이슈로 부각되었던 것이다. 이런 곡절을 거쳐 변호인단은 같은 달 22일 오후 중부경찰서에서 문 목사를 접견

방북 후 구속된 문익환 목사가 변호인들과 접견하고 있다
변호인단은 이 사건이 현행법상 어디에도 존립의 근거가 없는 공안합동수사본부에 의해서 이루어
진 것이어서 부적법하다는 이유로 공소 기각을 신청했다.

했다. 그는 "나는 불기소를 바라지만, 기소해도 좋다. 전 국민, 전 세계를 향해 우리의 통일 문제를 얘기할 수 있는 기회가 될 것이기 때문이다"라고 말했다.

공안정국 회오리에 5공 청산은

1989년 5월 2일 안기부는 '문익환 목사 등 입북사건 수사결과'를 발표했다. 안기부는 "이 사건은 재일 북한정치공작원 정경모(65)에게 포섭된 연락공작원 유원호(59)와 친북 일본인 야스에 료스케安江良介(54) 등이 소위 '민중대표'와의 남북정치협상이라는 명분 아래 국내 과격 통일론자들을 밀입북시켜 남한 내부를 교란시키고 북한 측의 대남 선전선동 전술을 적극화하려는 책략에 의해 발생한 것"이라고 주장하였다.[11] 그리고 "이들은 입북에 앞서 평민당 김대중 총재, 민주당 김영삼 총재 등 야당 지도자와 전민련 공동대표 이부영 씨, 고문 백기완 씨 등에게 미리 통보했다"고 부연하였다.

이 사건의 수사를 맡은 공안합동수사본부는 문 목사의 동생 문동환 평민당 부총재(목사), 김상현 민주당 부총재, 김덕룡 민주당 의원, 이종찬 민정당 사무총장, 그리고 김대중 평민당 총재 등을 참고인으로 조사하는 등 정치권으로 광범하게 수사를 확대했다. 그 무렵 한겨레신문 북한 취재기획 사건으로 안기부에서 구속 수사를 받아오던 리영희 논설고문도 문 목사 방북 사건 수사결과를 발표하던 날(5. 2) 서울지검으로 송치되면서 정권 차원의 공안 몰이는 극에 달했다.[12]

5공 청산 등으로 궁지에 몰리던 여권은 국면전환을 통하여 국내 진보 민주세력에 대한 역공의 기회를 잡게 되었다. 이에 김대중 평민당 총재는 "문 목사의 방북 사건을 기회 삼아 노태우 정권이 재야인사들에 대한 탄압을 시작했"고 비판했다.[13]

그런 공안정국은 '5공비리 조사특위'의 활동과 '5공청문회'의 성과 등의 마무리에도 좋지 않은 영향을 미쳤다.

문 목사 방북 사건은 서울지검 공안1부 안강민 부장검사에게 배당되었다. 그때나 지금이나 공안 사건에 대한 검찰 조사는 안기부 수사결과를 '다시 보기' 해서 정리하는 정도로 마무리되기 일쑤였다. 이 사건도 그런 틀에서 벗어날 수는 없었다.

정주영 방북 사례와 견준 법의 형평성 논란

서울지검 공안1부 안강민 부장검사는 1989년 5월 31일, 문익환, 유원호 두 사람을 국가보안법 위반으로 구속 기소했다. 그들이 귀국 비행기 안에서 구속된 지 49일 만이었다. 그사이 이 사건은 법정 아닌 장외에서 뜨거운 논란의 대상이 되었다. 공안합동수사본부의 발표에서 '북한 정치공작원'으로 지목된 정경모는 거주지인 일본에서 방북의 자초지종을 밝힘으로써 공안합수부의 발표를 반박하고 나섰다. 이 사건을 검찰에 송치하는 날 안기부 1차장 안응모는 정경모를 북한 공작원으로 규정짓는 근거가 무엇이냐는 기자 질문에 "정씨의 글과 평소 태도로 볼 때 북한 공작원이라는 심증을 가질 수 있"다고 답변했다.[14]

국회에서는 이홍구 국토통일원장관에 대한 대정부질의에서 공방이 벌어졌다. 김대중 의원이 물었다. "정주영 씨가 정부의 승낙을 받고 갔으니 통치행위라는데, 그렇게 통치행위를 확대해서 장사하는 것까지 집어넣으면 법은 필요 없는 것 아닌가? 내가 정주영 씨를 구속하라는 것은 아니나 그 사람은 '북한이 보건사회 행정이 잘되어 있다. 농촌의 문화시설이 잘되어 있다. 북한의 경제는 자주적·독립적이라 이렇게 훌륭하게 건설하고 있다'는 식으로 전 매스컴 앞에서 찬양했는데도 문제가 없고, 다른 사람들만 처벌하면 법의 형평성은 어떻게 되는가?" 이홍구 장관의 답변은 이러했다. "법 적용이 형평의 원칙에 따라야 한다는 것은 말할 필요도 없다. 따라서 북한에 대한 언급에 있어서 의도나 상황을 참작한 법의 적용도 절대적으로 형평을 지켜야 한다." 김 의원은 또 노태우 정부의 '7·7선언'(민족자존과 통일 번영을 위한 특별선언)과 국

가보안법 사이의 모순에 대해서도 신랄하게 추궁했다.[15]

한편, 이 사건의 수사를 전담한 공안합동수사본부의 적법성에 대한 찬반도 논쟁의 도마에 올랐다.

한 입으로는 '북괴', 한 입으로는 '민족공동체'

서울형사지방법원 합의30부(재판장 정상학 부장판사)는 6월 26일 오전 이 사건의 첫 공판을 열었다. 이날 문 목사는 모두진술에서 이런 말을 했다.

검사님이 공소장 낭독하는 것을 들으니 '북괴, 북괴' 하는데, 노 대통령이 북의 김 주석을 만날 때 '당신, 북괴 수령이오?' 할 수 있습니까? 할 수 있어요? 한 입으로는 북괴! 또 한 입으로는 민족공동체!…… 정부의 정신분열증은 전 국민에게 정신분열증을 일으키게 하고 있습니다.

내가 유죄선고를 받아 얼마나 형을 사느냐는 데는 전연 관심이 없습니다. 스무 살, 서른 살 나이 어린 꽃들이 민족의 제단에 그 소중한 목숨을 아낌없이 바치는데, 일흔이 넘도록 살아 있다는 것 자체가 그냥 욕스러울 뿐입니다.[16]

이날 변호인단은 이 사건의 수사 및 공소 제기는 문서상의 기재와는 달리 현행법상 어디에도 존립의 근거가 없는 공안합동수사본부에 의해서 이루어진 것이어서 부적법하다는 이유로 공소 기각을 신청했다. 문 목사 사건 수사를 계기로 발족한 공안합동수사본부는 그 설치, 권한 등에 아무런 법적 근거가 없는 기구로 검찰, 경찰, 안기부, 보안사 등의 혼성팀이고 검찰의 독립, 책임의 소재, 민간인 수사를 할 수 없는 보안사의 참여 등 위법적인 요소가 있어 국회와 언론에서도 논란의 대상이 된 바 있다.[17]

'평화통일' 헌법 조항은 북을 적대시 말라는 뜻

7월 10일에 열린 2차 공판에서 유원호 피고인은 "북한을 보는 시각과 가치판단에 따라 반국가단체인지의 여부를 다르게 인식할 수 있다"고 진술해서 주목을 끌었다. 3차 공판(7. 24)에서 문 목사는 "우리 헌법이 대통령에게 평화통일 임무를 주었다는 것은 북한을 적대시하지 않는다는 뜻인 만큼, 지금은 남북이 모두 각각의 체제만을 고집하여 통일을 요원하게 할 것이 아니라 '평화통일'이라는 남북 공통의 '문패'라도 하나 붙여야 할 단계라고 생각한다"고 진술했다.

문 목사는 자신의 연방제 통일 방안에 대해서 "상호 교류와 동화를 통해 남북 간의 격차를 줄여나가는 과도기적 단계로서 연방제를 하자는 것이 나의 생각"이라며 "북한은 그동안 남쪽의 통일 방안이 2개의 국가를 고정시키려는 것으로 보아왔으나 내가 남쪽 각 정당의 통일방안도 '1민족, 1국가, 2체제'로 연방제와 크게 다르지 않다고 김 주석에게 설명해 단계적 연방제 통일안에 대한 합의를 이끌어낸 것이 이번 방북의 큰 성과"라고 말했다. 또 귀로에 기자회견을 통해 방북 성과를 밝힌 것도 순전히 자신의 판단에 의한 것이지, 공소장 내용처럼 북의 지시

를 받아서 한 것이 아니라고 했다.[18]

유원호 피고인은 변호인의 반대신문에서 "통일은 화해와 일치를 추구하는 한국 기독교의 당면과제이기 때문에 북한을 방문하게 되었다"고 자신의 방북 동기를 밝히기도 했다.[19]

그다음 공판에서 문 목사는 "지난해 7·7선언과 대통령의 국회 연설 및 유엔 연설 등 세 차례에 걸쳐 다각적 민간 교류의 활성화 방침을 밝혔음에도 정부는 정주영 씨 방북 이외에 남북작가회의, 학생회담 등 모든 남북 교류를 탄압했다"고 비판하고 "결국 통일 문제를 정부에만 맡겨두었다가는 아무것도 될 수 없다는 생각에서 평양 방문 결의를 굳혔다"고 진술했다.[20]

9월 11일에 열린 제7차 공판에서 변호인단은 이홍구 통일원장관을 증인으로 신청했고, 재판부는 이를 채택했다. 그러나 이 장관은 9월 18일의 9차 공판에 출석하지 않았고, 이에 그를 재소환해 다음 공판기일에 신문토록 해달라는 변호인단의 요구를 재판부는 묵살한 채 사실심리를 마치려고 했다. 그러자 문익환, 유원호 두 피고인은 그러한 졸속 심리에 항의하는 뜻으로 재판부의 보충신문에 묵비권 행사로 불응했다. 상황이 이렇게 되자 변호인단은 재판부에 대한 기피신청을 하고 전원 퇴정했으며, 두 피고인도 검사의 구형 직전에 일방적으로 법정을 나왔다.

검사가 아닌 재판부와의 난타전

그럼에도 불구하고 재판부는 피고인도 변호인도 없는 상태에서 증거 조사 절차를 강행하고 검사의 구형(두 피고인에게 각 무기징역)까지 하게 하여, 훗날 항소심에서 위법한 심리였다는 지적까지 받게 된다. 재판부의 재판 강행에 항의하는 표시로 전원 퇴정까지 한 당일로 변호인단(380면에서 거명된 4명의 변호사와 박원순, 박인제, 조용환 변호사)은 '국가보안법에 대한 위헌여부 심판제청 신청'을 법원에 냈다.[21]

10월 4일 선고공판이 열릴 예정이었으나 수감 중인 피고인들이 재판부에 항의해 법원 출석(출정) 자체를 완강히 거부하는 바람에 열리지 못했다. 문 목사는 재판부에 '행정부에 대해 저자세가 되고 스스로 사법부의 권위를 실추시킨 재판부 앞에 나서는 것을 치욕으로 느껴 출석을 거부한다'는 이유서를 보냈다. 선고기일로 재지정된 10월 5일 두 피고인은 전날과 달리 출정에는 응했으나 문 목사가 "처음부터 얼마의 형량이 떨어지는지에 대해서는 관심이 없었다"고 말한 뒤 곧 퇴정해버림으로써 궐석재판으로 판결이 선고되었다.

국가보안법상의 지령수수, 잠입·탈출, 회합·통신, 금품수수죄에다 문 목사에게는 찬양·고무·동조죄를, 유원호 씨에게는 자진지원, 국가기밀 누설죄를 얹어서 두 사람에 대하여 모두 징역 10년, 자격정지 10년형을 선고하였다. 공소사실 중 극히 일부는 무죄로 되었으나, 변호인단은 항소이유서에서 이것을 '체면치레'라고 힐난했다.

이 사건 1심 재판을 두고 변호인단의 어떤 변호사는 검사와 싸웠다기보다는 재판장하고 싸운 재판이었다고 말하기도 했다. 그만큼 단상·단하가 난타전을 치른 셈이었다.

법원행정처에서 발간한 『법원사』에도 "제1심 공판은 그해 6월 26일 처음 열린 이래 모두 9차례 진행되었는데, 순탄하게 나아가지 못하고 진통을 겪었다. 방청인들의 잦은 법정 소란행위, 변호인들의 재판부 기피신청 및 집단 퇴정, 피고인들의 일방적인 퇴정에 의한 궐석상태에서의 증거조사 및 구형 등으로 이어졌다"고 기록되어 있을 정도다.[22]

문 목사 사건을 계기로 정부는 '좌경세력에 대한 본격적인 수사'를 내세워 문 목사의 귀국 전인 4월 3일 민족문학작가회의 부회장 고은, 전민련 조국통일위원장 이재오를 국가보안법 위반으로 구속하는 등 재야진보세력에 대한 기습적 수사를 감행했다. 4월 12일에는 학계에서 민주화운동을 이끌어온 리영희(한양대), 백낙청(서울대) 두 교수가 공안합동수사본부에 연행되어 철야 조사를 받았다. 당국은 문 목사 방북과 관련된 조사라고 하면서 그중 리영희 교수를 국가보안법 위반으로 구속했다. 그러나 구속영장을 보면 리 교수가 논설고문으로 있는 한겨레신문사의 북한 취재 계획을 문제 삼고 있어서 언론 탄압이란 비난을 불러일으켰다.[23]

항소이유와 국가보안법의 문제점

이 사건의 항소심은 서울고등법원 제5형사부(재판장 안문태 부장판사)에서 맡게 되었다. 그러나 변호인단이 A4용지로 100장이 넘는 장문의 항소이유서에서 지적하고 촉구하고 호소하고 기대한 모든 것이 허공 속에 메아리치는 '산산이 부서진 이름'으로 끝났다.

항소심 판결은 변호인단이 항소이유로 지적한 원심(1심)의 다음과 같은 과오, 즉 (이하 항소이유의 요지) (1) 공판절차의 위법성, (2) 수사와 기소절차의 위법성, (3) 실체적 판단의 위법성(북한을 '반국가단체'로 볼 수 있는지 여부와 남북관계 진전으로 인한 '반국가단체성'의 상실, 북한의 전략 전술은 영원불변인가 등) 등의 쟁점에 대하여 올바른 판단을 하지 못했다. 좀더 근본적인 문제는, 국가보안법은 합헌적인 법률인가 하는 성찰에 있었다. 특히 당시 시행되고 있던 국가보안법(1980년 12월 31일 개정)은 10·26사건 후의 비상계엄하에서 국회가 아닌, 따라서 아무런 입법권도 없는 '국가보위입법회의'에서 전면 개정된 것이어서 당연히 무효일 수밖에 없었다. 이 '입법회의'는 전두환 군부가 5·18 직후 대통령령으로 설치한 '국가보위비상대책위원회'(대통령 자문기구)에서 만든 '국가보위입법회의법'에 '근거'를 두고 출현하였으니 더 할 말이 없었다. 그 내용이 헌법상의 평화통일 조항에 위배될 뿐 아니라 거기에 규정된 각종 범죄의 구성요건이 너무 광범하고 애매하여 죄형법정주의에 위반된다는 위헌론도 제기되었다.[24]

국판 40쪽이 넘는 문 목사의 상고이유서

그런 중에도 항소심은 원심을 파기하고 1심보다 형량을 낮추어 두 피고인에 대하여 모두 징역 7년형을 선고하였다. 원심 판결을 파기한 이유는 1심에서 변호인들이 재판부의 불공정에 항의하는 뜻으로 전원 법정에서 퇴정했을 때 '재판부가 그 상황에서 그대로 증거조사를 강행한

법정으로 들어오는 문익환 목사
대법원은 피고인 및 검사의 각 항소를 기각함으로써 원심 판결(징역 7년)을 그대로 확정했다.

것은 필요적 변호제도에 관한 헌법 및 형사소송법의 규정을 위반하였다'는 것이었다.[25]

앞서 언급한 국가보안법 및 그 적용상의 문제점을 따지는 항소이유를 받아들인 원심의 파기가 아니었던 것이다. 문 목사 자신의 상고이유서는 더욱 간절하고 엄청나게 긴 문서로 남아 있다. 나중에 책으로 출판했는데, 국판으로 40쪽이나 되는 분량이었다. 제목은 '상고이유서'였지만 자신의 방북 전후의 행위, 그 동기와 상황, 그리고 민족관과 통일관 등을 구어체로 서술한 문서였다.

그렇다고 피고인들이나 변호인들이 대법원의 판결에 큰 기대를 건 것은 아니었다. 대법원 판결은 흔히 '일건 기록을 정사精査하건대'로 시작하여 '변호인의 상고이유와 같은 위법이 있다고 볼 수 없다'라거나 '변호인의 논지는 독단적 견해에 불과하다'는 상투적 문구로 끝나는 것이 통례였기 때문이다. 특히 이 사건처럼 남북한을 오간 공안 사건 또는 국가보안법 사건의 경우 사법부는 언제나 정권 차원의 안보의식에서 한 발도 벗어나기가 어려웠던 것이 엄연한 우리의 현실이었다. 아니나 다를까, 대법원 제3부(재판장 이재성 대법관, 주심 김용준 대법관)는 1990년 6월 8일 피고인 및 검사의 각 항소를 모두 기각함으로써 원심(서울고등법원)의 판결을 그대로 확정했다.

칠순을 넘긴 고령에도 통일의 열정을 불태워

법원의 판결이야 그럴 줄 알았지만, 남북 문제를 둘러싼 정권의 표리부동한 이중성과 모순은 판결문에 그대로 배접褙接되어 있었다. 이에 실망한 어떤 이는 오히려 피고인석의 문 목사가 1심 법정에서 "남북은 서로 상대방을 찬양, 동조해야만 통일이 됩니다. 찬양, 동조를 범죄라고 처벌하면 어떻게 남북 합의가 이루어집니까?"[26]라고 한 말이 설득력이 있다고 말하기도 했다.

문 목사가 남과 북을 오가며 통일을 위한 열정을 불태울 때 그의 나이도 칠순을 넘겼는가 하면, 건강도 몹시 악화되어갔다. 그래서 변호인단은 항소심에서 그에 대한 구속집행정지 신청을 내고 석방을 요청했다. 71세의 고령인데다가 고혈압, 콩팥기능 저하 외에 심근경색을 초래할 수 있는 허혈성 심장질환까지 앓고 있다는 전문의의 소견서도 제출했다. 그러나 허사였다. 그후 문 목사는 대법원에서 7년형이 확정되어 기결수가 된 지 넉 달이 되던 그해 10월에야 형집행정지 결정으로 19개월 만에 석방되었다. 그러나 그는 풀려나온 뒤에도 고령과 신병을 무릅쓰고 조국통일범민족연합 남측본부 결성준비위원장을 맡았는가 하면, 군사독재에 항거하여 젊은이들의 분신이 속출하는 가운데 강경대(시위 진압 전경의 집단 구타로 사망한 명지대생) 군 등 여러 민주열사들의 장례위원장을 맡아 정국을 긴장시켰다. 그는 석방된 후 7개월 동안 정부의 재구속 경고에도 불구하고 전국의 대학, 교회, 사회단체 등에서 100회도 넘게 강연을 했다. 그리고 마침내 이듬해(1991) 6월 형집행정지 취소로 재수감되었다. 1976년 3월 민주구국선언 사건, 1980년 5월 김대중 내란음모 사건, 1985년 5월 5·3인천항쟁 사건 등으로 구속과 형집행정지, 재수감을 되풀이해온 그로서는 여섯 번째 투옥이었으며, 1993년 3월 다시 형집행정지로 석방되었다. 다음해 1월 18일 급환으로 그 치열한 삶을 마감했다.[27]

황석영, 임수경, 박용길 등의 잇따른 방북

문 목사의 부인 박용길 장로 역시 민주화운동에 앞장선 맹렬한 여류운동가였다. '민주화실천가족운동협의회' '통일맞이 7000만 겨레모임'을 이끌어왔으며, 1995년 6월 김일성 주석의 1주기(週忌) 때에 평양을 방문하고 돌아와 그 또한 국가보안법 위반으로 구속되어 옥고를 치렀다.[28]

1989년은 남한 인사의 방북 사건이 연달아 일어나서 세상을 깜짝깜짝 놀라게 한 해였다. 그해 3월 20일에는 『장길산』의 작가 황석영이 북한의 '조선문학예술총동맹' 초청으로 분단 이후 남한 작가로서는 맨 처

전대협 대표로 방북하고 재판을 받게 된 임수경과 북한에서 동행 귀국한 문규현 신부
문 목사 방북 석 달 뒤인 1989년 6월 하순에는 임수경이 순안비행장에 모습을 드러내어 다시금
세상을 놀라게 했다. 두 사람 모두 징역 5년형이 확정되어 복역했다.

음 평양을 방문했다. 그는 북한 체류 중에 여러 행사에 참석하고, 김일
성 주석과도 몇 차례 만나는 등 활동을 하다가 돌아오는 길에 일본, 독
일을 거쳐 미국에 머무는 등 해외에서 4년을 보낸 뒤 1993년 4월 귀국하
였다. 정석대로 국가보안법 위반 등으로 구속되어 실형을 받고 복역하
였다.[29]

　문 목사 방북 석 달 뒤인 1989년 6월 30일에는 전국대학생대표자협의
회(전대협)에서 파견한 임수경(한국외대생)이 순안비행장에 모습을 드러
내어 다시금 세상을 놀라게 하였다. 그는 7월 1일부터 8일까지 평양에
서 열린 세계청년학생축전에 참가한 다음, 그를 데리고 귀환하기 위해
미국에서 입북한 문규현 신부와 함께 8월 15일 판문점 군사분계선을 넘
어 귀환했다. 두 사람 모두 징역 5년형이 확정되어 복역하였다.[30]

이처럼 국내의 반독재 민주화운동에 나섰던 인사들의 방북을 놓고 그 공과를 논하는 입장도 두 갈래로 나뉘어 있었다. 친여 측의 '반국가이적론'과 야권의 '통일을 위한 분단극복론'의 대립이 그것이다. 그런데 범야당과 재야세력 가운데서도 집권 측의 공안정국 조성에 빌미를 주었다는 점에서 비판적인 견해를 내세우는 사람도 있었다. 그런 공과론을 두고 방북 당사자 중의 한 사람인 황석영은 자신의 방북을 "분단시대 작가로서 분단모순을 극복하고 통일을 앞당기기 위한 것이었다"고 주장했다. 그러면서 그는 이렇게 말했다. "1989년 재야의 방북 열기는 6공 정권의 형식적인 부추김에 고무된 바도 있었고, 혹시나 함정일수도 있다는 여론이 있었지만, 비록 함정에 빠져 정권에 역이용당하는 시행착오를 겪게 되더라도 자주교류 투쟁은 한번쯤 거쳐야 한다는 것이 중론이었습니다. 그래서 이후 문 목사님이나 저나 재야의 일부로부터 공안정국을 초래했다는 비난을 받게 되는데, 여러 고비를 넘어서다 보니 역시 방북투쟁은 유효했다고 생각됩니다."[31]

'반국가단체'와 상호 존중, 내정 불간섭이라며

노태우 정권의 대북·대공산권 정책의 변화, 즉 1988년의 이른바 '7·7 선언'과 공산권 국가들과의 수교 등은 앞에서 본 바와 같은 국내 인사들의 방북을 부추긴 일면이 있었던 것이 사실이다. 여기서 주목할 일은 국내에서는 그런 방북을 반국가적 이적행위로 엄단하면서도 정권 차원의 대북관계는 급진전되었다는 사실이다. 즉 1990년 9월 북한의 연형묵 총리 등 대표단이 판문점을 넘어와 서울에서 남북고위급회담을 열었고, 그다음 달에는 강영훈 총리 등 남측 대표단 90명이 평양에 가서 남북회담을 가졌다. 이어 남북통일축구대회 개최, 음악인들의 방북, 남북유엔 동시가입, 남북기본합의서(남북 사이의 화해와 불가침 및 교류 협력에 관한 합의서)의 발표 등 놀라운 변화가 잇따랐다. 특히 남북기본합의서에는 남북이 상대방 체제를 서로 존중하고 내정에 간섭하지 않는다는 조항까지 들어 있었으니[32] 실로 경탄할 일이었다. 그런데도 그 남북기본합의서가 발표될 당시 남쪽에서는 '종북'이라는 규탄 대신 '영단'이라는 칭송만 나왔다.

수사·정보기관이나 법정에서 불구대천의 반국가단체라고 적대시하는 '북괴'가 집권자의 필요에 따라서는 '조선민주주의인민공화국'으로 변하여 상호 존중과 불간섭 교류를 다짐했으니, 이처럼 이중성에 능한 정권 밑에서는 국민 노릇하기가 참으로 어렵다는 개탄도 나왔다.

주

1   이 시의 전문은 문익환『두 하늘 한 하늘』, 창작과비평사 1989, 3~7면.

2   「문익환 목사 평양 도착 성명」(1989. 3. 25), 문익환『걸어서라도 갈 테야』, 실천문학사 1990, 220~22면;『한국시사자료연표 (하)』, 서울언론인클럽 1992, 1833면.

3   『동아일보』1989년 3월 29일자.

4   정경모『시대의 불침번』, 한겨레출판 2010, 362면.

5   문 목사의 북한 체류 중의 일정과 언행은 (1) 1989년 5월 2일 안기부가 발표한「문익환 목사 입북 수사결과 요지」, (2)「문익환 목사 옥중 접견록 전문」,『월간중앙』1989년 6월호, 458면 이하, (3) 김형수『문익환 평전』, 실천문학사 2004, 718~34면 등 참

조.

6 문익환『걸어서라도 갈 테야』, 223~27면;『중앙일보』1989년 4월 3일자.

7 『중앙일보』1989년 4월 13일자. 그날 외신 기자의 질문에 대한 답변 요지인데, 기자 회견 발언 전문은 문익환『걸어서라도 갈 테야』, 237~44면 참조.

8 『한국일보』1989년 4월 13일자.

9 문익환 목사에 대한 구속영장(『중앙일보』1989년 4월 13일자).

10 『경향신문』1989년 4월 19일자.

11 『국민일보』1989년 5월 2일자.

12 『경향신문』1989년 5월 2일자.

13 류상영 외『김대중 연보 (1)』, 시대의 창 2011, 677~78면.

14 『한겨레신문』1989년 5월 3일자.

15 「국회 외무위원회 속기록」(1989. 5. 23). 이 속기록 요약문은 문익환『걸어서라도 갈 테야』, 247~52면 참조.

16 한승헌『분단시대의 법정』, 범우사 2006, 218면.

17 『한겨레신문』1989년 4월 18일자.

18 1989년 8월 17일 제1심 제4차 공판에서의 문 목사 진술.

19 1989년 8월 28일 제5차 공판에서의 유원호 진술.

20 1989년 9월 4일 제6차 공판에서의 문 목사 진술.

21 구체적인 신청 이유는 1989년 9월 18일 변호인단의 「국가보안법 위헌여부 심판 제청 신청서」 참조.

22 법원행정처『법원사』, 1995, 1240면.

23 『한국일보』1989년 4월 13일자.

24 문 목사 방북과 관련된 국가보안법 위반 논란에 대해서는 김창록「문익환 목사의 방북과 국가보안법」,『법과 사회』1989년 8월호, 269~83면; 이희연·이한「민족통일로 가는 장정: 문 목사 '방북'의 정치·사법적 쟁점과 평가」, 문익환『걸어서라도 갈 테야』, 77~137면 참조.

25 서울고등법원 89 노 3586호 문익환 등에 대한 국가보안법 위반 등 사건 항소심 판결 (『법원사』, 1240면).

26 한승헌, 앞의 책 218면.

27 김형수, 앞의 책 782면.

28 박용길의 고난, 헌신, 방북 등에 대해서는 문동환 외『봄길과 함께: 박용길 장로 추모

문집』, 통일맞이 2012; 「문익환 목사와 통일운동 한평생… '봄길' 떠나다」, 『한겨레』
2011년 9월 20일자 참조.

29 황석영 「분단시대의 작가로서」, 『한승헌 변호사 변론사건 실록 (7)』, 범우사 2006,
    34~51면; 한승헌 「작가 황석영 방북 사건」, 『분단시대의 법정』, 237~39면.

30 한승헌 「전대협 임수경 양 입북 사건」, 『분단시대의 법정』, 220~26면.

31 황석영의 1심 모두(冒頭)진술(『한승헌 변호사 변론사건 실록 (7)』, 32면).

32 「남북 사이의 화해와 불가침 및 교류 협력에 관한 합의서」(약칭 '남북기본합의서',
    1992년 2월 19일 발효)에는 이런 조항이 있다.
    제1조 남과 북은 상대방의 체제를 인정하고 존중한다.
    제2조 남과 북은 상대방의 내부 문제에 간섭하지 아니한다.
    제3조 남과 북은 상대방에 대한 비방 중상을 하지 아니한다.
    남북 간의 이 합의서와 관련된 비판적 견해의 하나로 이석범 「'남북기본합의서'의
    법적 성격에 관한 비판론적 검토」(민주사회를위한변호사모임 『민주사회를 위한 변
    론』 2012년 3·4월호, 70면 이하)가 있다.

16

전두환 노태우 내란 등 사건

사형수가 된 대통령과
대통령이 된 사형수

'항장불살(降將不殺)'. 법원(항소심)은
전두환에게 무기징역, 노태우에게 17년형을 선고했다.
그들이 목숨까지 빼앗으려 했던 바로 그 김대중이 대통령으로 당선된
직후 결국 전·노 두 사람은 김영삼 정부의 특사로 석방되었다.

'12·12사태'에 이어진 집권 시나리오

1979년 10월 26일 박정희 대통령 암살 사건에 뒤이은 이른바 '12·12'와 '5·18' 사태는 국군보안사령관 전두환이 이 나라의 국권을 찬탈하려는 역모 범죄였던가? 본인은 물론 부인했다. 1989년의 세칭 '5공청문회'에서 그는 "본인은 그 당시로서는 정치에 뜻을 두지 않았습니다"라고 잡아떼며, 12·12사태도 '대통령 시해 사건 수사 도중에 발생한 우발적 사건'이었을 뿐이라고 했다.[1] 1980년 초에는 "나는 정치에 소질도 없고, 취미도 없다"고 기자들에게 말한 적도 있다. 이런 발언은 전에도 어디서 많이 듣던 이야기 같았고, 그뒤의 일련의 거짓말 쇼도 기시감既視感을 주는 한 편의 연속극이었다.

국군보안사령관 전두환 소장은 1979년 10·26사건 직후, 계엄사령부 합동수사본부장이 되어 김재규의 박정희 암살 사건 수사를 지휘하면서 과도기의 실세로 급부상한다. 그 여세로 그는 직속상관인 정승화 육군참모총장을 총격전 끝에 체포, 연행하는 '12·12사태'를 일으킨다. 이로써 군 내부의 실권을 장악한 다음, 현역 군인의 신분이면서 중앙정보부장서리를 겸임해 이 나라 양대 수사·정보기관을 한 손에 넣고 쥐락펴락한다. 다음으로는 비상계엄을 전국으로 확대하면서 김대중 등 많은 민주인사들을 내란음모 사건으로 연행(5·17사태), 구속한 데 이어 광주민중항쟁을 무력으로 진압하면서 수많은 시민들을 학살한다. 그는 또 통일주체국민회의 대의원(통대)에서 선출된(1979. 12. 6) 최규하 대통령 정부

전남 도청 앞 광장에 운집한 광주 시민들
전두환은 광주민중항쟁을 무력으로 진압하면서 수많은 시민들을 학살했다. 그리고 역사는 법정에서 그의 책임을 물었다.

로 하여금 국가보위비상대책위원회(국보위)를 설치케 하고(1980. 5. 31), 자신은 그 상임위원장이 되어 사실상 국정의 전권을 장악한다. 대장으로 진급하고(8. 5) 나서는 『뉴욕타임스』(8. 11)와의 회견에서 "한국은 군부의 지도력과 통제를 요구하고 있고, 새 세대의 지도자를 필요로 하고 있으며, 이는 야망 아닌 천명에 맡겨야 한다"고 말하기도 했다. 짜여진 집권 시나리오에 따라 대통령 최규하를 하야시킨 뒤 자신은 군복을 벗고(8. 22) 장충체육관에서 열린 '통대'에서 (단일 후보로) 대통령에 '선출'되어(8. 27) 제11대 대통령으로 취임한다(9. 1).

반년 사이에 두 번이나 대통령이 되다니

나아가 5공화국 헌법이 국민투표에서 투표율 95.5%, 찬성 91.6%로 의결되고(10. 22), 이에 따라 전두환은 대통령선거인단에 의한 간접선거에서 유효투표의 90.2%를 얻어 제12대 대통령으로 '당선'됨으로써(1981. 2. 25) 불과 반년 사이에 두 번이나 대통령에 '당선'되는 진기록도 세웠다.

제5공화국 헌법의 시행으로 10대 국회가 해산된 뒤에는 국보위를 개칭한 국가보위입법회의로 하여금 국회의 기능을 대행케 했다(10. 27). 이 '입법회의'는 국민의 대의기관이 아니라 대통령 전두환이 임명한 81명의 위원으로 구성되었는데, 1981년 4월 10일까지 국회의 권한을 대행하면서 정당법, 정치자금보호법, 언론기본법, 국가보안법 등 189건의 법률안을 처리했다. 전두환의 이런 집권 수순은 박정희의 5·16에서 본받은 흔적이 역력했다. 국가재건최고회의를 흉내 낸 듯한 국가보위입법회의를 만들었고, 초법적인 조치로 집권기반을 마련한 점에서도 그러했다.

전두환은 김대중 내란음모 사건의 조작, 언론기관의 강제 통폐합, 삼청교육(사회정화작업), 10·27법난(군 병력의 사찰 난입, 승려 150여 명 연행)으로 악명을 샀다. 대통령의 7년 단임을 내세우고 막을 연 5공 치하에서는 유신통치의 학습효과에서 터득한 것 같은 지능적인 통제와 탄압이 전개되었다. 1986년 들어서 대통령 직선제 개헌 요구를 포함한 민주화운동의 봉쇄, 박종철 고문치사 사건의 은폐, 대통령의 선거인단 간선제를 유지하려는 '4·13호헌조치' 등에 분개해 전국적으로 대규모 시위(6월민주항쟁)가 계속되었다.

'6·29선언'과 6공의 출현

전두환은 한때 굴복의 모양새를 보이며 자신이 민정당 대통령 후보 자리를 물려준 노태우로 하여금 이른바 '6·29선언'이라는 시국수습 방안을 발표케 했다. 그 내용은 대통령 직선제 개헌, 김대중 사면 복권, 시국사범 대폭 석방, 언론기본법 개폐, 인권제도의 개선 등 매우 적절한 내용이었다.

이에 따라 대통령의 직선과 5년 단임을 핵심으로 하는 개헌안이 국회를 통과하고(1987. 10. 12), 국민투표(10. 27)를 거쳐 공포되었다. 그러나 직선제 헌법에 의한 대통령선거(12. 16)에서는 야권 후보(김영삼, 김대중)의 단일화 실패 등으로 민정당 노태우 정권(제6공화국)이 출현했다(1988. 2). 그런데 이듬해 봄에 치러진 국회의원 총선(4. 26)에서 여소야대 국회가 출현함으로써 '5·18광주특위', '5공비리 조사특위', 언론 통폐합 진상규명 등의 활동이 진전되었으나, 노태우의 민정당, 김영삼의 민주당, 김종필의 공화당이 이른바 '3당 합당'을 통해 거대 여당인 민자당을 출현시킴으로써 5공 청산작업의 정치적 동력이 쇠잔해지고 말았다.

노태우의 6공화국 정권은 '민족자존과 통일 번영을 위한 특별선언'(7·7선언)[2]과 대공산권 수교 등에서는 얼마쯤 전향적인 면을 보였으나, 문익환 목사, 황석영 작가, 임수경 양의 방북 등에 대해서는 엄중 처벌로 임하는 등 이중성을 보였으며, 이런 민간 차원의 통일운동을 공안정국 조성의 구실로 역이용하는 계책도 드러냈다. 그뿐만 아니라 노동운동, 농민운동, 학생운동, 교원노조활동 등에 대해서는 군사정권의 본색을 여실히 실증하는 탄압 일변도의 압제를 서슴지 않았다.

김영삼 정부의 검찰, 처음엔 반란죄에 '기소유예'

5공화국 7년과 6공화국 5년이 끝나고 민자당의 김영삼 정권이 등장했다(1993. 2). 김영삼의 '문민정부'는 군내의 사조직인 '하나회'의 제거를 비롯한 숙군작업, 공직자 재산등록제, 금융실명제 등 개혁을 추진했다. 이만큼이라도 세상이 달라지자 지난날 전두환, 노태우 등 군부의 무력에 의한 헌법 파괴행위에 대한 책임 문제가 머리를 들기 시작했다.

먼저 정승화 전 육군참모총장, 장태완 전 수도경비사령관 등 예비역 장성 22명이 '12·12사태'를 문제 삼아 전두환, 노태우 등 34명을 상대로 고소를 제기했고, 그밖에도 9건의 고소장이 접수되었다. 이 사건 수사는 서울지방검찰청 공안1부에서 담당했는데, 그해 10월 29일 피고소인 전원에 대해 혐의 사실을 인정하면서도 '기소유예'라는 불기소 처분을 했다. 이른바 '신군부'의 당시 행위는 군형법상의 반란죄가 성립하지만, 대통령 등으로서의 공헌을 참작해 기소유예처분을 하고, 내란죄는 성립되지 않는다는 것이었다.[3]

검찰의 불기소이유 중에는 "피의자들을 기소하는 경우, 재판 과정에서 과거사가 반복 거론되고 법적 논쟁이 계속되어 국론 분열과 대립양상을 재연함으로써 불필요하게 국력을 소모할 우려가 있다"는 희한한 대목도 있었다. 이에 대해 '법정형이 사형인 초중량급 국사범에게 기소유예를 한다는 것은 난센스다. 이들의 행위는 분명 반란죄를 넘어서는 내란에 해당된다'는 비판이 나왔다.[4] 언론에서도 '단죄 없는 유죄'는 정치적 판단이라고 비판했다.[5]

또한 정승화 등 고소인들은 그러한 검찰의 결정에 즉시 항고를 했고,

이것이 서울고검에서 기각된 뒤 대검찰청에 낸 재항고 또한 기각되자
(11. 19), 헌법재판소에 검찰의 '5·18 불기소처분'의 취소를 구하는 헌법
소원을 냈다. 고소·고발인들은 청구서를 통해 "검찰은 국헌문란의 목
적이 있었다고 보기 어렵다며 내란죄를 인정하지 않았으나, 이는 12·12
가 그 이후 정권을 장악할 때까지 일련의 사태와 독립해 평가될 수 없다
는 점을 간과한 것"이라고 주장했다. 또한 "검찰이 국론 분열 등을 이유
로 기소유예한 것은 검사의 독단적인 정치적 견해에 근거를 두고 있으
므로 위법"이라고 지적했다.[6]

한편으로는 헌법재판소의 결정과 재수사 등이 늦어질 경우 공소시효
가 얼마 남지 않았다는 점을 우려해 공소시효를 연장하는 특별법이 필
요하다는 논의가 대두되었다.

'5·18 내란'도 사법심사 대상 아니라고

5·18광주학살 사건에 대해서는 1994년 5월 13일, 5·18광주민중항쟁
연합을 필두로 1995년 4월 3일까지 전두환, 노태우를 포함한 피고소·피
고발인 58명에 대해 총 70건의 고소·고발이 들어왔다. 이 사건 수사는
서울지방검찰청과 국방부 검찰부가 함께 전담수사반을 편성해 진행했
다. A4용지 200쪽이 훨씬 넘는 방대한 『5·18 관련 사건 수사결과』를 통
해 검찰의 처분 내용을 공개했다. 그런데 여기에도 묘한 법이론이 등장
해 세인의 의혹을 샀다. 즉 (1) 정치적 변혁과정에 있어 새로운 정권과
헌법질서를 창출하기에 이른 일련의 행위들이 사법심사의 대상이 되는

지의 여부에 대해서는 아직 사법부에서 판단된 사례가 없으나, 정치적 변혁의 주도세력이 새로운 정권 창출에 성공하여 국민의 정치적 심판을 받아 새로운 헌정질서를 수립해나간 경우에는 피의자들이 정권 창출 과정에서 취한 일련의 조치나 행위는 사법심사가 배제된다고 보는 것이 상당하다. (2) 국가보위입법회의의 입법활동은 권력분립의 견지에서 사법적 판단이 오히려 합리적이지 못한 전형적인 통치행위의 영역에 속하는 것이라 할 것이므로 역시 사법심사가 배제된다. 전체적 결론으로, "따라서 이 사건 관련자들에 대하여는 그들의 행위나 조치가 구체적으로 내란죄 등에 해당하는지 여부를 판단하지 않고, 형식 판단 우선의 법리에 따라 전원 공소권 없음 결정을 하였음"이라고 매듭지었다.[7]

요컨대 검찰은 피고소인들이 1980년에 저지른 행위(5·18사태)는 사법심사의 대상이 되지 않는다며 불기소처분을 한 것이다. 이처럼 김영삼 정부의 검찰은 12·12와 5·18의 피고소인들에 대해 기소유예 및 통치행위론 등을 이유로 처벌의 길을 막음으로써 국민들의 실망과 분노를 샀다.

헌법재판소(헌재)의 결정도 크게 기대할 만한 것이 못 되어 맥이 빠져갈 때 뜻하지 않은 변수가 생겼다. 민주당 소속 박계동 의원이 국회에서 노태우 전 대통령이 4,000억 원의 비자금을 감추어두고 있다고 폭로했고(1995. 10. 19), 이것이 기폭제가 되어 문제의 12·12 및 5·18 사건의 재수사에 시동이 걸리게 되었다.[8]

노태우 비자금 폭로로 점화된 재수사

앞서 보았듯이 검찰이 '집권에 성공한 내란은 사법심사의 대상이 아니다' '군사반란도 정상참작을 해야 한다'는 등의 이유로 12·12와 5·18 관련자들에 대하여 연달아 불기소처분을 하자, 국민 각계에서 강력한 비판과 반발이 일어났다. 그런데도 김영삼 대통령은 하는 수 없다는 듯이 '역사의 심판에 맡기자'고 했다. 그런 시점에서 박계동 의원의 '노태우 비자금' 폭로는 정국에 엄청난 격랑을 일으켰다.

박 의원의 폭로는 '노태우의 비자금 4,000억 원'이 차명으로 분산 예치되어 있는 은행의 예금계좌 조회표까지 제시하는 등 매우 구체적이어서 신빙성이 높아 보였다.[9] 소문으로 나돌던 '설說'이 의정 단상에서 구체적 증거로 확인되자 세론은 들끓었고, 대검찰청 중앙수사부(부장 안강민 부장검사)는 바로 다음 날 수사에 착수했다.

한편, 전두환 비자금에 대해서도 서울지검에 특별수사반을 편성하여 수사에 들어갔다. 그전에 불기소처분을 결정했던 12·12와 5·18 사건에 대해서도 검찰은 특별수사본부(본부장 서울지검 3차장 이종찬)를 가동하여 (11. 30) 본격적인 재수사에 착수했다. 그전에 불기소처분을 한 수사팀(공안부 검사들)이 배제된 새로운 인적 구성이었다.

내란·반란으로 구속된 5·6공 두 대통령

검찰은 비자금(뇌물) 혐의로 노태우를 구속한(1995. 11. 16) 데 이어 경남 합천에 내려간 전두환을 뒤쫓아 가듯 밤중에 수사관을 보내 12월 3일 새벽 6시 30분경 구속영장을 집행, 안양교도소에 수감하였다.[10]

전두환은 장시간에 걸친 검찰 조사에서 정승화 육군참모총장을 연행한 것은 10·26사건 수사를 위해서였지, 내란을 기도하거나 군권을 장악하기 위한 목적은 아니었다고 자신에 대한 혐의를 부인했다.

이에 비하여 노태우는 군사반란 혐의를 대체로 시인한 것으로 알려졌다. 비자금 사건으로 노태우 등 3명이 구속, 기업인 등 12명이 불구속 기소되었고(12. 5)[11] 전두환 비자금 사건에 대해서는 전두환 자신과 사공일, 안무혁, 안현태, 성용욱 등 5명이 나중에 기소되었다(1996. 1. 12).

검찰은 12·12사건에 관하여 전두환, 노태우 등을 군형법상 반란수괴 등 혐의로 기소하였고(1995. 12. 21), 5·18사건에 관해서는 전두환, 노태우 등 5·18 핵심 관련자 8명을 내란수괴 및 내란중요업무종사 등 혐의로 연달아 기소했다(1996. 1. 3). 사건 발생 16년 만의 역사적인 사법심판 청구였다. 이날 전두환, 노태우 두 전직 대통령과 함께 5·18사건으로 기소된 사람은 사건 당시 보안사 대공처장 이학봉, 3군사령관 유학성, 육군참모차장 황영시 등 5명(이상 구속 기소)과 국방부장관 주영복, 계엄사령관 이희성, 수도군단장 차규헌 등 3명(이상 불구속 기소)이었다.

공소시효 논쟁과 두 개의 특별법

그런데 여기에서 공소시효 문제가 논쟁의 대상으로 부각되었다. 헌법 제84조에는 "대통령은 내란 또는 외환의 죄를 범한 경우를 제외하고는 재임 중 형사상의 소추를 받지 아니한다"고 규정되어 있었다. 따라서 이 두 범죄에 한해서는 대통령 재임 중이라도 소추를 할 수 있(었)으니까 내란죄의 공소시효 15년이 경과하면 처벌할 수가 없다는 것이다.

이처럼 공소시효가 만료되어 전두환, 노태우 사건 관련자들을 처벌하기 어렵다는 견해가 유력해지자 특별법을 만들어 공소시효 문제를 해결해야 한다는 주장이 나왔다.

그러나 대통령 재임 중에도 공소시효가 정지되지 않은 범죄(예컨대 내란죄)를 사후에 공소시효가 정지된 것처럼 입법을 하는 것은 사후입법으로 소급처벌을 하는 것이어서 위헌이라는 비판도 나왔다. 한편에서는 내란으로 집권한 대통령을 재임 중 내란으로 기소하는 것은 사실상 불가능한 일이라는 점에 비추어 입법으로 그 모순을 해결하는 것은 용인되어야 한다는 견해도 유력했다.[12]

전두환, 노태우의 5·18내란을 처벌할 수 없다는 검찰의 결정이 국민 각계의 광범한 항의에 직면한 상황에서 국회는 '헌정질서 파괴범죄의 공소시효 등에 관한 특례법'과 '5·18민주화운동 등에 관한 특별법'(5·18특별법)을 제정하여(두 법률 모두 1995년 12월 21일 공포) 헌정질서 파괴범죄(형법상의 내란죄와 외환죄, 군형법상의 반란죄와 이적죄 등)에 대하여는 공소시효의 일반규정을 적용하지 않기로 하였다.[13]

또 5·18특별법에서는 그런 범죄에 대하여 국가의 소추권 행사에 장애 사유가 존재한 기간은 공소시효의 진행이 정지된 것으로 보았다. 이런 특례입법에 대하여 전두환 측에서 위헌이라고 헌재에 헌법소원을 제기한 외에 서울지법에서 위헌심판 제청도 있었으나 헌재는 위헌이 아니라고 기각했다(1996. 2. 16). 헌재의 평결 결과는 5 대 4로 위헌의견이

다수였으나 위헌결정 정족수(6표)에 미달되었던 것이다. 이로써 두 사건 피고인들에 대한 단죄에 법적인 걸림돌이 제거되었다.

"정치자금 받지 않았더니 기업인들 잠 못 이뤄"

1996년 2월 26일 오전 전두환 비자금 사건 첫 공판이 서울지법 형사합의30부(재판장 김영일 부장판사) 심리로 대법정에서 열렸다. 이날 전씨 측 변호인은 개정 벽두부터 공소사실이 너무 추상적이라고 공격을 했는데, 그보다는 전씨의 진술이 화제가 되었다.

그는 "기업 등에서 2,259억 원을 받은 것은 맞지만, 그 돈은 대가성 뇌물이 아니라 대선지원금 등 정치자금이었고, 이는 정치와 경제를 위한 것이었다"며 공소사실(뇌물성)을 부인했다.

나아가 이런 진술도 했다. "취임 초기 정치자금을 받지 않았더니 기업인들이 불안해 잠을 이루지 못하는가 하면, 망명할 생각을 하면서 투자를 하지 않아 하는 수 없이 정치자금을 받았다."[14]

한편 5·18과 12·12 사건 피고인 16명에 대한 첫 공판은 1996년 3월 11일 오전, 역시 서울지법 형사합의30부 심리로 열렸다. 전직 대통령 두 사람의 내란 여부를 판가름하는 재판답게 관여 검사 8명, 변호인 30명이 맞서 포진한 역사적인 법정이었다. 어떤 신문은 이 재판 시리즈 기사에 '세기적 재판'이라는 제목까지 붙였다. 그전의 비자금 사건 재판 때 방청권 한 장이 10만 원이던 것이 이날엔 50만 원을 호가했다고 한다.[15] 전무후무할 정도로 이 재판의 열기가 뜨거웠던 것이다.

공판 33회의 강행군, 변호인 반발도

검찰의 공소사실은 12·12를 신군부의 경복궁 모임에서 비롯된 군사반란으로, 5·18은 당시 신군부가 '시국수습방안'에 따라 5·17비상계엄을 전국에 확대할 때부터 1981년 1월 25일 비상계엄을 해제할 때까지의 내란으로 보았다.

공판 개정 벽두에 변호인단은 "검찰은 이 건 기소로 제5공화국의 헌법 제정과 대통령의 통치행위를 내란으로 규정, 역사를 부인하고 있다" "기소유예한 사안에 대하여 수사를 재개하여 기소함으로써 이 사건이 정치적 필요에 의한 것임을 자인했다"는 등 검찰을 비난했다.[16]

또 전두환의 정승화 육군참모총장 연행은 정당한 조치였다고 주장했다. 이에 대하여 검사(서울지검 형사3부장 김상희)는 "피고인 측에서 정 총장의 연행을 정당하다고 하나, 이는 범죄행위로 볼 수밖에 없으며, 이 재판은 민족의 역사를 바로잡기 위해서 열리는 것이다"라고 반박했다.

이처럼 초반부터 격전을 치른 이 사건 재판은 그해 8월 1일까지 무려 33회의 공판(비자금 사건 공판 6회 포함)이 열렸고, 때로는 야간 재판까지도 거듭하는 대장정이었다. 그 때문에 일부 변호인들이 주 2회의 공판에다가 야간 재판까지 강행하는 데 불만을 품고 법정에서 퇴장하는 사태도 있었다. 간혹 전두환의 기발한 진술이 화제가 되기도 했는데, 심지어는 "5공의 정체성을 부정하는 것은 북괴의 주장에 동조하는 거나 다름없다"고도 했다. 12·12사태의 피해자이던 노재현(전 국방부장관), 정승화(전 육군참모총장), 장태완(전 수도경비사령관) 등이 법정에 증인으로 나와 17년 전의 가해자들과 대면하는 '그때 그 사람'을 연출해서 주목을 끌기도 했다.

사형·무기징역 등 중형을 구형

1심 사실심리의 쟁점을 간추리자면, 위헌 소지가 있는 특별법에 의한 공소 제기의 합헌 여부, 정승화 육참총장 체포의 적법 여부, 집권 시나리오에 의해서 계획된 5·18의 국헌문란 행위 여부, 광주시민 학살의 책임 등이 공방의 핵심이었다.

전두환, 노태우 양측은 검찰의 조사과정과 법정진술 등에서 서로 얼마쯤의 갈등을 겪은 것으로 보였으며, 양측 변호인들 간의 전략 협의나 소통이 원활하지 않은 것 같다고 한 언론은 보도했다.

1996년 8월 5일 오전 10시, 전두환과 노태우 두 전직 대통령 등에 대한 비자금 사건, 5·18 및 12·12 사건에 대한 구형공판이 열렸다. 이날 김상희 부장검사는 50여 쪽의 논고문을 1시간 넘게 낭독했다. 그리고 전두환에 대하여는 반란 및 내란수괴 등 죄책을 물어 사형을, 노태우에 대하여는 반란·내란중요임무종사의 죄목으로 무기징역을 각각 구형하였다.[17]

특정범죄가중처벌법 위반(뇌물수수)과 관련하여 전씨에게는 2,223여억 원, 노씨에게는 2,838여억 원의 추징을 각각 요구했다. 그밖의 피고인들에 대하여는 사안의 경중에 따라 징역 10년에서 무기징역까지의 형이 구형되었다.

변호인 측에서는 5·18특별법의 위헌성을 재삼 강조하였으며, 피고인의 최후진술에서 전두환은 과거 정권의 정통성을 부정하려는 것은 잘못이라고 항변했고, 노태우는 기업에서 돈을 받는 오랜 관행을 고치지 못한 점을 사과했다.

내란 등 사건으로 나란히 법정에 선 전두환, 노태우
12·12 및 5·18 사건 재판은 전직 대통령 두 사람이 반란, 내란, 뇌물죄 등으로 구속되어 같은 법정에 나란히 선 것부터가 화제였다.

1심, 전두환 사형, 노태우 징역 22년 6월

12·12 및 5·18 사건과 비자금 사건의 1심 선고공판은 1996년 8월 26일 오전 10시에 열렸다. 재판부는 개정 벽두에 잠시 보도진을 위한 TV 촬영을 허용한 뒤 바로 판결 선고에 들어갔다. 원체 사건의 규모가 방대하고 복잡하기 때문에 재판부는 판결문을 요약해서 따로 작성한 설명문을 낭독하는 데만 거의 2시간이나 걸렸다. 설명문에는 쟁점별 주장과 이에 대한 재판부의 판단이 요약되어 있었다.[18]

설명문의 낭독이 끝난 다음 재판장은 판결 주문을 읽기 시작했다. 선고받는 피고인 수만도 12·12 및 5·18 사건 16명, 전씨 비자금 사건 4명, 노씨 비자금 사건 14명 등 34명이나 되었다.

관심의 핵은 단연 전·노 두 사람에 대한 형벌의 수위였다. 전두환 피고인에 대해서는 반란, 내란수괴, 내란목적살인, 특정범죄가중처벌법 위반(뇌물수수) 혐의 등을 적용해 검사의 구형대로 사형이 선고되었다. 노태우 피고인에게는 반란·내란중요임무종사 및 특정범죄가중처벌법 위반(뇌물수수) 혐의 등을 인정, 징역 22년 6월을 선고했다. 그밖의 피고인들은 각자 죄책의 경중에 따라 12·12 및 5·18 사건에서는 황영시, 정호용, 허화평, 이학봉은 징역 10년, 이희성, 허삼수, 유학성, 최세창은 징역 8년, 주영복, 차규헌, 장세동은 징역 7년, 신윤희, 박종규는 징역 4년이 각각 선고되었다. 비자금 사건에서는 이현우 징역 7년, 안현태 징역 4년, 금진호, 이원조, 성용욱, 안무혁 징역 3년이 각각 선고되었고, 그밖의 피고인 12명에 대해서는 징역 2년 6월에서 형의 집행유예까지 비교적 가벼운 형이 선고되었다.[19]

12·12는 군사반란, 5·18은 내란폭동

　또 비자금과 관련해 전두환 및 노태우에게 검찰의 요청대로 뇌물액수만큼의 추징이 선고되었다. 그런데 광주 유혈진압 및 자위권 발동과 관련된 내란목적살인 부분에서 전두환, 이희성, 주영복에 대해서는 유죄를 인정했으나 정호용, 황영시에게는 무죄를 선고해 일부의 실망을 자아내기도 했다. 박준병 피고인도 '12·12사건에서 뚜렷한 역할을 했다고 볼 수 없다'는 이유로 무죄 선고를 받았다. 반면 구속집행정지로 풀려났거나 처음부터 불구속이었던 유학성, 황영시, 최세창, 장세동, 이학봉은 실형선고와 동시에 법정 구속되었다.

판결은 12·12를 전·노가 주동이 되어 정승화 육군참모총장을 제거하고 군의 주도권을 장악하려 한 군사반란이라고 본 검찰의 공소사실을 그대로 인정했고, 5·18과 관련해서는 5·17비상계엄 확대조치, 국회 봉쇄, 정치인 체포, 5·18 초기 강경진압 등을 '폭동'으로 보았다. 한편 비자금 수수에 대해서는 대통령의 직무와 관련된 '포괄적 뇌물'이라는 판단을 내림으로써 통치자금 또는 정치자금이니까 뇌물성이 없다는 변호인 측의 주장을 배척했다.[20]

12·12 및 5·18 사건 재판은 '역사적 사건'이라는 평가에 걸맞게 여러 가지 신기록 또는 진기록을 남겼다. 무엇보다도 전직 대통령 두 사람이 반란죄, 내란죄, 뇌물죄 등으로 구속되어 같은 법정에 나란히 선 것, 피고인 전원이 군 장성 출신으로 도합 '50개의 별'이 등장한 것부터가 희한했다. 전후 256일 동안 33회나 공판이 열리는 대장정이었다는 점, 검찰 수사기록이 16만여 쪽에 달해 그 기록의 운반에 1.5톤 트럭이 동원된 사실, 관여 검사 8명과 변호인 30명 간의 대접전이었다는 점, 검사의 논고문이 400여 쪽에 달한 것, 41명의 증인이 법정 증언대에 섰고 수사 단계에서의 참고인은 500여 명이나 되었던 점 역시 신기록이 될 만했다. 헌법소원, 위헌심판 제청, 공판기일 연기 신청, 변호인 퇴정·사퇴, 국선변호인 선임, 구속기간 만료에 의한 석방, 법정구속 등도 이 재판의 예민하고 험난했던 일면을 말해준다. 방청권의 고액(50만 원, 100만 원 호가) 거래, 법정 내에 폐쇄회로(CCTV) 설치도 화젯거리였고, AP, AFP, UPI, 로이터 등 세계 유수의 통신사와 『뉴욕타임스』『아사히신문』 등 외국 유력지들의 취재 경쟁도 관심을 끌었다.

2심, '성공한 쿠데타' 처벌의 법리 명시

서울고등법원(재판장 권성 부장판사)은 1996년 10월 7일, 12·12 및 5·18 사건의 항소심 첫 공판을 열었고, 11월 14일 결심을 했다. 한편 비자금 사건 결심공판은 11월 7일에 있었다. 12월 16일 두 사건에 대한 선고공판이 열렸다. 항소심 판결은 '엄격한 법리 판단, 완화된 양형'으로 요약되었다. 우선 판결문 첫머리에서 '성공한 쿠데타'에 대한 가벌성을 분명하게 밝혀놓았다.[21]

즉 성공한 쿠데타가 대부분 처벌되지 않는 것은 법을 집행하는 사람의 힘이 부족하기 때문이며, 따라서 쿠데타의 처벌 문제는 법의 효력이나 이론의 문제가 아니라 집행 및 실천의 문제라고 했다. 이 판결은 "광주시민들의 대규모 시위는 주권자이자 헌법 제정 권력인 국민으로서 신군부 측의 국헌문란 행위에 맞서 헌법수호를 위해 결집을 이룬 것"으로 "피고인들이 이를 폭력으로 분쇄한 것은 명백한 내란행위"라고 규정했다. 비상계엄의 확대와 계엄군의 강경진압은 폭동이며, 국보위 설치 및 운영은 국헌문란에 해당하고, 정승화 육참총장의 연행은 수사권 행사 요건을 갖추지 못한 불법행위라고 판단했다. 내란죄의 공소시효에 관해서도 2심 판결은 비상계엄 해제일인 1981년 1월 25일을 기산점으로 본 검찰의 주장 및 1심 판결과는 달리, 1987년 6·29선언까지는 내란행위가 종결되지 않은 것으로 판시했다(따라서 내란죄의 공소시효는 1996년 1월 24일이 아닌 2002년 6월 29일에 완성). 1심의 유·무죄가 뒤집힌 부분도 있었다. 1심에서 무죄가 선고된 정호용, 황영시 두 피고인의 내란목적살인 혐의가 유죄로 바뀌었으며, 광주 재진입작전의 수립 및 실행에 참가한 전두환, 정호용, 황영시, 주영복, 이희성 피고인에 대해 1심과 달리 내란목적살인죄를 적용했다.

'항장불살' 감1등에 비판의 목소리

그러나 항소심의 양형은 1심에 비해 대체로 낮아진 편이어서 전두환이 1심 사형에서 무기징역으로, 노태우가 징역 22년 6월에서 징역 17년으로 감경되었고, 징역 10년을 선고받았던 황영시와 정호용도 각 징역 8년과 7년으로 형기가 줄었다. 대부분의 피고인들이 감형된 데 대해 불만을 표시하는 측이 많은 것으로 보도되었다. 한국기독교교회협의회는 "피고인들이 철저한 반성과 회개의 자세를 보이지 않는 상황에서 재임 중 업적을 내세워 양형을 줄인 것은 온당치 못하며, 수많은 희생을 생각할 때 재판 결과는 매우 유감스러운 일"이라고 논평했다. '죄는 무겁게, 벌은 가볍게'라는 한 신문의 기사 제목처럼 앞뒤가 어긋나는 일면이 드러난 것은 부인할 수 없었다.

특히 전두환에게 감1등을 하여 무기징역을 선고하는 이유로 판결은 '항장불살降將不殺(항복한 장수는 죽이지 않는다)'이라는 표현까지 썼는데, 그는 결코 '항장'이 아니었다. 그는 무력 쿠데타, 국헌문란, 폭동을 자행했으며 누구에게 항복한 적이 없다. 더구나 6·29선언도 위급 모면책의 하나로 나왔으며, 7년 이상이나 국헌문란과 폭동을 계속한 자에게 굳이 작량감경酌量減輕(정상참작)까지 해주었다는 것은 설득력이 없었다.[22]

이와 같은 항소심 판결은 대법원에서도 그대로 받아들여졌다. 즉 대법원 전원합의부(재판장 윤관 대법원장)는 피고인들의 상고를 모두 기각했는데, 그 과정에서 일부 대법관들의 소수의견이 나왔다. 군사반란과 내란을 통해 집권한 경우의 가벌성, '5·18특별법' 제2조가 법 시행 당시 공소시효가 완성된 헌정질서 파괴행위에 대해서도 적용되는지 등에 관해 한두 대법관의 소수의견이 있었다.

'역사 바로 세우기'와 역사의 아이러니

5·18특별법에 의한 재판에 관해서는 주목할 만한 이론異論도 있었다. 12·12반란은 정치군인들이 국가에 대해 저지른 개인의 범죄라는 성격이 강하지만, 5·18내란은 국가권력을 실질적으로 장악한 집단이 국민의 생명과 인권을 짓밟은 범죄이므로 개인에 대한 '국가의 범죄'라는 성격이 강하다는 것이다. 따라서 5·18을 국가에 대한 개인의 범죄(내란, 반란 등)로만 다루는 것은 5·18의 가장 중요한 본질에 어긋나는 것이라고 보는 견해이다.[23]

사학자 한홍구가 "내란범은 자신의 범죄를 감추기 위해 (남의) 내란을 만들어낸다"고 한 명언(?)도 음미할 만하다.[24] 그가 예로 든 김대중 내란음모 사건을 비롯한 여러 사건에서 보듯이, '반국가'나 '정부전복'의 경력자들일수록 그런 구실을 꾸며내어 반대세력을 탄압하는 습성을 보였다. 이는 3공에서 6공까지의 시국사건을 되돌아보면 수긍이 가고도 남는다. 그런 되풀이 속에서도 12·12 및 5·18 사건 재판은 성공한 쿠데타를 내란 및 반란 등으로 형사 처벌함으로써 이른바 '역사 바로 세

김대중 대통령 취임식에 참석한 김영삼, 노태우, 전두환 전 대통령
전두환, 노태우는 김대중이 대통령으로 당선된 직후인 1997년 12월 22일 김영삼 정부의 사면 복권으로 석방되었다.

우기'에 성공한 사례로 꼽힌다. 이 점에 대하여 사학자 강만길은 이렇게 말한다. "이로써 전두환, 노태우 등의 정권찬탈 과정으로서의 '12·12군사쿠데타'와 '광주민중항쟁 탄압'은 불법적인 사실임이 확정되었다. 그에 따라 이른바 '성공한 쿠데타'도 처벌된다는 헌정사상 초유의 판례가 남겨졌다."[25]

물론 재판은 사법부의 소관이었지만, 5·18특별법 등의 제정과 검찰의 강력한 수사에는 김영삼 대통령의 의지도 반영됐다고 봐야 한다.

쿠데타 세력이 만든 민정당과의 3당 합당을 통해 전·노의 후계구도를 이어받은 김영삼 대통령으로서는 매우 어렵고 힘든 과업을 수행한 셈이었다. 그러나 전·노 두 사람은 그들이 재판극을 꾸며서 목숨까지 빼앗으려 했던 바로 그 김대중이 15대 대통령으로 당선된 직후인 1997년

12월 22일 김영삼 정부의 사면 복권으로 석방되었다. 이듬해 2월 25일 여의도 국회의사당 앞 광장에서 열린 김대중 대통령 취임식에 김영삼, 최규하, 전두환, 노태우 등 전임 대통령 네 사람이 단상에 자리를 함께하게 되었다. 어찌 보면 대화합의 장처럼 비치기도 했지만, 달리 생각하면 흔한 말로 '역사의 아이러니'였고, 한국 현대사의 지독한 역설이기도 했다.

주————

1   이도성 『남산의 부장들 (3)』, 동아일보사 1993, 84면.
2   1988년 7월 7일 대통령 노태우가 발표한 대북정책의 기조로 (1) 남북 동포 간의 상호 교류, (2) 이산가족 서신 왕래 및 상호 방문, (3) 남북간 교역, (4) 우리 우방과 북한의 비군사적 물자에 대한 교역 불반대, (5) 남북간 소모적 경쟁, 대결 외교의 종결, (6) 북한과 우리 우방, 사회주의 국가와 우리 측 사이의 관계 개선 등을 천명했으며, 선언 자체로서는 매우 전향적이었다. '선언'(전문)은 『한국시사자료연표 (하)』, 서울언론인클럽 1992, 1774면 참조.
3   『조선일보』 1994년 10월 30일자.
4   박원순 「12·12사태, 왜 기소유예인가」, 『중앙일보』 1994년 10월 31일자.
5   『경향신문』 1994년 10월 30일자.
6   『한겨레신문』 1994년 11월 25일자. 그러나 이 헌법소원은 헌재의 결정 선고 전날 취하되어 논란이 있었다.(『경향신문』 1995년 11월 30일자; 『국민일보』 1995년 12월 4일자) '5·18 관련자들의 내란죄 공소시효가 이미 만료되었다'는 선고를 사전에 무산시키고, 공소시효에 관한 특별법 제정의 여지를 트기 위한 목적의 취하였으나, 얼마간의 편법 논란이 있었다.
7   서울지방검찰청·국방부 검찰부 『5·18 관련 사건 수사결과』 1995. 7. 18.
8   『한겨레신문』 1995년 12월 1일자.

9   『김대중 자서전 (1)』, 삼인 2010, 657면.

10 전두환의 재수감 및 그 이후의 검찰 수사에 대해서는『조선일보』『경향신문』1995
    년 12월 4일자 참조.

11 『경향신문』1995년 12월 6일자(공소장 전문), 1995년 12월 7일자;『조선일보』1994
    년 12월 6일자.

12 『한겨레신문』『한국일보』『동아일보』1995년 11월 29일자;『한겨레신문』1995년 12
    월 12일자.

13 『중앙일보』1995년 12월 20일자. 이처럼 특별법을 두 개의 법률로 분리한 이유 중에
    는 위헌 시비를 피하기 위한 고육책이 작용했다고 보는 견해도 있다. '헌정질서 파
    괴범죄의 공소시효 등에 관한 특례법'에서는 내란죄 수괴가 집권한 상태에서는 국
    가의 소추권 행사가 사실상 불가능함으로 12·12와 5·18의 공소시효는 전·노 두 대
    통령의 재임기간(전후 12년간)에는 그 진행을 정지시킨 것이다. 한편, '5·18민주화
    운동 등에 관한 특별법'은 앞으로 발생하는 쿠데타에는 공소시효를 영원히 배제하
    는 규정을 담고 있다.

14 『중앙일보』1996년 2월 28일자.

15 『국민일보』1996년 3월 11일자.

16 『국민일보』1996년 3월 11일자.

17 검찰의 논고 내용은『한국일보』1996년 8월 6일자,『경향신문』1996년 8월 6일자
    참조.

18 『중앙일보』1996년 8월 27일자.

19 『국민일보』1996년 8월 27일자.

20 『한겨레신문』1996년 8월 27일자.

21 『경향신문』1996년 12월 17일자.

22 한승헌「반논리의 5·18 재판」,『경향신문』1996년 12월 29일자.

23 조용환「5·18특별법과 전·노 재판의 문제점」,『역사비평』1996년 봄호, 61~78면.

24 한홍구『역사와 책임』, 한겨레출판 2015, 130면.

25 강만길『20세기 우리 역사』, 창비 2009(증보판), 392면.

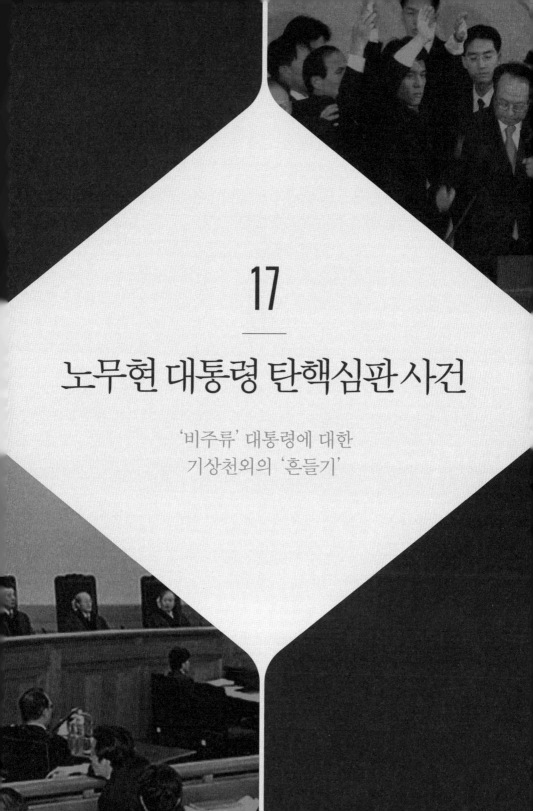

17

—

노무현 대통령 탄핵심판 사건

'비주류' 대통령에 대한
기상천외의 '흔들기'

권력기반이 약한 소수파 정권을 이끌며 힘겨워하는
그를 향한 보수야당의 '비주류 대통령 흔들기'는 날로 심해져갔다.
그리고 마침내 헌정사상 초유의
대통령 탄핵심판이 시작되었다.

보수세력의 '비주류 대통령' 흔들기

"시대는 단 한 번도 나를 비켜 가지 않았다." 노무현 대통령은 자신의 인생 역정을 회고하며 이런 말을 남겼다.[1] 그의 험난했던 일생을 잘 압축했구나 싶은 문장이었는데, 이에 걸맞게(?) 그를 괴롭힌 '사상 초유' 두 가지를 잠시 짚어본다.

그는 형법 제158조의 '장례식 방해죄'로 기소된 전력이 있다. 1987년 8월 거제도에서 대우조선의 한 노동자가 경찰의 최루탄을 맞고 사망한 사건이 일어났다. 그때 노무현 변호사는 부산에서 현지로 달려가서 노조와 유족 측에 장례 문제 등을 조언하고 온 뒤에 구속되었는데(1987. 9. 3), 그 죄명에 희한하게도 '장례식 방해죄'가 들어 있었다.[2] 내 기억으로는 그런 조문, 그런 죄명으로 처벌된 사람이 있다는 말을 듣지 못했으니, 혹시 형법이 생긴 이래 그 조문으로 기소된 첫 피고인이 바로 노무현 변호사가 아니었나 싶다. 그는 또 이보다 훨씬 차원이 높은 헌법 제65조의 탄핵 심판을 받은 첫 번째 대통령이기도 하다. 대한민국 헌정 이후 한 번도 발동된 적이 없는 대통령 탄핵조항조차도 그를 비켜가지 않았던 것이다. '변호사 노무현' '대통령 노무현'의 삶은 그만큼 남다르게 험난하고 또 처절했던 것이다.

국민이 직접 선출한 대통령도 헌법재판소가 탄핵 결정을 하면, 달리 불복할 길도 없이 바로 파면된다. 그러니까 탄핵은 참 무서운 제도다. 법적인 요건은 어찌 되었건, 정치적으로 악용되거나 오판을 하면 대통령직뿐 아니라 국민주권마저 날려보내는 흉기가 될 수도 있다.

2002년 12월의 대통령선거에서 승리한 노무현은 다음 해 2월 25일 제16대 대통령에 취임한 이후 임기 초반부터 순탄치 못해서 이런저런 난국과 거듭 부딪치게 된다. 특히 여소야대 정국에서 그의 위상은 자주 흔들렸다. 탈권력·탈권위를 내세운 개혁정책은 수사·정보기관과의 불화를 키웠고, 일부 기득권 세력 및 보수언론과의 충돌을 불러왔다. 거기에다 모든 일을 힘으로 밀어붙이려는 집단이기주의와 첨예한 사회적 갈등으로 충돌이 격화되자 집권 3개월밖에 안 된 대통령의 입에서 "대통령을 못해 먹겠다"는 말까지 나왔다. 이래서 정권 위기론이 증폭되고 있었다.[3]

이처럼 권력기반이 약한 소수파 정권을 이끌며 힘겨워하는 그를 향해 보수야당이 연발하는 '비주류 대통령 흔들기'는 날로 심해져갔다. 노 대통령은 집권 7개월 만에 측근비리에 대한 수사를 비롯하여 언론, 국회, 지역 민심 등 여러 상황의 악화로 국정 운영이 난관에 봉착했음을 자인하고, 이러한 상황을 극복하기 위해 국민투표로 신임을 묻겠다는 승부수를 던져 국민들을 놀라게 했다.[4] 이에 한나라당은 '밀어붙이자'는 태세였고, 새천년민주당(민주당)은 '무책임하다'면서도 재신임으로 정권을 되찾을 호기나 온 듯이 들떴다. 하지만 헌법상 국민투표는 '외교, 국방, 통일, 기타 국가안위에 관한 중요정책'만 그 대상으로 한정하고 있어서(헌법 제72조) 대통령의 신임을 묻는 방식이 될 수는 없었다.

두 야당에서 발의한 사상 초유의 대통령 탄핵

마침내 한나라당과 민주당은 2004년 3월 9일, 소속 의원 159명(한나라당 의원 144명 중 108명, 민주당 62명 중 51명)의 서명을 받아 노 대통령에 대한 탄핵소추안을 국회에 발의했다(발의 정족수는 재적의원 과반수). 4·15 총선을 불과 한 달 앞둔 시점에서 헌정사상 초유의 대통령 탄핵소추가 발의된 것이다. 탄핵안의 제안사유는 '노 대통령은 불성실한 직책 수행과 경솔한 국정 운영으로 인한 정치 불안 때문에 국정이 파탄지경에 이르러 국민을 극도로 불행에 빠뜨리고 있다'며 '이로써 노 대통령은 나라를 운영할 자격이 없음이 극명해져 탄핵소추안을 발의하게 되었다'고 했다.

나아가서 '노 대통령은 헌법과 법률을 수호해야 할 국가원수로서의 본분을 망각하고 특정정당을 위한 불법 선거운동을 계속해 중앙선거관리위원회로부터 선거법을 위반했다는 판정과 경고조치를 받았음에도 불구, 이를 무시하고 특정 정당을 공개 지원함으로써 법치주의를 정면으로 부정하는 초헌법적인 독재적 태도를 보였다'고 주장했다. 이런 탄핵안의 발의에 대하여 여당인 열린우리당은 '의회권력을 장악한 지역주의, 부정부패, 냉전세력의 동맹에 의한 쿠데타적 음모'라고 비난했다.

탄핵안에서 대통령의 과오라고 적시한 구체적인 사실은 다음과 같은 언행이었다. 즉 (1) 헌법과 법률을 위반하여 국법질서를 문란케 하고 있다. ① 언론과의 기자회견에서 '국민이 총선에서 열린우리당을 압도적으로 지지해줄 것을 기대한다'는 발언을 하여 공무원의 정치적 중립 의무를 위반하였다. ② '노사모'(노무현을 사랑하는 사람들의 모임)나

'국민참여 0415'의 행사에서 '시민혁명' 발언 등으로 법 불복종운동을 했다. ③ 한 일간지에 보도된 열린우리당의 총선 문건에서 보듯 청와대의 조직적 선거개입이 확인되었다. ④ 민주당을 반개혁정당으로 규정하여 헌법상 국가의 정당 보호의무를 위반하였다. ⑤ 입법부 구성을 위한 국회의원 선거에 무단 개입함으로써 헌법상의 삼권분립 정신을 파괴하였다. (2) 자신과 측근들의 권력형 부정부패로 인해 국정을 정상적으로 수행할 수 있는 최소한의 도덕적·법적 정당성을 상실하였다. (3) 국민경제와 국정을 파탄시켜 민생을 도탄에 빠뜨렸다.[5]

　이런 요지의 탄핵안에 대해서는 야당 내부에서도 반대 내지 신중론이 적지 않았지만, 한나라당 최병렬 대표와 민주당 조순형 대표의 주도로 기어코 국회의 발의절차까지 마치게 되었다.

딱 3분 만에 끝낸 탄핵안 번개 심의

　그에 앞서 노 대통령은 중앙선관위의 선거법 위반 결정에 대하여 이견을 표명했고(중앙선관위의 공문에 선거법 위반은 명시된 바가 없고 단지 중립의무를 지켜줄 것만 기재되어 있었다) 이에 야권에서 사과를 요구하고 나섰으며, 일부 시민단체에서도 노 대통령의 사과와 동시에 야당의 탄핵안 철회를 요구했다. 그러나 노 대통령은 기자회견을 통하여 '탄핵을 모면하기 위한 사과 요구는 받아들일 수 없다'며 이를 거부함으로써 그때까지 탄핵에 소극적이던 일부 의원과 탄핵 반대 입장을 취해온 자유민주연합(자민련) 의원들이 탄핵 찬성 쪽으로 기울었다.[6]

노무현 대통령에 대한 탄핵 소추를 의결하는 국회
2004년 3월 12일 국회 본회의에서 헌정사상 최초의 대통령 탄핵소추 결의안이 일부 의원의 격렬한 반대 속에서 통과되었다.

바로 그날(3. 11) 오후 한나라당과 민주당은 국회 본회의에서 문제의 탄핵소추안을 표결 처리하려고 했으나(탄핵안은 국회 본회의에 보고, 회부된 지 24시간 이후 72시간 이내에 무기명 비밀투표에 의하여 소추 여부를 결정하여야 한다) 열린우리당 의원들의 의장석 점거 등으로 무산되었다.

그러나 하루가 지난 3월 12일 국회 본회의에서 헌정사상 최초의 대통령 탄핵소추 결의안이 압도적인 의원 다수의 찬성으로 통과되었다. 재적 의원 270명 중 열린우리당 의원을 제외한 야권 3당(한나라당, 민주당, 자민련)과 무소속 의원 등 195명이 투표에 참여하여 찬성 193표, 반대 2표로 가결되었다(의결 정족수는 재적 의원 3분의 2 이상의 찬성).[7]

투표에 들어가기에 앞서 박관용 국회의장은 경호권을 발동, 국회 경위들로 하여금 의장석 주변에서 농성 중이던 열린우리당 의원들을 강제로 끌어내게 했는데, 이 과정에서 야당 의원들까지 가세, 격렬한 몸싸움이 벌어졌다. 이날 박 의장의 탄핵소추안 처리과정은 그 진행에 초특급의 흠이 있어 훗날 헌법재판소(헌재)에서 논란이 되기도 했다.

그날의 국회의사록에 의하면, 오전 11시 22분에 단상에 선 박관용 의장이 "개회를 선언합니다." "의사일정 제1항 대통령 탄핵소추안을 상정합니다." "조순형 의원이 나올 제안설명은 유인물로 대체합니다." "무기명 투표를 실시합니다." 이 몇 마디 말이 끝난 때가 오전 11시 25분, 그러니까 딱 3분 만에 번개처럼 '심의'를 끝냈다.[8]

규탄과 환호의 엇갈림 속의 후폭풍

이것이 헌정사상 초유라는 대통령 탄핵안 심의의 전부였다. 어쨌든 박 의장의 가결 선포가 떨어지자 야당 의원들은 박수를 치고 만세를 부르며 환호했고, 여당 의원들은 구두, 명패, 서류뭉치 등을 의장석을 향하여 집어 던지며 격렬하게 항의했다. 바닥에 주저앉아 울음을 터뜨리는 의원도 있었다. 대다수 국민들의 반응은 국회의 탄핵안 가결에 부정적이었다. 한 보수 일간지에 실린 코멘트도 이러했다. "의회에 의하여 민주주의가 거부된 것이며 80년대 이후 전개되어온 민주화 역사에 대한 수구세력의 도전이다."(정대화 상지대 교수) "다수당의 정략에 의해 국정을 혼란에 빠뜨리는 어이없는 일이며, 국민의 역사적 의식과 배치되는 치욕의 날로 기록될 것이다."(조명래 서울 YMCA 시민정치위원장)[9]

이날의 탄핵소추안 처리는 국회의원 총선을 불과 30여 일 앞둔(즉 16

대 국회의원 임기가 두 달밖에 남지 않은) 시점에 감행된 것이어서 정치적으로 그 파장이 클 수밖에 없었고, 당장 국정 전반에 커다란 변화가 왔다. 우선 노 대통령의 직무가 헌법재판소의 탄핵심판 절차가 끝날 때까지 정지되고, 고건 국무총리가 그 권한을 대행하게 되었다. 국회 의결 바로 다음 날인 13일, 서울 여의도를 비롯하여 전국 대도시에서 탄핵안 통과에 분노한 각계 시민들이 광장과 거리로 나와 탄핵안에 항의하는 집회와 시위를 벌였다. 또 노동자, 주부, 학생, 직장인 등이 합류하여 분노와 규탄의 함성을 올렸다. 이어서 학계, 문화예술계, 지식인, 종교계 인사들도 탄핵반대 성명을 내는 등 항의 대열에 가세했다.[10]

한국공법학회 회원인 헌법학자의 69%가 소추안은 탄핵 사유가 되지 않는다고 응답했다. 반면 예비역대령연합회, 자유시민연대 등 보수단체들로 구성된 '노무현 대통령 탄핵촉구 국민연대' 소속 300여 명은 한나라당사 앞에 모여 탄핵소추안 가결 소식에 "만세"를 외치며 환호했다. 안응모 황해도중앙도민회장은 '노사모를 비롯한 친북세력들을 용납해서는 안 된다'고 목청을 높였다. 이와 같은 극과 극의 대립을 두고 한 일간지는 '경범죄에 사형' '탄핵 빌미 자초'라는 제목을 뽑기도 했다.[11]

노 대통령 탄핵의 정치심리학

분명히 이긴다고 자신했던 16대 대통령선거에서 뜻밖에 역전패한 한나라당의 낭패감, 당이 공천한 대선 후보(노무현 대통령)가 당선 후 새로운 여당(열린우리당)을 만든 데 대한 민주당의 배신감, 이런 요소들이 복합되어 야당은 새로 등장한 노무현 정권을 그 출범 초부터 백안시했다. 노 대통령 취임 열흘쯤 되었을 때부터 '탄핵'을 입에 올리기 시작했는가 하면, 취임 반년도 되지 않은 시점에 제1야당 대표가 "제 상식과 양식으로 대통령을 대통령이라고 인정하고 싶지 않은 것이 솔직한 심정"이라고 말하는 등 내심을 털어놓기도 했다.[12]

그러니까 그들의 탄핵 의도는 노 대통령의 '실정失政' 이전부터 점화되었다고 볼 수도 있다.

야당 측의 이런 저의와는 별개로, 노 대통령의 탄핵사태 대응에 아쉬움을 보이는 의견도 있었다. 즉 그의 실언이나 과오가 과연 탄핵을 받을 정도의 사안이었나 하는 것과는 별개로, 탄핵 시비가 벌어졌을 때 노 대통령이 이를 진화하려는 노력을 왜 적극적으로 기울이지 않았느냐 하는 것이다.[13] 국민 여론의 역풍에 놀란 야당에서는 탄핵안을 둘러싸고 사과, 철회 등 후퇴론이 나와 자중지란을 일으키기도 했으나 잘못하면 '두 번 죽는다'는 의견이 강세여서 기존의 밀어붙이기를 유지하기로 했다.

이런 양측의 불퇴전의 한판 대결 속에서 4·15 국회의원 총선거가 실시되었다. 결과는 여당인 열린우리당이 전체 의석 299석 중 152석을 차지함으로써 원내 제1당으로 약진했다. 이른바 탄핵 역풍에 야당 후보들은 추풍낙엽이 되었다. 탄핵을 주도했던 박관용 국회의장, 한나라당의 최병렬 대표와 홍사덕 총무, 민주당의 조순형 대표와 유용태 원내총무 등 세칭 '탄핵 5인방'은 전원 낙선했는가 하면, 자민련의 김종필 총재 또한 고배를 마셨다. 그래도 한나라당은 16석을 잃는 정도로 끝났지만, 민주당은 한 자릿수의 의석으로 몰락했다. 자민련에서는 비례대표 1번

헌법재판소의 노무현 대통령 탄핵심판 공개변론
'헌정사상 처음'이라고 기록될 대통령 탄핵심판 사건의 첫 심리가 윤영철 헌법재판소장 주재로 열렸다.

인 김종필 총재가 낙선해 정계 은퇴를 하는 아픔을 겪어야 했다.

헌재의 신속 심리에 '총선 출마' 내세운 불만도

'헌정사상 처음'이라고 기록될 대통령 탄핵심판 사건의 첫 공개변론
은 2004년 3월 30일 오후 2시, 윤영철 헌법재판소장 등 9명의 헌법재판
관들(주심 주선회 재판관)이 대심판정에 입정함으로써 시작되었다. 청구
인(국회 측 소추위원) 대리인단과 피청구인(소추를 당한 노 대통령) 대리인단
이 단하 양편에 포진함으로써 이 탄핵심판의 무게를 짐작하게 했다. 소
추위원(국회 법사위원장 김기춘) 측 대리인은 강재섭, 권영세, 민병국, 박상
천, 박희태, 안동일, 안상수, 오세훈, 원희룡, 이사철, 이시윤, 이진우, 임

광규, 정기승, 정형근, 진영, 최연희, 한병채, 홍준표, 황우여, 김용균 변호사 등 67명이었다. 피청구인(대통령) 측 대리인은 유현석, 하경철, 이용훈, 이종왕, 박시환, 한승헌, 양삼승, 강보현, 조대현, 윤용섭, 김덕현, 문재인 변호사 등 12명이었다.

개정 벽두에 윤영철 재판장은 피청구인인 대통령이 불출석함에 따라 변론을 연기하고, 다음 2차 변론을 사흘 뒤인 4월 2일에 열겠다고 말했다. 다음 기일에는 피청구인 본인이 출석하지 않더라도 심판절차를 진행하겠다고 예고했다. 신속한 심리 진행으로 조속히 사건을 마무리 짓겠다는 헌재의 방침이 엿보였다. 이에 대해 소추인으로 나온 김기춘 의원은 변론기일이 너무 촉박하다며, 자신이 국회의원 선거에 나가기 위해서도 시간이 부족하다는 점을 감안해달라고 했다. 그는 또 탄핵소추의 정당성을 주장하면서 대통령이 출석하지 않은 것은 헌재의 권위를 무시한 것이라고 비난했다.

이에 맞서 피청구인 대리인단은 피청구인의 출석은 방어권 보장 차원의 것이지 의무는 아니라고 반박하는 등 초반부터 예민한 공방이 오갔다. 김기춘 소추위원은 다음 변론기일의 변경을 재삼 요구하면서 "17대 총선의 후보 등록과 선거운동을 하자면 다음 기일 출석이 어렵다"고 했다.[14]

67명이나 되는 대리인단이 있는데도 그런 이유를 내세워 심판을 미루려는 것은 하나의 지연작전으로 보였다. 물론 그의 신청은 받아들여지지 않았고, 일부 방청인들의 빈축을 샀다는 기사가 나왔다.

"촛불시위 영향 있으니 총선 뒤에 심리하자"

헌재 심리(공개변론) 2차 기일인 4월 2일, 청구인 대리인 측은 (1) 김기춘 소추위원이 국회의원 선거에 출마하여 출석할 수 없고, (2) 이 재판이 선거에 영향을 미칠 수 있으며, (3) 촛불시위로 인하여 탄핵에 대한 국민들의 열기가 재판에 영향을 줄 수 있다는 점을 감안하여 변론기일을 총선 이후로 연기해달라고 요청했다. 그러나 재판장은 예고한 대로 변론을 진행하겠다고 말했다. 양측의 대리인(변호사)들은 준비된 '진술 요지'에 의해 변론을 했다. 재판장은 피청구인 측 대리인들의 석명釋明 요구를 받아들여, 국회에서 의결된 탄핵소추에 없는 사유가 소추위원 의견서에 탄핵 사유로 기재된 차이가 있는데, 이처럼 소추위원 임의로 탄핵소추 사유로 할 수 있는지의 여부는 재판부에서 판단하겠다고 입장 정리를 했다.[15]

청구인 측은 노 대통령의 신문, 중앙선관위와 대통령 측근 비리 증인 29명의 소환, 그리고 광범한 기록 검증, 문서 송부 촉탁, 사실조회 등 엄청난 증거 신청을 했다. 이에 대해 피청구인 측 대리인단은, 탄핵심판은 국회에서 사실조사와 증거조사를 거쳐 의결한 탄핵소추가 헌법과 법률에 합치되는지의 여부를 법률적으로 판단하는 재판이므로 탄핵심판 절차에서는 탄핵소추의 기초가 되는 사실을 입증하기 위한 증거조사는 엄격히 제한되어야 한다고 맞섰다. 국회가 탄핵소추 의결 전에 마땅히 했어야 할 증거조사와 사실조사를 헌재에 와서 시작하겠다는 것은 어불성설이라는 반박이었다.

이런 논쟁으로 그날 재판은 장장 6시간 동안 강행군을 하게 되었다.

변론연기 요청이 받아들여지지 않자 청구인 측 대리인들은 이미 제출되어 소송 절차상 '진술 간주看做'가 된 60여 쪽의 의견서와 답변서를 새삼스럽게 전문 그대로 장시간에 걸쳐 읽어내려갔다. 재판부의 제지에도 아랑곳하지 않았다.[16]

'법보다 밥'이라고 한 노 대통령은 '볼셰비키'

4월 9일 열린 제3차 변론에서는 청구인 측의 이아무개 변호사가 노 대통령을 '볼셰비키'라고까지 매도하는 발언을 해서 장내와 여론의 뭇매를 맞았다. 그의 말을 정확히 재생하면 이러했다. "(노 대통령은) 부산시장으로 입후보한 선거에서는 '법, 법 하지 마라. 내게는 법보다 밥이 훨씬 중요하다'라고 했는데, 이것은 볼셰비키혁명의 기초가 되는 유물론 철학의 표현이다."(제3차 변론조서) 듣고 있던 재판장이 "이 사건과 관련된 변론을 해달라"고 주의를 줬지만 그는 계속 색깔론을 이어갔다.[17]

제4차 변론에서는 청구인 측의 신청에 따라 노 대통령의 측근 최도술 (전 청와대 총무비서관), 안희정(전 노무현 대선캠프 정무팀장) 두 증인에 대한 신문이 있었다. 두 사람 모두 구속된 신분으로 구치소 호송차에서 내렸다. 그런데 정작 증언대에 선 최도술 증인은 "이 자리에서 증언하는 것은 나의 형사재판에 영향을 줄 수 있으므로 증언을 거부한다"며 입을 다물었다. 다음 차례의 안희정 증인은 3시간 동안이나 청구인 대리인의 신문에 적극적으로 대응하며 답변했다. 다만 어떤 문제에 대해서는 '수사과정에서 밝혀질 것이다'라며 진술을 거부했다.

청구인 대리인단은 증인신문을 한다며 검찰 작성 신문조서를 그대로 읽어나가는가 하면, 탄핵소추 사유와 관련이 없는 질문을 계속하다가 피청구인 대리인들의 항의와 재판부의 주의를 받기도 했다. 제6차 변론 (4. 27)에서는 검찰의 내사기록 송부 거부와 관련된 논란이 오갔으며, 4월 30일에는 최종 변론 공판이 열렸다. 먼저 청구인 측에서 김기춘 소추위원이 모두발언을 하고, 정기승 변호사가 탄핵의 법리에 대해 변론한 데 이어 임광규, 조봉규, 안동일 변호사가 변론을 했다. 그들의 변론은 이미 자세히 언급된 탄핵소추의 정당성을 부연, 재론하는 내용이었다.[18]

탄핵소추의 위법 부당성: 피청구인의 입장

이에 피청구인 대리인 측에서는 하경철 변호사가 탄핵절차의 부당성, 이용훈 변호사가 소추 사유의 부당성, 그리고 유현석, 한승헌 두 변호사가 탄핵사건 심판의 역사적 의미 등에 대해 마무리 변론을 했다.

여기에서 (지금까지 미처 언급하지 못했던) 피청구인 측의 탄핵 본안에 대한 반대 주장을 총괄하면 이러하다. (1) 이 건 소추 절차에 하자가 있다. ① 국회는 소추 의결을 함에 있어서 탄핵 사유를 피청구인에게 통지하지도 않았고, 해명이나 진술의 기회도 주지 않았다(헌법상의 적법절차 원칙 위반). ② 국회는 소추 안건에 대한 제안설명과 질의 토론도 전혀 없이 표결을 하였으며, 여러 탄핵 사유를 마치 하나의 사유인 양 포괄하여 표결하였다. 탄핵 사유에 대한 충분한 조사도 없었다(국회법

탄핵심판 사건 심리를 마치고 헌법재판소 심판정을 나오는 노 대통령 측 대리인들
탄핵사건의 심리가 열리는 날에는 헌법재판소 앞에 탄핵을 주장하는 시민과 반대하는 시민이
충돌을 빚기도 했다.

위반). (2) 탄핵 사유가 부당하다. ① 선거법 위반 부분: ㉮ 피청구인은
공무원이자 정치인이라는 이중의 지위를 갖는바, 탄핵소추에서 문제
삼은 기자회견 답변은 대통령의 직무집행이 아닌 정치인으로서의 답변
이었다. 따라서 탄핵 사유가 될 수 없다. ㉯ 기자의 질문에 대한 피청구
인의 답변은 특정 후보의 당락을 위한 적극적·능동적 발언이 아니었기
때문에 선거운동이 아니다. ㉰ 피청구인의 발언은 선거 중립의무를 위
반한 것이 아니다. 대통령은 정치활동과 정당활동을 할 수 있는 정치적
공무원이므로 선거법 제9조 1항의 적용대상이 아니다. 그 내용이 선거
에 부당한 영향을 미치는 발언도 아니었다. ② 측근 비리 관련 부분: 탄
핵 사유에서 내세우고 있는 측근 비리는 피청구인의 행위가 아니며 피
청구인이 교사, 방조 또는 어떤 행태로도 관여한 바가 없는 일이다. ③

경제파탄 부분: 거대 야당의 '발목 잡기'로 피청구인의 국정철학을 제대로 펼쳐볼 수가 없었으며, 정책 문제는 헌법상 탄핵 사유가 될 수도 없다. ④ 이 건 탄핵소추 사유 자체가 대통령을 탄핵할 만큼 중대하고 명백한 위법행위도 아니다.[19]

헌법재판의 정치성, 재판관의 보수성에 우려도

대통령 대리인단의 선임과 활동에는 문재인 변호사의 역할이 매우 컸다. 그는 2004년 2월 말에 청와대 민정수석을 그만두고 히말라야 등반을 위해 네팔로 날아갔는데, 카트만두의 한 호텔에서 서울의 탄핵소추 뉴스를 접하고 급거 귀국했다.[20] 노무현 대통령을 구해야겠다는 '의리의 사나이'다운 그의 일념은 많은 사람들을 감동시켰다. '노무현의 친구 문재인'이 아니라 '문재인의 친구 노무현'이라고 한 노 대통령의 말은 역시 그다운 명언이었다.

탄핵사건의 심리(공개변론)가 열리는 날에는 헌법재판소 앞에 탄핵을 주장하는 시민과 반대하는 시민이 제각기 피켓을 들거나 구호를 외치며 시위를 하고, 더러는 양편이 말다툼을 벌이는 등 충돌을 빚기도 하였다. 헌재의 심리를 방청한 시민들의 반응 역시 편이 갈렸다. 탄핵을 추진했던 세 야당의 대표들은 총선정국에서 역풍에 몰리자 탄핵소추를 강행한 데 대하여 후회하기도 했다.

그럼에도 불구하고 총선 결과는 앞서 본 대로 여당(열린우리당)의 압승과 야당(한나라당, 민주당, 자민련)의 참패로 끝났다. 하지만 선거는 선거고 헌재는 헌재여서 탄핵심판의 최종 결과는 예측하기가 어려웠다. 특히 헌법재판의 정치적 성격과 헌법재판관들의 보수 성향에 마음을 놓을 수 없다는 불안이 안개처럼 퍼져나갔다. 주심인 주선회 재판관과 노 대통령 사이의 악연(1987년 노무현 변호사가 박종철 군 고문치사사건에 대한 항의시위로 검거되었을 때 부산지검 공안부장이던 주 재판관이 노 변호사를 구속하려고 세 번이나 구속영장을 청구한 사실)[21] 을 떠올리는 사람도 있었다.

'위법 인정되나 탄핵(파면)할 정도 아니다'

2004년 5월 14일 헌정사상 첫 번째 대통령 탄핵심판 사건에 대한 헌법재판소의 결정이 선고되었다. 윤영철 재판장이 읽은 결정 주문은 "이 사건 심판청구를 기각한다"였다. 관례가 그러하듯이, 결정문의 기재 순서와는 정반대로 먼저 장시간에 걸쳐 결정 이유를 읽어내려간 끝에 '기각'이란 말이 나왔다. 헌법과 법률을 일부 위반한 사실은 인정되지만, 대통령직을 파면할 만큼 중대한 위반은 아니라는 것이었다.[22]

장문의 헌재 결정문을 요약하면 이러하다.

(1) 탄핵 절차의 준수 여부에 대하여: ① 국회가 탄핵소추 전에 충분한 조사 및 심사를 하지 않았더라도 그것은 국회의 재량이므로 헌법과 법률 위반이 아니다. ② 국회가 소추를 하면서 대통령에게 혐의사실을 알리지 않고 의견 제출의 기회를 주지 않았으나 국가기관이 국민과의 관계에서 지켜야 할 '적법절차의 원칙'은 대통령이라는 국가기관에 적용할 수 없다.

(2) 선거법 위반에 대하여: ① 대통령도 선거에서 중립의무를 지는 공직자에 해당된다. ② 대통령이 기자회견에서 '개헌저지선까지 무너지면 그뒤에 어떤 일이 생길지는 나도 정말 말씀드릴 수가 없다'고 한 발언, '국민들이 (열린우리당을) 압도적으로 지지해줄 것을 기대한다. 대통령이 뭘 잘해서 열린우리당에 표를 줄 수 있는 길이 있으면, 정말 합법적인 모든 일을 다하고 싶다'는 발언은 모두 대통령의 지위를 이용해 선거에 부당한 영향을 미치는 행위로서 선거법에 위반된다. 그러나 후보자가 결정되기 전의 수동적인 발언이므로 선거운동은 아니다. ③ 노사모 행사에서 '여러분의 혁명은 아직 끝나지 않았다. 다시 한번 나서달라'는 발언, 언론인 간담회에서 '국민참여 0415 같은 사람들의 정치 참여를 허용하고 장려해야 한다'는 발언은 허용되는 정치적 의견 표명으로 헌법과 법률 위반이 아니다. ④ 중앙선관위의 선거법 위반 결정에 대하여 홍보수석을 통해 '선관위의 결정은 납득하기 어려우며 과거의 선거 관련법은 합리적으로 개혁되어야 한다'고 입장을 밝힌 것은 헌법수호 의무를 위반한 것이다. ⑤ 국회 시정연설에서 '저는 지난주에 국민의 재신임을 받겠다는 선언을 했다. 정치적 합의가 이루어진다면 현행법(국민투표법)으로도 국가안보 사항을 폭넓게 해석함으로써 가능할 것으로 생각한다'는 발언은 헌법수호 의무를 위반한 것이다.

(3) 측근 비리에 대하여: 대통령 취임 전에 발생한 측근들의 비리행위는 대통령의 개입 여부를 따질 것도 없이 탄핵 사유에 해당되지 않으며, 취임 후 측근들의 비위에는 대통령이 관여한 사실이 없으므로 탄핵 사유가 되지 않는다.

(4) 정국혼란 및 경제파탄에 대하여: 소추위원이 주장하는 정치적 무

능력이나 정책 수행의 잘잘못 등은 탄핵소추 사유가 될 수 없다.[23]

선거법 위반 등 '논고조'로 짚은 뒤 정상론처럼

이상과 같은 판시에 이어 헌재 결정문은 '대통령의 법 위반 사실의 개요'라는 항목에서 '이 사건에서 문제되는 대통령의 법 위반 사실은 기자회견에서 특정 정당을 지지하는 발언을 함으로써 선거에서의 공무원의 중립의무에 위반한 사실과, 중앙선관위의 선거법 위반 결정에 대하여 유감을 표명하고 재신임 국민투표를 제안함으로써 법치국가 이념 및 헌법 제72조에 반하여 대통령의 헌법수호 의무를 위반하였다'고 논고하듯이 준엄하게 나온다.

이렇게 듣는 이의 긴장감을 조성해놓은 다음, '법 위반의 중대성에 관한 판단' 항목에서 '정상론'으로 접어든다. 즉 위와 같은 위반행위가 기자들의 질문에 대한 답변의 형식으로 소극적·부수적으로 이루어진 점, 정치활동과 정당활동을 할 수 있는 대통령에게 허용되는 정치적 활동의 한계에 관한 명확한 해명이 이루어지지 않은 점 등을 감안하면, 대통령의 공직선거법 위반행위가 헌법질서에 미치는 부정적 영향은 크다고 볼 수 없다.

또 대통령이 현행 선거법을 관권선거 시대의 유물로 폄하하는 취지의 발언을 한 것은 법치국가 원리를 근본적으로 문제 삼은 중대한 위반행위라고 볼 수는 없다. 대통령의 재신임 국민투표 제안도 이를 강행하려는 시도를 한 바 없고, 따라서 헌법질서에 미치는 부정적 영향이 중대하다고 볼 수 없다. 결론적으로 대통령의 법 위반은 대통령에게 부여한 국민의 신임을 임기 중 박탈할 정도로 국민의 신임을 저버린 경우에 해당한다고 볼 수도 없으므로 대통령에 대한 파면 결정을 정당화하는 사유가 존재하지 않는다. 이런 요지로 '집행유예론' 비슷한 논법을 폈다.

헌재의 인적 구성이 빚은 정치적 산물

전체적으로 보면 헌재는 대통령의 발언들을 무리하게 위법으로 평가하여 마치 논고를 하듯 지적한 다음, 정상을 참작하여 탄핵은 하지 않는다는 식의 논법을 되풀이했다. 어쩌면 '무죄사건에 집행유예'처럼 들리기도 했다. 이런 결정을 놓고 언론과 세론은 '절충론'이라고 보는 의견이 대세였다. '파면은 피하고 위법 의견도 수용' '여與엔 기각 실리, 야野엔 체면유지 명분' —— 이런 기사 제목이 나올 수밖에 없는 양비양시론이었다. 헌재의 재판관 구성 자체가 정치적 타협의 산물이기 때문에 결론도 그럴 수밖에 없다는 분석이 나왔다. 여기서 '대통령은 개운치 못한 승리를, 야당은 체면만 유지한 패배'라는 촌평도 나왔는가 하면, 한 일간지는 '이번 헌재의 결정은 애초부터 국회의 탄핵소추 결의 자체가 무리한 행위였음을 입증한 셈이다'라고 썼다.

어쨌든 헌재의 결정으로 노 대통령은 직무정지 63일 만에 그 직무에 복귀했다. 헌재 결정과 관련하여 두어 가지 문제가 회자되었다. 탄핵 결정에 필요한 재판관 수(6명)의 찬성(헌법재판소법 제23조 제2항)을 얻지 못한 것은 분명한데, 그렇다면 탄핵 결정, 즉 심판청구의 인용認容에 찬성한 재판관은 몇 명이고, 또 누구누구였는가? 한 방송은 인용 3명, 기각 5명, 각하 1명이라고 했고, 나아가서 대검찰청 정보통으로부터 얻은 내용이라며 김영일, 권성, 이상경 세 재판관이 청구인용을 주장한 것으로 보도했다.[24] 또 하나는 소수의견을 공개하지 않은 데 대한 논란이었는데, 이는 헌법재판소법 제34조 제1항에 의하여 소수의견은 결정문에 기재할 수 없게 되어 있어서 공개해서는 안 된다는 것이 다수의견이었다. 그러나 공개해야 한다는 소수의견도 있었기 때문에, 두 입장을 절충하는 과정에서 결정문 자체에 소수의견을 반영하다보니 강경한 어조가 끼어들게 되었다는 말도 있었다.

권력의 정점에 섰던 '비주류, 아웃사이더'의 길

대통령 대리인단에 참여한 변호사들이 사건 당사자인 대통령과의 협의를 위해 청와대에 간 적이 있다. 국회의 탄핵소추 의결로 대통령이 직무정지를 당한 터여서 청와대 본관이 아닌 관저 식당에서 저녁식사를 했다. 대통령은 자기가 헌재에 못 나갈 이유가 뭐 있느냐며 나가서 할 말을 하겠다고 했다. 그러나 변호사들은 그를 만류했다. 탄핵심판이 아닌 정치적 공방의 무대가 될까 염려스러웠기 때문이다. 회동이 끝날 무렵 문재인 전 수석이 대통령에게 끝으로 당부하실 말씀이 있으면 한 말씀 하시라고 권했다. 그러자 노 대통령은 의자에서 벌떡 일어나더니, "저 대통령 다시 하게 좀 해주십시오"라며 '꾸벅' 했다.[25] 그 소탈한 언어에는 대통령의 격에 어울리지 않을 수도 있는 한 인간의 순박함이 담겨 있었다.

그런 그가 2009년 5월 23일 새벽, "나로 말미암아 여러 사람이 받은 고통이 너무 크다" "누구도 원망하지 마라"는 유서를 남기고 경남 김해 봉하마을 자택 뒷산에 올라 부엉이바위에서 몸을 던짐으로써 스스로 삶을 접었다. 그가 측근 비리 의혹을 조사한다는 검찰의 출석 요구를 받고 부산에서 서울로 올라와 장시간 검찰의 조사를 받는 등 곤욕을 치른 뒤여서 더욱 충격적이었다. 그를 죽음으로 몰아넣은 근본 원인은 무엇이었을까? 이런 글이 생각난다. "그는 세속적인 성공과 권력을 얻었음에도 주류가 되지 못한 영원한 아웃사이더였다. (…) 한국사회의 주류들에게 끊임없이 조롱당했다. (…) 역설적이게도 그런 점 때문에 많은 지지자가 그를 따랐다."[26]

밀짚모자를 쓴 전임 대통령이 손녀를 자전거에 태우고 시골길을 달리던 그 풍경이 다시금 떠오른다. '비주류'의 민낯과 소망의 아름다움이 수채화에서 유화로 바뀌는, 그런 역사를 생각해본다.

주————————

1   다큐멘터리 『참여정부 5년의 기록 (5): 노무현 대통령이 걸어온 길』, 국정홍보처 2007.

2   부산지방법원, 1987 고합 1205호 사건 판결.

3   『문화일보』 2003년 5월 22일자.

4   『한겨레신문』 『중앙일보』 『동아일보』 2003년 10월 11일자.

5   「대통령(노무현)탄핵소추안」(발의자 국회의원 유용태·홍사덕 외 157인), 『2004 헌

나 1, 대통령 탄핵심판사건 자료집 (1)』, 대통령 비서실 2004, 9~21면.

6 『한겨레신문』 2004년 3월 12일자.

7 『한국일보』 2004년 3월 13일자.

8 「제246회 국회(임시회) 국회본회의회의록(제2호): 의사일정 대통령(노무현) 탄핵소추안(2004.3.12)」,『대통령 탄핵심판사건 자료집 (1)』, 38~42면.

9 『문화일보』 2004년 3월 12일자.

10 『한겨레신문』 2004년 3월 13일자, 2004년 3월 15일자.

11 『문화일보』 2004년 3월 13일자.

12 『서울경제』 2003년 7월 8일자.

13 홍서여『미추의 말과 글로 본 대한민국 근현대사』, 팝샷 2015, 231면.

14 「헌법재판소 2004 헌나1 사건, 제1차 변론조서」(2004.3.30),『대통령 탄핵심판사건 자료집 (2)』, 1675면 이하.

15 「헌법재판소 2004 헌나1 사건, 제2차 변론조서」(2004.4.2),『대통령 탄핵심판사건 자료집 (2)』, 1677면 이하.

16 위 사건「헌재 제2차 변론조서」(2004.4.2),『대통령 탄핵심판사건 자료집 (2)』, 1682면.

17 위 사건「헌재 제3차 변론조서」(2004.4.9),『대통령 탄핵심판사건 자료집 (2)』, 1915면.

18 위 사건「헌재 제6차 변론조서」(2004.4.27),『대통령 탄핵심판사건 자료집 (2)』, 2285면 이하.

19 위 사건「피청구인측 의견서」(2004.3.17, 2004.3.22),「피청구인측 증거신청에 관한 의견서」(2004.4.7, 2004.4.27),「피청구인측 최종변론서」(2004.4.27).

20 문재인『운명』, 가교출판 2011, 293면.

21 『문화일보』 2007년 3월 20일자.

22 『중앙일보』 2004년 5월 14일자.

23 헌재, 위 사건「탄핵심판 결정문」,『대통령 탄핵심판사건 자료집 (2)』, 2401면.

24 『서울경제』 2014년 5월 15일.

25 문재인, 앞의 책 301면.

26 임영태『두 개의 한국 현대사』, 생각의 길 2014, 325~27면.

참고문헌

I. 단행본

강만길『고쳐 쓴 한국현대사』, 창비 2006
강만길『20세기 우리 역사』, 창비 2009
강만길『통일운동시대의 역사인식』, 서해문집 2008
강만길『한국민족운동사론』, 서해문집 2008
강준만『한국 현대사 산책』1~5, 인물과사상사 2011
경향신문사『여적: 한국 현대사를 관통하는 경향신문 명칼럼 243선』, 2009
고암미술연구소『고암 이응노, 삶과 예술』, 얼과알 2000
고재호『법조 반백년』, 박영사 1985
광주시 5·18기념문화센터『5·18민주화운동』, 2011
국가정보원『과거와 대화, 미래의 성찰』1~4, 2007
국정홍보처『참여정부 5년의 기록 5: 노무현 대통령이 걸어온 길』(비디오녹화
　　자료), 2007
길진현『역사에 다시 묻는다』, 삼민사 1984

김갑수『법창 30년』, 법정출판사 1970

김낙중『민족의 형성, 분열, 통일』, 평화연대평화연구소 2008

김남식·심지연 편저『박헌영 노선 비판』, 세계 1986

김대곤『10·26과 김재규』, 이삭 1985

김대중『김대중 자서전』1·2, 삼인 2010

김대중·이희호『옥중서신』1·2, 시대의 창 2009

김삼웅 편저『한국필화사』, 동광출판사 1987

김섭 편『여운형 살해사건 진상기』, 독립신문사 1948

김영택『5·18 광주민중항쟁』, 동아일보사 1990

김옥두『다시, 김대중을 위하여』, 살림터 1995

김이조『법조비화 100선』, 고시연구사 1997

김이조『한국의 법조인』1·2, 고시연구사 2001

김재홍『누가 박정희를 용서했는가』, 책으로보는세상 2012

김정기『국회 프락치 사건의 재발견』2, 한울 2008

김정남『진실, 광장에 서다: 민주화운동 30년의 역정』, 창비 2005

김종완『여명의 문턱에서』, 청사 1987

김종철『폭력의 자유: 해직기자 김종철의 젊은이를 위한 한국 현대언론사』, 시
    사인북 2013

김지하 외『한국문학 필화작품집』, 황토 1989

김진『청와대 비서실』1·2, 중앙일보사 1992

김진배『가인 김병로』, 가인기념회 1983

김진배『인동초의 새벽: 김대중 수난사』, 동아 1987

김충식『남산의 부장들』2, 동아일보사 1992

김태호『끝나지 않은 심판』, 삼민사 1982

김태호『비록(秘錄) 재판야화』1~5, 예조사 1975

김택근『새벽: 김대중 평전』, 사계절 2012

김형수『문익환 평전』, 실천문학사 2004

김형태『지상에서 가장 짧은 영원한 만남』, 한겨레출판 2013

김희수 외『검찰공화국, 대한민국』, 삼인 2011

남덕우『경제개발의 길목에서』, 삼성경제연구소 2009

남정현『너는 뭐냐』, 문학춘추사 1965

남정현『분지: 남정현 대표작품선』, 흐겨레 1987

남정현 외『통일만세: 분단시대의 지식인』, 말 2014

대통령비서실『대통령탄핵심판사건 자료집』1·2, 2004

대한변호사협회『대한변협 50년사』, 2002

대한변호사협회『한국변호사사』, 1979

명동천주교회『한국가톨릭인권운동사』, 1984

문동환 외『봄길과 함께: 박용길 장로 추모문집』, 통일맞이 2012

문익환『가슴으로 만난 평양』, 삼민사 1990

문익환『걸어서라도 갈 테야』, 실천문학사 1990

문익환『꿈이 오는 새벽녘: 문익환 목사 옥중서한집』, 춘추사 1983

문익환 목사 방북사건 변호인단『빼앗긴 변론』, 역사비평사 1990

문재인『운명』, 가교출판 2011

문재인·김인회『검찰을 생각한다』, 오월의봄 2011

민족정경문화연구소『친일파 군상』, 삼성문화사 1948

민주사회를 위한 변호사모임『1999년 국가보안법 보고서』, 2000

민주사회를 위한 변호사모임『2000년 국가보안법 보고서』, 2001

민주사회를 위한 변호사모임『2008~2010년 국가보안법 보고서』, 2011

민주사회를 위한 변호사모임『2011년 국가보안법 보고서』, 2012

민주사회를 위한 변호사모임 포럼『살아 있는 과거사, 유신 긴급조치를 고발한
　　다』, 2012

민주평화복지 포럼『5·16, 우리에게 무엇인가』, 2011

민주화운동기념사업회 연구소『한국 민주화운동의 전개와 국제적 위상』, 2002

민주화운동기념사업회, 5·18민중항쟁 30주년기념행사위원회『1980년 서울』
　　(학술토론회 자료집), 2010

민중운동사연구회『해방 후 한국변혁운동사』, 녹진 1990

민청학련 40주년 심포지엄 자료집『다시 민주주의를 묻는다』, 민청학련계승사
　　업회 2014

민청학련운동계승사업회『1974년 4월』, 학민사 2003

민청학련운동계승사업회『비상보통군법회의 판결문 자료집』, 1994

박사월『김형욱 회고록』1~3, 아침 1985

박세길『다시 쓰는 한국현대사』2, 돌베개 1989

박원순『내 목은 매우 짧으니 조심해서 자르게: 세기의 재판이야기』, 한겨레출
　　판 1999

박원순『야만시대의 기록』1~3, 역사비평사 2006

박원순『역사가 이들을 무죄로 하리라』, 두레 2003

박원순『역사를 바로 세워야 민족이 산다』, 한겨레신문사 1996

박진목『민초』, 원음출판사 1983

박형규『나의 믿음은 길 위에 있다』, 창비 2010

백기완『사랑도 명예도 이름도 남김없이』, 한겨레출판 2009

법률신문사『법조 50년 야사』상·하, 2002

법원행정처『법원사』, 1995

법원행정처『법원사』(별책 자료편), 1995

법원행정처『역대 대법원장 연설문집』1, 1973

사계절 편집부『격동의 한국사회』, 사계절출판사 1984

사법발전재단『역사 속의 사법부』, 2009

4·9통일평화재단『인혁당 재건위 사건 재심백서』, 1~3, 2015

4·7언론인회『기자 25시』, 동아프레스 1983

3·1민주구국선언 관련자『새롭게 타오르는 3·1민주구국선언』, 사계절 1998

서병조『정치사의 현장 증언』, 중화출판사 1981

서울대학교 공익인권법센터『인권변론자료집』1~6, 경인문화사 2012

서울언론인클럽『한국시사자료연표』상·하, 1992

서울지방검찰청 국방부검찰부『5·18 관련사건 수사결과』, 1995

서울지방변호사회『서울지방변호사회 100년사』, 2009

서울지방변호사회『서울지방변호사회 80년사』, 1989

서중석『6월항쟁』, 돌베개 2011

서중석『한국현대사 60년』, 역사비평사 2007

서희경『대한민국 헌법의 탄생』, 창비 2012

손충무『상해임시정부와 백범 김구』, 범우사 1987

송건호『분단과 민족』, 지식산업사 1986

송건호 외『해방전후사의 인식』1(개정 3판), 한길사 2015

송건호 외『한국언론 바로보기 100년』, 다섯수레 2000

양병호『험준한 인생의 고개를 넘어서』, 법률출판사 2000

예춘호『서울의 봄, 그 많은 사연』, 언어문화사 1996

예춘호『시대의 양심: 정구영 평전』, 서울문화사 2012

오소백 엮음『우리는 이렇게 살아왔다』, 광화문출판사 1962

오제도『추적자의 증언』, 형문출판사 1981

유지훈 편역『독일 언론이 기록한 격동 한국현대사』, 한국기자협회 1998

윤기정『한국 공산주의운동 비판』, 통일춘추사 1959

윤길중『이 시대를 앓고 있는 사람들을 위하여』, 호암출판사 1991

윤이상·루이저 린저『윤이상-루이제 린저의 대담: 상처 입은 용』, 홍종도 옮김,
   한울 1988

윤형두『한 출판인의 자화상』, 범우사 2011

윤활식 외『1975: 유신독재에 도전한 언론인들 이야기』, 인카운터 2013

이강수『반민특위 연구』, 나남출판 2003

이기형『여운형 평전』, 실천문학사 1994

이도성『남산의 부장들』3, 동아일보사 1993

이문숙『이우정 평전』, 삼인 2012

이문영 외『김대중 내란음모의 진실』, 문이당 2001

이상우『비록(秘錄) 박정희시대: 반체제민권운동사』3, 중원문화 1985

이원규『조봉암 평전』, 한길사 2013

이철『길은 사람이 만든다』, 열린세상 1995

이해동·이종옥『둘이 걸은 한 길』1, 대한기독교서회 2014

이호룡·정근식 엮음『학생운동의 시대』, 선인 2013

이희호『내일을 위한 기도』, 여성신문사 1998

일곡기념사업회『진보를 향한 발걸음: 유인호 추모문집』, 인물과사상사 2012

일본 NHK 취재반 구성『김대중 자서전: 역사와 함께 시대와 함께』1·2, 김용운

　　편역, 인동 1999

임수경『어머니, 하나된 조국에 살고 싶어요』, 돌베개 1990

임영태『두 개의 한국현대사』, 생각의 길 2014

장을병『옹이 많은 나무』, 나무의 숲 2010

장준하선생20주기추모사업회『광복 50년과 장준하』, 1995

전북일보사『남긴 뜻 천년 흘러』, 2000

정경모『시대의 불침번』, 한겨레출판 2010

정병준『몽양 여운형 평전』, 한울 1995

정운현『청년 여정남과 박정희시대』, 다락방 2015

정지아『나는 역사의 길을 걷고 싶다: 송건호의 생각과 실천』, 한길사 2006

정태영『조봉암과 진보당』, 한길사 1991

조갑제『유고(有故)!』2, 한길사 1987

조선일보사『비록(秘錄) 한국의 대통령』(『월간조선』1993년 1월호 별책부록), 조선일보

　　사 1993

조선일보사『총구와 권력: 5·18 수사기록 14만 페이지의 증언』(『월간조선』1999년

　　1월호 별책부록), 조선일보사 1999

주치호『실록 제5공화국 정치비사』1~5, 고려서당 1988

진덕규 외『1950년대의 인식』, 한길사 1981

진실·화해를 위한 과거사정리위원회『2007년 하반기 조사보고서』, 2008

진실·화해를 위한 과거사정리위원회『진실화해위원회 종합보고서』1~4, 2010

천승세 외 34인『천상병을 말하다』, 답게 2006

천주교 서울대교구 홍보국『서울주보』, 1987

천주교인권위원회『사법살인』, 학민사 2001

천주교인권위원회, 인혁당사건진상규명 및 명예회복을 위한 대책위원회『인혁
　　당재건위사건 재심청구 자료집』, 2002

최성만·홍은미 편역『윤이상의 음악세계』, 한길사 1991

최종고『한국의 법률가』, 서울대학교 출판부 2007

태륜기『권력과 재판』, 삼민사 1983

평화민주당『1980년의 진실: 광주특위 증언록』, 1988

학술단체협의회『6월민주항쟁과 한국사회 10년』1·2, 당대 1997

한겨레신문사『희망으로 가는 길: 한겨레 20년의 역사』, 2008

한국기독교교회협의회『한국교회 인권선교 20년사』, 1994

한국기독교교회협의회『한국교회 인권운동 30년사』, 2005

한국기독교교회협의회『1970년대 민주화운동』1~3, 1987

한국사사전편찬위원회『한국근현대사사전』, 가람기획 2000

한국편집기자회『기자 100대 뉴스』, 1990

한국편집기자회『역사의 현장』, 나라기획 1982

한기해『국가보안법』, 공동체 1989

한동혁 엮음『지배와 항거』, 힘 1988

한승헌『권력과 필화』, 문학동네 2013

한승헌『분단시대의 법정』, 범우사 2006

한승헌『5·17재판의 허구 속에서』, 법이 있는 풍경 1996

한승헌『5·18사건 판결의 반논리』, 법이 있는 풍경 1996

한승헌『정치재판의 현장』, 일요신문사 1997

한승헌『피고인이 된 변호사』, 범우사 2013

한승헌『한국의 법치주의를 검증한다』, 범우사 2014

한승헌『한승헌 변호사 변론사건 실록』1~7, 범우사 2006

한승헌 엮음『유신체제와 민주화운동』, 삼민사 1984

한승헌선생회갑기념문집간행위원회『분단시대의 피고들』, 범우사 1994

한옥신『사상범죄론』, 최신출판사 1975

한옥신 편저『간첩재판의 판단과 사상: 동백림거점 공작당사건을 중심으로』, 광

　　명출판사 1969

한인섭『사법부의 독립』, 서울법대 최고지도자과정 교재, 2010

한인섭『5·18재판과 사회정의』, 경인문화사 2006

한인섭 엮음『재심·시효·인권』, 경인문화사 2007

한홍구『역사와 책임』, 한겨레출판 2015

한홍구『지금 이 순간의 역사』, 한겨레출판 2010

함석헌『뜻으로 본 한국역사』, 한길사 1983

해방20년사편찬위원회『해방 20년사』, 희망출판사 1965

해방3년사연구회『해방정국과 조선혁명론』, 대야출판사 1988

허근욱『민족 변호사 허헌』, 지혜네 2001

홍서여『미주의 말과 글로 본 대한민국 근현대사』, 팝샷 2015

홍성우·한인섭『인권변론 한 시대』, 경인문화사 2011

高木大三『朴正熙, 金大中 小説 '世紀の和解'(セギエファへ)』, アートヴィレッジ 1997

高峻石『南朝鮮學生鬪爭史』, 社會評論社 1976

高峻石『韓國現代史入門』, 批評社 1987

旗田巍『朝鮮史』, 岩波書店 1951

大久保史郎·徐勝 編『現代韓國の民主化と法·政治構造の變動』, 日本評論社 2003

木村幹『韓國現代史: 大統領たちの栄光と蹉跌 』, 中央公論新社 2008

文京洙『韓國現代史』, 岩波書店 2005

石井清司『ドキュメント 金大中 裁判』, 幸洋出版 1981

尹伊桑, ルイーゼリンダー『傷ついた龍』, 伊藤成彦 譯, 未來社 1981

林建彦『韓國現代史』, 至誠堂 1967

鄭在俊『金大中救出運動小史』, 現代人文社 2006

中尾美知子『解放後 全評 勞動運動』, 春秋社 1984

村常男『韓國軍政の系譜』, 未来社 1966

韓國民衆史研究會 編著『韓國民衆史』(現代篇), 木犀社 1987

韓勝憲『分斷時代の法廷: 南北對立と獨裁政權下の政治裁判』, 岩波書店 2008

韓勝憲『日韓の現代史と平和·民主主義に思う』, 日本評論社 2013

韓勝憲『韓國の政治裁判: 不幸な祖國の臨床ノート』, サイマル出版會 1997

和田春樹 外 編『金大中と日韓關係』, 延世大學校 金大中圖書館 2013

アムネスティ·インターナショナル日本支部『世界の死刑·拷問情報』1·2, 大陸書房 1983

Adrian W. Dewind and John Woodhouse, *Persecution of Defence Lawers in South Korea*, Inernational Commission of Jurist 1979

Amnesty International Report, Amnesty International Publications, 1999

South Korea: Violations of Human Rights, Amnesty International, 1986

Political Repression in South Korea, Amnesty International, 1974

II. 논문

김제영「'분지'의 작가 남정현과의 대화」, 안수길선생추모문집편찬위원회『안수길 문학, 그 삶의 향기』, 한국소설가협회 2007

김종철「유신헌법과 긴급조치의 문제점」, 민청학련 40주년 심포지엄 자료집『다시 민주주의를 묻는다』, 민청학련계승사업회 2014

김창록「문익환 목사의 방북과 국가보안법」,『법과 사회』1989년 5월호(창간호)

남정현「'분지'에서 '미제국주의전 상서'까지」,『통일만세: 분단시대의 지식인』, 말 2014

박기룡「김재규 재판 대법원 판결문의 소수의견」,『월간조선』1986년 2월호

박원순「'인권변호사'가 본 12·12, 5·18 재판」,『신동아』1996년 6월호

박태균「해방 후 친일파의 단정·반공운동의 전개」,『역사비평』1993년 겨울호

서용길「제헌국회프락치 사건의 진상」,『민족통일』1989년 1·2월호

손호철「박정희 정권의 정치적 성격」,『역사비평』1993년 겨울호

송건호「해방의 민족사적 인식」, 송건호 외『해방전후사의 인식』1(개정 3판),

한길사 2015

안병욱「민청학련운동과 긴급조치 4호」, 민청학련 40주년 심포지엄 자료집『다시 민주주의를 묻는다』, 민청학련계승사업회 2014

오익환「반민특위의 활동과 와해」, 송건호 외『해방전후사의 인식』1(개정 3판), 한길사 2015

오제도「남로당 국회프락치 사건」,『세대』1970년 9월호

오효진「문익환 연구」,『월간조선』1989년 5월호

유봉인「증인들이 말하는 '인혁당의 진실'」,『교회와 인권』, 천주교인권위원회 2003

유원호「문익환 목사 방북 사건 재판 법정유감」,『민주사회를 위한 변론』2호 (1993)

윤해동「여운형 암살과 이승만·미군정」,『역사비평』1989년 가을호

윤혜영「범생이 여학생들의 반란」, 민청학련 40주년 심포지엄 자료집『다시 민주주의를 묻는다』, 민청학련계승사업회 2014

이경식「북이 시인한 국회프락치 사건도 조작이란 말인가」,『한국논단』2009년 4월호

이동화「8·15를 전후한 여운형의 정치활동」, 송건호 외『해방전후사의 인식』 1(개정 3판), 한길사 2015

이명춘「유신 긴급조치 발동의 역사적 배경과 절차적 위헌성」, 민변 포럼『살아 있는 과거사, 유신 긴급조치를 고발한다』, 2012

이범렬「우리 사법이 걸어온 길과 앞날의 과제」,『민주사회를 위한 변론』2호 (1993)

이석범「남북기본합의서의 법적 성격에 관한 비판론적 검토」,『민주사회를 위한 변론』, 2012년 3·4월호

이양우「전두환은 무죄보다 명예 원한다」,『신동아』1996년 6월호

이영민「대남공작의 원류를 알자」,『한국논단』2014년 3월호

이응노·도미야마「나의 옥중생활, 천국과 지옥 사이」, 고암미술연구소『고암 이응노, 삶과 예술』, 얼과알 2000

이철 「민청학련 사건」, 민청학련 40주년 심포지엄 자료집 『다시 민주주의를 묻는다』, 민청학련계승사업회 2014

임종국 「일제말 친일군상의 실태」, 송건호 외 『해방전후사의 인식』 1(개정 3판), 한길사 2015

임중빈 「사회참여를 통한 학생운동」, 『다리』 1970년 11월호

임헌영 「반외세의식과 민족의식」, 『한승헌 변호사 변론사건 실록』 1, 범우사 2006

임홍빈 「죽산 조봉암의 죽음」, 『신동아』 1965년 8월호

장세윤 「일제하 고문시험 출신자와 해방 후 권력 엘리트」, 『역사비평』 1993년 겨울호

정경모 「무엇이 죄인가?: 평양방문 비망록」(日文), 『世界』 1989년 7월호

정종섭 「한국 법원의 위기상황과 법원 개혁의 방향」, 『민주사회를 위한 변론』 2호(1993)

조영선 「유신헌법 제53조 및 긴급조치의 위헌성과 과제」, 민변 포럼 『살아 있는 과거사, 유신 긴급조치를 고발한다』, 2012

조용환 「5·18특별법과 전·노 재판의 문제점」, 『역사비평』 1996년 봄호

조유식 「여운형 암살 배후에 노덕술 있었다」, 『말』 1992년 6월호

진덕규 「이승만 권위주의체제의 시발점, 국회프락치 사건」, 『한국논단』 1992년 8월호

최병모 「사법부의 과거 청산과 개혁」, 『민주사회를 위한 변론』 2호(1993)

한기찬 「사법파수꾼, 소신 판사 열전」, 『신동아』 1993년 11월호

한배호 「'경향신문' 폐간 결정에 관한 연구」, 진덕규 외 『1950년대의 인식』, 한길사 1981

한승헌 「남정현의 필화, '분지' 사건」, 『한승헌 변호사 변론사건 실록』 1, 범우사 2006

한승헌 「성직자 김찬국의 매력」, 『나의 사람, 나의 이야기』, 이연 1997

한승헌 「소설 '분지' 사건 변론문」, 『동서춘추』 1967년 5월호

한승헌 「필화사건 법정에서의 변호와 증언」, 안수길선생추모문집편찬위원회

『안수길 문학, 그 삶의 향기』, 한국소설가협회 2007

한승헌 「필화사건과 문학」, 월간 『다리』 1972년 8월호

한승헌 「필화재판」, 『신동아』 1974년 7월호

한홍구 「유신 긴급조치시대의 유물과 오늘날의 의미」, 민변 포럼 『살아 있는 과
　　거사, 유신 긴급조치를 고발한다』, 2012

한인섭 「'회한과 오욕'의 과거를 바로잡으려면: 사법부의 과거 청산을 위하여」,
　　『서울대학교 법학』 제46권 제4호, 서울대학교 법학연구소 2005

황인성 「내가 겪은 민청학련」, 민청학련 40주년 심포지엄 자료집 『다시 민주주
　　의를 묻는다』, 민청학련계승사업회 2014

한승헌韓勝憲

아호 산민(山民). 명예법학박사, 변호사, 전북대·가천대 석좌교수, 서울특별시 시정고문단 대표. 1934년 전라북도 진안에서 태어나, 전주고와 전북대 정치학과를 졸업했다. 1957년 제8회 고등고시 사법과에 합격, 검사(법무부, 서울지검 등)로 일하다가 1965년에 변호사로 전신하였다. 역대 독재정권 아래서 탄압받는 양심수·시국사범의 변호와 민주화운동, 인권운동에 힘을 기울였다. 저서로『정치재판의 현장』『한승헌 변호사 변론사건 실록』(전7권)『분단시대의 법정』『한 변호사의 고백과 증언』『한국의 법치주의를 검증한다』『권력과 필화』『한·일현대사와 평화·민주주의를 생각한다』등 40여 권이 있다. 인제인성대상, 정일형·이태영 자유민주상, 중앙언론문화상, 한국인권문제연구소 인권상, 임창순 학술상, 단체상 등을 받았다.

재판으로 본 한국현대사

초판 1쇄 발행/2016년 3월 25일
초판 3쇄 발행/2017년 4월 25일

지은이/한승헌
펴낸이/강일우
책임편집/정편집실·윤동희
조판/신혜원
펴낸곳/(주)창비
등록/1986년 8월 5일 제85호
주소/10881 경기도 파주시 회동길 184
전화/031-955-3333
팩시밀리/영업 031-955-3399 편집 031-955-3400
홈페이지/www.changbi.com
전자우편/nonfic@changbi.com

ⓒ 한승헌 2016
ISBN 978-89-364-8277-0 03910